日俄戰爭

起源與開戰【上】

和田春樹

AGORA
廣場

致中國的讀者朋友們

日俄戰爭是世界史上巨大的事件，它不僅給日本和俄羅斯國民，而且給朝鮮和中國國民都帶來了深刻的影響。儘管如此，關於這場戰爭，建立在對日本和俄羅斯資料進行深入調查基礎上的研究幾近空白，更遑論兼顧到朝鮮和中國資料的研究。我於二〇〇四年日俄戰爭開戰一百周年之際開始寫作本書，並於二〇一〇年——日本合併韓國一百周年之時將其出版。書中對中國資料的研究雖然仍顯薄弱，但大概可以說是首次在全面調查日本、俄羅斯、韓國資料的基礎之上所做的研究吧。

日本於一九四五年戰敗之後，出現了反省本國戰爭的想法。但是，唯有日俄戰爭一直被認為是不令人羞恥的，是堂堂正正的，似乎日本人和俄羅斯人的決戰是在沒有任何人的大地與海洋中進行的一般。然而，這種想法並不正確。因為其間陸地上的交戰，是在中國東北——漢族、滿族、朝鮮族所居住的地方發生的。

還有人相信日俄戰爭是日本和白人帝國之間的戰爭，日本將白人打敗，給了那些被歐美帝國主義國家奴役的亞洲人民以希望。的確，日俄戰爭時，當時的法國殖民地越南有很多留學生來到日本。然而，當日本獲得戰爭勝利，吞併朝鮮後，亞洲人民才發現，日本是另外一個帝國主義國家。

本書所寫下的是日俄戰爭為何發生，又是如何開始。我將闡明：戰爭因日本想統治朝鮮的欲望所引發，然後通過入侵朝鮮而肇始。日俄戰爭始於朝鮮戰爭，最終發展為日本與俄羅斯兩者在中國東北進行的戰爭。

梁啟超為越南潘佩珠在一九〇五年出版的著作寫過如下序言：

自今以往，世界進化之運，日新月異，其或不許此種披毛戴角之偽文明種，橫行噬人於光天化日下，吾觀越南人心而信之，吾觀越南人才而信之。

正是在日俄戰爭之時，日本真正成為了那樣的「偽文明」的國度、帝國主義國家。

本書是我關於日俄戰爭研究的首次外文翻譯。中國朋友們如果能夠通過閱讀本書，更為深入地認識到日本走上帝國主義道路的歷程，我將感到無尚喜悅。謹對翻譯出版如此長篇著述的三聯書店相關人士、翻譯者易愛華君表示感謝。

和田春樹

二〇一七年三月

有關翻譯的幾點說明

1. 關於「朝鮮」和「韓國」二詞的使用。本書在翻譯時嚴格遵照原書的區別。作者和田春樹先生因譯者要求，對於「朝鮮」和「韓國」二詞做了如下界定：

「朝鮮」這個名稱始於一三九二年李成桂建立的李氏朝鮮王朝。在此之前的大約五百年是高麗王朝統治的時代。李氏朝鮮王朝於一八七六年二月與日本締結條約，建立邦交。這個條約被稱為《日朝修好條規》。一八九七年十月，朝鮮國王高宗將國號改為「大韓」，即位稱皇帝。從這個時候起，朝鮮成為了「大韓帝國」。但是到了一九〇四年，日本的陸海軍進入韓國，以朝鮮安全危殆為由，向俄羅斯發出了宣戰公告。戰爭以日本取得優勢結束，俄羅斯承認日本對韓國擁有「卓絕的利益」，約定不妨礙日本對這個國家進行指導、保護、監理。一九〇五年十一月七日，日本威脅高宗和韓國政府，雙方締結了第二次日韓協約——《乙巳條約》，規定日本掌握韓國的外交權，設置統監，管理有關外交事務，也就是日本將韓國作為了保護國。一九一〇年八月廿九日，日本合併了韓國，迫使韓國皇帝退位，並公告稱被合併的舊韓國為「朝鮮」。

一九一九年三月一日的「三一」獨立運動之後，朝鮮的民族主義者於四月十一日在上海成立了流亡政府，號稱「大韓民國臨時政府」，國名擬用「大韓民國」。

一九四五年八月十五日，因日本宣佈投降，朝鮮從日本的殖民統治中獲得解放。一九四八年八月十五日，在美國軍隊的佔領下，「大韓民國」於漢城建國。另一方面，九月六日，在蘇聯軍隊的佔領下，「朝鮮民主主義人民共和國」於平壤建國。南部的國名使用「韓國」，北部的國名使用「朝鮮」。

在日本，一般來講，「朝鮮」一詞作為國名、民族名、語言名來使用。不過，在一八九七年至一九一〇年間，因國名為「大韓帝國」，正確的稱謂應該是「韓國」。一九一〇年以後則應稱為「朝鮮」，一九四八年以後，只稱南部為「韓國」。

2. 關於「滿洲」的用法。清末，中國東北地區遭到日本、俄羅斯等國相繼入侵，被日、俄帝國主義者假部族名為地名，稱為「滿洲」，並有「南滿」、「北滿」之稱。本書作者為了呈現歷史原貌，仍沿用舊有稱謂。經與作者商量，中譯本中凡與「滿洲」相關的用法，如「南滿」、「北滿」、「滿韓交換論」等均打上引號，以進一步昭示歷史真相。

3. 關於日軍編制，本書直接採用日語的用法，在此略作說明。以下資料源於譯者對日本相關網站的綜合編譯，僅供讀者參考。

日俄戰爭時期的步兵部隊，按照規模由小到大的順序為：

分隊：相當於「班」。由下軍官指揮的八—十二人左右的小部隊。

小隊：相當於「排」。由三—四個分隊構成。隊長由少尉或中尉等擔任。人數為三十—六十名。

中隊：相當於「連」。由三—四個小隊構成。隊長由大尉或少佐擔任。定員平時為一三六人，戰時為二百人左右。在沒有可攜式無線設備的這個時代，中隊是「一名指揮官用自然嗓音能夠指揮的最大限度的部隊」。

大隊：相當於「營」。由三—四個中隊構成。隊長由少佐或中佐擔任。自大隊以上，隊長開始配有副官。因為自大隊起，要求承擔某種程度的獨立行動，需要減輕隊長的負擔。人數在六百—一千人。

聯隊：相當於「團」。由三個大隊構成。隊長由中佐或大佐擔任。是單一兵種構成的最大的常設部隊。聯隊的軍旗由天皇賜與（僅限步兵和騎兵）。人數約二千四百人。

旅團：相當於「旅」。由兩個以上聯隊構成。指揮官由準將或少將擔任。如果包括特設的話，是單一兵種構成的最大的部隊。人數約六千名。

師團：相當於「師」。由兩個步兵旅團以及騎兵、炮兵各一個聯隊、工兵一個大隊以及輜重部隊構成。是由各兵種混成的複合部隊的最小戰略單位，人數為一萬五千—兩萬名。指揮官由少將或中將擔任。因是戰略單位，除副官之外還配有數名參謀。

軍團：由兩個以上的師團構成，人數在三萬以上，指揮官為中將或大將。

有關軍隊的職銜和等級，清單如下，以供參考：

軍隊的職銜和等級

	大元帥	元帥				
將官	上級大將	大將	中將	少將	準將	
佐官	代將	上級大佐	大佐	中佐	少佐	
尉官	上級大尉	大尉	中尉	少尉	準尉	

下軍官	曹長	軍曹	伍長	
兵 卒	兵長	上等兵	一等兵	二等兵

4. 原書中大量用片假名表示的人名、地名、艦船名、報紙雜誌名以及其他專有名詞等，為避免錯誤，特請作者標注了其俄文或拉丁文拼寫，敬請參看書後附錄的《人名對照表》、《部分專有名詞對照表》及《艦船名稱對照表》。

5. 原書中各政府機構名稱及職官稱謂，如原為日文漢字則一律沿用，如「大藏省」（日本一直沿用「大藏省」的名稱，直至二〇〇一年一月始根據《中央省廳等改革基本法》改稱為「財務省」和「金融廳」。）不譯為財政部，其負責人則相應直譯為「大藏大臣」（簡稱「藏相」）；其他則譯為今日的通行名稱。

6. 原書中大量的檔案文書及私人信件等均為當時的文言日語，如原文均為漢文者一律沿用；如原文為漢字、假名摻雜者儘量保留其文白相雜的風格。因譯者學養有限，難免生澀未化，敬請讀者諒解。

7. 清、韓政府的詔書等，徑用原始中文文獻，不從日文轉譯。

8. 對讀者不甚熟悉的人物、事件、專有名詞等，譯者擇取少量加註，在正文中以小字刊出，以便利讀者閱讀。

易愛華

二〇一七年四月

目錄

CONTENTS

第五章

下卷簡目

人物介紹

朝鮮・大韓帝國

高宗（一八五二—一九一九）一八六三至一八九七年為國王，一八九七至一九〇七年為皇帝。被伊藤博文統監逼迫退位。

閔妃（一八五一—一八九五）一八六六至一八九五年為王妃。被日本公使三浦梧樓殺害。明成皇后。

大院君（一八二〇—一八九八）高宗之父。一八六三至一八七三年攝政。一八八二年與一八九五年雖在擁立之下掌握政權，但皆以短時間告終。

趙秉式（一八三二—一九〇七）一八八五年任督辦交涉通商事務大臣，鎮壓獨立協會。一九〇〇年出任日本公使。

金允植（一八三五—一九二二）一八八五年任督辦交涉通商事務大臣，一八九五年任外部大臣，一八九六年被處以終身流刑，一九〇七年獲特赦。

金弘集（一八四二—一八九六）一八九四至一八九六年任總理大臣。高宗俄館播遷時，在街頭被

高　宗

大院君

金玉均

殺害。

金玉均（一八五一—一八九四）開化派。主導了甲申政變，後流亡日本，在上海被暗殺。

李範晉（一八五二—一九一一）親俄派。一八八七年任協辦內務府事，一八九五年任農商工部大臣，因十一月二八日事件避身俄羅斯公使館，促成高宗的俄館播遷。一八九九年至一九〇五年歷任法部大臣，駐美、駐俄公使。後流亡。因抗議日韓合併而自殺。

朴泳孝（一八六一—一九三九）開化派。主導了甲申政變，後流亡日本，於一八九四年回國，任內部大臣。一八九五年再次流亡日本，一九〇七年歸國，任宮內府大臣，後被免職流放。日韓合併後被日本封為侯爵，任貴族院議員。

徐載弼（一八六四—一九五一）開化派。曾留學日本。參與甲申政變後流亡美國。一八九五年回國，創刊《獨立新聞》。一八九八年返回美國。解放後，任美國軍政顧問。

李容翊（一八五四—一九〇七）壬午兵變之後輔佐高宗。任宮內府內藏院卿，一九〇二年任度支部大臣，抵抗日本的壓力。一九〇四年被強行送往日本。與簽署《乙巳保護條約》進行鬥爭。

朴齊純（一八五八—一九一六）一八九八、一九〇〇、一九〇三、一九〇五年任外部大臣，簽署《乙巳保護條約》，乙巳五賊之一。被日本封為子爵。

閔泳煥（一八六一—一九〇五）閔妃的侄子。一八九五年被任命為駐美公使，辭職未赴任。一八九六年參加俄羅斯皇帝即位儀式，一八九七年任英德法俄意等國駐在公使，一九〇五年任侍從武官長。因反對《乙巳保護條約》而自殺。

李址鎔（一八七〇—？）一九〇〇年任宮內府協辦，一九〇四年任外部大臣署理，簽署《日韓議定書》。為一九〇五年「乙巳五賊」之一。日韓合併後被封為伯爵。

日本

明治天皇（一八五二—一九一二） 一八六八至一九一二年為天皇。

伊藤博文（一八四一—一九〇九） 出生於長州藩。曾留學英國。曾任內務卿，一八八五至一八八八年、一八九二至一八九六年、一八九八年、一九〇〇至一九〇一年任首相，一九〇五至一九〇九年任韓國統監。被安重根暗殺。

山縣有朋（一八三八—一九二二） 出生於長州藩。軍人。曾任陸軍卿，一八八九至一八九一年、一八九八至一九〇〇年任首相。

井上馨（一八三五—一九一五） 出生於長州藩。曾留學英國。曾任外務卿，一八八五至一八八八年任外相，一八九四至一八九五年任朝鮮公使。

桂太郎（一八四七—一九一三） 出生於長州藩。一八九八年任陸相，一九〇一至一九〇五年、一九〇八至一九一一年、一九一二至一九一三年任首相。

閔泳煥

明治天皇

伊藤博文

山縣有朋

井上馨

青木周藏

陸奧宗光

小村壽太郎

林董

栗野慎一郎

【外相】

青木周藏（一八四四—一九一四）出生於長州藩。一八八九至一八九一年、一八九八至一九〇〇年任外相。

榎本武揚（一八三六—一九〇八）幕臣。曾留學荷蘭。參與箱館戰爭。一八七四至一八七五年任駐俄羅斯公使，一八九一至一八九二年任外相。

陸奧宗光（一八四四—一八九七）出生於和歌山藩。曾遊學歐洲。曾任駐美公使，一八九二至一八九六年 任外相。

西德二郎（一八七四—一九一二） 出生於薩摩藩。曾留學俄羅斯，一八九六年任駐俄羅斯公使，一八九七至一八九八年任外相。

西園寺公望（一八四九—一九四〇） 公家。曾留學法國。一八九六年任外相代理，一九〇六至一九〇八年、一九一一至一九一二年任首相。

加藤高明（一八六〇—一九二六） 出生於尾張。畢業於東京大學。曾任駐英公使，一九〇〇至一九〇一年任外相，一九二四至一九二六年任首相。

小村壽太郎（一八五五—一九一一） 出生於日向。畢業於東京大學。曾留學美國。一八九五至一八九六年任駐朝鮮公使，一八九八至一九〇〇年任駐美公使，一九〇〇年任駐俄公使，一九〇一年任駐清國公使。一九〇一至一九〇五年任外相。

【公使】

林董（一八五〇—一九一三） 幕府御典醫養子。曾留學英國。後任榎本軍軍官、外務次官，一八九七年任駐清國、俄羅斯公使，一九〇〇至一九〇五年任駐英公使。一九〇六至一九〇八年任外相。

栗野慎一郎（一八五一—一九三七） 出生於福岡黑田藩。曾留學美國。一九〇一至一九〇四年歷任駐墨西哥、美國、義大利、法國、俄羅斯公使，隨後任駐法國公使。一九三二年任樞密顧問官。

大鳥圭介（一八三三—一九一一） 幕臣。參與榎本軍，後供職於明治政府。一八八九年任駐清國公使，一八九三至一八九四年任駐朝鮮公使，後任樞密顧問官。

三浦梧樓（一八四六—一九二六） 出生於長州藩。軍人。一八九五年任駐朝鮮公使，是殺害閔

三浦梧樓

秋山真之

林權助

廣瀨武夫

大山巖

山本權兵衛

妃的主謀者。一九一〇年任樞密顧問官。

林權助（一八六〇—一九三九）出生於會津藩。畢業於東京大學。一八八七年供職於外務省，一八九六年任駐英國公使館一等書記官，一八九九至一九〇八年任駐韓國公使，促成《乙巳保護條約》的締結。一九一六年任駐中國公使。

杉村濬（一八四八—一九〇六）出生於盛岡。一八八〇年進入外務省，一八九一至一八九五年為駐朝鮮公使館一等書記官、代理公使，為殺害閔妃主謀，被解職。一八九九年於外務省復職，任通商局長。一九〇四年任駐巴西代理公使，於當地病死。

【軍人】

大山巖（一八四二—一九一六） 出生於薩摩藩。曾留學法國，軍人。一八八五至一八九六年任陸相。元帥。一八九九至一九〇四年任參謀總長、滿洲軍總司令官。

川上操六（一八四八—一八九九） 出生於薩摩藩。一八八五年任參謀次長，指揮了日清戰爭。一八九八至一八九九年任參謀總長。

井口省吾（一八五五—一九二五） 出生於沼津。陸士，畢業於陸軍大學。曾留學德國。一九〇〇年任參謀本部炮兵課長，一九〇一年任軍事課長，一九〇二年任總務部長，歷任大本營參謀部第三課長、陸軍大學校長、第一五師團長。

山本權兵衛（一八五二—一九三三） 出生於鹿兒島。戊辰戰爭後，於開成所、海軍兵學寮學習。一八九八至一九〇六年任海相，一九一三至一九一四年、一九二三至一九二四年任首相。

東鄉平八郎（一八四七—一九三四） 出生於鹿兒島。明治維新後擔任海軍軍官。曾留學英國，一八九四 年任「浪速」艦長、舞鶴鎮守府司令長官，一九〇三年任聯合艦隊司令長官。

秋山真之（一八六八—一九一八） 出生於松山。畢業於海軍兵學校，後留學美國。美西戰爭（Spanish–American War）觀戰武官。任聯合艦隊作戰參謀。

廣瀨武夫（一八六八—一九〇四） 出生於豐後。畢業於海軍兵學校。一八八八年就職。後留學俄羅斯，一八九七至一九〇〇年為駐俄武官，在旅順港封鎖作戰中戰死。

【民間人士】

近衛篤麿（一八六三—一九〇四） 公家。曾留學奧地利、德國。貴族院議員，一八九六至一九〇三年任貴族院議長。一八九八年創建東亞同文

近衛篤麿

內田甲（良平）

島田三郎

會，一九〇〇年組成國民同志會，一九〇三年組成對俄同志會。近衛文麿為其子。

柴四朗（東海散士）（一八五二—一九二二） 出生於會津。一八八五年寫作《佳人之奇遇》。一八九二至一九一二年任眾議院議員。一八九五年為三浦公使顧問。一九〇三年寫作《日俄戰爭羽川六郎》。

內田甲（良平）（一八七四—一九三七） 出生於福岡縣。參與天佑俠，在朝鮮展開策劃。一九〇一年創立黑龍會，出版《俄羅斯亡國論》。一九〇六年協助伊藤統監，任一進會顧問，展開日朝合併運動。

島田三郎（一八五二—一九二三） 出生於江戶。就讀於沼津兵學校、大學南校。為《橫濱每日新聞》社員總代表的養子。後加入該報，參與了立憲改進黨的結黨。一八九四年起，任《每日新聞》社社長兼主筆。一八九〇至一九二三年為眾議院議員。

池邊三山（一八六四—一九一二） 出生於熊本。曾留學法國。一八九七年起為《東京朝日新聞》主筆。

俄羅斯

亞歷山大三世（一八四五—一八九四）　亞歷山大二世之子。一八八一至一八九四年為皇帝。

瑪麗亞・費奧多羅夫娜（一八四七—一九二八）　亞歷山大三世的妻子。丹麥公主。

尼古拉二世（一八六八—一九一八）　亞歷山大三世之子。一八九四至一九一七年為皇帝。因俄羅斯革命被處決。

亞歷山德拉・費奧多羅夫娜（一八七二—一九一八）　尼古拉二世的妻子。黑森—達姆施塔特大公之女。

弗拉季米爾大公（一八四七—一九〇九）　亞歷山大三世的弟弟。一八五四年任少尉候補。一八六八年任少將，後任近衛第一師團長。一八八四至一九〇五年任聖彼德堡軍管區司令官。

彼得・尼古拉耶維奇大公（一八六四—一九三一）　亞歷山大二世之弟尼古拉之子，亞歷山大三世的堂弟。一九〇四至一九〇九年任工兵總監。妻子為黑山公主米利莎，癡迷於神秘學。

亞歷山大・米哈伊洛維奇大公（一八六六—一九三三）　亞歷山大二世幼弟之子。與尼古拉二世之妹結婚。初為陸軍，後轉為海軍，一八八五年任少尉，一九〇〇年任上校，一九〇三年任海軍少將。

池邊三山

尼古拉二世

弗拉季米爾大公

亞歷山大・米哈伊洛維奇大公

維特

穆拉維約夫

普列韋

吉爾斯

洛巴諾夫－羅斯托夫斯基

【財相・內相】

維特（一八四九—一九一五）畢業於新俄羅斯大學。起先從事鐵路經營，一八八九年任財政部鐵路局長，一八九二至一九〇三年任財相，朴茨茅斯議和談判全權委員，一九〇五至一九〇六年任首相。

西皮亞金（一八五三—一九〇二）畢業於聖彼德堡大學。一八六七年進入內政部，一八九九至一九〇二年任內相。後被暗殺。

普列韋（一八四六—一九〇四）畢業於莫斯科帝國大學。一八六七年任檢事，一八八一年任內政部警保局長，一八八五年任內政部次官，一九〇二至一九〇四年任內相，後被暗殺。

【外相】

吉爾斯（一八二〇—一八九五）畢業於皇村中學。一八三八年進入外交部，曾任駐波斯公使，一八七五年任外交部亞洲局長，一八七八年任外相代理，一八八二至一八九五年任外相。

洛巴諾夫—羅斯托夫斯基（一八二四—一八九六）侯爵。畢業於亞歷山大皇家中學。一八四四年進入外交部，曾任駐土耳其公使。一八六七年任外交次官，後任內相代理，一八七八年任駐土耳其公使，一八九五至一八九六年任外相。

穆拉維約夫（一八四五—一九〇〇）伯爵。曾為海德堡大學旁聽生。一八六四年進入外交部，曾任駐丹麥公使，一八九七至一九〇〇年任外相。

拉姆斯道夫（一八四四—一九〇七）伯爵。曾為聖彼德堡帝國大學旁聽生。一八六六年進入外交部，歷任外相秘書官、辦公廳主任、審議官，一八九七年任次官，一八九八年任外相代理，一九〇〇至一九〇六年任外相。

【陸軍】

瓦諾夫斯基（一八二三—一九〇四）畢業於莫斯科第一軍官武備學校。一八四〇年任少尉，一八

拉姆斯道夫

庫羅帕特金

薩哈羅夫

阿列克謝大公

七六年任第十二軍團長，一八八一至一八九八年任陸相，一九〇一至一九〇二年任文部大臣。

庫羅帕特金（一八四八—一九二五）　畢業於軍官學校、陸軍大學。一八六六年任少尉，一八七四年任土耳其斯坦軍區參謀，參與俄土戰爭普列文戰役。一八九〇年任外裏海州州長，外裏海州軍司令官，一八九八至一九〇四年任陸相。一九一六年任土耳其斯坦總督與軍區司令官。

奧布魯切夫（一八三〇—一九〇四）　畢業於軍官武備學校。一八四八年任少尉，一八六三年任參謀本部參謀。在俄土戰爭中表現活躍。一八七九至一八九八年任參謀總長。

薩哈羅夫（一八四八—一九〇五）　軍官學校、陸軍大學畢業。一八六六年任少尉，一八七五年任聖彼德堡軍區參謀，參與普列文戰役。一八九〇年任華沙軍區司令官助理。一八九八至一九〇四年任參謀總長，一九〇四至一九〇五年任陸相。

利涅維奇（一八三八—一九〇八）　中學畢業。一八五八年為少尉候補，一九〇〇年任西伯利亞軍團長，一九〇三年任沿阿莫爾軍區司令官，一九〇四年任滿洲軍總司令官代理，第一軍司令官，一九〇五年任滿洲軍總司令官。

薩莫伊洛夫　一九〇二—一九〇四年、一九〇六至一九一六年任駐日武官。

【海軍】

阿列克謝大公（一八五〇—一九〇八）　亞歷山大二世四子。一八五七年任海軍少尉，一八八一至一九〇五年任海軍元帥。

特爾托夫（一八三六—一九〇三）　畢業於海軍軍官學校。一八五二年就職，一八九二年任太平洋艦隊司令長官，一八九六至一九〇三年任海相。

阿韋蘭（一八三九—一九一六）　海軍軍官學校畢業。一八五五年就職，一八九六至一九〇三年任軍令部長。一九〇三至一九〇五年任海相。

阿列克塞耶夫（一八四三—一九一八）畢業於海軍軍官學校。一八六三年就職，一八九五至一八九七年任太平洋艦隊司令長官，一八九九至一九〇三年任關東州長官，一九〇三至一九〇四年任遠東總督。革命發生後流亡在外。

特爾托夫

羅熱斯特文斯基

阿韋蘭

斯塔爾克

杜巴索夫（一八四五—一九一二）畢業於海軍軍官學校。一八九七至一八九八年任太平洋艦隊司令長官。

馬卡洛夫（一八四八—一九〇四）一八六七年就職，一八九五至一八九六年任地中海艦隊司令長官，一九〇四年任太平洋艦隊司令長官。因旗艦

阿列克塞耶夫

馬卡洛夫

魯辛

羅森

伊茲沃利斯基

巴甫洛夫

觸雷而亡。

羅熱斯特文斯基（一八四八—一九〇九） 畢業於海軍軍官學校、炮兵大學。一八六八年就職，曾參與俄土戰爭，一八九〇至一八九四年任駐英武官，一九〇三至一九〇四年任海軍軍令部長，一九〇四年任第二太平洋艦隊司令長官。一九〇六年在軍事審判中被判無罪。

斯塔爾克（一八四六—一九二八） 畢業於海軍軍官學校。一八六六年就職，一九〇二至一九〇四年任太平洋艦隊司令長官。革命發生後流亡在外。

魯辛（一八六一—一九五六） 畢業於海軍軍官學校。一八八六年任官，一八九九至一九〇四年任駐日武官，一九一三至一九一七年任海軍軍令部長。革命發生後流亡在外。

【公使】

謝維奇 一八八六至一八九二年任駐日公使。

希特羅渥（一八三七—一八九六） 一八九三至一八九六年任駐日公使。

羅森（一八四七—一九二二） 畢業於帝國國立法律學校。一八七七至一八八二年為駐日公使館館員，一八九七至一八九九年、一九〇三至一九〇四年任公使。一八九八年任駐清公使。

伊茲沃利斯基（一八五六—一九一九） 畢業於亞歷山大皇家中學。一八七五年進入外交部，歷任駐梵蒂岡公使、駐塞爾維亞公使，一九〇〇至一九〇二年任駐日公使，一九〇六至一九一〇年任外相。

士貝耶 一八九六至一八九七年任駐韓代理公使，一八九八年任駐清公使。

韋貝爾（一八四一—？） 一八七一至一八七三年任駐箱館副領事，一八七四至一八七五年任駐橫濱副領事，一八七六至一八八四年任駐天津領事，一八八五至一八九五年任駐韓代理公使，一八九七至一九〇〇年任駐墨西哥公使。

馬邱寧 一八九八年任駐韓代理公使。

巴甫洛夫 一八九五至一八九八年為駐清一等書記官，一八九九至一九〇二年任駐韓代理公使，一九〇三至一九〇五年任公使。

喀希尼 一八九二至一八九七年任駐清公使，一八九八至一九〇五年任駐美公使，一九〇六至一九一〇年 任駐西班牙公使。

雷薩爾 一九〇二至一九〇五年任駐清公使。

【其他特別職務】

沃加克（一八五九—？） 畢業於騎兵軍官學校。一八七八年就職，一八八九年進入參謀本部，一八九二至一九〇三年任駐清武官，一八九三至一八九六年任駐日武官。別佐勃拉佐夫的合作者。一九〇五至一九〇七年任駐英武官。

別佐勃拉佐夫（一八五五—一九三一） 畢業於近侍學校、騎兵軍官學校。曾在近衛騎兵聯隊工作，後任畜牧局局長、伊爾庫茨克總督特任官。圍繞鴨綠江利權展開策劃，為皇帝的非正式輔佐官。一九〇三至一九〇四年為遠東委員會委員。

革命發生後流亡在外。

阿巴扎（一八五三—一九一五） 一八七三年進入第四海兵團，一八八四年任海軍元帥副官，一八九九年任近衛海兵團司令官，一九〇二年任中央商船商港管理局次長，一九〇三年任遠東委員會事務局長，是別佐勃拉佐夫的合作者。

蘇沃林（一八三四—一九一二） 一八七六年收購《新時報》，任社長兼主筆，使其發展為大型報社。

沃加克

安連

蘇沃林

袁世凱

李鴻章

穆麟德

清國、歐美

李鴻章（一八二三—一九〇一） 一八七〇年任清國直隸總督、北洋大臣。曾簽署《馬關條約》、《俄清密約》等。

慶親王（一八三六—一九一六） 乾隆皇帝曾孫。任總理衙門大臣、首席軍機大臣。

穆麟德（一八四七—一九〇一） 德國人。因李鴻章的指示，自一八八二年起成為朝鮮的參議、協弁，外交顧問。致力於促使俄朝接近，一八八五年被解任。

安連（一八五八—一九三二） 一八八四年作為美國傳教士來朝，一八八七年供職於朝鮮政府，其後成為美國駐韓公使館一等書記官，自一八九七年起任美國公使，一九〇五年回國。

袁世凱（一八五九—一九一六） 一八八二年作為軍人來朝，一八八五年任總理朝鮮交涉通商事宜大臣。一八九四年回國。其後擔任直隸總督、軍機大臣，一九〇九年被罷黜。辛亥革命後，任中華民國臨時大總統。

＊說明：伊藤博文、山縣有朋、井上馨、青木周藏、陸奧宗光、小村壽太朗、林董、大山岩、山本權兵衛、秋山真之、廣瀨武夫等人的畫像轉載自〔日本〕國立圖書館網站。明治天皇畫像為高橋由一創作的《明治天皇禦肖像畫》。

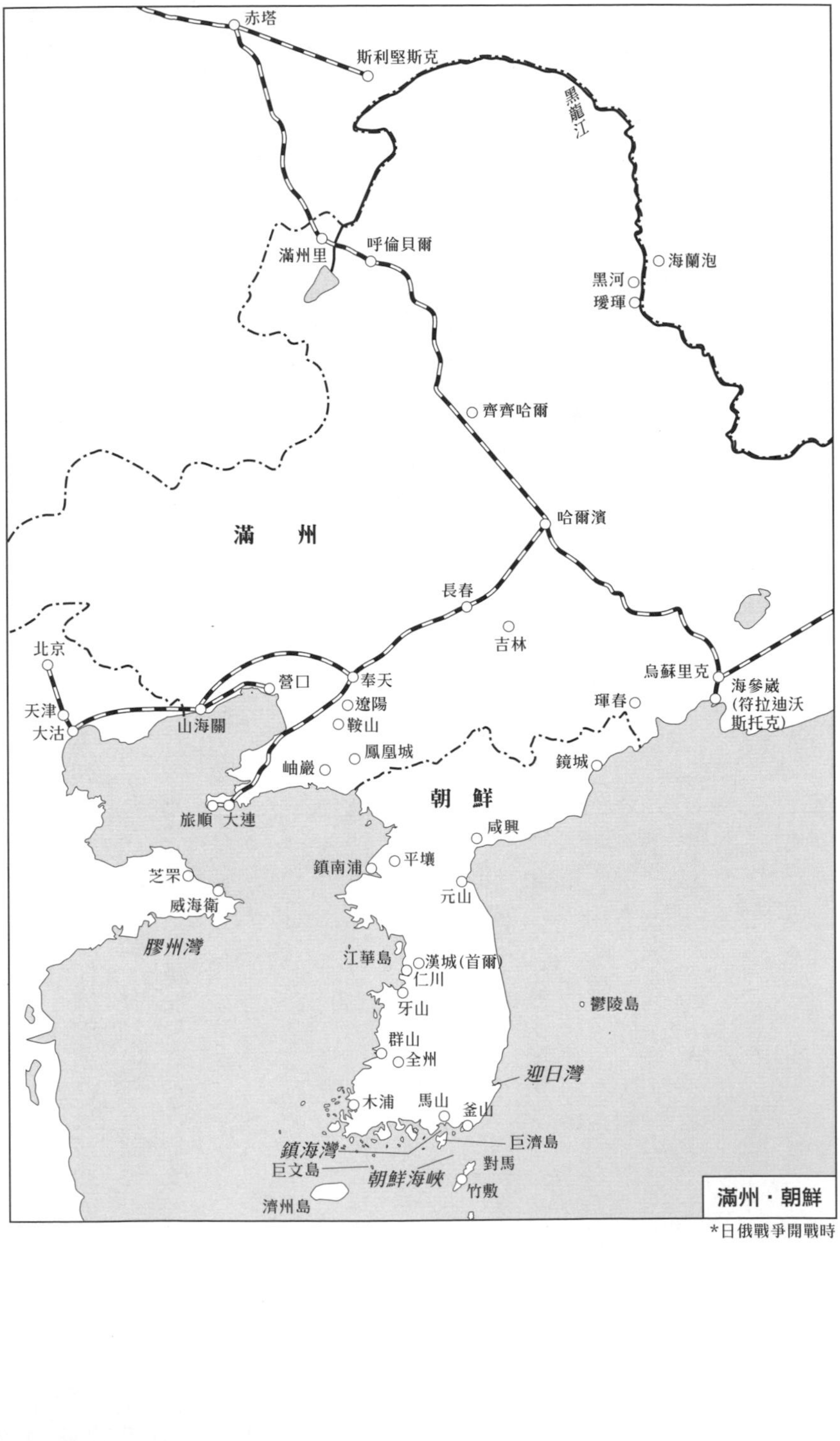
赤塔
斯利堅斯克
黑龍江
滿州里
呼倫貝爾
海蘭泡
黑河
瑷琿
齊齊哈爾
哈爾濱
滿 州
長春
吉林
北京
烏蘇里克
營口
奉天
海參崴
(符拉迪沃
斯托克)
天津
遼陽
琿春
大沽
山海關
鞍山
鳳凰城
岫巖
鏡城
朝 鮮
旅順
大連
咸興
鎮南浦
平壤
芝罘
元山
威海衛
膠州灣
江華島
漢城(首爾)
仁川
牙山
鬱陵島
群山
全州
迎日灣
木浦
馬山
釜山
巨濟島
鎮海灣
對馬
巨文島
朝鮮海峽
竹敷
濟州島
滿州・朝鮮

*日俄戰爭開戰時

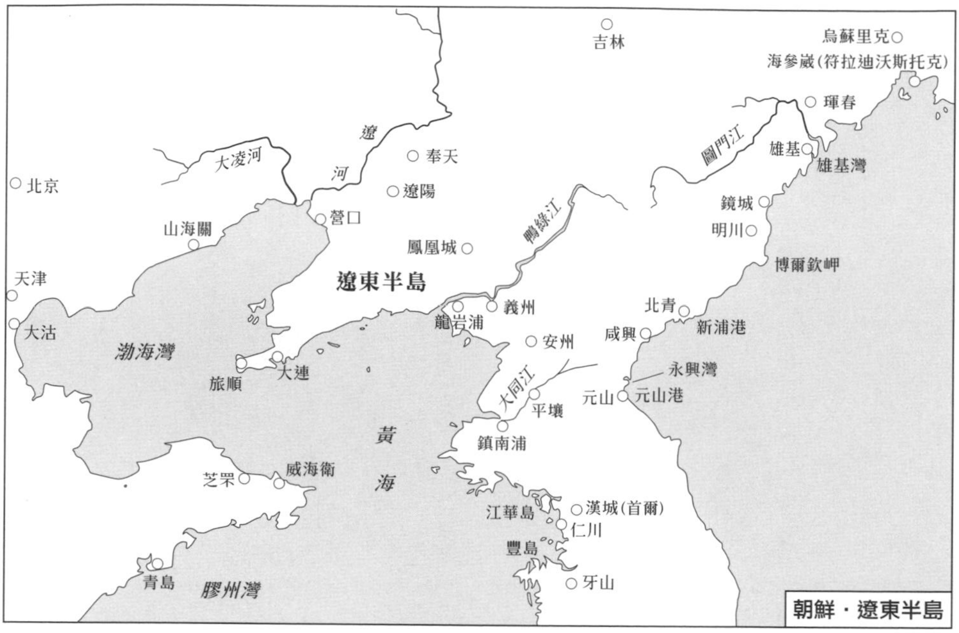
吉林
烏蘇里克
海參崴(符拉迪沃斯托克)
琿春
圖們江
雄基
雄基灣
遼
河
大凌河
奉天
北京
遼陽
營口
山海關
鏡城
明川
鳳凰城
鴨綠江
博爾欽岬
天津
遼東半島
義州
北青
龍岩浦
新浦港
大沽
咸興
安州
渤海灣
永興灣
旅順
大連
大同江
元山
元山港
平壤
黃
海
鎮南浦
芝罘
威海衛
漢城(首爾)
江華島
仁川
豐島
青島
膠州灣
牙山
朝鮮・遼東半島

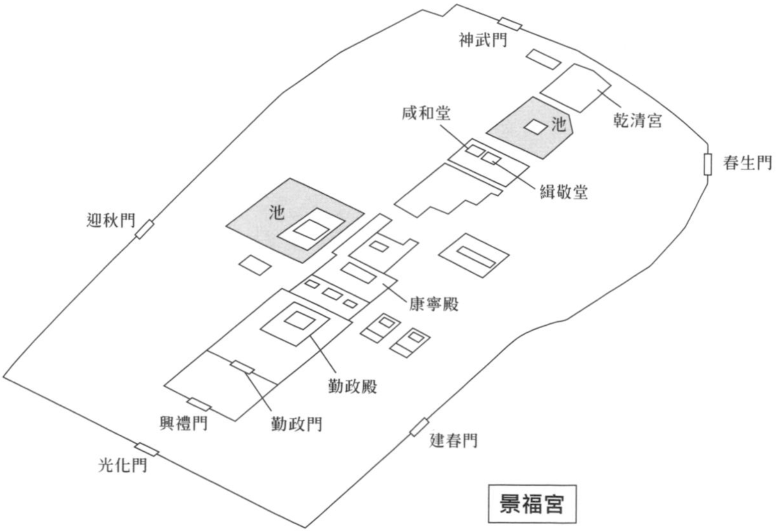
神武門
乾清宮
咸和堂
池
春生門
緝敬堂
迎秋門
池
康寧殿
勤政殿
興禮門
勤政門
建春門
光化門
景福宮

第一章　日俄戰爭為何發生

司馬遼太郎的看法

當前，文學家司馬遼太郎的作品《坂上之雲》在我國（日本）民眾對日俄戰爭的認知過程中扮演了非常重要的角色。這部作品自一九六八年春開始在《產經新聞》上連載，於六九年春由文藝春秋社出版了單行本。在這部書第一卷的後記中，司馬氏這樣寫道：

「歐洲意義上的『國家』因明治維新而誕生了。……每個人都成為了『國民』，儘管還不習慣這一身份，但成為『國民』後的日本人，作為日本歷史上最初的體驗者，被這種新鮮感所激發，意志昂揚。倘若不理解這種刻骨銘心的昂揚感，就無法理解這一階段的歷史。」[1]

「如果將政府比作一個小家庭，那麼出現於其中的陸海軍就像謊言一般微不足道。在這個宛如鄉鎮小作坊的彈丸之國中，身負職責和義務、被配置在各個部分的人們，恰恰因為家庭的微小而竭盡全力地工作，他們唯一的目標就是使自己的組織強大起來，對於這個目標，他們甚至根本不知道懷疑。這個時代的蓬勃朝氣，大概就來源於這種樂觀主義吧。這部長篇故事就是關於這段日本歷史上沒有先例的，幸福的樂觀主義者們的故事。……樂觀主義者們以那個時代人所特有的氣質，凝視著遠方奮勇直前。猶如在上坡路盡頭的藍天上，有一朵閃耀的白雲，他們只全心注視著那朵白雲，奮力攀援而上。」[2]

司馬氏的這部長篇小說以這樣三位樂觀主義者為主人公：出身於四國伊予松山的文學家正岡子規，制定了日本海海戰戰略戰術的海軍軍人秋山真之，以及其兄長、曾與俄羅斯哥薩克騎兵隊作戰的騎兵將軍秋山好古。正岡子規生於一八六七年，秋山真之生於一八六八年，正值明治維新元年，堪稱明治維新之子。而秋山好古則生於一八五九年，明治維新當年還不滿十歲，同樣可以算明治維新之子。這部小說第一卷的結尾寫到，在日清戰爭最後的威海衛海戰時，身患結核病的正岡子規作為從軍記者離開了東京。小說所塑造的向著與俄國戰爭這個目標努力奮進的兩位軍人及他們的文學家朋友的形象，對於二戰後處於經濟高速成長期、同樣注視著「坂上之雲」而努力奮鬥的日本人來講，可以說恰好是值得學習的前輩榜樣，因此這部小說的讀者群很快就爆炸式地擴大了。

然而，司馬氏雖然以這樣的方式開篇描寫日俄戰爭，但在寫作過程中，卻已經預示了在這場戰爭中贏得優勢的日本在戰後開始走下坡路，以至於最終從高臺滾落的結局。這部小說的第二卷寫至包括一九〇二年正岡子規之死在內的日俄戰爭前夕，在後記中，作者似乎頗為急迫地預先做出了嚴峻的結論：

「總之，俄羅斯自身有很多失敗之處，而日本因其縝密的計劃性以及敵人的這種不堪，因勢利導，逐步擴大了原本驚險萬狀的勝利，這就是日俄戰爭。戰後的日本沒有努力讓國民瞭解這種冷酷的相對關係，國民也不想知道這些，反而將勝利絕對化，以至逐漸將日本軍隊的神秘強大演化成一種信仰，在這方面，整個民族都癡呆化了。」[3]

這是非常嚴厲的批評。司馬氏所寫日俄戰史的特點是激烈批評乃木在旅順攻奪戰中的指揮。這部作品在日本海海戰勝利處戛然而止，其最後的情節是，在聯合艦隊舉行閱兵式之日，秋山真之沒有出席，而是獨自去為正岡子規掃墓。司馬氏絲毫沒有提及朴茨茅斯和談的內容，更沒有提及民眾因對和談結果不滿而引發日比谷縱火事件，仿佛戰爭的一切都是痛苦的，他絲毫不願再觸碰。

《坂上之雲》於一九七二年結束了在報紙上的連載，其單行本的第六卷也於當年完結。雖然司馬遼太郎原本想寫一部「樂觀主義者的故事」，但在寫作結束時，卻呈現出了極其悲觀的氛圍，寓示出勝利在本質上是虛幻的，隨之而來的歷史是黑暗的。他就像一位誠實的作家，遵從自己所描寫對象的發展邏輯，逐步修正了對作品原來的構想。

司馬遼太郎的日俄戰爭觀，特別是對戰爭結果的評價是極其透徹的。在這個意義上，我認為他的這部作品從國民層面總結了日本近代史的光榮與悲慘，具有極其重要的意義。

在此基礎上，有一個問題需要探討：日本人認為逼迫而來的與俄羅斯的戰爭是國民的宿命，因此竭盡全力地備戰，這的確是歷史事實。但是，這種認識從歷史上看是否正確呢？司馬遼太郎在這部作品中始終強調，因俄羅斯表現出的侵略欲望，致使日本人強烈地認識到俄羅斯膨脹所帶來的威脅。

首先，故事從日俄戰爭之前的日清戰爭寫起，關於這場戰爭，司馬氏寫道：

「原因在於朝鮮，不過話雖如此，卻並非韓國或韓國人的罪過，如果說有罪，那麼罪過就在於朝鮮半島所處的地理位置。」

「清國主張對朝鮮的宗主權，這點與對越南的情況相同，……接踵而來的俄羅斯和日本也提出了他們的保護權。俄帝國已經將整個西伯利亞掌控在手中，而且把沿海州、滿洲也納入了自己的勢力範圍，同時還顯示出想要乘機擴張到朝鮮的態勢。日本的願望顯得更為迫切，……與其說日本想要佔領朝鮮，不如說如果朝鮮被其他強國佔有，日本將無法實施防衛。」

司馬氏強調在日清戰爭中，日本的姿態還是「被動的」、「『承認朝鮮的自主性，使其成為完全的獨立國家』，這是日本對清國以及其它相關國家的說辭，這種說辭多來年一直像念佛似的不停地被重述。日本十分害怕朝鮮半島成為其他大國的屬地。」[4]

寫至日俄戰爭前夕，司馬氏再次強調了俄羅斯的「野心」：

「以日本紀年來算，俄羅斯帝國開始赤裸裸地表現出侵略遠東的野心是在江户中期至後期。……在這一時期，俄羅斯帝國的侵略熱情變得異常高漲。俄羅斯是後進的帝國主義國家，正因為如此，一旦覺醒，它所採用的侵略方式就如破竹般勢不可擋。」[5]

「對於俄羅斯的侵略主義者來說，奪取滿洲和朝鮮是必須的。因為俄羅斯進軍遠東的一大著眼點就是南下直抵海洋，他們想要獲得不凍港。」[6]

「賴在滿洲的俄羅斯將手又伸向了北部朝鮮。這樣一來，自然就與日本的國家利益產生了衝突。」[7]

「無論後世的俄羅斯史學家如何辯解，對於遠東，俄羅斯都具有過於濃厚的侵略意圖。」[8]

面對俄羅斯的這種侵略熱情，日本朝著確保朝鮮的方向邁進也是理所當然的，司馬氏如此解說道。

「日本在朝鮮問題上如此固執，在沒有經歷過那個歷史階段的今天的人們看來，無論如何都有點不可思議，甚至有些滑稽。」但是，「從十九世紀到那個時代，世界上的國家和地區只有兩條道路可以選擇，要麼淪為他國殖民地，要麼振興產業、增強軍事力量，進入帝國主義國家的行列。」[9]

「日本選擇了通過維新而自立的道路，從那個時候起，即便是給他國（朝鮮）造成麻煩，也必須保持本國的自立。日本在那個歷史階段必須對朝鮮如此執著。因為如果放棄了這一點，不僅是朝鮮，恐怕就連日本自身也會被俄羅斯吞併。」[10]

司馬遼太郎雖然這樣寫，但他對朝鮮本身卻幾乎未費筆墨。

「韓國本身業已無可救藥。李王朝維持了五百年，它的秩序已經徹底腐朽，可以說，韓國根本不具備依靠自身的意志和力量開啓自己命運的能力。」

司馬氏對朝鮮的描述基本上僅此而已。接下來，他在提到東學黨之亂時，舉出了「一名東學的傳教師」全琫準的名字，這是整部小說中出現的唯一朝鮮人的名字。[11] 其他的，甚至就連從日清戰爭前夕直至日俄戰爭時期，這個國家的國王高宗的名字都沒有出現，更不用說被殺害的王妃閔妃了。

當然，小說描繪了面對戰爭時俄羅斯內部的動向。作者首先著重描寫了別佐勃拉佐夫這個人物的動態。

「俄羅斯皇帝的寵臣中，有一位退役的騎兵大尉，名叫別佐勃拉佐夫。……在這幾年裡，俄羅斯皇帝尼古拉二世對這位在俄羅斯宮廷中雄辨滔滔、極富治國空想能力的男人給予了無比的寵信。」[12]

「別佐勃拉佐夫用最能迎合尼古拉二世虛榮心的話勸說道：『得到朝鮮半島後，陛下就真正成為橫跨歐亞大陸的帝國君主了。』……此話正中尼古拉二世下懷。」[13]

「首先，宮廷和軍部被侵略遠東的熱情搞得飄飄然。在宮廷中，……別佐勃拉佐夫越來越得皇帝的歡心，以至於大臣們都畏懼他的權勢而來尋求庇護，他像對待學徒一樣對他們頤指氣使。」[14]

還有一位危險人物是關東州總督阿列克塞耶夫。對於他就任遠東總督這個新設的職位，司馬遼太郎寫道：「對於遠東的事務，他擁有近乎無限的權力。」「在俄羅斯的廷臣中，阿列克塞耶夫也屬於侵略急先鋒中的一人。」[15]

「俄羅斯皇帝真正地像成吉思汗那樣踏上駭人聽聞的冒險之旅，就是從由阿列克塞耶夫和別佐勃拉佐夫兩人主導的遠東體制確立時開始的。」[16]

在小說中，與尼古拉二世、別佐勃拉佐夫和阿列克塞耶夫的三人組合相對抗的是財政大臣維特。按照司馬氏的解說，維特是「俄羅斯帝國政府中唯一的日俄戰爭迴避論者」。[17]與維特相比，外相拉姆斯道夫屬於務實派，但他「不幸沾染上了時代的侵略氣氛」，拉姆斯道夫背後的勢力是陸軍大臣庫羅帕特金。而庫羅帕特金並不是維特那樣的「日俄和平論者」。

至於俄羅斯軍方的日本觀，司馬遼太郎斷言：「不可思議的是，沒有一個俄羅斯軍人恰當地評價了日本的實力，甚至連冷靜分析一下的人都缺乏。」[18]作為例子，司馬氏首先列舉了駐日武官瓦諾夫斯基，他曾經斷言：「日本陸軍是嬰兒軍」，「日本陸軍的道德水準要達到歐洲最弱軍隊的水準，大概需要一百年的時間。」此外，司馬氏列舉了「阿斯科爾德」號艦長格拉馬奇科夫，他曾說：「日本海軍只是裝備整齊而已，但作為海軍的精神與我們相差甚遠，而且對軍艦的操作和運用都很幼稚。」最後司馬氏還列舉了陸相庫羅帕特金，他曾揚言：與日本的戰爭，「與其說是戰爭，不如說是一次軍事性的散步。」[19]

在這種認識的前提下，日俄交涉自然無法得到認真的對待。日本方面本來想用滿韓交換論達成協議，但俄羅斯方面不僅想要滿州，還想要「朝鮮的北部」。俄羅斯拖延做出具體回覆的時間，「並在這期間，以驚人的速度增強了在遠東的軍事力量」。[20]

司馬遼太郎總結開戰前的俄羅斯外交道：

「既使到了後世，事情已經徹底冷卻的時候再來回顧，俄羅斯的態度還是沒有絲毫可以辯解的地方。俄羅斯是故意將日本逼上絕路的。日本就像窮途末路的老鼠，只能與貓做殊死搏鬥了。」[21]

「無論如何，日俄戰爭前夕，俄羅斯的外交態度實在太過分了，俄羅斯財相維特的回憶錄也承認這一點。」[22]

總之，司馬遼太郎對日俄戰爭進行了整體性的歸納：

「日俄戰爭無疑是世界史中帝國主義時代的一個現象。在這一現象中，毫無疑問日本是遭受逼迫的一方，是為了生存而竭盡全力展開的防衛戰。」[23]

司馬氏這種俄羅斯觀，不僅是後世一九六〇年代的觀點，其實也是日俄戰爭時期日本人的俄羅斯觀。並且，他的日俄戰爭觀整體，也是迄今為止日本人所寫的諸多有關日俄戰爭著作的共通看法。可以說，朝鮮觀也基本一致，不過對此仍有必要進行進一步說明。

《小村外交史》與《機密日俄戰史》

關於日俄戰爭時期外務大臣小村壽太郎的外交，有《小村外交史》一書。該書作者為外交官出身的外交史學家信夫淳平，他受外務省委託，從一九二〇年起，充分利用外務省的文書資料編成了《侯爵小村壽太郎傳》，這部稿本當時印刷了十五部；第二次世界大戰後，外務省將之增補修訂為《小村外交史》，作為一九五三年外務省編纂的《日本外交文書》附冊予以刊行（一九六六年由原書房重印）。可以說，這是一部從小村外相和外務省立場寫的正式的日俄戰爭開戰外交史、終戰外交史。司馬遼太郎當然認真閱讀過這部書。此外，還有陸軍大學校教官谷壽夫的講義摘要《機密日俄戰史》。該書於一九二五年以抄寫印刷的形式在相關者之間流傳，戰後的一九六六年由原書房刊行。這同樣是一部有代表性的書，司馬遼太郎也參考了這部書。

司馬遼太郎所寫的俄羅斯政府內部的狀況以及俄羅斯軍部的日本觀，幾乎照抄了《小村外交史》和《機密日俄戰史》兩書共通的敘述。[24]這兩部著作十分相似，幾乎難以區分到底誰參考了誰。兩者共通的地方是：認為維特、拉姆斯道夫毋庸置疑持穩健的意見，庫羅帕特金自訪問日本前後起也開始持有「比較穩健的意見」，「真正推動俄羅斯宮廷走向開戰」的是別佐勃拉佐夫。對於阿列克塞耶夫，則認為他是「騎牆主義者」。

不同於司馬遼太郎在小說中沒有提及，這兩部著作都用很大篇幅描寫了原駐日武官沃加克，將他視為主張開戰的人物。兩書首先寫道，旅順陷落後，接待過斯特塞爾的川上俊彥報告了從斯特塞爾那裡聽到的話，說阿列克塞耶夫是反對開戰的，開戰的「罪魁禍首是沃加克少將」。接著寫道：

「此前沃加克少將作為俄國駐日公使館武官，看到我國的情況，曾私下對人講日本軍隊根本不值一提，當時此事廣為人知。他同時還兼任北京公使館武官，參與了與清廷的滿洲密約談判。據說當清廷大吏提出如果這樣訂約，可能會遭到來自外國的重大干涉時，沃加克當即呵呵冷笑說：『外國，哪個外國啊？是日本吧，日本啊，……呵呵……』他沒有把日本放在眼裡，說他是開戰論者大概不會錯吧。」[25]

至於別佐勃拉佐夫，兩部著作都指出：「他對掌控俄國政權抱有非分之想，他想先吞併滿洲以建立功勳，因此排擠維特、拉姆斯道夫等和平派，將阿列克塞耶夫、沃加克收為自己的爪牙，不斷地向宮廷內外鼓吹主戰論，最終導致誤國。」[26]作為俄羅斯海軍也輕視日本海軍的例子，兩書都介紹了格拉馬奇科夫的言論。[27]

另外，兩部著作中都沒有出現瓦諾夫斯基對日本的評價，這是司馬氏從俄羅斯參謀本部的正式戰史中摘取出來的。日本參謀本部為了編纂日俄戰爭史，收集了大量資料並進行了翻譯，這些資料收錄於《日俄戰史編纂史料》三十四卷四十冊、《日俄戰史史料》四十六卷中。其中，前者的第二十三卷是俄羅斯參謀本部正式戰史第一卷的翻譯。這些資料雖然沒有公開發行，但司馬氏仍然得到並閱讀了，由此知道了瓦諾夫斯基的評價。關於日本陸軍是「嬰兒軍」的評價，也是以這些資料所載的其他俄羅斯將軍的言論為基礎創作改編而成的。[28]

圍繞維特《回憶錄》的狀況

無論是司馬遼太郎的小說，還是《小村外交史》同樣都強調了俄羅斯侵略主義背景中維特的和平主義，這種見解的基礎是維特著名的《回憶錄》。維特一九一五年死於聖彼德堡的家中。死後，雖然皇帝下令將他的文書封存、沒收，但他生前所撰寫的《回憶錄》已經被送往了國外。這部《回憶錄》在俄羅斯革命後的一九二二至一九二三年於柏林刊行，[29]隨即被翻譯成世界多國語言，長期以來一直被認為是最權威的講述俄羅斯帝政史真相的書。

然而，維特的回憶錄卻是在俄羅斯展開「開戰的責任在誰」這場論爭時，他懷著一種執拗的信念，拼命主張自己沒有責任的情況下寫成的。

日俄戰爭對於俄羅斯人來講是始料未及之事，由於戰爭帶來的影響極其深刻，因此在戰爭過程中俄羅斯就已經開始追究誰是開戰的責任人了。「誰之罪」是俄羅斯人常問的問題。

自一九〇五年初起，首都的報紙、海參威的報紙開始追究別佐勃拉佐夫的責任。[30]對此，別佐勃拉佐夫的盟友、遠東問題特別委員會事務局局長阿巴扎於一九〇五年將《遠東特別委員會辦公廳保管對日交涉資料》以「手稿的權利」，即作為內部資料印刷發佈了。其中公開了三十九種秘密材料，證明他們自己如何努力避免與日本的戰爭。[31]

對此，拉姆斯道夫主政的外交部發表了反駁意見書，與之針鋒相對。意見書指出開戰前夕，俄羅斯正在協商最後的答覆方案之際，阿巴扎擅自與日本公使接觸，告知以鴨綠江分水嶺為邊界的構想，妨礙了外相為删除中立地帶條款所做的努力。[32]對此，阿巴扎於一九〇五年十二月寫下長篇意見書《俄羅斯人在朝鮮的企圖》呈交皇帝，為自己做了全面辯護。阿巴扎在意見書中不僅批判了外務大臣拉姆斯道夫，還批判了陸相庫羅帕特金、財相維特。[33]不過，令人感到不可思議的是迄今為止，尚未有學者研究過尼古拉二世文書中的這份阿巴扎意見書。

另外，一九〇六年，拉姆斯道夫的外交部編印了《一八九五年至一九〇四年關於朝鮮問題的對日交涉概觀》，並附有廿五種附錄材料。這部書的公開發行大概受到了限制，它不及阿巴扎編寫的《對日交涉資料》傳播得廣泛。這是外務省自我辯護的「第二彈」。[34]

論爭第二回合的主角是庫羅帕特金，在日俄開戰的同時，他由陸相變為遠東軍總司令官，在奉天會戰後被解職，降職為第一軍司令官。由於所有人都認為地面戰的失敗是他的責任，因此對庫羅帕特金來講，為戰爭指揮做自我辯護是一個事關生死的問題。因此，他還在滿洲時就開始進行戰史研究，並在參謀本部軍官的幫助下，寫成了四卷庫羅帕特金上奏報告。一九〇六年初，他從滿洲撤回後就將這份上奏報告呈交了皇帝。報告的第一卷至第三卷探究了遼陽、沙河、奉天各階段的作戰行動，第四卷是《戰爭總結》。[35]在第四卷中，庫羅帕特金的自我辯護從日俄戰爭的前史開始寫起。他寫道，日本勝利「最重要的原因是我們沒有能夠正確評價日本物質的力量，尤其是精神的力量，無法否認，我們沒有十分認真地對待與日本的戰鬥」。[36]而他自己則自日清戰爭後，「一直對日本軍懷有敬意，並以忐忑不安的心情關注著它的成長」。每次訪問日本，「都公正地評價日本的軍事力量相當於歐洲的水準」，從而思考無論如何都應該避免戰爭。然而即使如此，他辯解道他本人也「完全沒有意料到[37]」日本人能夠發揮出如此程度的「行動能量，高度的愛國心和勇氣」

接著他寫道：雖然他一直擔心俄羅斯在遠東兵力上的劣勢，但財政部不同意增加軍費，把矛頭指向了維特的財政部。[38]在此基礎上，他稱自己是「堅決反對在亞洲進行積極活動的人」，並列舉了以下六條理由：一，由於重視西部戰線，因而為避免與日本的戰爭傾盡了全力。他一直確信與日本劃分勢力範圍是可能的。二，維特推動的東清鐵道建設是一個錯誤，他沒有參與其中。三，穆拉維約夫外相推動的佔領旅順不僅是一個錯誤，而且是致命的，這也是在他就任陸相之前就已經決定好的。四，他一直反對別佐勃拉佐夫一派推進的鴨綠江利權企業。在他去遠東訪問時，維特在內閣會議上表達了與別佐勃拉佐夫一致的意見，增加了與日本決裂的危險。五，他本人主張儘早從滿洲南部、滿洲北部撤退，認為在義和團事件後，為了保衛鐵道，有必要在哈爾濱佈置兵力。六，為了防止與日本的戰爭，他提出了將旅順和關東州還給清國，出售東清鐵道南滿支線這一決定性的方案。[39]庫羅帕特金寫道：「儘管如此，我仍然疑慮為了防止與日本的戰爭，自己是否做了力所能及的所有事情。無論是我，還是陛下身邊的其他大臣，都完全明白陛下堅定的希望避免與日本戰爭的意願。然而我們、陛下的近臣們卻沒能執行陛下的意志。」[40]這些不過是自我正當化的說辭而已。庫羅帕特金對他在開戰後的作戰指揮也做了自我辯護，文中充滿了對部下將軍們的批判。

對於這份上奏報告，當時的陸相列季格爾嚴厲地批評說：「這是庫羅帕特金對自己的頌詩，卻讓整個軍隊、將軍、軍官和士兵背上了汙名。」理所當然地，庫羅帕特金的這份報告被禁止出版，當時可能只印刷了數十份或者數百份。[41]然而，這份報告卻流傳到國外出版了，並且逆流回國，最終得以在俄羅斯國內出版，正如庫羅帕特金所期待的那樣。

對庫羅帕特金的這份報告反應最強烈的是維特。維特已經於一九〇六年至一九〇七年完成了由打字機寫作、原稿長達七百六十九頁的《日俄戰爭的起源》。之前，他曾利用自己所掌握的文書聲討了別佐勃拉佐夫派的開戰責任。[42]這次遭到庫羅帕特金的公然攻擊，維特便以這份原稿為基礎，首先反駁了庫羅帕特金。

維特於一九〇九年自費出版了《維特伯爵被迫對〈侍從將軍庫羅帕特金對日戰爭報告〉做出的辯解》。在該文中，維特將俄羅斯與列國諸強的軍費進行了比較，指出俄羅斯的軍費開支並不少，為了這項預算支出他費盡心力，因此不能說他輕視軍費。[43]特別是關於避免戰爭的努力，維特指責庫羅帕特金在報告中的主張與他以前上奏皇帝時的意見並不一致。他引用了庫羅帕特金一九〇〇年三月二七日（俄羅斯曆一四日）和一九〇三年八月六日（七月二四日）的上奏，其中庫羅帕特金主張俄羅斯能夠擊退日本的進攻、取得戰爭的勝利。[44]

維特進而寫道，庫羅帕特金所列舉的、導致遠東局勢緊張的要因的第一條——建設東清鐵道，他後來不是也支持了嗎。[45]要因的第二條關於租借旅順，租借交涉是庫羅帕特金就任陸相後進行的，他對此沒有反對，後來還發表言論稱佔領是有益的。[46]要因的第三條，滿洲撤兵問題，提出撤兵條件的不正是庫羅帕特金嗎。[47]要因的第四條，關於鴨綠江利權公司，維特反駁說，認定財相贊同別佐勃拉佐夫的公司方案是基於五月二十日（七日）特別協商會議事錄的錯誤記錄得出的。[48]維特進而轉為攻勢，反問道，陸相在一九〇三年六月的旅順會議上要求清算別佐勃拉佐夫的公司，主張變為事實上純經濟性質的公司，但遭到別佐勃拉佐夫的反駁，最終不是不了了之嗎。[49]

到了一九一四年，維特在《歷史雜誌》上借用記者格林斯基之名，將過去寫的《日俄戰爭的起源》長篇原稿以《日俄戰爭的序曲（文書資料）》為題發表。維特去世後，一九一六年，格林斯基將其編輯為單行本

《日俄戰爭的序曲——來自維特伯爵的文書資料》出版。[50]

維特一系列反駁和自我辯解的第三彈是全三卷的《回憶錄》。他在書中不僅批判了庫羅帕特金，還將追究戰爭責任的矛頭指向了皇帝尼古拉二世、普列韋內相、別佐勃拉佐夫派，他認為只有他自己借助外相拉姆斯道夫的幫助，為和平而努力著，然而卻無能為力，無法阻止日俄戰爭。由於維特作為俄羅斯改革派的政治家享有很高的聲譽，他的回憶錄出版不久就被翻譯為各國語言，被人們視為傳達了俄羅斯帝國政治內幕真相的書。其中特別有名的是，維特記載了從庫羅帕特金處聽到的普列韋的一句話：「為了壓制革命，我們需要一場不費力氣就能獲勝的戰爭。」[51]普列韋並沒有講過這句話，然而所有的人都相信這個謊言，至今世界各地出版的俄羅斯歷史書基本都引用了這句話。

綜上所述，在戰爭責任論爭中，維特一人獲得了勝利，他所講的故事也被司馬遼太郎接受了。

大量的戰爭體驗記

實際上，俄羅斯除了政治家的論爭外，軍人們也拼命進行了總結。對於他們來講，這是生死攸關的問題。斯特塞爾等防衛旅順的指揮官們、羅熱斯特文斯基等日本海海戰的指揮官們都被送上了軍事法庭，斯特塞爾被判處死刑，後被皇帝赦免，羅熱斯特文斯基則被判無罪。[52]但是，他們的名譽受到了極其嚴重的損傷。眾多在滿洲戰鬥過的軍官、聯隊長、參謀以及日本海海戰生還的海軍軍官們紛紛寫下了回憶錄和體驗記。大家同樣都在批判性地思考戰敗的原因並追究戰爭責任。

其中反響最大的大概要數埃渥蓋尼・馬丁諾夫的《令人悲痛的日俄戰爭經驗》（一九〇六年）。埃渥蓋尼・馬丁諾夫是參謀本部大學教官，在戰爭中，他作為步兵團長出征，其後擔任過第三西伯利亞軍團參謀長。戰爭結束時，他被晉升為少將，以此軍銜寫下了這本書。

在書中，埃渥蓋尼・馬丁諾夫在盛讚日本人和日本軍隊的同時，徹底批判了俄羅斯人和俄羅斯軍。其批判矛頭首先指向了庫羅帕特金。俄羅斯軍集結兵力需要時間，庫羅帕特金作為司令官，對日軍採取拖延時間的戰略無可非議，他起初迴避決戰的做法可以理解。然而，在迴避決戰的過程中，俄軍開始在意識上萌生出無法與日軍作戰的想法。一九〇四年九月，在發出「進攻的時刻到了」這個著名的命令後的沙河會戰中，俄軍又一次退卻，從而使軍隊喪失了對庫羅帕特金的信賴。奉天會戰「使得官兵們對他作為司令官的才能的最後幻想也煙消雲散了。」[53]

馬丁諾夫對波羅的海艦隊的回航也很篤定地寫道：「這是一個絲毫沒有成功機會的計畫，誰都一目了然。」[54]他認為對馬海戰（日本海海戰）敗戰迫使政府尋求和談，然而當時陸軍的戰勢已變得十分有利，沒必要急著和談。馬丁諾夫甚至極端地寫道，俄羅斯應該暫時在沒有海軍的情況下繼續戰鬥。接下來，他對陸軍也進行了批判。那些成為敗戰戰犯的將軍們，他們的任命完全是靠關係決定的。大多數軍官沒有使命感。留在軍中的，除了少數例外，都是些「升遷遲緩、無精打采的傢伙」[55]。士兵的素質也遜於日本。「日本士兵都識字，能閱讀報紙。」[56]在日本，軍事訓練從進入軍隊之前就開始了。

馬丁諾夫反覆追問道，「日本到底強在哪裡？俄羅斯又弱在哪裡呢？」，他進行了這樣的對比：「日本國民從小學到大學一直都受到愛國主義精神的教育」，日本人的夢想是加入被供奉在「招魂社」中的英雄行列，[57]而在俄羅斯，愛國心只是一句空話，人們認為戰爭是「犯罪或時代錯誤」，軍事是「可恥的工作」。[58]這種抨擊俄軍的書自然很受日本軍人的喜愛。該書很快於一九〇七年就由偕行社以《令人悲痛的日俄戰爭經驗》（悲痛ナル日露戰爭／經驗）之名翻譯出版，想來也是理所當然的吧。

構成另一個極端的是亞歷山大・斯韋欽。他是第三東西伯利亞狙擊兵聯隊軍官，在九連城的戰鬥中表現出色，後來在第三軍參謀部工作。與上層對立的他在返回首都後，從一九〇六年起以每年一本書的頻率撰寫著回憶錄和戰記。他在一九一〇年寫了《一九〇四年至一九〇五年的日俄戰爭——根據戰史委員會的資料》一書，被評價為個人著作中最優秀的日俄戰爭史。斯韋欽在該書結尾寫道：

「本書並不是要嘗試敘述之前戰爭經驗中所有最為重要的東西。筆者只想以全面的概說，為自主的、成熟的工作提供所必須的整體性定位。重要的是，筆者想警告的是過去那種對待戰爭的輕率態度，僅僅試圖將失敗歸咎於個別指揮官的無能、敵人神一般的戰鬥素質、俄羅斯人低識字率、國內的騷亂狀況等。我們既不要戰犯，也不要偶像，因為無論是哪一類，都只會妨礙我們探討錯誤並合理地糾正錯誤。」[59]

作為戰史學家，斯韋欽的這項工作讓人感受到了成熟的目光。無論是馬丁諾夫還是斯韋欽都在俄羅斯革命後返回國內協助紅軍。

俄軍的正式戰史和希曼斯基調查書

在這種空前的、大量帶有批判性的現場報告噴湧而出的背景中，軍方當局推出了正式的戰史。一九〇六年九月，陸軍在參謀本部設立了戰史委員會。瓦西里・洛梅克–戈爾科大將擔任委員長，八名少將、上校擔任委員。委員會於一九一〇年刊行了由九卷十六冊構成的《一九〇四年至一九〇五年日俄戰爭》。[60]該書也是認真扎實而富有批判性的日俄戰爭研究。

這部正式戰史的第一卷題為《日俄戰爭之前的東方諸事件和這場戰爭的準備》。開頭的第一章由希曼斯基少將負責編寫。他的研究特別重要。

希曼斯基生於一八六六年，由普斯科夫的幼年學校進入軍官學校，一八九一年從尼古拉陸軍大學畢業，在莫斯科軍管區擔任參謀。他發揮出歷史學家的才能，潛心於戰史研究。他於一八九六年成為軍官學校教師，同年，他翻譯了德國人馮・繆拉撰寫的《日清戰爭》，並在加上注釋和附錄後出版了該書。其後，他於一八九九年出版了斯沃洛夫的傳記，於一九〇三年撰寫了有關俄土戰爭時普列文要塞攻奪戰的書。雖然他於一九〇二年成為了莫斯科第一擲彈兵師團參謀長，但他沒有參加日俄戰爭，他自一九〇四年六月起擔任莫斯科市內羅斯托夫擲彈兵聯隊長。因他的聯隊士兵在莫斯科十二月的叛亂時拒絕開炮，他被追究責任，於一九〇六年十一月在軍事法庭中受到禁閉八個月的處分，不過後來獲得了皇帝的赦免，只關了一個月禁閉。儘管他有著這樣的經歷，但他作為戰史學家的非凡才能仍然受到關注，於一九〇七年二月加入了正式日俄戰爭史的編寫團隊。[61]希曼斯基在這一寫作中投入了極其令人震驚的精力，他涉獵了外交部、陸軍部、海軍部龐大的文書資料，又與相關人員面談，閱讀其個人文書，於一九一〇年完成了三卷本的調查書《日俄戰爭之前的東方諸事件》。第一卷為十九世紀九〇年代俄日在朝鮮的爭鬥，第二卷為一九〇〇年至一九〇二年間俄日在中國的爭鬥，第三卷為「戰爭前的最後一年」，只寫了一九〇三年。他的這份調查書的印刷總頁數達七九一頁。[62]這部作品分析認真全面、令人震憾，作為開戰過程的研究，可以說是迄今為止最高水準的作品。

從內容上來看，無論是希曼斯基的調查書，還是參謀本部的正式戰史都表現出批判庫羅帕特金贊同別佐勃拉佐夫和沃加克等人增兵遠東主張的傾向。這是關鍵一點。

由於希曼斯基的調查書使用的機密資料過多，在外相伊茲沃利斯基的抗議下未能出版，為了參考，當時只印製了七部，分別送給了皇帝、陸軍部秘密文書科、外交部、東京公使館、北京公使館、洛梅克・戈爾科大將和作者。[63]因此這個調查書的存在完全不為人所知，沒能被後世的歷史學家很好地利用。

海軍方面，海軍軍令部於一九〇八年成立了一九〇四年至一九〇五年戰爭海軍行動記述歷史委員會。自一九一二年至一九一七年陸續刊行了《一九〇四年至一九〇五年的日俄戰爭》全部七卷，這套書還參考了日本方面的戰史。[64]稍早於此，資料彙編集《海軍的行動》全部九卷已於一九〇七年至一九一四年刊行。[65]內容上當然對海軍省和羅熱斯特文斯基軍令部長非常嚴苛。太平洋艦隊將旅順作為根據地的決定是否欠妥？難道不應將符拉迪沃斯托克（海參崴）作為根據地嗎？並且第二太平洋艦隊的回航難道不應中止嗎？書中對這些論點都做了詳細探討。

希曼斯基沒有像馬丁諾夫、斯韋欽那樣留在革命後的俄羅斯。但是，他也和他們一樣，希望俄羅斯能夠迴避沒有意義的戰爭，而一旦戰爭打響，則能夠為了勝利集結一切力量。日俄戰爭得出的結論是，在尼古拉二世的帝政下，俄羅斯無法贏得二十世紀的戰爭。然而，希曼斯基直到去世也沒能在流亡地出版他的三卷本，他的著作最終就那樣湮滅在歷史的暗幕中。

日本的正式戰史和秘密戰史

日本也編纂出版了正式的戰史，然而，由於戰爭勝利這樣的神話早已形成，因此不得不將能夠傳達戰爭真相的戰史保密，故而在正式戰史的背後，存在著大量秘密的戰史。

戰後不久，海軍軍令部和陸軍參謀本部即開始主持戰爭研究。實際上，海軍從開戰前就著手編纂戰史的準備工作了。軍令部次長伊集院五郎於一九〇四年一月廿八日要求海軍各部門記錄《日誌》，定期提交，並解釋說這些將來會成為編寫日俄戰爭史的基礎。戰後的一九〇六年一月，伊集院五郎傳達了《明治三十七八年海戰史編纂方針》，表明編纂戰史的目的在於「以資海軍內部參考」，並命令「紀事皆為機秘，從事材料蒐集及編纂者亦必須嚴守秘密」。[66]

陸軍方面於戰後的一九〇六年二月以參謀總長大山巖的名義發佈了《明治三十七八年日俄戰史編纂綱領》。綱領中指出，第一步的目標是將「精確敘述事實真相」的「草稿」做「史稿編纂」，在此基礎上，進行全面「修訂」，在「對全部事項予以分合增刪並刪除機密事項」後，考慮「公開刊行」。[67]

大張旗鼓的準備工作隨之展開。除收集內部與作戰相關的記錄外，還大量收集、翻譯了俄方的戰史、回憶錄以及第三國武官的觀戰記等。參謀本部編制了《日俄戰史編纂史料》三十四卷、《日俄戰史史料》四十六卷。海軍軍令部則完整翻譯了俄羅斯海軍軍令部的《俄日海戰史》全七卷中的六卷。[68]

在整理這些研究成果方面，海軍走到了前頭。由小笠原長生中將負責整理的海軍軍令部的《極秘明治三十七八年海戰史》全十二部一百五十冊於一九一一年完成。這部戰史只給必要的部門配發了必要的單冊，擁有全書所有冊數的只有皇宮和海軍省文庫，這是一部完全秘密的戰史。第二次世界大戰後，海軍省文庫中的這部戰史被燒毀了，皇宮中的那部被移交到防衛廳戰史部[69]（現在的防衛省防衛研究所圖書館）保管。根據這部極秘戰史，海軍軍令部編寫了用於公開發表的戰史《明治三十七八年海戰史》全四卷，由春陽堂於一九〇九年至一九一〇年出版。

這套完全保密的《極秘海戰史》後來提供給了英國政府，關於這套書的最初研究是傑利安・克爾貝特所寫的《日俄戰爭中的海軍作戰》。然而其研究也被保密了，閱覽只限於英國海軍的高級軍官，這項研究直到一九九四年才得以公開出版。在日本，直到一九八〇年代中期，研究者才能夠利用《極秘海戰史》。[70]

陸軍方面，參謀本部《明治三十七八年日俄戰史》全十卷的草稿本首先完成，然後從中刪除了機密事項等，編輯了公刊本，由偕行社於一九一二年起陸續出版，至一九一五年完結。根據橫手慎二對草稿本和公刊本的比較研究，公刊本刪除了很多重要的事實。[71]在此十卷本刊行後，陸軍方面又編纂了包含秘密部分的《明治三十七八年秘密日俄戰史》。大江志乃夫推測，《明治三十七八年作戰經過概要》全九卷的手寫印刷本即是這項成果。[72]這部戰史記述了從開戰之前的過程到開戰半年後的一九〇四年六月為止的進程，定稿有三卷，於一九七七年公開出版。[73]

正是這種秘密主義創造出了日俄戰爭的神話，如司馬遼太郎指出的，這是「將勝利絕對化，使日本軍隊的神秘強大演變成一種信仰」，從而導致（國民認知）「癡呆化」的構造。

俄國革命後的研究

在第一次世界大戰中，俄羅斯終於爆發了革命。因日俄戰爭暴露出致命的體制缺陷的沙皇帝國在世界大戰中轟然崩潰，通過十月革命，由列寧領導的布爾什維克國家誕生了。這是一個與俄羅斯帝國領土範圍大致相同的強大的統一國家。

革命政權公開了帝政政府隱瞞的內部資料。庫羅帕特金在革命後也留在了俄羅斯，在家鄉的鄉村學校教授經濟地理學。一九二二年，蘇維埃政權的史料雜誌《紅色文書》（譯者註：又譯作《紅色檔案》）公開發表了庫羅帕特金一九〇二年十一月至〇四年二月的日記，次年出版了單行本。[74]這是希曼斯基抄寫的庫羅帕特金的日記，被蘇維埃政權沒收並公佈的。[75]庫羅帕特金的日記是為給他人看而寫的，他設想的最初讀者是皇帝。在這部日記的一九〇三年八月廿二日（九日），庫羅帕特金寫了皇帝和他都認為應該將別佐勃拉佐夫從窗戶扔出去一事。這是經過巧妙計算後的恣意記述。

另外，一九二三年，蘇聯歷史學界泰斗波克羅夫斯基公開發表了庫羅帕特金的手記《滿洲悲劇序曲》，這是與維特以格林斯基之名寫就的著作《日俄戰爭序曲》唱反調的。[76]這份手記的寫作時間以及如何進入革命政府之手的尚不清楚。波克羅夫斯基撰寫的解說文字暗示這份手記是為對抗維特的《回憶錄》而寫成的。

庫羅帕特金於一九二五年在家鄉的村中被盜賊殺害。

在革命後的蘇聯，致力於研究日俄戰爭起源問題的有歷史學家伯里斯•羅曼諾夫。革命前，羅曼諾夫畢業於聖彼德堡帝國大學，是前近代史專家。革命後，他因進入管理公開文書的歷史文書館工作，開始研究起這一問題。他認真研讀了財政部文書，理所當然地對維特的遠東發展政策、維特的歷史形象進行了批判性地再探討。[77]一九二八年，他出版了廣為人知的著作《俄羅斯在滿洲（一八九二年至一九〇六年）》。這本書是蘇聯時代寫成的唯一的日俄戰爭開戰前史，於一九三五年被翻譯成日語。[78]

羅曼諾夫批判了認定戰爭責任在皇帝、別佐勃拉佐夫派、庫羅帕特金等人的觀點，否定了維特無罪的歷史形象。他指出，反而是維特的遠東政策奠定了俄羅斯遠東政策的基礎，維特與別佐勃拉佐夫派之間並沒有本質上的差別。「正因為維特是這項政策的鼓吹者，所以他生前才盡可能地採用一切辦法，死後也憑藉《回憶錄》製造並最為廣泛地普及了他的政策是純粹『和平』性質的這種神話。」[79]羅曼諾夫的結論是俄羅斯方面整體都應該負有戰爭責任。

羅曼諾夫寫作這本書時很認真地調查了文書資料，但令人吃驚的是他並不知道帝政時代最高水準的研究成果——希曼斯基的調查書。因此，他對別佐勃拉佐夫派的評價有不及希曼斯基之處。而且該書文筆晦澀，主旨也不是很明確。後來，在一九三〇年代的蘇聯社會，羅曼諾夫這位嚴厲批判了帝國主義國家俄羅斯的侵略性的學者遭受了苦難。一九三〇年，羅曼諾夫被捕，雖然於一九三三年獲釋，但一九三五年又被視為波克羅夫斯基史學的追隨者，被指責為尼古拉二世洗脫罪責。因此一九三七年羅曼諾夫不得已回到對基輔羅斯（譯者註：最早的俄羅斯國家，以基輔為中心，又稱古羅斯、羅斯國）的研究。

蘇聯在革命後的內戰時期，也沒有忘記曾經受到過來自日本的最長時期的軍事干涉。即使兩國於一九二五年建交之後，它對日本的防範也並沒有消失。如果說日俄戰爭失敗的記憶是導致該國由帝政國家革命性地轉換為蘇聯國家的根源，那麼，對日俄戰爭的研究就不是為了批判俄羅斯的帝國主義發展，而是為了防備再次和日本戰爭，必須把注意力集中於日本的侵略性，對其進行研究。一九三一年，日本侵略滿洲後，蘇聯預想將會再次與日本作戰，緊張氣氛驟然高漲起來。在這種背景下，帝政時代的日俄戰爭研究專家斯韋欽變得引人注目。斯韋欽在一九一八年德軍入侵俄羅斯後，受托洛斯基之邀，出任了三個月的紅軍參謀總長，之後成為了陸軍大學的教官。他在一九二八年出版了《軍事技術的進化》第二卷，書中對日俄戰爭的分析占了很大篇幅。斯韋欽在一九三一年也曾遭遇逮捕，但隨即獲釋，之後進入紅軍情報局工作。[80]他在一九三二年的調查書《過去和未來的日本軍》中指出了「新型日本創造的產物」——日本軍的正面和負面後，做出如下結論：

「一九〇四—一九〇五年日本的勝利，即使尚未成為日本軍的沉重負擔，卻也加強了極度反動的指揮幹部對新風氣的抵抗。日本人的驕傲和對不敗的確信不可避免地……會導致對敵人的過低評價。」[81]

這一結論與司馬遼太郎對日俄戰爭結果的評價一致。

斯韋欽一九三七年還撰寫了《二十世紀第一階段的戰略——一九〇四年至一九〇五年陸海戰的計畫與作戰》。書中論述了日本「戰爭的政治性計畫」，指出「日本的計畫對俄羅斯沙皇體制的不穩定性給予了很大意義，設想極力促進俄羅斯後方政治解體」。[82]這是因為斯韋欽注意到日本支持羅素對俘虜展開革命工作以及明石大佐（明石元二郎）的革命黨工作等日本的「革命化政策」。然而，斯韋欽的貢獻並沒能拯救他自己，儘管史達林曾閱讀過斯韋欽的《軍事技術史》（一九二二至一九二三年）一書，然而卻於一九三八年將他作為日本爪牙逮捕處死。

一九四五年五月，蘇聯在與納粹德國的殊死戰鬥中獲勝，接著，當年八月，蘇軍進攻滿洲的日本軍，為日本投降作出了貢獻。從日俄戰爭算起，這是第四次與日本交戰，蘇聯宣告了勝利。九月二日，史達林在對日戰爭勝利的演講中這樣說道：

「一九〇四年日俄戰爭時，俄軍的失敗在人民心中留下了痛苦的記憶。那是我們國家的污點。我們的人民相信打敗日本、抹去污點的日子終將到來，並一直在默默等待。我們的前輩等待了四十年。現在，這一天終於到來了。」[83]

這場戰爭的結果，蘇聯佔領了三八度線以北的朝鮮，將其置於自己的影響之下，並得到了旅順和大連，收回了東清鐵道。在領土方面，收回了南薩哈林（庫頁島），獲得了整個千島群島。蘇聯不僅收回了在日俄戰爭中的損失，還額外獲得了不少益處。

戰後，蘇聯的日俄戰爭觀受到史達林言論的主導，日本的侵略性被逐步強調，蘇聯歷史教科書中恢復了傳統的日俄戰爭觀，同樣恢復的還有譴責日本沒有發佈宣戰公告就發動戰爭是「背信棄義」的，這一認識也更為深入地鐫刻在全體國民的意識中。但是，對於日本動向的歷史研究卻沒有取得進展。

在戰後的一九四七年，羅曼諾夫總算出版了關於日俄戰爭的第二本著作《日俄戰爭外交史綱 一八九五年至一九〇七》，然而對這本書的增補修訂工作直到史達林死後的一九五五年才得以進行。在這部新著作中，羅曼諾夫寫道，「沙皇政府準備通過條約，實質性地將朝鮮讓給日本，在條約的最終方案中，俄羅斯只提出了日本不能將朝鮮領土用於戰略目的這一要求。」[84]

外交史權威納羅奇尼茨基在一九五六年、批判史達林之年（蘇共第一書記在一九五六年的蘇聯共產黨第二十次代表大會中發表「祕密報告」，對史達林展開全面批判）出版了九百頁的鴻篇巨著《資本主義列強在遠東的殖民政策 一八六〇年至一八九五年》。[85]該書雖然在思考方式上有狹隘之處，但對未公開文書和歐美外交文書進行了徹底研究，在這一方面，至今仍沒有超越它的研究出現。

批判史達林之後，蘇聯一直沒有湧現出研究日俄戰爭前史的學者。俄羅斯人似乎不願意觸及這一政治性問題。好不容易出版的有一定水準的關於日俄戰爭的著作，只有軍事史研究所研究員羅斯托洛夫編的《日俄戰爭史》（一九七七年）。[86]這一時期有關戰爭前史的重要研究全由蘇聯籍的朝鮮學者完成。伊爾庫茨克教育大學教授伯里斯・朴著有《俄羅斯與朝鮮》（一九七九年）一書，他詳細利用了外務省文書，是梳理一八八〇年代以降俄羅斯對朝鮮政策的重要研究。伯里斯・朴之後調到莫斯科的東洋學研究所，於二〇〇四年出版了這部書的改訂版。[87]在此期間，他的女兒貝拉・朴繼承了父親的事業，更為詳盡地對外務省文書展開研究，分別於一九九八年和二〇〇四年出版了《俄羅斯外交與朝鮮》第一卷（一八六〇年至一八八八年）和第二卷（一八八八年至一八九七年）。[88]她也是東洋學研究所的工作人員。這對父女的研究都論證了俄羅斯對朝鮮並非一貫侵略的結論。他們在二〇〇四年以前也同樣不知道希曼斯基的研究。無論如何，作為正式的外務省文書的研究，朴氏父女的研究是這一方面的基礎性成果。

另外，在朴氏父女推出改訂版、女承父業之前的一九九七年，朴鐘涍在莫斯科出版了《一九〇四年至一九〇五年的日俄戰爭和朝鮮》。[89]朴鐘涍雖然是韓國學者，卻在俄羅斯從事研究，這本書也是用俄語寫成的。他研究的特點是廣泛涉獵保存於檔案館的以希曼斯基為代表的書籍，但他的很多史料都從這些書中轉引而來，因此存在一些問題。朴鐘涍曾針對伯里斯・朴的主張，批評其淡化了俄羅斯的侵略性。

蘇聯解體後，終於出現了能夠繼承羅曼諾夫事業，研究導致日俄戰爭的俄羅斯對外政策的俄國學者，他就是聖彼德堡歷史研究所研究員伊戈里・盧科亞諾夫。盧科亞諾夫生於一九六五年，是一位新生代歷史學家，他在繼承羅曼諾夫傳統的基礎上，又廣泛探尋檔案，做出了超越羅曼諾夫水準的研究。他最初的研究成果是二〇〇三年在北海道大學斯拉夫研究中心舉辦的研討會上發表的論文《日俄戰爭再考》，第二篇成果則是收錄在紀念日俄戰爭一百周年國際研討會論文集中的論文《別佐勃拉佐夫一派》。[90]不過令人吃驚的是，他也是在不知道希曼斯基的研究存在的情況下進行研究的，因此他的這兩篇論文並沒有反映出希曼斯基的研究成果。他的論文在結論上對羅曼諾夫的結論做了進一步深化：

「日俄戰爭與其說是俄羅斯的侵略性導致的結果，不如說紛爭的根源在於專制的遠東政策整體、其思想、其得以實現的機制。維特伯爵將俄羅斯政策引上了絕路，別佐勃拉佐夫一派的活動則將俄羅斯政策推向了戰爭的邊緣。」[91]

實際上，不幸的是希曼斯基的調查書曾於一九九四年被一位名叫佐洛塔廖夫的軍人歷史學家以一種奇妙的方式翻印過，標題被改作《二十世紀黎明期的俄羅斯和日本——我國軍事的東方學的分析資料》，扉頁上只寫了「本書的基礎是一九一〇年……希曼斯基少將編寫的分析性著作」。[92]讓人感覺這本書像是佐洛塔廖夫在希曼斯基的書的基礎上寫作而成的。盧科亞諾夫曾經對我說，他感覺此書蹊蹺可疑，因此沒有閱讀過。另外，直到今天，朴氏父女仍然沒有直接看過希曼斯基的原著，他們所使用的是佐洛塔廖夫的版本。

實際上，盧科亞諾夫研讀希曼斯基原著，並調查新的資料後，寫成的最初的論文是二〇〇六年發表的關於導致開戰的日俄交涉的研究。[93]這是第一篇從俄羅斯方面寫成的關於日俄交涉的正式論文。二〇〇八年末，盧科亞諾夫將此前撰寫的論文編為論文集《勿落後於列強——遠東的俄羅斯（十九世紀末至二十世紀初）》，[94]於聖彼德堡出版。這本論文集所收錄的論文有一些曾經發表過，但做了修改，有的未曾發表。我得到盧科亞諾夫惠贈的這本論文集時，本書基本上已經脫稿，因此只能做一些最小限度的修改。

此外，關於遠東總督制度的研究，鄂木斯克大學的列姆涅夫做出了優秀的工作，二〇〇四年，他出版了《遠東俄羅斯——權力的帝國地理學（十九世紀至二十世紀初）》一書。[95]關於世紀末的俄羅斯對外政策，莫斯科的俄羅斯史研究所學者伊利納・雷巴切諾克出版過有關海牙和平會議的著作。[96]然而，關於日俄戰爭前史的正式研究還沒有湧現出來。

歐美與韓國的研究

歐美的研究也全部是在不知希曼斯基研究情況的情況下，受羅曼諾夫研究影響而做出的。在歐美被視為古典著作的是馬洛澤莫夫的《俄羅斯遠東政策 一八八一年至一九〇四年》（一九五八年）。馬洛澤莫夫是俄裔美籍學者，他在加利福尼亞大學柏克萊分校卡納教授的討論班上嶄露頭角，可惜英年早逝，這本書成了他的遺著。[97]當然他也不知道希曼斯基，未能調查蘇聯文書館中未公開的文書，他徹底分析和歸納了公開的資料，精心查閱了歐美諸國公開的外交文書。馬洛澤莫夫注意到庫羅帕特金日記在一九〇三年八月二十二日（九日）記載有皇帝和庫羅帕特金一致贊同應該將別佐勃拉佐夫從窗戶扔出去。他結合主戰派的別佐勃拉佐夫於一九〇三年秋失勢的情況，提出了俄羅斯政府整體希望迴避戰爭的主張。[98]威斯康辛大學的麥克唐納於一九九二年發表的研究成果《俄羅斯的統一政府和外交政策 一九〇〇年至一九一四年》在資料上沒有太大進展，也採納了馬洛澤莫夫的主張。[99]在日本，我最先採納這一主張，在幾部概論性質的書中寫到了這點。[100]這個主張的共通之處在於，在開戰前夕，俄羅斯已經沒有了主戰派，俄羅斯沒有戰爭的打算。這個主張本身是正確的，但對別佐勃拉佐夫的理解以及別佐勃拉佐夫失勢說都是錯誤的。

繼馬洛澤莫夫之後，出版的著作還包括夏威夷大學外交史教授約翰・懷特的《日俄戰爭外交》（一九六四年）。[101]而日俄關係史研究巨匠列森雖然沒有留下關於日俄戰爭的研究，但他撰寫了《陰謀的平衡——圍繞朝鮮、滿洲的國際角逐一八八四年至一八九九年》（一九八二年）和《俄清戰爭》（一九六七年），囊括了與亞洲相關的日俄外交官目錄以及各種各樣資料的公開刊物，成績斐然。[102]不過，在歐美著述中，應數日英關係史專家、倫敦經濟大學教授伊恩・尼什的《日俄戰爭起源》[103]（一九八五年）的敘述最為傑出。尼什不僅對美英外交文獻做了廣泛研究，還通曉日語文獻，並且吸收了俄語文獻，因而做出了最為平衡的統合性說明。不過，總的來看，他的侷限在於，他有對俄羅斯的膨脹主義過於嚴厲，而對日本的膨脹主義過於寬鬆的傾向；另外，他對俄羅斯的內部情況因受到英國外交官、記者看法的影響，往往停留於表面，對朝鮮的內部情況則幾乎沒有關注。

荷蘭學者 Schimmelpenninck van der Oye 撰寫的《面向旭日——俄羅斯帝國的意識形態和通往對日戰爭之路》是新的研究。作為歐美研究者，他最先在俄羅斯的文書館認真查閱史料，提出應該關注的視野。[104]這部著作出版於二〇〇一年，直至這時，希曼斯基的調查書才得到研究者的參考。然而，該書卻完全忽視了別佐勃拉佐夫，沒有充分地利用史料調查。此外，美國的俄羅斯軍事史研究者布魯斯・梅寧長年深入研究俄羅斯的陸軍省文書，其最新論文《誤算敵人的力量——戰爭前夕的俄羅斯情報機關》[105]是相當出色的研究，對我頗有幫助。

在韓國，早期有漢陽大學教授辛承權的英文著作《俄日圍繞韓半島的鬥爭 一八七六年至一九〇四年》（首爾，一九八一年）。[106]該書慎重地使用了蘇聯公開的資料和日本外交文書，是優秀的研究。辛承權主張俄羅斯對朝鮮政策一貫消極，日本則一貫積極。而曾以俄語在俄羅斯出版著作的朴鐘涍於二〇〇二年將其在俄羅斯文書館調查發現的有關韓國的文書內容概要在首爾出版。[107]書中收錄了俄羅斯帝國外交文書館的文書，其中有與日俄戰爭相關的史料的介紹。雖然這些都只是一則則史料的簡短介紹，但玄光浩系統地利用這些史料，與韓國、日本的史料一同進行分析，寫出了《大韓帝國與俄羅斯以及日本》（首爾，二〇〇七年）。

這本書雖然用功很深，但由於玄光浩完全沒有閱讀俄羅斯的文獻資料，因此算不上很充分的研究。在這點上，長期在俄羅斯從事研究的崔德圭在以俄文寫成的博士論文的基礎上，用韓文撰寫的《帝政俄羅斯的韓半島政策 一八九一年至一九〇七年》（二〇〇八年）堪稱一流成果。[109] 該書基於文獻資料，對維特與俄韓銀行、鴨綠江利權問題、馬山問題、海軍增強問題等進行研究，有了新的發現。

日本的研究

在日本，關於從幕府末期到日清戰爭為止的日本對朝鮮政策，有里程碑式的研究成果，即一九〇四年朝鮮總督府隱去作者姓名出版的《近代日鮮關係研究》上下兩卷，實際上該書作者是田保橋潔。該書不僅關注日本、清國、朝鮮，還將目光投向了俄羅斯的資料，甚至還瀏覽了歐美外交文書，是非常正規的研究，確立了人們對事實關係的基礎認識。書中正面研究了朝鮮國王高宗與俄羅斯接觸的情形。這本書於一九六三年至一九六四年再版，被廣泛閱讀。[110]

即使在戰後的日本，日俄戰爭的研究也並不受歷史學家的喜愛。代表性的歷史學家的著述有古屋哲夫的《日俄戰爭》（中公新書）和山邊健太郎的《日韓併合小史》（岩波新書），兩者均於一九六六年出版。這兩部著作都強調了日本的侵略性，對很多人來講，這一點形成了他們的常識。

同期還出版的有外交史學家角田順的《滿洲問題和國防方針》（一九六七年）。該書使用政治家的文書和歐美外交文書，研究了田保橋潔著作之後時期的問題，即從義和團事件和桂內閣成立到日俄戰爭為止的時期，被認為是極為縝密的研究。[111]基本上，可以說角田順的研究重新論證了日本傳統的歷史形象，為司馬遼太郎的小說提供了學術上的支援。他的觀點的前提是，俄羅斯一貫的南下政策對開戰負有責任，他提示出了這樣一種構圖：日本方面為了與之抗衡，桂、小村等少壯派「抑制住元老的對俄綏靖論，主導了開戰」。

關於日清戰爭，一九六八年出版了中塚明的《日清戰爭研究》（青木書店），一九七三年出版了藤村道生的《日清戰爭》（岩波新書）。這些書都指出了日本的侵略性，大致形成了歷史學家的常識。

進入一九八〇年代，佐賀大學的佐佐木揚正式使用《紅色文書》中收錄的俄方資料，並涉獵了英國、中國的外交史料，不斷發表了有關日清戰爭時期俄羅斯外交的基礎性研究。[112]其他研究還包括森山茂德於一九八七年出版的《近代日韓關係史研究——朝鮮殖民地化和國際關係》，[113]這本書是在他向東京大學提交的博士論文的基礎上寫成的，使用了新的朝鮮關係的外交資料，當然將田保橋潔的研究推進了一步，不過書中對俄羅斯的討論則僅依賴於馬洛澤莫夫的成果，沒有做出更深入的研究。

一九九五年，京都大學的高橋秀直將《通往日清戰爭之路》一書付梓。[114]這本書的觀點也可見於司馬遼太郎的著述，它對日本的近代化和大陸國家化不可分的看法提出了質疑，是一本以修正中塚明、藤村道生的古典研究為目標、頗有爭議的著作。高橋秀直提出了三個問題：明治國家是否一貫以大陸國家化為目標；對於日本的資本主義進程，大陸國家化是不可欠缺的嗎；日本所處的國際環境是否逼迫日本在躋身帝國主義國家、或淪為（半）殖民地兩種選擇中必選其一？[115]高橋秀直對這些問題都給出了否定的回答，他在結論中寫道：

「到日清開戰為止，明治國家的外交路線並非以政治上向亞洲膨脹和大陸國家化為目標。其財政路線也並非軍擴至上主義，而是立足於重視健全財政原則的『小政府』路線。日清開戰不是明治國家既有軌跡的延長，反而斷送了它的前程。與之相比，開戰最重要的是出於內政上的原因，在開戰當時，政府既沒有對戰爭前途的展望，也沒有制定出今後的朝鮮政策。」[116]

高橋根據資料仔細梳理了決策者認識和判斷上的變化，得出了這一結論。然而，當政府內部有主流意見和非主流意見時，他更重視主流意見，沒有關注同時支撐兩者的共通的認識基礎。另外，他也沒有關注到主流意見通常有本來希望和當前政策上的現實主義這一雙重構造。高橋的研究仍需要更為縝密的論證。

幾乎同一時期，研治日本政治外交史的千葉功和伊藤之雄挑戰了角田順關於日俄戰爭的構圖，推進了相關研究。千葉功和伊藤之雄在一九九六年左右集中發表了研究成果。昭和女子大學的千葉功在其研究日俄交涉的論文結論中，主張儘管日俄兩國都「希望滿韓交換，卻沒能將這種想法公然傳達給交涉對手國」，因此戰爭發生了。也就是說，「日俄戰爭是原本在具體的爭執點上有可能妥協，但因雙方交流不徹底，致使醞釀相互信任失敗，從而引發的戰爭。」[117]千葉功發現了《大阪每日新聞》翻譯介紹的阿巴扎公開發表的遠東委員會秘密文書集，並將其運用於研究中，作為日本史學家，他所做的努力令人敬佩。[118]關於日本方面的內部論爭，千葉功主張所謂的滿韓交換論和滿韓不可分論並不對立，他以此為核心立論，主張桂、小村等少壯派和元老派的對立不是本質性問題。[119]千葉的學說被井口和起以及原田敬一的岩波新書都採納了，影響很大。[120]千葉一九九六年的兩篇論文被收入二〇〇八年出版的著作《舊外交的形成——日本外交一九〇〇年至一九一九年》（勁草書房）中。海野福壽的《韓國合併史研究》（二〇〇〇年）是闡明日俄戰爭初期日韓協定書簽訂過程的重要成果，其中也採納了千葉的學說。[121]

京都大學伊藤之雄將其研究彙集成《立憲國家與日俄戰爭》（木鐸社）一書，於二〇〇〇年出版。伊藤之雄肯定伊藤博文、山縣有朋等對俄綏靖路線和桂、小村路線的對立性，但認為伊藤、山縣等人的路線有充分取得成功的可能性，他主張「桂內閣、藩閥中樞等日本政界要員做好了日俄開戰的精神準備，沒能讀出俄方對日態度軟化的資訊，從而喪失了避免戰爭的機會；日俄開戰的要因在於日俄雙方的動向和相互誤解」。[122]伊藤之雄與千葉功一樣，猛烈批判了角田順的俄羅斯觀。

批判角田學說的氣氛還擴展到了俄羅斯史學家中，稻葉千晴在數篇論文中指出戰爭並非不可避免，是可以迴避的，並論述了日本由軍人主導，「無疑正是日本積極地踏出了戰爭這一步。」[123]此外，寫過探討英國外交文書的論文的廣野好彥，從小村壽太郎與駐日公使麥克唐納的談話出發，主張「小村並不希望與俄羅斯開戰，至少可以斷言，在俄羅斯的修正方案送來之前，他是希望和平地解決日俄紛爭的」。[124]

對此，俄羅斯—蘇聯外交專家、慶應義塾大學的横手慎二在二〇〇五年的《日俄戰爭史》（中公新書）中寫道：十九世紀末，面對俄羅斯租借遼東半島和馬山港地區的動向，綏靖論者山縣有朋的對俄觀發生了變化。横手慎二進而強調，「日本的政治領導層曾經追求迴避戰爭的可能性」，然而「日俄兩國到最後也沒能克服兩國圍繞韓國在利害上的對立」。對於這種現象，横手以「安全悖論（security dilemma）」這個概念進行了說明。「在對立的兩國之間，一方若是增加了自國的安全，就會增加另外一方的不安，很容易產生惡性循環。」日俄兩國就陷入了這種悖論中，「日本的實力處於劣勢，除了發動戰爭之外，找不出有效的解決對策。」[125]不用說，橫手慎二對千葉功、伊藤之雄的「修正主義」持批判態度。

另外，以日俄戰爭一百年為契機出版的著作，除橫手慎二的作品之外，最新出版的還有山室信一的《日俄戰爭的世紀——從連鎖視點看日本和世界》，[126]該書視野廣闊，在日俄關係問題上也挖掘出了以前不為人知的歷史事實。

我的歷程

我一直對日俄戰爭很感興趣。一九七三年，我出版的第一本書是日俄戰爭期間，為向俄羅斯俘虜宣傳革命而流亡日本的俄羅斯人尼古拉・蘇濟洛夫斯基—羅素的傳記。[127]在書中，我關注的是日俄戰爭和俄羅斯國內變革的關係，主要探討了日俄社會主義者的合作和矛盾，明石・茨里阿克斯為取得戰爭勝利所做的革命工作以及羅素在日本陸軍省認可下，在俘虜收容所內所做的革命工作等。

從那時起，我就一直很關心日俄戰爭為什麼會發生這個問題。我感覺作為一名俄羅斯史學家，對於這個問題沒有自己的清晰認識是致命的。自一九八〇年代起，我將研究現代朝鮮也納入了自己的專業領域，由於我一直對日本和俄羅斯、日本和朝鮮的關係有濃厚的興趣，因此，非常希望對日本和俄羅斯圍繞朝鮮發生戰爭的這段歷史有明確的認識。一九八四年，我在日蘇歷史學研討會上做了《日本人的俄羅斯觀——老師・敵人・共苦者》的報告。在報告中我指出，日本人將「俄羅斯作為敵人」的印象是源自日俄戰爭觀是不言而喻的。我批判性地探討了司馬遼太郎《坂上之雲》中呈現的對俄羅斯的認識和對朝鮮的認識。然後指出，在

《坂上之雲》出版十年後，司馬又寫了有關里科爾德和高田屋嘉兵衛交涉的《菜花之沖》，我指出，「我們從這位文學創作者的腳步中看到了希望」。然而當時，我自己卻無法取得更大的進展。[128]

我具體著手研究日俄戰爭的契機卻是日俄戰爭一百周年。二〇〇三年一月，北海道大學斯拉夫研究中心為紀念日俄戰爭一百年，率先召開了重新探討日俄戰爭的研討會。歐美和俄羅斯的重要學者都來參加了這一研討會，這是一個具有劃時代意義的會議。盧科亞諾夫也從聖彼德堡前來參與會議，並做了《別佐勃拉佐夫一派》的報告，使我深受觸動。

接下來，紀念日俄戰爭一百年的研討會是二〇〇四年三月的山梨學院大學聖彼德堡研討會。我與會並做了《日本人如何看待日俄戰爭》的報告。[129]在這個會上，我再次遇到了司馬遼太郎。二〇〇五年有兩個研討會，我參加了橫手慎二籌辦的慶應義塾大學的研討會。面對這次會議，我該選擇怎樣的主題，才能發現新的文書資料，拋出新的論點呢，這是一個讓人苦惱的問題。

這時，我又一次回到《坂上之雲》，注意到司馬遼太郎曾斷言，「不可思議的是，沒有一位俄羅斯軍人恰當地評價了日本的實力，甚至連冷靜分析的人都缺乏。」這種說法正確嗎？我感覺有再度探討的必要，於是，我確定了《研究汝之敵——俄羅斯的駐日武官們》這樣一個題目，決定展開研究。雖然《坂上之雲》中沒有出現康斯坦丁・沃加克這位駐日武官嘲笑日本軍的情節，但《小村外交史》、《機密日俄戰史》都特別記載了此事。於是，我決定從這個人入手。

我首先　查了納烏卡（ナウカ）（指日本的ナウカ書店。ナウカ是俄文「科學」的意思，專門經營俄文相關的書籍、資料）製作的俄羅斯—蘇聯日本研究相關資料微縮資料庫。納烏卡是戰後將蘇聯書籍輸入日

本的業者的先驅，雖然該公司於前兩年倒閉了，但它在許多文化事業上成績斐然，其中這個微縮資料庫就是一個值得稱道的成果，它收錄了俄羅斯／蘇聯公開發行的所有與日本相關的書籍、論文。其中，我發現了沃加克的日清戰爭觀察報告。閱讀之後，我發現沃加克是滿懷敬畏之情地講述日本軍如何被強有力地組織起來的，他提出對於俄羅斯來講，日本是需要特別警惕的敵人。可見，日本方面對於沃加克的理解是完全錯誤的。

沃加克屬於別佐勃拉佐夫一派的事實早已廣為人知，但這裡馬上就出現了問題。既然沃加克如此瞭解日本，那麼他為什麼會成為別佐勃拉佐夫那種冒險主義者的同夥呢？就在困惑之時，我幸運地從納烏卡的微縮資料庫中發現了希曼斯基的調查書，那套只印刷了七部、傳說中的調查書。拜讀之後，我對別佐勃拉佐夫集團有了新的認識，認識到沃加克在集團中扮演了重要角色。之後，我於二〇〇四年九、十一、十二月、二〇〇五年四月去俄羅斯的文書館進行調查，獲得了沃加克和海軍武官魯辛的資料，在二〇〇五年五月慶應義塾大學的研討會上做了報告。那篇報告其後被譯為英文，收錄到報告書中。130

這次報告使我對整個日俄戰爭開戰過程有了新的看法。我決定趁此機會，將研究進一步擴展。為此，我又於二〇〇五年十一月，二〇〇六年四月、九月，二〇〇七年七月、九月前往俄羅斯的文書館進行調查。在此期間，我在聖彼德堡調查了俄羅斯國立歷史文書館的財政部官房文書、內務部大臣官房文書、俄羅斯國立海軍文書館的海軍軍令部文書、阿列克塞耶夫文書、魯辛文書，在莫斯科調查了俄羅斯聯邦國立文書館的尼古拉二世文書、皇村宮殿文書、拉姆斯道夫文書、俄羅斯國立陸軍歷史文書館的庫羅帕特金文書、國立歷史博物館文書部的希曼斯基文書等等。此外，還利用了北海道大學斯拉夫研究中心以及東京大學史料編纂所（保田孝一資料）收藏的俄羅斯帝國外務省文書館文書的影印本。雖然我本人沒有去外務省文書館調查，但我想我大致全部看過了一九〇三年的基本文書。至於一九〇二年以前的文書，則很大程度上受益於希曼斯基、伯里斯・朴、貝拉・朴的研究，因而只在一定程度上看了外務省文書。即便如此，我認為在調查俄羅斯未公開文書這一方面，我的工作能夠為希曼斯基、羅曼諾夫、盧科亞諾夫的研究增添新的材料。

可以說，本書針對日俄戰爭為什麼發生這一問題，主要是從俄羅斯一側增添了新的資訊和認識。至於朝鮮方面的資訊和認識，則只抽取了從俄羅斯資料中獲取的素材，將其與已經可以利用的朝鮮方面的公開文獻、日本方面的外交文書結合起來進行討論。我努力擺脫俄羅斯方面傳統的戰爭責任論爭，繼承希曼斯基、參謀本部等研究對客觀史料的分析，盡可能詳細地解明俄羅斯走向開戰之路的行動。在此基礎上，對於日本方面走向開戰的行動，我嘗試重新閱讀公開史料，進行再度解釋。我想，我解釋清楚了從開戰當時到司馬遼太郎為止人們對日俄戰爭開戰過程的理解問題。儘管有關朝鮮方面的見解幾乎僅限於對國王高宗的探討，但我很重視將該見解放在這一時期整體進行探討。我努力從夾在日俄兩國間的朝鮮方面切入，展現日本和俄羅斯走向戰爭的歷史過程。

本書的部分內容曾在俄羅斯史研究會二〇〇五年大會上做過報告，在《俄羅斯史研究》上也發表過。[131]當時加納格發表了從庫羅帕特金文書中發現的重要史料，[132]並賜教於我，此事很值得慶幸。

第二章　近代初期的日本與俄羅斯

幕府末期維新前夕的日本與俄羅斯

對於普通的俄羅斯人來講，日本是個遙遠的國家。只有少數去過日本的人得以帶著各自的強烈印象回國，寫下令人印象深刻的遊記。其中，尤為著名的有曾在國後島被松前藩士抓捕、成為囚犯的艦長葛羅寧所著的《日本幽囚記》（一八一六年），和隨同與日本建交、劃定國境的普嘉琴使節團來到日本的作家貢洽羅夫的《日本渡航記》（一八五八年）。[1] 雖然歷代俄羅斯人都會饒有興致地閱讀這些書，但他們對日本這個國家並沒有特別的關心。

另一方面，日本人從鎖國時代起，就意識到了逼近北方的俄羅斯，一直對其保持著警惕。俄羅斯人向東挺進清國領土的北部，抵達堪察加半島，十七世紀末由此南下，沿著阿伊努（譯者註：北海道、樺太〔薩哈林〕、千島群島以及俄羅斯堪察加半島南部地域的原住民族）的千島群島，逐漸接近日本。十八世紀後半期，日本人從南方進入千島群島，確切感受到俄羅斯人正在逼近日本。一七七一年，從堪察加逃走的匈牙利政治犯向長崎的荷蘭商館館長呈交了警告俄羅斯有侵略日本意圖的文書，引起了日本社會的震撼。俄羅斯就此以逼迫而來的敵人的形象登場。

在這種背景下，知識份子開始利用荷蘭的書籍研究俄羅斯，還向那些曾經漂流到俄羅斯後回國的人們詢問俄羅斯的情況。慢慢地，人們知道了彼得大帝的功績。當時的日本正值企圖打破幕府體制、尋求變革的時期，開始將俄羅斯看作模範之國、師長之邦。

日本在鎖國時代，通過長崎的出島（譯者註：出島是一六三四年江戶幕府作為鎖國政策的一環在長崎修建的人工島，呈扇型，面積約一萬三千平方米。自一六四一年至一八五九年在此進行對荷蘭的貿易。）一直與荷蘭、葡萄牙有所交往，除此之外，前來要求日本開國通商的國家就是俄羅斯。十八世紀末的俄羅斯使節名叫拉克斯曼，自他之後，一八〇四年，列扎諾夫又帶著正式國書來到了日本。但是在他停留日本六個月後，日本方面做出拒絕通商的答覆，同時對使節予以驅逐。列扎諾夫命令部下對薩哈林和國後島的日本人居住地實施攻擊，日本方面出於憤怒，於五年後逮捕並監禁了來到國後島的俄羅斯艦長葛羅寧。這一事件雖然在葛羅寧的副官里科爾德和商人高田屋嘉兵衛的努力下得以解決，但隨後兩國在很長時間內斷絕了交往。

十九世紀中期，俄羅斯開始從沿海地區南下，一八五〇年，在阿莫爾河（譯者註：中國稱黑龍江）流向北海的河口建起一座小城，名為尼古拉耶夫斯克，開始向另一個阿伊努的島嶼——薩哈林島挺進。此時，日本人已經進入了這個島的南端。

這個時候，美國向日本派去使節佩里，要求開國通商。俄羅斯也不甘落後，派出了使節普嘉琴。佩里令黑船排開，始終擺出一副威嚇的姿態，而普嘉琴則顯得更為紳士。因此，幕府官吏上至老中（譯者註：江戶幕府中最高的職位名，直屬將軍，總理一般政務）、下至長崎的通詞（譯者註：翻譯人員）都對俄羅斯人抱有好感。普嘉琴忍受著旗艦因安政大地震後的海嘯而沉沒的苦難，堅韌不拔地與日本展開交涉，雙方終於在一八五五年締結了日俄友好條約，使得俄羅斯繼美國、英國之後，與日本建立了邦交。此時，俄羅斯與日本雖然只展開了部分國境劃定交涉，但也取得了成功。薩哈林島沒有確定的邊界，屬於雜居，但在千島群島問題上，日本和俄羅斯達成協定，在伊土魯朴島（擇捉島）和烏魯普島（得撫島）之間劃分國境線。自此以後，長期被視為北方威脅的俄羅斯所具有的敵人意象消失，日本和俄羅斯之間基本和平的時代到來。[2]

然而，隨著日俄之間新時代的來臨，新的問題也不斷湧現出來。一八五八年，阿莫爾河中游區域出現了一座名為哈巴羅夫斯克的小城。在日本發生櫻田門外之變（水戶藩浪士不滿幕府大老井伊直弼，於江戶城櫻田門外，將之刺殺）的一八六〇年，俄羅斯在普嘉琴的運作下，通過北京條約從清國獲得了整個沿海區域。那一年，俄羅斯人在面向太平洋的新領土最南端的海灣建起名為「符拉迪沃斯托克（征服東方）」的據點，在此之前，那裡是中國人稱作「海參威」的小漁村。[3]

俄羅斯人站在符拉迪沃斯托克向南望去，大海的對面再次橫亙著日本列島。穿過日本前往太平洋、東亞有三條通道：薩哈林和北海道之間的拉彼魯茲海峽（宗谷海峽），北海道和本州之間的桑加爾斯基海峽（津輕海峽）以及朝鮮和對馬之間的布勞頓海峽（朝鮮海峽）。確保這些通道的安全立即成為俄羅斯海軍關注的焦點。

一八六〇年六月二日（俄曆五月二十一日），清國海域艦隊司令長官利哈喬夫向海軍元帥康斯坦丁大公建議，有必要確保這三個地點的中立性，為此，必須讓日本同意在對馬設立俄羅斯海軍設施，允許俄羅斯分艦隊停泊於此。康斯坦丁大公與兄長亞歷山大二世皇帝以及外務大臣戈爾恰科夫會商，認為可以「在不發展為外交關係的範圍內，讓海軍與當地的日本當局進行交涉」，推進此事。[4]

次年——一八六一年三月十三日，比利列夫艦長率領護衛艦「波薩多尼克」號駛入對馬的尾崎浦，要求設立軍艦修理場，並為之提供木材、食物。四月，利哈喬夫司令官乘坐飛剪式帆船（譯者註：高速帆船，於十九世紀中期活躍於遠洋航路，船帆瘦長且面積大，船體堅固。）「納埃茲多尼克」號中途停靠於此，自此之後，比利列夫的要求變得更加強硬，甚至派水兵登陸，佔領了島的一角，氣氛愈發緊張。六月，幕府的外國奉行（譯者註：武家時代〔武家掌握政權的時代，從鎌倉時代到江戶時代為止的約六八〇年間〕的官職名，指負責處理對外事務的人。）終於到達對馬，開始與比利列夫談判。外國奉行通告比利列夫，日本方面同意修理軍艦，但不同意租借修理場。另一方面，英國對俄羅斯的行動也有所不滿，八月，英國遠東艦隊司令長官霍普率領小艦隊來到對馬。霍普向日方提出，俄羅斯的行動違反了日俄條約，會致使江戶人強化對所有外國人的反感，因此希望立即讓「波薩多尼克」號離開。他指出在一八五五年條約中，日本和俄羅斯不是就開放箱館、下田、長崎三港達成協議了嗎？霍普也給利哈喬夫送去了主旨相同的信函。利哈喬夫認為事情已完全演變成了外交問題，於是命令「波薩多尼克」號撤退。一八六二年三月，「波薩多尼克」號離開了對馬。[5]

筆者認為，這一事件的出發點在於俄羅斯方面對確保朝鮮海峽安全的關心，但由於操作時把問題想得太簡單，因此實質上的意義很有限，只是一種投石問路的行為。不過對日本而言，這一事件是俄羅斯軍艦發起的侵略性行為，幕府對此無能為力，一舉深化了民眾對幕府的不信任。此事加深了幕府的政治危機，可以說是明治維新的直接前提。[6]

明治維新與俄羅斯

一八六八年，以擁戴天皇、建立新型國家為目標的軍隊進入了舊幕府權力的首都江戶，實現了維新革命。成就這場革命的領導者們都通過渡邊華山、佐久間象山學習過彼得大帝的政績。明治維新後不久，自一八七一年十一月起，新政府的要人們就離國一年十個月之久，訪問了美國、歐洲諸國。當專聘的外國人提出岩倉使節團（譯者註：明治新政府為尋求新的國家建設藍圖，以及為私下交涉修正不平等條約，於明治四年十一月十二日〔一八七一年十二月二十三日〕至明治六年〔一八七三年〕九月十三日，向美國、歐洲諸國派遣的規模空前的大型使節團。右大臣岩倉具視任特命全權大使，木戶孝允、大久保利通、伊藤博文、山口尚芳任副使，成員為各部門才俊約五十人，加上留學生，出發時總人數超過了一百人。）的設想後，要人們在接受這項提案時，或許想到了彼得大帝在掌握政權後不久就離開國家六個月以上，遍訪歐洲的故事。一八七二年，俄羅斯革命知識份子列夫・梅契尼科夫與在瑞士留學的大山巖相識，後被邀請到日本從教。他曾寫道：

「領導日本維新的少數國家級人物——以使節團團長岩倉（具視）、原文部卿木戶（孝允）、長期擔任外務卿的副島（種臣）為首的多人，自一八七二年至一八七四年遍訪了全歐洲、美利堅合眾國，時至今日他們仍然是『彼得大帝』熱烈的粉絲。」[7]

但具有諷刺意味的是，岩倉使節團卻致使日本對俄羅斯的敬意減退了。遙想當年，江戶末期，商人大黑屋光太夫漂流到堪察加，他橫穿荒涼的西伯利亞，歷盡千辛萬苦終於到達了俄羅斯帝國的首都聖彼得堡，在艱難跋涉之後，他看到葉卡捷琳娜女皇輝煌的都城，為之傾倒。然而，岩倉使節團首先登陸美國，然後遊歷歐洲，再從歐洲進入俄羅斯，在見識過倫敦、巴黎、柏林後，他們已經無法對俄羅斯產生震撼、敬畏之感了。一名隨行人員的手記這樣寫道：歐洲五大國中，如果說「最雄偉」的是英、法，那麼「最不開化的則是俄國」。俄羅斯是個外強內貧的國家這樣一種認識形成了。將其作為敵人的恐懼感消失了，人們拋棄了「忌憚俄國如虎狼的妄測」，產生了應該與之建立和平關係的想法。[8]

俄羅斯方面很明顯開始以新的眼光看待日本的動向。明治維新後不久，向日本宣傳東正教的尼古拉主教和軍人探險家米哈伊爾・韋紐科夫以及成為東京外國語學校教師的梅契尼科夫等人都寫作、發表了介紹日本的論文和書籍。[9]

薩哈林問題

然而，在日本周邊，問題接踵而來。一般說來，俄羅斯開拓新領土的進度很緩慢。一八七一年，俄羅斯將西伯利亞艦隊基地從北方的尼古拉耶夫斯克遷到了符拉迪沃斯托克。雖然符拉迪沃斯托克這個名字很氣派，但移居那裡的人口卻遲遲不見增長。可是俄羅斯對獲得薩哈林卻表現得頗為積極。另一方面，日本對樺太（譯者註：薩哈林島日文稱樺太島。）的經營在明治維新前後變得薄弱起來。一八六九年，俄羅斯士兵在日本人所居住的亞庭灣的函泊建立了哨所，稱之為科爾薩科夫。如此一來，日本就要直面是否堅持薩哈林、樺太是日本領土的主張這一問題了。為此，日本既聽取過英國公使巴夏禮的建議，也有過向美國請求斡旋的動向，對於必須鎮壓幕臣叛亂、掌控北海道的新政府而言，薩哈林問題令人頭痛。[10]

一八七一年一月，在前一年上任的開拓使次官黑田清隆上書，建議放棄薩哈林島。他在上奏書中寫道：維持雜居，最終被迫放棄是下策；努力達成分割協定是中策；對於無用之地，不浪費精力地放棄是上策。這個意見逐漸在政府中得到了支持。[11]

一八七二年，布特佐夫作為俄羅斯駐日本的代理公使到任後，尋求交涉薩哈林問題。俄羅斯希望日本接受俄羅斯擁有薩哈林全島之事。交涉在布特佐夫和日本外務卿副島種臣之間展開。副島既提出過賣出薩哈林島的方案，也提出過日方購買的方案。[12]在交涉過程中，一八七三年，因日本欲出兵朝鮮，副島還曾經與俄方商量，希望俄方同意日本經由俄領地出兵之事。[13]而在薩哈林當地，俄羅斯軍進駐的函泊衝突不斷。一八七四年七月發生了縱火事件，事態極為嚴峻。[14]最終，交涉沒有結果，這年十一月，布特佐夫去了清國。

布特佐夫的繼任者是斯特魯韋，他是出身於波羅的海德意志（譯者註：指波羅的海東岸愛沙尼亞和拉脫維亞的德意志人居民。從十二世紀到二十世紀初，波羅的海德意志人控制著這兩地的政治、經濟、教育和文化，是該地區的實際統治階層。政治上他們在一七一〇年之前聽命於瑞典帝國，在一九一七年之前聽命於俄羅斯帝國。在俄羅斯帝國時期，該地區依舊由講德語的貴族以及從西邊來的德意志公國移民實行自治，湧現出了多名在軍隊以及國民生活中享有崇高地位的人物。）的外交官，也是首位正式公使。此時，日本派駐俄羅斯的首任公使是榎本武揚。[15]

背後操縱榎本武揚人事任命的是開拓使長官黑田清隆。黑田清隆大膽將曾在箱館五稜郭負隅頑抗、與自己部隊頑強作戰的敵軍將領榎本武揚收編到開拓使廳，成為了自己的部下。黑田之所以推薦榎本為駐俄羅斯的全權公使，是出於這樣一種考慮：日本與俄羅斯在薩哈林的衝突是一種負擔，眼下應該放棄對薩哈林的關注，集中精力開發經營北海道。[16]榎本也認為，即使達成與俄羅斯在樺太劃境分治的目的，但由於這裡原本沒有成為「經濟利益和邊防方略」的希望，因此分割而治並非「未來之上策」，與之相比，交換「好的替代物」更為有利。[17]

榎本與俄羅斯外交部亞洲局長經過交涉，於一八七五年五月七日締結了聖彼得堡條約，俗稱千島樺太交換條約。根據條約，日本承認薩哈林全島是俄羅斯領土，作為交換，日本獲得了千島群島中烏魯普島（得撫島）以北部分的割讓。這個結果，使得和已經成為日本領土的國後、擇捉、色丹島一同，整個千島群島都成為了日本領土。俄羅斯方面，因奧涅克坦島（溫禰古丹島）和帕拉姆什爾島（幌筵島）之間的安菲利特海峽（第四千島海峽）是俄羅斯船舶通行必經之處，對割讓帕拉姆什爾島做了一些抵抗，[18]但最後還是讓步了。

《聖彼得堡條約》在兩國民間引起了部分人士的強烈不滿。在日本一方，幅員遼闊的樺太被俄羅斯奪走，日本只得到了北方的幾個無人島這樣一種意識不僅使日本人反感，同時還留下了俄羅斯擴張主義的印象。有個很有名的說法，後來的二葉亭四迷、長谷川辰之助開始學習俄語的動機，就是受到這一條約的刺激，感受到了俄羅斯的威脅。[19]而在俄羅斯一方，也對通往太平洋的水路全部被日本方面控制深感不安。契訶夫在薩哈林遊記中，就流露出了對俄羅斯慷慨地將整個千島群島拱手相讓，使它成為日本很大收入來源的不滿。[20]

一八七五年七月，俄羅斯年輕的外交官帶著批准千島樺太交換條約的文書來到日本。這名外交官就是在日俄戰爭開戰前夕擔任駐日公使的羅森男爵。[21]他與斯特魯韋公使同樣也是波羅的海德意志人，家族世代供職俄羅斯。羅森出生於一八四七年，此時還不到三十歲。他從帝國法律學校畢業後進入外交部，擔任亞洲局日本事務負責人，最初的任務就是千島樺太交換條約的收尾工作。他是被任命為輔助斯特魯韋公使的代理公使而來到日本的。羅森在回憶錄中寫道：「這個條約消除了兩國之間可能產生摩擦的唯一原因，使得兩國關係達到圓滿。」羅森與明治政府要人伊藤博文認識，聽過他的憲法研究。[22]

另外，這個時候為交割俄羅斯領有的千島群島而來到日本的「理事官馬丘寧」，就是沿海州國境的全權委員、曾擔任駐朝鮮代理公使、後來成為別佐勃拉佐夫集團一員的馬丘寧。他和日方負責人一同去了烏魯普島（得撫島）、舒姆舒島（占守島）、帕拉姆什爾島（幌筵島）。[23]

儘管部分民間人士有所不滿，但國境劃定後，日俄兩國之間的關係終於穩定下來。以冬天結冰的符拉迪沃斯托克為母港的俄羅斯太平洋艦隊，在此後很長時間都被日本允許將長崎港作為越冬港。一八七五年，俄羅斯海軍以十年合同租借了長崎的一一一五坪（譯者註：一坪約等於三點三平方米）民有地，修建了軍人休養所（海軍醫院、船具修繕所、浴室）。這塊土地為稻佐地區的莊屋（譯者註：村長）志賀家所有。一八八六年，這份合同又續簽了十二年，面積縮小為七四八坪。此時，志賀家的家主是日本早期活躍的俄語翻譯——志賀親朋浦太郎。稻佐出現了以俄羅斯海軍官兵為對象的娛樂街。[24]長崎也駐有俄羅斯領事。

第一位語言留學生是一八七五年來日的科斯特列夫，他在公使館待了長達十年，掌握了日語。一八八五年，他就任長崎總領事，三年後他寫成最初的研究成果《日本史概說》，於聖彼得堡出版。這是俄羅斯第一部日本通史，敘述了截至明治維新的歷史。[25]

日本對朝鮮的關注和俄羅斯

完成明治維新、走上近代化和富國強兵之路的日本，在與俄羅斯劃定國境的同時，將沖繩納入了領土範圍，還出兵臺灣，謀求與清國劃定領土。日本希望與朝鮮建立新型的國家關係，但維新之後的交涉遲遲不能取得進展。當日本向朝鮮方面送交告知通過明治維新成立了天皇制國家的文書時，由於其中含有「皇」、「敕」等文字，朝方表示只承認清國使用這些字眼，因而拒絕接受文書。早在一八七〇年，就有人提出了最初的出兵朝鮮論。一八七三年，政府決定派遣使節赴朝鮮，這一決定的基礎是征韓論：如果朝鮮方面不接受使節，那麼就派遣軍隊。然而，當大久保利通等派遣到歐洲的使節歸國後，這一決定被全面收回，隨之發生了西鄉隆盛、板垣退助等征韓論派下野等大事。其後，政府方面雖然一直有意與朝鮮進行交涉，但朝鮮政府繼續不予回應，兩國仍然處於絕交狀態。[26]

日本與朝鮮的交涉難以取得進展的這一時期，同時也是日本政府為薩哈林問題煩惱的時期，因此，負責與朝鮮交涉的人之中開始有人擔心俄羅斯是否會向朝鮮出手，或者朝鮮是否會接近俄羅斯。一八七〇年，最初被派遣到朝鮮的調查員佐田白茅一行在調查報告中寫道，他們對「朝鮮國醉心於魯西亞（譯者註：俄國）之毒吻，暗中請求保護的傳聞」進行了調查，但「未聞請求魯西亞之事」[27]。同行的森山茂在自己的上書中寫道：他認為將出讓樺太全島的所得投入北海道開發為好，並且「若將用於開拓樺太的財力轉向朝鮮，並且於此窮盡國力，則數月之間即可得恒久不變之國利」，他甚至主張「豈有棄一島不保二島之理哉」。[28]這也就是說，實際上，俄羅斯的陰影並沒有覆蓋到朝鮮。

一八七四年，森山茂被獨自派往朝鮮，在調查之餘，他還主動嘗試了交涉。八月二八日，他勸說訪問釜山草梁公館的朝鮮方面官吏要警惕俄羅斯，並強調了與日本建交的意義。「貴國徒念防範海邊，何以毫不顧後」，「魯國佔據山丹滿州之地，欲沿鴨綠江迫近貴境」，「若今日貴國為魯人損害，則我邦亦不得安寧」，「故為貴國培養兵力，以確保堅守之實，此蓋為我邦之盛意。」[29]日本雖然沒有看到俄羅斯直接的威脅，但為了迫使朝鮮與日本建立關係而提出了俄羅斯威脅論。這是後來成為日本對朝鮮政策的基調的理論。

反過來，日本方面與俄羅斯締結千島樺太交換條約時，也考慮到了朝鮮。榎本公使一八七五年一月十一日提交給寺島宗則外務卿的報告中這樣寫道：「魯國之……重大關注，……在於始自朝鮮境的滿州海岸新領地，我邊防要地之咽喉，則在與對馬島相向的朝鮮對岸處。」雖然俄羅斯因財力缺乏，今後十餘年尚不致逞威亞洲，但必須及早提防「魯之南侵」。日本應該搶先「訓導」朝鮮，加強友好關係。如果被俄羅斯搶先控制了對馬的對岸，那麼日本將喪失「我防海之重大目的」。如果朝鮮「愚頑」不化，對日本不夠友好，那麼日本就應該在軍事上控制「對馬島對岸」。[30]

森山因交涉沒有進展而深深苦惱，一八七五年四月，他向外務卿提議以測量的名義向朝鮮近海出動軍艦進行威嚇。讀過榎本公使報告的寺島外務卿接受了這一提議，在與海軍大輔川村純義商討後，決定派遣「春日」、「雲揚」等三艘軍艦。[31]就這樣，在千島樺太交換條約簽署四個月後的一八七五年九月，井上良馨艦長率領軍艦「雲揚」號以探查朝鮮西海岸航路的名義，接近了靠近朝鮮首都的入海口。井上良馨是征韓論者。在江華島附近，井上想讓水兵登陸，卻遭到了炮擊，次日，他發動了針對江華島炮臺的攻擊，並將其摧毀。接著，在第三日，井上又攻擊並摧毀了永宗島的炮臺，然後登陸，焚毀了村莊。這就是井上良馨的三日作戰。井上艦長返回長崎後向伊東少將報告，現在是「好時機」，「希望務必儘早出兵」。[32]

次年，一八七六年二月，全權大使黑田清隆與副使井上馨打著追究江華島事件責任的旗號，一同進入漢城，迫使朝鮮締結了《日朝修好條規》（譯者註：又稱《江華條約》）。這一條約與日本被歐美強迫而簽訂的不平等條約性質相同。日本就這樣領先世界任何國家，成功迫使朝鮮打開了國門。也就是說，日本在將薩哈林讓與俄羅斯後，將手伸向了朝鮮。日本因讓出薩哈林，防衛線向後移動了，故想通過控制朝鮮，謀求在有事時封鎖朝鮮海峽的途徑。可以說，黑田、榎本這一對北海道開拓使組合的想法主導了日本的對朝鮮政策。

另一方面，俄羅斯方面通過獲取薩哈林，得以調整了與日本的關係，相當滿足。雖然俄羅斯知道日本對朝鮮有野心，但大概認為這並不重要。因此，即使日本最終迫使朝鮮打開了國門，俄羅斯政府也沒有採取行動，沒有改變以往的對朝鮮政策，向著與朝鮮建交的方向努力。一八七六年五月二五日（十三日），戈爾恰科夫外相給亞歷山大二世呈交了如下報告：

「至於為對外通商而迫使朝鮮開國之事，我部(外交部)判斷，因我國與朝鮮相鄰的沿海州貧窮，人口稀少，與該國發展鄰國交涉會帶來直接性損害。我部認為，對朝鮮堅持觀望政策，不與該國政府締結任何形式的正式關係最符合俄羅斯利益。依我部見解，這種行動模式的前提在於朝鮮臣民大量移居我國領內，我沿海州的民政發展得到了極大實惠。正是由於沒有與朝鮮政府建立正式邦交，這種大規模移居才可能實現。」「對於這次日本的條約……也沒必要採取任何新的措施，我部認為應該繼續堅持以往的觀望政策。[33]」

在俄羅斯的新領土沿海州，自一八六〇年至一八七〇年的十年間，只有四千四百四十四名俄羅斯人作為移民從中央部遷移而來。與此形成鮮明對比的是，在一八六九年至次年不足兩年的時間內，從饑饉的北部朝鮮逃來的移住民就達到了六千五百人。[34]來自朝鮮的移民為俄羅斯掌控沿海州提供了必要的農耕民，對俄羅斯來講，這比進軍朝鮮本身更為重要。

暗殺俄羅斯皇帝與朝鮮壬午兵變

一八八一年三月十三日（一日），俄羅斯皇帝亞歷山大二世在首都的道路上被恐怖份子用炸彈暗殺身亡。日本國內在前一年迎來了自由民權運動的高潮，這年一月三十日至二月十七日，民權派的報紙《東京曙新聞》連載了題為《俄國烈女薇拉・扎蘇里奇審訊記》的記事。該記事最終回的結語為「烈女起而暴君酷吏懼焉，天降此烈女於俄國，其豈偶然哉？」雖然薇拉・扎蘇里奇在日本成為人們狂熱追捧的對象，但暗殺皇帝的指揮者——另外一名女性革命家索菲亞・佩羅夫斯卡婭的事蹟在日本也逐漸為人所知。皇帝被暗殺後，

《東京曙新聞》三月十九日發表了《暗殺論》，其中寫道：

「暗殺雖出於人之私見……為禍不可挽救，後果極其嚴重。」然而，「願世之掌權者牢記，正是無力之人民才成為彼等所畏懼之慣於暗殺者，若能夙夜戒慎其政道，或可幸而不生暗殺之弊害。」[35]

日本政府因俄羅斯皇帝被暗殺而受到衝擊，感到了國內高漲的民權運動的威脅。參議大隈重信在這個月提交了意見書，建議順應國民運動設立國會的要求，立即制訂以英國式的政黨內閣制為內容的憲法，於一八八二年末或八三年初設立國會。六月，參議伊藤博文決意以鞏固皇室基礎、建立以天皇統治權為中心的國家組織為奮鬥目標。伊藤等人利用開拓使出售官有資產時的貪污事件，於十月十二日迫使大隈一人背負混亂的責任，罷黜了他的參議之職，同時，發佈了於九年後的一八九〇年設立國會的詔書。

在俄羅斯，皇帝被暗殺後，三十六歲的皇太子立即繼承了皇位，是為亞歷山大三世。新皇帝於五月十一日（四月廿九日）頒佈了由他原來的老師——波別多諾斯采夫起草的擁護專制的詔書。

「我們沉浸在強烈的悲痛之中，神的聲音諭令朕，在統治大業中，依靠神的偉大指示，確信專制權力是強有力的真理。……朕的使命在於為了國民的幸福，與一切陰謀做鬥爭，確立、堅守專制權力。」

新皇帝廢除了洛里斯—梅利柯夫將軍等人準備的、即將付諸實施的政治改革方案，驅逐了改革派大臣。

此舉使得洛里斯—梅利柯夫改革受挫，專制權力沒有得到任何修正。[36]也就是說，俄羅斯在既沒有內閣制又沒有總理大臣和議會的狀態下走向了二十世紀。

新皇帝的外相是去年接替生病的戈爾恰科夫擔任代理外相的吉爾斯，他於一八八二年四月起正式就任。戈爾恰科夫是亞歷山大二世整個統治時期的外相，而吉爾斯則在新皇帝統治期間一直擔任外相。吉爾斯是侍奉俄羅斯皇帝的瑞典貴族的後裔，生於一八二〇年，是路德派新教徒，畢業於皇村中學（名門貴族學校），從十八歲起一直在外交部工作。[37]

一八八二年五月，美國與朝鮮簽署了通商條約。六月，英國和德國相繼與朝鮮簽署了通商條約。如此一來，新外相吉爾斯當然也不得不修改對朝政策。於是，天津領事韋貝爾被派往符拉迪沃斯托克，探尋俄朝建立邦交的可能性。這個時候，韋貝爾還見到了南烏蘇里地區國境的全權委員馬邱寧，得到了各種情報。

卡爾・韋貝爾其後在俄羅斯與朝鮮的關係中扮演了重要角色。他生於一八四一年，是波羅的海德意志人，畢業於聖彼得堡帝國大學東洋語系，一八六六年到北京留學，學習中文，在當地被聘用而進入了外交部。七〇年代前半期，他曾在日本擔任箱館、橫濱副領事，一八七六年起擔任現職。[38]韋貝爾對這個時候在沿海州旅行時見到的脫北而來的朝鮮移民讚不絕口：

「朝鮮人與清國人完全相反，具備好移民的所有特質。他們是勤勉的勞動者，優秀的農夫，安善的家庭人，具有柔軟的包容心，很容易接納新的習慣和秩序，學習俄語也很快。」[39]

這是韋貝爾開始對朝鮮持有好感的最初機緣。

韋貝爾返回天津後，朝鮮發生了「壬午兵變」這一重大事件，這是一八八二年七月之事。舊式軍的士兵因對國王高宗和王妃閔妃迫於日本壓力而推進的開國政策不滿，發起叛亂，抬出了十年前被從攝政位子上驅逐下去的國王生父大院君。他們火燒日本公使館，殺害了新式軍的日本教官。被憤怒的矛頭所指的閔妃從王宮逃出，躲藏起來。此時負責為藏身於長湖院的閔妃和身在王宮的高宗聯絡的下級官吏就是後來高宗的近臣李容翊。大院君復出後，宣告王妃已經死亡，甚至還舉行了國葬。然而，事態是不會這樣簡單收場的。日本的花房公使最終率領多達一個大隊的護衛士兵進入了漢城。而重視事態發展的清國，為了維護宗主國的面子，也派出了更多士兵進入漢城。緊張對峙中，清國一方為收拾事態，強行將大院君送往天津，恢復了高宗的權力，也讓閔妃返回了王宮。而花房則迫使朝鮮於八月三十日簽訂了包括支付賠償和允許日本軍駐留的《濟物浦條約》。[40]

儘管鄰國發生了這樣動盪的事態，俄羅斯政府依然繼續小心翼翼地推進締結邦交。外相吉爾斯在一八八三年十月廿三日（十一日）提交的上奏意見書中主張，不應改變「我們在這個問題上一直採取觀望的行動模式」。「只有這樣，才能保證我們將來的行動自由。」不過雖說如此，他還是提議俄羅斯也應該向美國學習，與朝鮮建立邦交。[41]

已晉升為駐清國代理公使的韋貝爾，獨自與以前在清國認識的朝鮮國王的外交顧問穆麟德聯繫，推進建交的準備工作。一八八四年七月，韋貝爾訪問朝鮮，與金玉均開展了建交談判。七月十九日（七日），俄羅斯與朝鮮之間簽署了通商條約，兩國建立了邦交。

韋貝爾從漢城返回天津後，向外交部提交了關於朝鮮的意見書。「朝鮮不是富裕的國家，然而，那裡富裕的人雖少，但也沒有像在中國見到的那種貧困。」「在現國王（給人感覺很好，是能夠產生共鳴之人）良好的意願下，如果推進民間服務的改造和保護私有財產不受官吏侵害，那麼現在的國民性格大概也會隨之發生變化吧。其國民是健全的。」[42]

日本的俄羅斯防範論

然而，這種導致俄羅斯緩慢登場的「觀望政策」反而使日本領導者感到不安。一直對朝鮮虎視眈眈的日本，認為俄羅斯理所當然地會將手伸向朝鮮。日本政府內部開始討論圍繞朝鮮的對俄防禦策略。具有代表性的是《朝鮮政略意見書》，它是協助井上馨外務卿處理壬午事件的參事院議官井上毅在山縣有朋的授意下，於混亂中的一八八二年九月十七日寫就的。井上毅認為朝鮮為「將來東洋交往政略之一大問題」，他如下寫道：

「若歐洲某國佔據朝鮮，安南又仿效印度之例，則我國即如頭懸利刃矣。若更為不幸朝鮮被俄國奪佔，則東洋大勢亦全不可為矣。故為保持東洋均勢，支那與我國須極力保護朝鮮之獨立，防禦俄國之南侵。」

然而現實中，「目擊朝鮮實況，絕非可與之同盟合力之國，而支那亦不足以謀。故三國同盟之說不過一夢耳」。因而所剩之策為「日清美英德五國相聚，共議朝鮮之事，使朝鮮成為中立國。……五國共同保護之」。[43]

不能讓俄羅斯奪去朝鮮。對策就是通過除俄羅斯之外的五國的共同保障使朝鮮成為像比利時、瑞士那樣的中立國。但是，這也是使朝鮮從與清國的宗屬關係中解放出來的策略。

同一時期，外國雇員波索納德也提出了朝鮮「永久中立」的意見書。其討論的前提同樣在於防範俄羅斯，不過他的方案不觸動朝鮮與清國的宗屬關係，而是以日本、清國、俄羅斯這些國家為中心來保障朝鮮的中立。井上毅的意見也送交了伊藤博文，但並沒有被作為當前的政策採納，朝鮮中立化方案留在了山縣的心中。[44]

一般認為這個時期，山縣在政府中很具體地主張積極援助朝鮮內部的獨立派。但根據高橋秀直的研究，此時山縣的主張受到了壓制，井上馨推進的政府方針在於「保全東洋全域之太平」，「保護將來我國之利益」，在此前提下，「給朝鮮提供不致給（日本）國家帶來危害這種程度的幫助」，屬於「消極地干涉」。[45]

但是，這個方針面對新的現實難以為繼。日本原本想在俄羅斯介入之前，積極支持朝鮮的改革派，努力將朝鮮變成親日改革派執政的國家。然而在朝鮮內部，閔妃東山再起，得到清國的庇護，試圖強化王權。對此，親日改革派在日本的援助下，開始了行動。一八八四年十二月四日，金玉均、朴泳孝等人得到日本公使竹添進一郎的支援，出動一百五十名日軍，果斷發起政變。他們抬出大院君，排擠掉掌握政治實權的閔妃一派，殺害了閔台鎬、閔泳穆、趙寧夏等人。這就是甲申政變。親日改革派政權由此誕生。然而，應閔妃的請求，一千三百名清軍攻入王宮，鎮壓了政變。改革派政權真正以「三日天下」而謝幕。金弘集等親清派坐上政權寶座。金玉均、朴泳孝等改革派失敗，逃亡至日本。[46]日本任命井上馨為全權大使，帶領兩個大隊的軍隊一同進入朝鮮，迫使朝鮮政府接受了對殺害日本僑民、破壞公使館的賠償要求。

在日本的民間輿論中，認為日本應該與清國對抗，積極介入朝鮮事態的論調高漲起來。一八八五年三月十六日，《時事新報》發表了福澤諭吉撰寫的《脫亞論》。文中寫道，「支那」和朝鮮都無法維持獨立，「不出數年將致亡國」，日本實無必要「等待鄰國開化而共同振興亞細亞」，「對待支那、朝鮮之法」「只可依西洋人對待之方式」，「我心自當謝絕亞細亞東方之惡友」。[47]文章主張日本不必在意清國，應該單獨插手朝鮮內政改革，通過此舉將朝鮮置於日本的影響之下。如果朝鮮的改革派沒有能力，那麼日本就應該直接處置朝鮮。

大阪事件是這一方向上的最初行動。一八八五年二月，自由民權運動領袖大井憲太郎和小林樟雄經過協商，計畫渡海至朝鮮，除掉反動政要，驅逐清國勢力，使朝鮮成為純粹的獨立國，開闢通往改革的道路。他們還勸誘景山英子一同參與行動。這一計畫因背叛和內部分裂，於當年十一月告終，相關人員全部被捕。[48]

政府內部雖然也出現了強硬論，但主調仍然是必須迴避與清國的正面衝突。[49]一八八五年四月，伊藤博文作為全權大使前往清國，與榎本公使一同與李鴻章談判，於四月十八日簽署了《天津條約》。其內容為：雙方於四個月之內完成撤軍；兩國勸導朝鮮國王訓練士兵，令其「選聘其他外國武官一人或數人」；今後中日兩國「均勿派員在朝鮮教練」；「若將來朝鮮有變亂重大事件，請求日中兩國或其中一國派兵時，兩國應事先相互行文知照。」[50]

雙方達成協議，如果將來朝鮮發生重大變亂，日中兩國皆可以出兵，但必須以文書的形式告知對方。

高宗對俄羅斯的期待

朝鮮的國王高宗出生於一八五二年，與明治天皇同年，此時三十二歲。他十二歲即位，父親大院君作為攝政，長期掌握政治實權。高宗的王妃出自閔氏一族，是一位性格強勢的女性。一八七三年，高宗瞞著父親宣佈親政，當年他二十一歲。有人認為這件事情也是他聽從閔妃之言的結果。不過，韓國歷史學家李泰鎮批判了認為高宗性格「闇弱」，完全對閔妃惟命是從的普遍看法，主張應該重新評價高宗。[51]的確，高宗對父親大院君的政治持批判態度，具有開明性，也很關心百姓生活。

然而，高宗的親政之路相當坎坷。如前文所述，十年之後，朝鮮接連不斷地爆發在政治傾向上完全相反的政變，每次都將大院君抬出來。清國和日本等外部國家公然干涉朝鮮政治，致使國王的權威支離破碎。就在這種時候，高宗做出了對朝鮮命運具有決定性意義的政治選擇。高宗被日本和清國交相撼動，在惶惶不安中，他想出了依賴另外一個強國——俄羅斯，來拯救國家和自身命運的辦法。

高宗最早向俄羅斯派遣密使是甲申政變前的一八八四年五月。高宗派遣其親信金光訓前往南烏蘇里地區國境全權委員馬邱寧處，表示朝鮮很想儘早與俄羅斯締結條約，為此，希望馬邱寧向俄羅斯政府提議派遣代表前往仁川。當時，密使反覆強調「現在清國與朝鮮的關係完全不友好」，流露出對鄰國俄羅斯的期待。這是高宗首次表明親近俄羅斯的意識。[52]

此外，也有人勸導高宗選擇這一方向，他就是因清國推薦而成為國王外交顧問的德國人馮・穆麟德。可以推測，一八八四年七月穆麟德與同為德意志人的老相識、俄羅斯外交官韋貝爾在漢城的會談使他有了某種確信。穆麟德隨同簽訂完通商條約返回天津的韋貝爾前往清國，將他最初的構想告訴了俄羅斯駐北京武官希涅烏爾：能否由俄羅斯、清國、日本共同保障朝鮮，使其成為像比利時那樣的中立國。清國和日本的信賴度不夠。而英國駐清國公使正在考慮使朝鮮成為英國的保護國，這是為了防止朝鮮被俄羅斯吞併。聽了穆麟德的話後，希涅烏爾回答：「如果擔心朝鮮被俄羅斯征服，那麼與俄羅斯保持友好關係將會成為很可靠的安全保障。俄羅斯只希望在遙遠的邊境維持有名譽的和平。」希涅烏爾勸說道，多國間的共同保障會製造出陰謀的舞臺，最佳的方式是成為俄羅斯的保護國，其例子就是保加利亞。[53]

這年九月，穆麟德又在芝罘告知俄羅斯太平洋艦隊司令長官克羅翁少將，英國向朝鮮提議讓其做自己的保護國，作為回報，要朝鮮將巨文島讓給英國。這一次，穆麟德提出了由英國、俄羅斯、日本共同「保護」朝鮮的方案。由此可知穆麟德的想法[54]也是搖擺不定的。克羅翁同希涅烏爾一樣，答覆此事應首先與俄羅斯單獨商談。

俄羅斯外交部接到此項報告，當然感到不知所措。穆麟德的話就像天上的雲一樣不著邊際，還會引起猜疑。於是，外交部決定姑且先照會朝鮮政府不可成為英國的保護國，也不應該將巨文島送與英國。這一指示於十月一日用電報發給了東京的達維多夫公使。[55]

我們無從知曉穆麟德何時開始認為朝鮮更宜成為俄羅斯單獨的保護國。不過，可以肯定的是在一八八四年十二月甲申政變的激烈震盪之後，穆麟德與悶悶不樂的高宗談論時，認為只能按這個方案走下去。穆麟德通過長崎的俄羅斯領事向東京的俄羅斯公使達維多夫傳達了朝鮮希望成為俄羅斯的保護國，希望俄羅斯向仁川派遣艦隊，保衛國王的請求。[56]

俄羅斯外相吉爾斯從駐日公使處得到報告後大為煩惱。然而煩惱過後，外相終於決定邁出一步。因為如果英國要介入朝鮮，那麼俄羅斯就必須走出「旁觀者的角色」了。但對於清國和日本的爭鬥，俄羅斯則要徹底地保持中立。不過，如果日本想要佔領朝鮮的港口，則必須動用海軍阻止此事。外相向海相謝斯塔科夫徵詢意見，海相回答，俄羅斯艦隊已經在中國近海做好了準備，無論什麼樣的命令都能勝任。[57]

當時俄羅斯駐東京公使館的陣容為公使達維多夫，一等書記官士貝耶。士貝耶也是波羅的海德意志人。東京公使館根據外相指示，決定派士貝耶前往朝鮮。一八八四年十二月二八日，士貝耶搭乘軍艦「拉茲伯尼克」號抵達仁川。穆麟德前來迎接，他遞交了文書，其中寫道：「只有俄羅斯將朝鮮作為保護國，置於與保加利亞侯國同等立場時，朝鮮政府才能徹底安心於本國的未來。如果此請求無法實現，朝鮮將尋求簽署使朝鮮中立、成為亞洲的『比利時』的國際條約。」這兩條路對於朝鮮來講是唯一的可能，至於選擇哪一條，關鍵要看俄羅斯的態度。穆麟德還表示作為回報，朝鮮可以向俄羅斯提供港口，比如翁可夫斯基灣（現在浦項所在的迎日灣），並且會簽訂秘密條約保證軍隊可以陸路移動至那裡。[58]

雖然這是一個毅然決然的提案，但用保加利亞侯國為例就時機而言並不合適，因為俄羅斯即將失去這個保護國。俄羅斯在俄土戰爭中將保加利亞從土耳其解放出來，還薦舉了統治者，幫助其制定憲法，施行全面庇護。然而，一八八五年九月，保加利亞內部發生了革命，宣佈與留在土耳其帝國的自治州南保加利亞統一。亞歷山大三世對此強烈不滿，他召還陸軍大臣，命令在保加利亞軍中工作的俄羅斯軍官全體撤回。結果，俄羅斯失去了保加利亞，保加利亞進入了奧匈帝國的勢力範圍。[59]

雖然不知穆麟德所言與高宗商量到了何種程度，但一八八五年一月一日，士貝耶在穆麟德的帶領下謁見國王時，高宗略微流露出穆麟德所傳達的正是自己的想法。高宗說雖然朝鮮與美國也締結了友好關係，但「這與朕所高度評價的和我們強大的鄰國之間的友好關係，是無法比較的。」[60]但是高宗沒有明確提出保護的請求。

幾乎與士貝耶訪朝同一時間，一八八四年十二月三十日，井上馨外務卿為甲申政變善後處理，率領軍隊來到了漢城。不過，他完全沒有覺察到俄朝接近的動向。[61]至此，俄羅斯、朝鮮的秘密交涉完全是在日本不知情的狀態下進行的。

然而，即使接到了士貝耶的報告，俄羅斯外交部也沒有輕易地回應穆麟德的請求。吉爾斯外相在一八八五年一月二十日（八日）的上奏報告書中主張，俄羅斯如果要將朝鮮作為保護國，首先必須要考慮是否會捲入與清國、日本的衝突中，為此而做的努力、犧牲與將朝鮮放在首位考慮時所獲得的「比較小的利益」並不相稱，而且還必須斟酌朝鮮擁有多少保護自己的手段，因而我們的負擔過重。外相還從另一個角度指出，俄羅斯與朝鮮接壤的太平洋沿岸地區，在經濟、軍事上的發展都很落後，因此必須注意不可在外國事務中將朝鮮放在優先考慮的位置。報告書的結論是，對於朝鮮政府提出的置於俄羅斯保護下的請求，「繼續予以曖昧的回應，從任何意義上都不作積極的約定，但也不要奪去他們對可能會獲得我們支持的期待」。皇帝亞歷山大三世雖然認可了這一結論，但他在吉爾斯的意見書上寫下了這樣的批語：

「這樣完全可以。朕再重複一遍，不能錯過這樣的機會，要盡全力，不能讓朝鮮人從我們的手中溜走。」[62]

皇帝流露出了對大臣的謹慎感到不太滿意的意思。但他也沒有命令將自己的意願化為政策。

二月，高宗通過別的途徑向俄羅斯提出希望抑制日本侵略性行動的請求。他向南烏蘇里地區國境全權委員別涅夫斯基上校處派去了兩名使者。根據沿阿莫爾州總督科爾夫的報告，使者的會談如下：

「日本和所有的國家都知道俄羅斯的公正」、「希望陛下傳令貴國在東方的公使們，讓他們阻止日本威脅我們的行為」、「朝鮮如果向清國軍請求援助，有可能陷入完全的隸屬關係中，因此，國王希望只向俄羅斯請求援助，因為我們相信只有這樣才能將我們從危險的狀態中解救出來。」[63]

穆麟德應該不知道這個事情。穆麟德於次月作為外交使節中的一員訪問了東京。他正式與俄羅斯公使達維多夫會面，遞交了德文的普通照會。

「由朝鮮方面提案有困難。只能由俄羅斯政府表明意向，是締結確定俄朝關係、與日清對抗、保護朝鮮中立和領土完整的協定呢，還是與日清共同締結這種協定，或者締結軍事防衛協定，或者確定為一般性的保護國制、保護朝鮮領土完整。無論哪種情況，都對提高俄羅斯在朝鮮的影響力有益。」

普通照會中還寫道，等日清兩軍從朝鮮撤兵之後，朝鮮有必要組建軍隊，招聘歐洲教官，而組建四個大隊二千人的軍隊需要四名高級軍官和十六名軍官，如果從俄羅斯招聘這些人材，那麼今後朝鮮前進的道路就清楚了。[64]

穆麟德還在口頭上慫恿俄羅斯佔領巨文島的漢密爾頓港。筆者不清楚這些方案在多大程度上得到了高宗的同意，多大程度是穆麟德自作主張。

穆麟德從日本返回朝鮮後，向督辦交涉通商事務金允植和金弘集建議向俄羅斯請求派遣軍事教官，然而這些大臣都不贊成。從他們是親清派的立場來看，這樣的反應也算是理所當然吧。儘管如此，穆麟德之後還是向科爾夫總督送去了請求派遣軍事教官的信函。[65]

如前所述，一八八五年四月，伊藤和李鴻章通過會談締結了《天津條約》，為甲申政變善後。四月十八日，日清兩國締結條約約定撤兵，將來如有必要，須相互行文知照後方可出兵。這是一個完全無視朝鮮的條約。該條約締結八天後的四月二十六日，英國艦船佔領了巨文島。朝鮮再一次直面即將被列強分割的危機。這一事態令俄羅斯政府無法沉默。聖彼得堡決定採取威嚇方針，如果英國不撤退，那麼俄羅斯也要佔領朝鮮的某個島。五月十八日，士貝耶被再度派往朝鮮，對他下達的指示是要防止英國的佔領成為既成事實。[66]外務大臣吉爾斯向皇帝亞歷山大三世建議，可向朝鮮政府表明俄羅斯做好了派遣軍事教官的準備。皇帝回答：

「已經過去兩個多月了，朕提議不要浪費時間，就把這件事交給士貝耶吧。」[67]對於宿敵英國的積極行動，俄羅斯是不惜使用實力的，因此對朝鮮也不得不轉變為積極的政策。給士貝耶的訓令包括約定派遣軍事教官、制訂教官逗留朝鮮期間的方案等事宜。不過，其中特別指出，制訂方案要在朝鮮國王提出正式請求之後才可進行，而且沒有賦予士貝耶制訂、簽署協定的全權。[68]

然而，英國的行動雖然激發了俄羅斯的幹勁，卻使朝鮮膽怯了。為使英國艦船撤退，朝鮮眼下可以依賴的力量是清國。高宗動搖了。

六月九日士貝耶抵達漢城，接觸伊始，情況立即明朗起來。穆麟德告訴士貝耶，李鴻章在清國軍隊撤退時，曾向朝鮮政府建議聘用德國軍事教官，而朝鮮政府回覆正在考慮聘用美國教官。對此，士貝耶答道：俄羅斯人和美國人無法合作，俄羅斯政府的想法是單獨派遣俄羅斯教官。但是，聘用美國教官的方案得到了李鴻章的支持，與聘用俄羅斯教官的方案形成了對立。六月十八日，高宗的翻譯向士貝耶傳達了國王的秘密旨意：由於受到與美國約定的束縛，無法向俄羅斯提出請求。士貝耶很震驚，要求穆麟德說明情況，穆麟德說自己是受國王旨意進行交涉的。六月二十日，高宗派來三名使者向士貝耶傳達，希望他在謁見國王時，不要提軍事教官的問題，朝鮮打算對美國方面說，不接受俄羅斯政府的提案，但也請他們不要派遣教官來。待士貝耶離朝時，將會交給他國王署名的文書，上面大概會寫只接受俄羅斯教官，等俄羅斯教官到達朝鮮後，高宗會諭令政府就此事簽署協定。

謁見於六月二十二日舉行。謁見時，士貝耶故意說明了俄羅斯政府的提案。高宗回答，將諭令政府進行交涉。當天傍晚，一名官員訪問士貝耶，傳達了國王希望他說服朝鮮政府成員的請求。二十四日，士貝耶與督辦交涉通商事務金允植交涉，表示俄羅斯政府已經決定派遣俄羅斯軍事教官，只要朝鮮政府積極配合，可以立刻實施，顯然在施加壓力。很明顯，士貝耶的做法違背了訓令。最終，七月一日，朝鮮政府內部經過協商，決定拒絕俄羅斯的軍事教官。七月十三日士貝耶離開漢城，他最終也沒有得到高宗署名的文書。[69]士貝耶訪朝以完全失敗而告終。儘管如此，穆麟德的把戲也暴露了，李鴻章震怒，在他的命令下，穆麟德被解除了外交顧問一職。

以清國為宗主國並跟隨它，當被迫直面日本這個新興帝國的野心時，軟弱無力的朝鮮國王開始向第三國俄羅斯尋求庇護，這是一個選項，然而也是一條危險的道路。日本如果知道此事，朝鮮與日本的關係將徹底惡化。而且，此舉也無法獲得政府內部大臣們的支持，只與外國外交顧問聯合，瞞著政府秘密推進終究不現實。而試圖借助俄羅斯的力量來說服政府同樣不值一提。本來一旦決定做某事，就應該堅持到底，但高宗對俄羅斯喊話，得到回應後，自己卻要取消，這些舉動只給人們留下他缺乏決斷力的印象。

此外，朝鮮的年輕官僚中也出現了構想朝鮮中立論的意見。曾於一八八一年留學日本的俞吉濬，於一八八五年十二月提出了「中立論」。他的方案強調俄羅斯的威脅，多少也表現出對日本的防範之心，欲在承認朝鮮是清國屬邦的基礎上，通過與清、英、法、日、俄簽訂條約使之承認朝鮮的中立。[70]可以說，這個方案反而與井上毅的提案相近，與高宗、穆麟德所傾向的成為俄羅斯保護國的意見正好相反。

日本政府的激烈反應

日本政府一直沒有察覺到俄朝的接近。直到一八八五年六月初，東京才收到近藤真鋤代理公使的報告，說穆麟德欲使朝鮮進入俄羅斯的保護之下，正與侍奉國王的內官合謀勸說國王向符拉迪沃斯托克派遣密使。井上外務卿對此非常重視，六月五日，他請來清國公使徐承祖舉行會談。[71]

井上說，「朝鮮國王君臣之間，其政治之體，所為殆有類小兒者」，他正為此「深感憂慮」之時，得到了令人震驚的消息，他向徐承祖講述了具體內容。然後說，兩國「不可耽擱片刻」，須協力「謀劃防阻之法，否則依該邦外交之拙，禍及貴我兩國即在旦夕」，「故須稍加拘束朝鮮王之臨政，使其外交上勿妄為」。而清國公使對「約束」朝鮮王反應消極，「若說約束，則甚是麻煩」，井上進而又講了朝鮮政治的混亂情況以及自己訪問朝鮮的印象：

「拙者前日於朝鮮得見王顏，親窺其風采，王今年約三十四五歲。此年齡處事如此，可知縱令薦送賢良之人，諄諄勸諭，亦不能進善去惡。」[72]

迄今為止，研究者完全沒有關注井上的這種感情。[73]井上對高宗頗為激憤，完全不信任。他無論如何都想壓制住試圖與俄羅斯結合的朝鮮國王，認為他無法矯正、無法改良。這是決定性的轉捩點。井上繼續闡述了與清國接壤的俄羅斯對清國的威脅，並講解了他所思考的應對方案，即後面的八條梗概。其後，井上罄固了為對抗俄羅斯、英國，由日本與清國共同介入朝鮮內政改革的方針，六月十日，他命令駐北京的榎本公使與李鴻章就以下八條進行交涉。

第一　對朝鮮之政策，全部以最秘密之手續，恒經李鴻章與本官商議後，由李氏施行。
第二　不許朝鮮國王如現今般於內廷親執政務，且剝奪內官之權力，斷絕其參與政務之途。
第三　選拔舉國第一等人物，委以政務，關於此人之去留問題，國王應得到李鴻章首肯。上述第一等人物諸如金宏集、金允植、魚允中等人。
第四　委任上述人物之政務，主要為外交、軍事、會計三務。
第五　從速斥退穆麟德氏，以妥當之美國人代之。
第六　陳樹棠雖篤學之士，然才力不足，應以其他有能力者代之。
第七　由李鴻章任命陳氏之繼任者。推薦美國人至朝鮮，應就將來之政策予以其充分之訓令，並送其至日本面會本官。
第八　陳氏之繼任者應與日本駐朝代理公使結成深厚情誼，諸事協商執行。[74]

不過，之後榎本給李鴻章看這八條時，在第三條的結尾加上了「中堂（李鴻章）再與井上伯爵斟酌」之語。[75]這裡提到的陳樹棠是清國駐朝鮮的代表、總辦朝鮮商務委員。井上要求撤換他。

另外，此時井上說明了，他再次反對榎本一直主張的對朝鮮實行「日清兩國共同保護」的方案，因為日本始終要求朝鮮獨立，與清國將其視為屬國的立場不同，井上指出現在提出的措施是緊急的秘密計畫。[76]可以說，是井上的想法開闢了日本單獨干涉朝鮮的道路。

榎本接到井上的訓令後，自七月二日起與李鴻章進行了會談。李鴻章說「方案尤為合理」，但表示清國只止於「勸告」。而且他還舉出不能苟同的地方，第三項末尾關於人事方面需要井上同意的內容，「似使予陷入奉井上君指揮之位置」。榎本由此判斷無法與清國達成共識。[77]

這樣一來，井上不得不撤回提案。七月一五日，井上給榎本去信，指出有必要「撤回（給清國八條）全部提議」，「在此之上，我亦應改變對朝鮮之政略，除放任旁觀、隨其自然外，別無良策。」[78]不過，話雖如此，日本政府並沒有捨棄對朝鮮的關注。只是因為眼下不可能實現控制朝鮮國王行動、徹底介入朝鮮內政的方針，從而暫時改為等待時機而已。

高宗接近俄羅斯的第二幕

然而，已做出決定的俄羅斯，對士貝耶的失敗沒有氣餒，而是繼續前行，拉開了第二幕。第二幕的主角是作為首任朝鮮代理公使前往漢城的韋貝爾。在一八八五年五月七日（四月二五日）下達給韋貝爾的訓令裡，明確寫著新方針：「我們努力的最終目的，不是獲得與其他強國同樣的地位，而是確立在這個國家具有優勢的影響力。」「為了有效對抗那些不允許我們確立影響力的陰謀活動，首先要獲得朝鮮政府的完全信賴，必須努力培養（priuchit'）他們將一切關心事和提案都坦率地告訴我們。鑒於這點，特委託閣下在第一時間向朝鮮國王及其大臣保證，我帝國政府最為熱切地關心朝鮮的命運，如果出現威脅該國獨立或領土完整的事態，無論在精神上，還是物質上，帝國政府保證一貫都有提供實際援助的準備。」[79]這是全新的表述。

這個訓令進一步指出，清國之所以沒有向朝鮮出手，是為了防止漢族人進入滿州，如果漢族人蜂擁至滿州，清國就可能會轉而奪取朝鮮。訓令還指出，通過列強集團的保障來維持朝鮮的獨立也很困難，「亞洲的『比利時』地位不適用於朝鮮，朝鮮安全的唯一保障是盡可能緊密地接近俄羅斯。」。訓令具體提到了派遣俄羅斯軍事教官一事，指出此事與清日條約的規定不矛盾，語氣頗為樂觀。至於穆麟德所說的「更為微妙的問題，即我國宣佈將朝鮮作為保護國和朝鮮讓渡一個港口給我們」一事，需要等待有利的時機，總之，維持和平是前提條件。訓令指出，朝鮮國王和穆麟德或許很想知道俄羅斯方面的態度，而我方首先也必須秘密探察朝鮮方面對此提案的認真程度。[80]這一訓令絲毫沒有表現出對日本的顧慮或防範。我們可以認為，俄羅斯全面展開了出於對抗英國的心理而轉換成的積極政策。

從清國方面來看，朝鮮與俄羅斯的接近就是「背清引俄政策」。李鴻章對此深感不快，他強迫朝鮮解除了穆麟德的國王外交顧問之職，而且為了牽制高宗，又將軟禁在清國的大院君送回了國。高宗和閔妃無奈，只得繼續軟禁大院君。[81]這是發生在一八八五年十月的事情。

恰好在這個時候，十月六日，韋貝爾作為俄羅斯首任代理公使去漢城赴任了。由於清國對朝鮮的干涉愈發明顯，先前的訓令相當偏離現實。因此，俄羅斯外交部又發出追加指令，送給了尚在赴任途中的韋貝爾。指令內容為：對於朝鮮方面希望成為保護國、派遣軍事教官等請求，「我方不主動進行交涉」，如果再度接到請求，則要向本外交部彙報。[82]

高宗無視了清國的反彈。韋貝爾到達漢城後，高宗的使者來訪，告知國王擔心清國操縱政變，希望俄羅斯派遣數艘軍艦常駐仁川港。韋貝爾提出要書面形式的請求，但沒有得到。韋貝爾確認了使者確實是國王所派之後，遂將其請求轉達給本國，提議派遣兩艘軍艦。但俄羅斯政府於十月二十八日（十六日）發電報拒絕了此事。[83]

韋貝爾觀察朝鮮的局勢，於十一月二日向聖彼得堡發去了第一份意見書。其內容如下：朝鮮在打開國門時，國內產生了欲向日本學習、導入新秩序的「日本黨」（譯者註：即開化黨）。然而「無論是日本的政策，還是日本的商人們，都沒能獲得朝鮮人的信任。」甲申政變後，日本失去了威信。從那時起，英國人將俄羅斯打算將朝鮮作為保護國的傳聞散佈開來，以刺激清國政府，迫使其向英國靠攏。因此，對於英國佔領巨文島一事，清國的反應很小，之後還將大院君送回國。大院君肩負著取代親俄派的高宗的使命。[84]

十一月，清國派遣袁世凱接替陳樹棠擔任駐漢城的政府代表，總理朝鮮交涉通商事宜。袁世凱對高宗和朝鮮政府嚴加約束起來。俄羅斯政府對韋貝爾的意見書很重視，再次展開了一度中斷的派遣軍艦方案的討論。海相謝斯塔科夫告知外交部，如有政治需要，海軍可以派遣兩艘軍艦。吉爾斯將討論結果上奏給皇帝，在得到批准後，於一八八六年一月二十八日（十六日）給韋貝爾發去了新的訓令。由於在朝鮮問題上，清國遠比俄羅斯有利，因此必須避免能夠發揮這種優勢的事態。

「清國政府如果武力介入朝鮮，說不定會吞併這個國家，這對我們來講極其不利，很有可能導致我國和清國的衝突。」「與大清帝國的一切衝突都需要我們付出巨大的代價，這種代價依靠戰鬥的結果終究無法彌補。」[85]

關於派遣軍艦，訓令指出不要讓朝鮮政府抱有幻想，並沒有完全否定。訓令還命韋貝爾要用一切辦法支持朝鮮政府反對英國佔領巨文島。[86]

高宗無法忍受清國的壓力，期待獲得俄羅斯的支持，一八八六年八月五日，他派皇后的族人閔泳翊前往韋貝爾處，控訴袁世凱的壓迫，請求俄羅斯的援助。閔泳翊說：「萬國之中，只有俄羅斯能夠將朝鮮從沒有出路的狀態中拯救出來。我王認為，與俄羅斯建立緊密的同盟關係是維持和平與安寧、發展國家的唯一手段。」他請求韋貝爾接受高宗的信。韋貝爾答應了，八月九日，高宗的信被秘密送來。[87]俄羅斯歷史學家貝拉・朴從外交部文書中發現了這封信，是翻譯成俄語的文書，內容如下：

「我國屈服於異國的影響，偏隅一方。雖有獨立的君主，卻無法避免受制於其他強國。朕身為國王，對此深感恥辱、痛心。現在朕立志奮發圖強，悉改現狀，今後絕不再屈服於他國，朕願為此傾盡全力，無懼危險與憎惡。若我國與貴國的友好合作能夠如唇齒相依般得以進一步深化，則朝鮮與他國的關係或可相應地發生變化。朕對此寄與厚望。深切期待貴官稟告貴國政府，給予朕庇護，絕不棄拋朕，保守秘密，全力而為。使朕作為國王，能夠與當世君主並駕齊驅，擁有同等的權利和地位。如果我國與他國發生不和，希望貴國為保障朕一時的安全，派遣軍艦相護。」[88]

這封信與落到袁世凱手中並呈報給李鴻章的信函[89]內容大致相同。送信的不是別人，正是閔泳翊，他以朝鮮有「背清引俄」的動向，將這封信交給了袁世凱。

袁世凱憤怒了，立即向李鴻章報告，同時開始謀劃「廢除昏君」、扶植他人登上王位。候選人是高宗胞兄李載冕的兒子李埈鎔。高宗受到袁世凱質問，否認了此事，聲稱信是偽造的，引俄之策亦為政府懸而未決之事。於是，責任被推到了四名高官頭上，將他們流放了。袁世凱要求收回交給韋貝爾的信，俄羅斯方面否認收到密信，於是李鴻章又給清國駐俄羅斯公使發去電報，讓他照會俄羅斯政府聲明那封信不是真的。[90]

不清楚日本對這件事的反應。不過考慮到井上對高宗第一次行動的怒不可遏，認為應該「約束」高宗的外交，並向清朝政府尋求採取強硬的措施，那麼第二次應該更加增強了日本對高宗的不信任。不過，日本看到清國變得如此強硬，或許又產生了其他的不安。日本保持了沉默。

在這種緊張狀況中，打開僵局的是俄清的直接交涉。此時李鴻章意識到為了扼制俄朝結合的動向，與俄羅斯締結協定非常重要。自一八八六年九月，李鴻章開始與俄羅斯公使館一等書記官、臨時公使拉德任斯基在天津展開交涉。交涉中，俄羅斯方面強調反對清國佔領朝鮮，俄羅斯也不會佔領朝鮮，而是尊重它的獨立。李鴻章說：「如果日本表現出侵略朝鮮的動向，清國就與俄羅斯聯絡，使其不能佔領朝鮮。這樣一來，日本也會收回侵略之手吧。」他提議締結清俄兩國保證維持朝鮮現狀和領土完整的協定。拉德任斯基表示同意，兩人對交換備忘錄達成一致，然而，由於清國想在文案中寫上清國為朝鮮宗主國的內容，致使交換備忘錄最終未能實現，十月廿四日交涉終止。不過，在巨文島問題上，拉德任斯基強硬地提出反對英國佔領巨文島，如果英國撤走，俄羅斯可以做出口頭保證，也不會佔領朝鮮任何地方。清國對此進行斡旋後，英國艦船於一八八七年二月廿七日離開了巨文島。[91]

一八八六年俄羅斯方面再次回歸了慎重論。俄羅斯遠東當局繼續保持消極態度。從一八八六年十月阿莫爾州總督科爾夫送給亞洲局局長季諾維耶夫的信中，可以窺探出當時遠東俄羅斯當局者的態度。科爾夫在信中寫道，俄羅斯對朝鮮的政策「不應該追求任何利己的目的，唯一希望的是朝鮮的完整和盡可能的獨立」。他還反對在元山獲得不凍港的想法。他解釋道，如果這樣做，俄羅斯領土就必須要在地面上與元山相連，那麼不僅是元山，還必須合併整個朝鮮。[92]

元山，俄語稱拉扎烈夫港，海相謝斯塔科夫也強烈反對獲取此地。一八八六年十二月廿四日（十二日）的大臣協商會得出按照謝斯塔科夫的原方案，不尋求除符拉迪沃斯托克之外其他港口的結論。[93]

一八八七年二月七日（一月二六日）舉行了關於遠東局勢的特別協商會，在會上，與會者同樣表達了反對向朝鮮擴大領土的意見。不過，也不希望清國或日本獲得朝鮮，對此必須反對，但反對方式只限於使用和平的手段。會議決定強化遠東兵力，到年末為止要使海軍力量擴充一倍，將戰鬥艦增至十二艘。四月二十九日（一七日），吉爾斯向皇帝上奏，列國不關心朝鮮的命運，面對清國強烈的意志，如果俄羅斯陷入衝突將完全無益。[94]

當年八月，冀圖從清國獨立的高宗，任命朴定陽為駐美公使，沈相學為英、德、俄、意、法公使。這是朝鮮首次向外國派遣公使。然而，因清國的反對，朴定陽一年即被召還，沈相學也未能渡歐。[95]一八八七年十月，韋貝爾就此事問詢了外相對於支持朝鮮政府策略的構想，吉爾斯的回答相當消極，「只有當在朝鮮擁有利害的其它列國……做出同樣的決斷時，俄羅斯才會敦促清國承認朝鮮派遣公使的權利」[96]。

一八八八年五月八日（四月二六日），外相吉爾斯、亞洲局局長季諾維耶夫和科爾夫總督舉行了關於朝鮮問題的協商會。匯總該會議的意見書如下，首先，會上討論了俄羅斯佔領朝鮮是否妥當，最後否定了佔領論。

「獲得朝鮮對我們不僅沒有任何好處，還有可能帶來極其不利的結果。」朝鮮貧窮，沒有作為市場的價值。雖然貌似有些礦產資源，但開發需要投入很多資金。在戰略上，它雖然有可能成為對俄羅斯有利的據點，但防衛極度困難。「佔領朝鮮會破壞我國同清國，以及同樣對該國有企圖的日本的關係。考慮到我們的立場是要聯合清、日，這樣做會使方方面面的問題都變得很困難。」[97]

接著，會議探討了危險是否正從朝鮮一側逼近。「朝鮮因其軟弱，如果被某個鄰國統治，有可能成為我們敵對性目標的工具。」日本在一八八四年甲申政變時受到來自清國的抵抗，不得不改變其朝鮮觀，通過簽署天津條約消除了彼此紛爭。「從那時起，天皇政府不僅打消了對朝鮮的一切獨自的企圖，甚至一度看上去對這個國家未來的命運完全不關心，直至最近才終於重新表現出關注對保護這個國家不受清國侵略的手段來。」「日本的這種政策方向與我們的見解完全一致，我們應該在這個方向上努力支持東京政府。」[98]很明顯，俄羅斯對日本的這種認識是錯誤的。

該意見書認為清國試圖對朝鮮行使更加強大的影響力，就連朝鮮內政也要服從自己的統治，而且它還想隨著時間的推移，將朝鮮納入自己的領土中。出於這種看法，要強烈抵制袁世凱的政策。不過清國由於「擔心有可能與俄羅斯公然發生衝突」，繼續對將「朝鮮隸屬化」的政策採取克制的態度。李鴻章在一八八六年十月的協定中，約定俄清雙方尊重「朝鮮的不可侵犯性」。作為俄羅斯是不希望公然與清國對抗的。俄方也不會發起「任何挑釁性行動」，俄羅斯要說服清國，它對朝鮮沒有意圖，它對朝鮮的庇護政策，只限於維持傳統的清韓關係。不過這是有條件的——有必要告知清國，不要妨礙歐美諸國享受其通過與朝鮮簽訂的條約獲得的恩典。如果清國在朝鮮常駐軍隊，試圖確保其勢力的徵兆變得明顯起來，那麼俄羅斯就不得不向「對清國施加壓力」的方向前進，諸如在俄清邊境施加壓力等。不過，俄羅斯不希望與清國發生戰爭。「俄羅斯能夠使用的政策極限是在清國領海內進行海軍示威，……或者佔領朝鮮沿岸的某一地點，那時我們會發出聲明，如果清國從朝鮮撤兵，我們也會撤離佔領地。」[99]

很明顯，正如貝拉・朴所指出的，俄羅斯外交部的看法是「朝鮮獨立的主要敵人是清國」，而「過低估計了日本入侵的威脅」。[100]

意見書全面否定了朝鮮政府的將其作為保護國的嘗試。「這樣做不能保證我們任何的利益，朝鮮的利害由我們專一保護之事，很可能使我們陷入困難，因此，如果朝鮮政府在對外關係上請求我們給予支持，我們要建議他們向在漢城的所有外交使節請求援助。我國對干涉朝鮮內政要極度慎重，應該嚴格限定於只應對國內困難和出現內亂的情況。」[101]

明治初年的日本與俄羅斯

這一時期，日本普遍對俄羅斯的警戒心很弱，對俄羅斯的關心程度也很低。俄語教學可以說好不容易剛剛起步。一八七三年，東正教傳教士尼古拉主教開始在東京教授俄語。東京外國語學校成立，開始了俄語教學。[102]在尼古拉的教會學校學習過俄語的人中，有的後來成了俄羅斯駐日武官的翻譯。而東京外國語學校則培養出了長谷川辰之助以及二葉亭四迷這樣的人物。二葉亭四迷生於明治維新的四年前，與正岡子規、秋山真之是同一代人。他一八八一年入學，於一八八六年五年級時退學。他受俄國文學的吸引，在翻譯俄羅斯文學作品之餘，開始寫小說。一八八九年，他進入內閣官報局，負責翻譯俄羅斯的新聞記事。雖然今天沒有直接瞭解他曾經翻譯過哪些記事的資料，但縱觀《官報》上發表的俄羅斯新聞記事，一八八九年三十三篇，一八九〇年九十二篇，一八九一年一百二十七篇，增長迅速，其中與西伯利亞鐵路相關的文章，最初兩年為每年一篇，而一八九一年劇增到九篇。[103]

反觀俄羅斯，十八世紀彼得大帝下令在伊爾庫茨克開辦了日語學校。聖彼得堡帝國大學自一八七〇年開設了由日本教師教授的日語課。不過，其東洋語學部設置日本語講座則是一八九七年之事。同期，符拉迪沃斯托克設立了研究、教授東洋各國語言以及東洋各國國情的東洋學院，開設政令是一八九九年頒佈的。[104]

至於派遣駐在武官之事，日本方面也起步相當早。陸軍武官從一八七九年起派遣了三年，海軍武官從一八八〇年起派遣了四年，不過其間一度中斷，之後，海軍武官、陸軍武官分別從一八九〇年、一八九二年起再度開始派遣。而俄羅斯直至一八九三年都沒有派遣過武官。

日本制定帝國憲法和俄羅斯

這期間，日本於一八八五年採用了內閣制，伊藤博文成為首任內閣總理大臣。起初總理大臣的許可權很大，但一八八九年的內閣官制削弱了總理大臣的許可權，採用了各國務大臣分別輔佐天皇，不負連帶責任的單獨輔弼責任制。內閣之上還有樞密院，總理大臣由元老會議選出。儘管如此，還是可以說能夠與天皇平等對話的元老以及從中輪流選出的總理大臣鞏固了政治體制。在伊藤任內起草的大日本帝國憲法於一八八九年二月公佈，帝國議會選舉於一八九〇年七月施行。這一系列措施使得這個在明治維新中誕生的近代國家更上層樓，日本成為了具有總理大臣制、內閣制度和議會制度的國家。

另一方面，俄羅斯依然保持著專制的統治體制。皇帝作為專制君主，最終決定一切。每位大臣只對皇帝一人負責，沒有統率、指揮大臣們的總理大臣。雖然重要問題皇帝會指示數名大臣協商，但多數決定則是各個大臣上奏皇帝，經批准後即付諸實施。

皇帝既沒有秘書，也沒有正式的輔佐官。重要大臣可在謁見皇帝時，直接向皇帝上奏彙報、陳述意見，而其他人則全部通過文書形式上奏彙報。上奏報告既有大臣撰寫的，也有派遣到外國的公使以及邊境總督撰寫的。皇帝閱讀過這些上奏報告後，再批示發下，這是非常巨大的勞動量。原本輔佐官、顧問是不可或缺的，但專制權力的本質不允許設置這些職位。

成問題還有皇帝的旅行。亞歷山大二世、亞歷山大三世每年八月都要離開首都，在與德國皇帝等會晤後，前往克里米亞的利瓦吉亞宮，在那裡渡過大約兩個月，十月再返回首都。皇帝在利瓦吉亞宮時，陸軍大臣、外交大臣通常也要前往克里米亞，以應對皇帝的諮問。

而且，這個國家沒有由通過選舉選拔出來的國民代表組成的協商機關和議會。雖然有日報、綜合雜誌，但無論皇帝還是大臣，幾乎都不關注新聞的論調。他們懼怕的是以地方自治組織相關者為中心的自由主義運動和反體制的社會主義者的革命運動。

一八八〇年代後半期，俄羅斯的駐日公使是謝維奇。一八八七年十二月四日（十一月二十二日），謝維奇報告了日本政府遭遇召集議會困難的情況。在這份報告的留白處，皇帝亞歷山大三世批示道：「強迫他們著手召集議會的人是誰——他們恐怕會走向共和國，這一判斷幾乎不會錯。」[105]在日本公佈憲法的一周前，一八八九年二月四日（一月二十三日），謝維奇向外交部報告了與黑田清隆首相會談的內容。黑田誇耀起憲法的制定：「因為這部憲法，日本將擁有與國民真實需要與發展程度完全符合的代議制統治形態。」在這份報告的留白處，皇帝亞歷山大三世批示道「不幸的、幼稚的傻子們」。[106]謝維奇自己也報告過日本由於導入立憲制，致使行政權力弱化，出現社會性混亂。[107]他或許揣摩到了皇帝的心意吧。

與一八八一年駁斥洛里斯—梅利柯夫的改革方案，阻斷邁向立憲制的一切前進步伐時一樣，皇帝認為議會制度是邪惡的這種想法沒有發生絲毫改變。洛里斯—梅利柯夫於一八八八年去世，生前他曾經對新聞記者講，將來俄羅斯或許會和日本發生戰爭。他關注「日本重生後」的力量，慨歎俄羅斯式的「警察國家太過陳舊」，廣為人知。[108]大約十年前錯失改革良機的俄羅斯，在大約十五年後將為此付出慘痛的代價。

即使俄羅斯處於這樣的狀態，其國內的綜合雜誌也在一定程度上關注到了日本的變化。自由主義雜誌《俄羅斯思想》實際的總編威克特爾・戈利采夫負責每期的國際局勢欄目，在一八九〇年四月這期中，他介紹了日本的小學數量、教員人數，寫道：「日本超越部分歐洲國家並非不可能」，現在日本有了「輿論」，本年「天皇向人民承諾將要召集議會」。[109]在十一月這一期，他引用哲學家索洛維約夫的論文《日本——歷史性的性格》，指出日本文明的開放性，對基督教也完全寬容的態度。[110]

維特登場與西伯利亞鐵路方案

俄羅斯遠東政策的變化完全產生於其它方向，始於俄羅斯大臣中一位極具個性的人物的登場。一八八九年三月，謝爾蓋・維特被任命為俄羅斯財政部鐵路事務局局長。在此之前，他是西南鐵路這一私營鐵路公司的總裁，不過他不是一位普通的經營者。維特是來自荷蘭、仕奉沙皇的技師的後裔，母親是俄羅斯名門貴族的千金。他生於一八四九年，畢業於位於奧德薩的新俄羅斯大學。他的經濟學素養深厚，對國家前途也自有一番經綸。一八八九年，他出版了著作《走近國家主義——國民經濟學與弗里德里希・李斯特》。由於這個人物出現在俄羅斯的中央政府中，西伯利亞鐵路計畫得以實施，俄羅斯的遠東政策展現出新的局面來。[111]

早在一八五〇年代，外國企業家就提出了在西伯利亞遠東修建鐵路的構想，一八七〇年代進行了最初的部分勘查。[112]一八八四年交通大臣波西耶特制訂了從薩馬拉至符拉迪沃斯托克的鐵路方案。一八八六年，西西伯利亞、東西伯利亞總督提起了在托木斯克——伊爾庫茨克、貝加爾——斯列堅斯克間修建鐵路在戰略上的必要性這個問題。一八八七年提出要確保建設烏蘇里地區鐵路的財源。但是，當時的財政大臣維什涅格拉德斯基所領導的財政當局正集中全副精力於重建財政，因此對此提議始終很消極。這種消極態度的突然轉變發生在一八九〇年九月，清朝政府為了建設南滿州鐵路，聘請英國工程師進行勘查。受此影響，交通大臣丘別涅特重新提出了曾於一八八七年提起過的建設烏蘇里鐵路的方案，亞歷山大三世指示要儘早展開建設。外相吉爾斯也從「俄羅斯在中國的地位」這一角度出發，開始主張建設西伯利亞鐵路。大臣們就此事進行了協商，並於一八九一年二月，在大臣委員會中進一步討論了其結論。會上，大多數人主張從戰略角度出發，不僅是烏蘇里鐵路，還應立即著手建設西伯利亞鐵路全線。[113]強力推進這項工程的就是財政部鐵路事業局長維特。一八九一年三月廿九日（一七日），亞歷山大三世將頒佈建設大西伯利亞鐵路方針的敕書發給了正在周遊世界的皇太子尼古拉。

「現在，朕命令著手建設貫通全西伯利亞的鐵路，以使自然資源豐富的西伯利亞諸州與內陸的鐵路網相連接。朕特委任汝在視察完東洋異域諸國、返回俄羅斯之時，向臣民宣告朕的此種意志。同時，責令汝在符拉迪沃斯托克舉行修建大西伯利亞鐵路之烏蘇里段的奠基儀式，此項工程已被批准動用國庫資金，並將在政府的直接命令下進行。

朕無上關心朕所心系的這一地區，希望帝國其它部分與西伯利亞的交流日趨方便，並希望該地區走向和平的繁榮，汝傾力深度參與朕所策劃的這項真正的國民性事業之開端，將會成為表明朕此種深切意志的新證據。」[114]

不過這封敕書並沒有立即傳到日本。然而，西伯利亞鐵路的構想早就在日本傳開了。西伯利亞鐵路最早在日本成為話題是四年前的一八八七年。倫敦的《泰晤士報》在該年六月二十四日的報紙上報導了尚是幻影的西伯利亞鐵路方案。這一報導很快被《朝野新聞》翻譯，於八月二日以《鋪設西伯利亞鐵路》為題發表，並且於八月十二日、十三日配發了社論《西伯利亞大鐵路與東亞三國的關係》。裁判官寫道：「因該鐵路而產生的社會及貿易上的變化原本就無足輕重，俄國主要的著眼點在用兵，對日清韓三國所波及的影響最深之處亦在兵事。」並就此斷言，「日本到底該與英、清合縱抵擋俄國乎，或孤立旁觀三國抗爭乎，抑或與俄國連橫施行自衛之計乎，應於此三者中取一，以定我國是政略。」[115]

日本從西伯利亞鐵路建設具體落實的很早之前，就出現了警戒的動向。

俄羅斯皇太子周遊世界

皇帝亞歷山大三世頒佈建設西伯利亞鐵路的敕書時，皇太子尼古拉正乘坐著護衛艦「亞速紀念」號前往他周遊世界之旅的最後一站——日本。

這次旅行原本是遵照父皇的旨意安排的。最初的方案是訪問東方的鄰國印度和清國，返回時可繞道美國，也可橫穿西伯利亞，但起初像這樣的長途旅行是否可行本身都存在著爭議。不過，在一八九〇年的春夏之季，旅行一事有了進展，最終目的地被確定為日本。當年十月，二十二歲的尼古拉與小他三歲的表弟格奧爾基一同，在負責教育的軍人達尼洛維奇的陪同下從俄羅斯出發。一行首先去了維也納，從那裡南下希臘，與希臘二王子、愛稱為「喬治」的格奧爾基奧斯會合，一起旅行。喬治的父親希臘國王威廉（格奧爾基奧斯一世）出身於丹麥王室，相當於尼古拉母親的兄長。尼古拉和喬治這對表兄弟年齡相仿，關係很好。[116]

一行首先進入埃及，從開羅周邊起遊覽了尼羅河上游，接著仔細參觀了吉薩的金字塔，然後從蘇伊士運河進入印度洋。十二月二十三日（一一日）到達印度的孟買，在印度和錫蘭待了兩個月。不過，弟弟格奧爾基在逗留印度期間發起高燒，就乘坐護衛艦「科爾尼洛夫」號直接回國了。[117]該艦艦長就是後來的遠東總督阿列克塞耶夫。[118]格奧爾基患的是結核，他在八年後廿八歲時去世。

帝國議會開會日的惡性事件

皇太子尼古拉周遊世界的最後一站之所以選擇日本，是因為俄羅斯認為與日本間的外交交涉是必要的。一八九〇年十月，謝維奇公使推進了交涉，在此過程中，他請求外相青木周藏保證皇太子的人身安全。畢竟日本剛剛於一八八九年發生了文相（文部大臣）森有禮遭遇暗殺，外相大隈重信被恐怖份子炸掉一條腿的事件。當然，原本沒有理由擔心俄羅斯皇太子會遭遇這類恐怖襲擊，起初這應該只是例行的申請。然而，就在此時發生了一件事。

一八九〇年十一月廿九日是日本帝國議會的開會日。天皇駕臨貴族院。議事堂是木質建築，建於日比谷。事件發生在俄羅斯公使館——今日財務省所在的地方。從櫻田門經外務省前大道至俄羅斯公使館旁這一段路是圍觀的人最多的地方。公使館中的一名俄羅斯女醫生在日後出版的日本旅居記中，這樣描述了當天目擊到的情形：

「我們在公使邸見到了當地的歐美外交官。人們聚在一起所談論的話題當然是這天發生的主要事件——議會召開和在我國公使館建築旁發生的事。……事情是這樣的：天皇的馬車在從議會返回的途中，應在我國公使館外的拐角處轉彎，這個拐角處的高牆內側有假山，山上有亭子，公使館的婦人們為了觀看天皇的車隊聚在那裡。當天皇陛下從亭子下方經過時，看到了公使夫人，天皇摘下帽子，深深地行了一禮。然而，就在陛下拐彎時，外邊圍觀的群眾中有人向俄羅斯婦人們的方向投擲了石塊。假山上的公使侍從很輕率地，同樣回擲了石塊。於是，外面的石塊就像雨點般飛向亭子。婦人們不得不倉皇逃竄，險些喪命。同時，群眾試圖闖入公使館的鐵門，裝備齊全的警官隊聞訊趕來，好不容易才恢復了秩序，驅散了瘋狂的群眾。」[119]

這名女醫生無法理解為什麼會發生這樣的事情。她寫道，聽人說也許與壯士（譯者註：明治中期從事自由民權運動的人士。）有關，她不明白為什麼會盯上俄羅斯公使館。後來她閱讀英文報紙，看到日本有不能從高處俯視天皇隊伍的規矩，才稍微理解一些。[120]

日本報紙的報導沒有太大的出入。事實上，員警當場逮捕了一名廿三歲的青年和一名芝飯倉的木匠，但沒有經過審訊就釋放了二人。[121]謝維奇公使對這種處理方式很抗拒，對日本員警主張的是先從公使館投擲石塊的說法也提出了抗議，他們冗長的交鋒過程被記錄了下來。[122]

重要的是，皇帝亞歷山大三世在謝維奇公使對這件事的報告上批示道，「這種反外國人的、帶有惡意的行為發生在皇太子將要訪問日本時，令朕稍感不安」。[123]所以謝維奇再次向日本政府強烈請求確保皇太子來日時在警備、安全問題上萬無一失的做法也是理所當然的。

當時的外務大臣是青木周藏，他生於一八四四年，出身長州，於明治維新之年留學德國，成為外交官，在擔任德國公使後，一八八六年成為外務次官。謝維奇與青木外相曾進行過詳細的交涉。後來，在大津事件發生的第二天，謝維奇一見到青木外相就這樣講道：

「考慮到日本的情形有讓人不能安心之處，故在皇太子殿下到來之前，曾預先問及能否保證皇太子殿下在貴國旅行的安全」。閣下說：「在此保證。……之後，遇到廿九日之事，當時再次要求以上保證，再次得到了保證……[124]」

根據保田孝一從俄羅斯外交部文書中發現並複印的資料，[125]可知謝維奇於一八九〇年十二月十四日照會青木外相，希望通知俄方審判公使館事件犯人的結果。[126]一八九一年初，謝維奇對日本政府無力取締「壯士」們的活動感到強烈不安。擔心如果一直這樣下去，皇太子來日時，是否會出現問題。「儘管我並不懷疑當地政府為無條件地保護高貴旅行者的安全，會周密準備必要的對策，但從閣僚、尤其是外相……應對眼前的事件上，我感受到了一定程度的不關心。」一八九一年一月八日，謝維奇給青木外相送去秘密信函，希望從提高警戒心的角度出發，取締日本雜誌《天則》刊登的煽動襲擊外國人的文章。信中，他再次要求明確保證皇太子的人身安全。[127]

青木外相於十二天後的一月二十日做出了答覆，「我皇帝陛下熱切盼望貴國皇太子殿下浮海而來」。本大臣也認為「此事能夠愈發增進兩國間睦誼」。因此「本大臣可按照閣下的希望，保證在目前我帝國情形下外國人的安寧，對此絲毫不必起疑懼之念。」關於《天則》的文章，「會加以相當的箝制，本大臣確信我主管部門將依照合法手續嚴格管理執行。」[128]

謝維奇似乎對這封信的內容「相當滿足」。[129]不過，不久後謝維奇催促通報十一月二十九日事件的處理結果，好像還限定了答覆期限。[130]

對此，青木外相於一月三十一日送去絕秘回信，再次確認了日本刑法中沒有適用於對外國使節施行侮辱暴行的條款。信中還寫道，官府對十一月二十九日事件「雖欲探知主要煽動者……然因人數眾多，不易探知」，如果處罰投石及擅闖公使館的所有人員，「難免會引起公眾物議」，日本政府的意見是「可不強行探索處罰」，希望俄羅斯政府「滿足於此種真實的解釋」。青木也明白只是這樣有點交待不過去，因此又寫道，日本政府為了彌補法律的不完備之處，在向帝國議會提交的刑法改正案中增加了新的條款，並介紹了該條款：

「第一百五十一條　對外國的君主、皇族、總統以及駐日本國的外國使臣等日本國賓客施加侮辱者，擬依

第一百五十六條例處置。」

第一百五十六條的內容為：對履行職務時的官吏及議員進行侮辱者，處以十一日以上二年以下監禁。

然後，青木請求俄羅斯政府接受日本政府的公文，不再提出更多的期待。他對公文的內容進行了說明：日本政府對十一月廿九日事件「深表遺憾」，事件結果對日本政府來講「難以想像地不堪忍受」，頗為不滿意，希望俄羅斯政府能夠將這一說明，「視做日方給予了俄羅斯帝國政府滿意的結果，就此終結該事件。（L』incidenten question serait regardécomme définitivenment clos à la satisfaction du Gouvernement Impérial de Russie）」[131]

謝維奇次日答覆：「我認為說明很坦率，日本政府關於新的立法措施的決定很合時宜。」我會將送來的公文轉交外交部。希望我外交部慎重研究公文後，同意貴大臣「提出的解決方案（soliutsiia），再次證明俄羅斯對日本政府懷有的和睦精神與友好感情。」[132]

於是二月六日，青木將包含上述宗旨的公文送給了謝維奇公使。公文的結尾寫道：「現今事情即將終結，於此再度陳述，對於客歲十一月廿九日發生的偶然事件，帝國政府深表遺憾。」[133]

青木被迫反覆進行這種信函交涉，加深了對謝維奇的反感。謝維奇方面雖然不得不就此收場，但實際上也無法抑制對日本政府和青木的不信任。他在二月八日的長篇電報中寫道：「日本政府從最開始就完全沒有履行我方要求的意思，而是期待我方最終……不做更多的反駁，接受只要獲得精神上的滿足感即可這種宿命式的必然性。」[134]

謝維奇之所以如此固執於公使館事件，大概與對皇太子訪日時日本政府所採取的應對措施感到不安有關吧。然而，眼下在處理公使館事件的過程中，日本政府卻始終在強調刑法改正案的意義。[135]而刑法第一百五十一條規定的處罰條例卻不過是最高兩年的監禁。

俄羅斯民間對這一事件是如何反應的呢？雖然無法查知報紙的報導，但從綜合雜誌《俄羅斯思想》中看不出任何反應。在一八九〇年十二月這一期中，戈利采夫報導了日本最初的議會選舉結果，接著寫道：「為了能夠十分正確地認識在歐洲自由思想和歐洲科學的良好影響下，日本國民的國家發展在極短時間內取得了多大程度的成功，」他再次列舉了與日本學校教育的發展、教育預算相關的數字，並評論道「日本的政治生活和國民教育如果像這樣急速成長下去，離它扮演重要的世界性角色之日將為期不遠了。」[136]不用說，這是偽裝成自由主義者對俄羅斯政府現狀的批判。

俄羅斯皇太子抵達日本

皇太子一行的旅行仍在繼續。一八九一年三月二十日，一行中途停靠暹羅的曼谷。在暹羅停留的五天中，皇太子受到了國王拉瑪五世的熱情款待。國王想通過與俄羅斯的聯合，抑制支配著中南半島東部法國的壓迫。二十五日是皇太子離開暹羅之日，國王一同乘船送行，當時，他表達了將在八月份派遣弟弟達木隆去聖彼得堡的意願。[137]當然，尼古拉並不知道暹羅國王想要做什麼。接著，皇太子一行停靠清國，在廣東上陸。然後，從那裡來到了日本。雖然與尼古拉同行的人中有地理學家烏赫托姆斯基公爵，他對俄羅斯在亞洲的使命有獨到的見解，[138]但這次旅行對尼古拉來講，只是周遊充滿異域風情的亞洲而已。在旅行快要結束時，尼古拉來到了日本，他非常喜歡日本。

尼古拉生於一八六八年，與司馬遼太郎作品中的主人公正岡子規、秋山真之大致是同一時代的人。這個時候，秋山真之剛剛離開海軍學校，成為少尉候補生，登上「比叡」號。正岡子規則是東京帝國大學的一年級學生。

一八九一年四月廿七日（一五日），尼古拉的艦隊駛入長崎港。尼古拉在當天的日記中寫道：「早上七點多，我終於在燦爛的陽光中看到了期盼已久的日本高高的海岸。當然，大家都跑到了甲板上。我們經過了帕彭貝格島（高鉾島），據說那裡曾經是日本的天主教徒被扔進大海的地方。向左轉，我們進入了美麗而狹窄的水路。在海灣的深處可以看到長崎的街道。這裡有軍艦『弗拉季米爾・莫諾馬赫』號、『納西莫夫海軍上將』號和義勇艦隊的新輪船『奧廖爾』號。另外還有三艘日本船停泊在這裡。從奧廖爾號上傳來巨大的俄語『烏拉』的歡迎聲，這是前往符拉迪沃斯托克的一千四百名俄國新兵發出的，乘坐此船的還有作為遊客的提督佩列列什金，以及為開工建設符拉迪沃斯托克至哈巴羅夫斯克之間的鐵路而成立的鐵路委員會的成員。」[139]

當時，長崎是俄羅斯遠東艦隊的越冬港，在那裡看不到以佐世保為母港的日本海軍艦艇的蹤影。因此，長崎乍一看頗具俄羅斯風情，到達那裡的尼古拉沒有絲毫的緊張感。這天沒有日本人來訪，尼古拉也沒有上岸，只是去看了「奧廖爾」號。夜晚，長崎的海軍軍官們去尼古拉的船艙中拜訪了他，大約有八人。

「他們全是少尉，住在稻佐的俄羅斯村中，已經有了當地的妻子。說實話，我也強烈地想仿效他們。但一想到復活節前的受難周馬上就要來臨了，我感到有點可恥。」[140]

那感覺宛如來到了夢中的國度。翌日，日方負責接待的人、有棲川宮威仁親王來到了尼古拉的艦上，這位親王曾於一八八九年訪問加特契納時見過尼古拉。尼古拉在這天兩點與格奧爾基奧斯等人上陸，乘坐人力車遊逛了周邊的商店，買了相當多的東西。

「長崎的街道和人家給人非常舒適的印象，處處都打掃得很乾淨，非常整潔、俐落。走訪這裡的人家很有趣，實際上，日本的男女態度都很親切和藹，與清國人完全不同。讓我吃驚的是這裡會俄語的人很多。……午飯後，我決定在右手紋一條龍，從夜晚九點直至黎明四點，用了七個小時才紋完。」[141]

日本充滿了異域風情，尼古拉的感受舒暢，他完全是一名觀光客的心態。

五月四日，尼古拉結束了在長崎的正式活動，於六日（四月二四日）訪問了鹿兒島，受到舊藩主島津忠義的熱情接待。翌日，他們離開鹿兒島，於五月九日（四月二七日）在神戶上岸。

尼古拉滿懷幸福地繼續著他的旅行，然而日本人卻很緊張。早在尼古拉到達日本之前，就有謠言在一部分人中流傳開來，說俄國皇太子尼古拉訪問日本的目的是為侵略日本投石問路。懷抱進軍大陸志向的日本人認為日本必然會與俄羅斯這個龐大帝國發生衝突，陷入了心理恐慌。西伯利亞鐵路之事也與此糾纏在一起。

在這種緊張氛圍中出現的傳聞之一就是，當年在西南戰爭中死去的西鄉隆盛實際上沒有死，而是逃往了西伯利亞，得到了俄羅斯的庇護，這次他隨俄國皇太子一起返回了日本。一八九一年四月一日，《東京朝日新聞》以轉載鹿兒島新聞記事的形式，在頭版提到了這個傳聞。[142]

由於傳聞甚囂塵上，引起了恐慌，《東京朝日新聞》努力平息輿論。四月一日，該報發文，關於「俄國皇太子殿下來遊」有「各種風聞」，以至出現了「與款待外賓之敬意不相宜的言論」，皇太子訪問並沒有其他用意，只是「漫遊」。四月五日，該報發表社論《何必畏怖》：「聞西伯利亞鐵路工程進展而畏之，……聞皇太子來遊而怖之……苟丈夫，緣何一味畏之而不祝之？」

「西伯利亞鐵路當然關係我國前途，當然關係東洋形勢，然而豈可一味畏怖之？西伯利亞鐵路之成，難道不可增進歐亞交通之便嗎，難道不可增加歐亞貿易之利嗎。」

日本社會也存在這種理性的意見。但是，這些意見卻沒能阻止因恐懼引發的事件。

大津事件

尼古拉從神戶上岸後，當天住在了京都。京都的旅館、藝妓、西陣織的工廠是那麼美好。五月十一日（四月二九日），尼古拉與同行的希臘皇太子格奧爾基奧斯、駐日公使謝維奇等人一同遊覽了三井寺和琵琶湖，訪問了滋賀縣廳，然後踏上歸途。一行每人乘坐一輛人力車，順序為尼古拉、希臘皇太子、有栖川威仁親王。當他們經過大津町的小唐崎時，事故突如其來。一名護衛的警官拔出佩刀，逼近皇太子尼古拉的人力車，猛地砍向了他。尼古拉在日記中冷靜地記錄下了這個事件：

「我們向左轉，進入了一條狹窄的小路，路的兩邊站滿了群眾。這個時候，我突然感到頭的右側、耳朵上方挨了重重一擊。我轉過頭去，看到一名巡警兇神惡煞般的表情。他兩手揮動著佩刀，想要再次砍向我。我只喊了聲『你幹什麼』，就從人力車上飛快地跳到了路上。我看見這個變態的人沖向我，卻沒有任何人試圖阻止他，我一邊按著傷口防止流血，一邊逃跑。我想躲到群眾中去，卻沒能如願。因為日本人同樣也異常驚慌失措，嚇得四散逃開。我奔跑著，回頭看了一下，看見格奧爾基奧斯在緊追那個追我的巡警。大約跑了六十步，我在街角停下，向後看去。當時我想完了，萬事皆休矣。這時格奧爾基奧斯——我的保護神——用自己的手杖一下子把那個變態的人擊倒在地。我走過去，看到我們的人力車夫和幾位巡警正拽住這個男人的腳，其中一人用佩刀敲著他的脖頸。」[143]

尼古拉應該受到了相當的驚嚇，他出了很多血，雖然沒有傷到頭蓋骨，但兩處傷口一處有九釐米長、一處七釐米。後來傷好去掉繃帶後，尼古拉的額頭上方留下了傷痕。[144]

首次將尼古拉日記介紹到日本的保田孝一注意到儘管發生了這一事件，但尼古拉在日記中對日本的情感並沒有發生變化。[145]事件發生兩天後，五月十三日（一日），尼古拉在日記中寫道：「我現在仍然和四月二十九日（此為俄羅斯曆，西曆為五月一一日）以前一樣，喜歡日本的一切，雖然日本人中有一個瘋子做出了瘋狂的舉動，但對善良的日本人，我一點也沒有生氣。」[146]筆者一直認為皇太子日記是寫給他人看的，他未必會坦率地寫出自己的真心來，不過縱觀尼古拉的寫作方式，此處並不像隱藏了他的情感。

當時尼古拉想不通的是，群眾中沒有一個人跳出來撲向行兇者，全都四散逃開了。「我不能理解的是為什麼將我和格奧爾基奧斯還有那個瘋漢留在道路中央，群眾中沒有人站出來幫助我，去阻止那個瘋漢。」[147]在犯人被制服後，群眾又返回路上，「路上的人民讓我感動。大多數人跪著，雙手合十，表示遺憾。」[148]尼古拉認為日本人生性老實，完全沒有粗野之處。他同情以有栖川宮為首的臉色蒼白的日方隨行者，而他自己則一直站著，沒有坐下，保持了鎮定的風度。

俄羅斯公使謝維奇在事發當日發給本國的電報中這樣寫道：

「傷口深達骨頭，不過據我方侍醫所言，所幸沒有危險。陛下很開朗，情緒很好，希望 繼續旅行。陛下本人的冷靜令所有人為之感動。」[149]

被制服的犯人是滋賀縣巡警津田三藏，三十六歲。面對員警的審訊，雖然津田的妻子供述他時而精神異常，但過去十二年，津田在滋賀縣的工作中從沒有發生過這種情況。另一方面，津田的妻兄供述，津田曾經參加過西南戰爭鎮壓叛軍的作戰，獲得了七等勳，他對讓他保衛傳聞中庇護西鄉隆盛、並將其帶回日本的俄羅斯皇族的命令深感不滿，以致行兇。[150]大概西鄉隆盛回國之說也是要素之一，彌漫在國民中的對俄緊張感壓垮了津田這種人，促使他做出了衝動的襲擊之舉。

日本政府真心驚愕了。受政府之意，明治天皇於兩日後前往京都慰問。尼古拉這樣寫下見到「天皇」時的印象：「他特別興奮、恐慌，舉止相當奇怪（strashnyiurod）。他身穿大將的軍服，神情恍惚。」[151]尼古拉很例外地對這個時候的明治天皇抱有近乎反感的印象。

尼古拉原本計畫繼滋賀縣之後，訪問靜岡、神奈川兩縣，然後去東京，之後繼續訪問東北各縣。但俄羅斯皇帝亞歷山大三世看了謝維奇五月十二日（四月三〇日）的電報後，批示要搞清楚這次犯罪是單獨犯罪還是有預謀的共同犯罪，在此基礎上再決定「兒子能否繼續在日本逗留」。[152]兩天後，謝維奇呈報天皇已下令向俄羅斯派遣謝罪特使，但由於對皇太子尼古拉的特別待遇「喚起了愛國主義狂信者的憤怒」，他認為皇太子進一步逗留「並非沒有危險」。加之皇太子本人也傾向於幾天後前往符拉迪沃斯托克。[153]於是，俄羅斯皇帝判斷，「如果是這種狀況，就不宜繼續逗留」，他下令尼古拉中斷旅行回國。[154]

五月十六日，尼古拉通知天皇，他遵照父皇的命令，定於十九日回國。[155]在此之前的五月十三日，天皇與尼古拉一同乘坐馬車去了京都車站，坐火車到達神戶，在埠頭告別後，目送尼古拉返回了「亞速紀念」號。

回國之日的五月十九日（七日），尼古拉在「亞速紀念」號艦上招待明治天皇共進早餐。雖然日本國民中有人擔心俄羅斯方面或許會直接強行帶走天皇。不過，就尼古拉所見，俄羅斯艦上的「天皇心情很好，腳步輕快，腿腳明顯比之前靈活」。[156]俄羅斯皇太子最終也沒有擺脫認為日本天皇滑稽的印象。此時的尼古拉大概做夢也不會想到，他們二人將在十三年後頒佈宣戰詔書、發起戰爭吧。

就這樣尼古拉只遊覽了長崎、鹿兒島、神戶、京都、大津，沒有參觀名古屋、橫濱、東京就回國了。沒有見到東京，使得尼古拉對日本的近代化缺少印象。他在出發當天的日記中再次寫道，「離開這個從一開始一切都令我很滿意、讓我很感興趣的國家，不禁感到有些落寞。甚至就連四月廿九日的事件也沒有給我留下絲毫的悲傷和不快感。」[157]直到最後，尼古拉都怡然自得。

另一方面，日本國民仍然處在恐慌中，拼命想化解俄羅斯方面的憤怒。尼古拉一行離開的翌日，五月廿日，在京都府廳前，一個女人用剃刀割喉自殺了。這名女子來自千葉縣，廿四歲，名叫畠山勇子，她離婚後離開夫家，在東京的魚店工作，住在店裡。她留下了兩封遺書，分別寫著「致俄國大臣」和「致日本政府」，她的這一行為表明了日本人對津田犯罪的惶恐。遺書上寫著「行為魯，盡為帝國（譯者註：我因魯西亞〔俄羅斯〕之事而去，這樣做完全是為了日本帝國）」。此外，山形縣的某個村莊五月十三日制定了村規，規定今後村民不准使用津田這一姓氏和三藏這個名字。[158]

日本政府仍然處於窘境中。政府認為無論怎樣若不判處津田極刑，都無法消除俄羅斯的憤怒。但是，這樣一來此案件就必須要適用於刑法第一一六條，即對危害天皇、皇后、皇太子者判處死刑的規定。政府決定此事後，於五月十二日徵求大審院院長兒島惟謙的同意，但兒島拒絕了這一意見。五月一八日，松方首相再次將兒島召喚到內閣，勸說道，俄羅斯方面通告皇太子將要訪問日本後，俄羅斯公使曾向日本政府提出，皇太子逗留日本期間，若日本人「有不敬行為時，因貴國刑法中並無明確的處罰條文，請依敕令設立該條法律」。對此青木外相回覆，「沒有必要在閣議之上」，依敕令設立新法，萬一發生此類事情，可依對我皇室的法律處置。」這次發生了這樣的事態，由於不能在「國際上食言」，閣議決定由青木外相通知俄羅斯公使，此事件可適用關於皇室的刑法規定。希望兒島聽從內閣的意見。[159]

很明顯，松方首相為了說服兒島惟謙，謊稱已經應俄方的要求，承諾援用皇室規定。這個謊言大概是基於對謝維奇承諾了要在刑法改正案中，加入對侮辱外國貴賓的懲罰規定吧。青木討厭謝維奇，因此，當謝維奇提出妄自尊大的要求時他說了謊。[160]（譯者註：《日本刑法》第一一六條規定凡加害日本天皇、皇后、皇太子等皇室成員者，不分未遂即遂，一律處以死刑。但該條只適用於保護日本皇室成員人身安全，而非訪日的外國皇室成員。因此青木對謝維奇說對外國皇室可援引此條，是說了謊。）

青木外相在自傳中說，事件發生後，俄羅斯公使送來希望從重處罰犯人的信函，他一貫對此表示反對。[161]這同樣是謊言。在五月十六日這個時間點，是青木一方向謝維奇公使口頭表示，希望由謝維奇提出要求犯人適用死刑的文書。不過雖然青木提出了這樣的要求，但謝維奇公使向本國請示，他打算拒絕由俄方直接要求日本政府對津田適用死刑的做法。此事獲得了皇帝的批准。[162]

眾所周知，兒島惟謙大審院院長始終從國家主權與司法權獨立的觀點出發，拒絕內閣的要求，他指示在大津地區法院開庭的大審院特別法庭按照一般的普通謀殺未遂案審理。此案件於一八九一年五月二十七日非公開審理，當日做出了無期徒刑的判決。

俄羅斯方面對津田終究未被判處死刑很是不滿。外相吉爾斯為了迎合皇帝的心意，於六月三日（五月二二日）指示駐日公使向日本政府表達不快感：「有必要對日本政府表達，對津田巡警審理的全過程和判決結果，證明了日本政府的軟弱，政府沒有成為自己國家的主人。」[163]謝維奇向日本外相遞交了表達這一宗旨的文書：對於「宣告巡警津田三藏所受的最高刑罰為無期徒刑這一事實」，使俄羅斯政府「無奈地看到了日本政府讓人感到軟弱（la faiblesse du GouvermmentJaponaise）、不能完全掌控局面(ne point êtresuffisamment maître de la situation)的跡象」。[164]此時青木外相已經引咎辭職，榎本武揚成為外相。榎本強烈要求俄羅斯不要向日本遞交含有如此措辭的文書，因為太過侮辱性的表達方式會刺激日本的輿論。謝維奇看在親俄派人士榎本提出了這樣的意見，遂向上面請示不要遞交此種文書。外相、皇帝都表示同意。[165]

對於制服犯人的兩名車夫，日本政府授與了他們八等勳、白色桐葉章；俄羅斯也授與了他們同等規格的小鷲勳章，並獎勵每人兩千五百美元，還承諾給予每人每年一千日元的終身年金。六月，明治天皇下令募集資金，在大津事件現場修建紀念俄羅斯皇太子奇跡般死裡逃生的紀念碑。犯人津田三藏在審判前曾一度絕食，企圖自殺，當年九月廿九日，他在所關押的網走監獄因肺炎而死亡。[166]

西伯利亞鐵路開工

一八九一年五月三十日（一八日），皇太子尼古拉從日本回國的途中，作為西伯利亞鐵路委員會委員長在符拉迪沃斯托克參加了西伯利亞鐵路的一段——烏蘇里鐵路的開工儀式。

尼古拉乘坐的軍艦五月廿三日（一一日）駛入符拉迪沃斯托克港。廿九日（一七日），尼古拉出席了為紀念獲取遠東俄羅斯的功臣——內威爾斯科伊提督而修建的紀念碑的揭幕式。三十日（一八日），出席了被命名為尼古拉的乾船塢的開工儀式，他對以自己的名字命名的船塢似乎有著特別的感情。「這個船塢對我來講，將會成為聯繫我和未來的偉大港口——符拉迪沃斯托克的有力紐帶吧。」[167]不過，尼古拉對西伯利亞鐵路沒有表現出太大的興趣，沒有將它與俄羅斯促進遠東走向文明的使命聯繫起來考慮。五月三一日（一九日），尼古拉在烏蘇里鐵路開工儀式當天的日記中這樣寫道：

今天相當冷，寒風瑟瑟。十點，我去了城外的佩列瓦亞・列奇卡。從那裡到符拉迪沃斯托克有二點五俄里（一俄里等於一點零六六八公里）的路，士兵們和囚犯們用最短的時間開通了鐵路。祈禱之後，我用手推車運送了土方。然後乘坐新烏蘇里鐵路的火車前往符拉迪沃斯托克。所有的工人和中國人都在火車後面跑著、跟隨著。到達未來的停車場——穆拉維約夫・阿莫爾斯基後，我走下火車，做了短暫祈禱後，在大西伯利亞鐵路的終點立下了奠基石（譯者註：符拉迪沃斯托克位於穆拉維約夫—阿莫爾斯基半島南端佐托伊角灣的北坡，其火車站立有「西伯利亞大鐵路終點九二八八紀念碑」）。這是真正重要的事情。我在鐵路工程師處吃過早餐後，在大帳篷中讀了父親關於西伯利亞鐵路奠基的敕書。此外，科爾夫男爵前來問候，恰到好處。168

連接歐陸俄羅斯和遠東俄羅斯的宏偉工程——建設西伯利亞鐵路就此昭告天下。堪稱這項事業的引擎的是財政部鐵路事業局局長謝爾蓋・維特，他於一八九二年二月被任命為代理交通大臣，九月被任命為財政大臣。同年十一月十八日（六日），維特向皇帝上奏了報告《關於大西伯利亞鐵路建設的方法及任命審議這項事業的協商會》。這份篇幅相當長的報告得到了皇帝的批准。為了召集協商會，十一月廿五日（一三日），維特又編寫、發佈了長篇意見書《關於大西伯利亞鐵路建設的方式和方法》。這兩份意見書展現了維特的西伯利亞鐵路觀。我們來看看第二份意見書：

維特稱西伯利亞鐵路「不僅在我國，即便在全世界，也是本世紀最大且最重要的策劃中有權佔據頭等地位的事業」、「『橫斷整個西伯利亞』的鐵路是廣義上的國家事業，對之唯一正確的理解是，如果完成了西伯利亞幹線鐵路的建設，不僅能夠完全印證，而且可以確認它將會成為我國經濟、文化、政治上最大的成功，是具有頭等意義的課題。」[169]

維特寫道，西伯利亞鐵路將西伯利亞與歐陸俄羅斯連接起來，可取得促進一四二萬平方俄里土地開發的效果，這相當於將德國、奧匈帝國、荷蘭、比利時、丹麥加在一起的面積。西伯利亞鐵路對西伯利亞的農業發展也有很大的意義，它會促進向西伯利亞移民，進而推動開發西伯利亞豐富的天然資源、礦物資源，特別是推動採金業的發展。此外，西伯利亞鐵路「確立了歐洲和太平洋以及亞洲東方之間不間斷的鐵路聯絡，這樣一來，不僅對俄羅斯的商業，就是對世界商業來講，也開闢出了新的道路、新的地平面」。因此，俄羅斯「不僅可以享受作為亞洲東方和歐洲西方的產品交換中間人的利益，還可以從亞洲的東方諸國民眾那裡享受比任何國家位置都近的、作為大生產者、大消費者的利益，事實必將如此。」[170]

維特指出，特別是中國、日本、朝鮮的總人口達到四億六千萬人以上，但在國際商業中所占的交易額僅有五千億盧布，與歐洲的貿易不夠發達。維特還加上了西伯利亞鐵路開通將使俄羅斯和中國的通商關係取得飛躍式發展。最後，維特還提到了西伯利亞鐵路的戰略性意義，他指出三點：通商關係的發展能夠增進和平友好關係，可以接近希望建立良好關係的美國，而且能夠支持太平洋艦隊。[171]

維特闡述了西伯利亞鐵路建設劃分工區同時動工的方針。第一期為，從西西伯利亞的車里雅賓斯克到鄂畢河之間一三二八俄里的工程，從鄂畢河到貝加爾湖西岸的伊爾庫茨克間一七五四俄里的工程，以及自一八九一年開始的從符拉迪沃斯托克到格拉夫斯卡亞三七八俄里的工程。這些基本上在一八九三年開工，到一九〇〇年完成。第二期為，從格拉夫斯卡亞到哈巴羅夫斯克的北烏蘇里鐵路（三四七俄里）和從外貝加爾的梅索瓦亞到斯列堅斯克的一〇〇九俄里。這些於一八九五年開工，前者於一八九八年完成，後者於一九〇二年完成。第三期，環貝加爾湖線二九二俄里和從斯列堅斯克到哈巴羅夫斯克的二千俄里，這部分的開工、完工時間未定。[172]

維特估計第一期的總建設費用為一億五千萬盧布。[173]這部分財源靠發行內外債券無法滿足，他提出採用增印紙幣來籌措資金的非常措施。

大臣們的協商會肯定了維特的報告，也認可了建設費的支出。一八九二年十二月廿二日（一〇日）議事錄被提交給皇帝，獲得了批准。一八九三年一月廿六日（一四日），宣佈設立西伯利亞鐵路委員會，任命皇太子尼古拉為主席。其後任命原財政大臣本格為代理主席，庫洛姆津為事務局局長。[174]全面建設眼看就要展開了。

在俄羅斯帝國內部，建設西伯利亞鐵路一事也激發了人們對俄羅斯在亞洲的使命這個問題的討論。布里亞特蒙古人扎瑪薩拉因・巴德馬耶夫的想法廣為人知。巴德馬耶夫生長在貝加爾湖附近，畢業於聖彼得堡帝國大學東洋語系，就職於俄羅斯外交部。同時，他還用從兄長那裡學到的藏醫術治療了很多患者。[175]巴德馬耶夫於一八九三年二月通過維特向亞歷山大三世提交了一份關於俄羅斯在東亞政策的意見書。他認為東洋各民族，無論是蒙古族、藏族還是漢族，都想脫離滿洲王朝的統治，尋求俄羅斯帝國、「白沙皇」的庇護，以此強調俄羅斯在東方的使命。為了具體實現這個使命，他建議鋪設西伯利亞鐵路支線直至甘肅。[176]維特在巴德馬耶夫的意見書上添加了自己的意見後，上呈給了亞歷山大三世。維特雖然沒有採納巴德馬耶夫想法的打算，但他認為這是補充西伯利亞鐵路意義的一個材料。[177]皇帝對此批示道：「這些想法相當新奇、不同尋常、很有意思，但很難相信會有成功的可能性。」[178]

俄羅斯著手建設西伯利亞線的消息再一次吸引了因大津事件而受到衝擊的日本政府和國民的注意。不過，其反應各種各樣。

一八九一年八月，從歐洲歸國的政論家稻垣滿次郎出版了《西伯利亞鐵路論》，該書十分暢銷，當年即再版。[179]稻垣一八九一年六月曾出版日譯本《東方策》，這本書原是他在英國時用英語寫就的，書中將日本的外交課題與英、俄在東方問題上的對立及對東洋的影響相結合進行了探討。稻垣在這本書中已經指出，「我們日本人非常擔心俄國建設西伯利亞鐵路」，「若此鐵路建設成功，我們日本人與其恐懼，毋寧對其加以利用更勝一籌」。他宣稱因這條鐵路的開通，將使「日本得以立於全世界的中心，乃至實際上更容易掌握東洋航海等諸項事務的全權。」[180]

而《西伯利亞鐵路論》是一本分析得相當詳細的書，在此基礎上，該書論述了日本對此應當採取的政策。稻垣寫道：「俄國對東洋的政策只是間接攻擊英國的策略。俄國的目標不是日本，不是支那，而正是英國。故我們日本人不必畏懼西伯利亞鐵路的成功。」[181]俄羅斯有著「財政上的困難」等，在策略上除了與日本保持友好關係外沒有其他的選擇。「彼俄國絕非應該厭惡的國家，亦非應該恐懼的國家，而畏懼如此，不能不說愚昧至極。我國宜利用之，……應該構想抑制英國等的重大策略。故我希望西伯利亞鐵路儘早取得成功。」[182]

這種觀點與上述《東京朝日新聞》四月五日的社論有相通之處。我們不應忘記，這種冷靜地將日俄合作論、日俄同盟論與西伯利亞鐵路聯繫在一起的論述贏得了廣泛關注。

另一方面，將西伯利亞鐵路視為從歐陸俄羅斯向遠東運送軍隊的戰略鐵路線，對此感到不安的也大有人在。這種警戒論的代表例就是總理大臣山縣有朋於一八九一年三月起草的《外交政略論》。山縣在文中寫道：一國有「主權線」和「利益線」，「我邦利益線的焦點實際上在朝鮮」。他這樣展開議論：

「西伯利亞鐵路已入中亞，不出數年即將竣工，自俄都出發，十數日即可飲馬黑龍江上，吾人不可忘西伯利亞鐵路完成之日，即朝鮮多事之時。又不可忘朝鮮多事之時，即東洋產生大變動之機。」[183]

這裡，山縣認為「我邦利害之尤為緊切者，乃朝鮮國之中立」，而「朝鮮之獨立，隨著西伯利亞鐵路告成之日迫近，將如履薄冰」。作為對策，日清兩國應該考慮或維持天津條約，或「更進一步推出聯合保護之策，置朝鮮於公法上恒久中立之地位」。由於由日本主導謀求朝鮮中立化頗為困難，可以請英、德二國成為日、清間的中間人。此事如果得以實現，間接利益也很大。「日清兩國成為朝鮮的共同保護主，遂生東洋之均勢，其交誼不期而自親密……如琉球問題……，亦自然消失於無痕。」[184]

一八八二年井上的朝鮮中立化方案仍然有著生命力，山縣有朋從警惕西伯利亞鐵路的立場出發，主張俄羅斯的侵略是現實的，他認為作為對抗手段，日本積極介入清國的屬國——朝鮮的命運這種姿態很重要。[185]

另一方面，比山縣小六歲的山縣內閣的外務大臣青木周藏是一名赤裸裸的侵略主義者。當年五月十五日，青木在大津事件後不久寫下了意見書《東亞列國之權衡》，文中，他將俄羅斯視為敵人，顯示出非常露骨的膨脹主義論調。他斷定「歐洲各國中最為鷙悍、且為恒常危險之根源者即俄國」，認為「西伯利亞」鐵路極度危險。青木也說日清「協作聯合」，將俄國從「西伯利亞」趕走很重要。如果清國與俄羅斯對抗的話，整個「西伯利亞」就會成為「清帝之版圖」，如果日本與清國聯合，「待成功之時，日本因承擔了過分的負擔和責任，自然有權利要求過分的報酬」，這個報酬將「奠定日本試圖在亞細亞大陸運動的基礎」。[186]具體而言，就是以東經一一二四度分割「西伯利亞」，為了奠定這一基礎，首先要「將朝鮮劃歸日本版圖」。[187]東經一一二四度位於貝加爾湖之東，亞庫次克稍西。

青木認為日本與俄羅斯或許會發生戰爭，但若與清國、德國或者英國結成同盟，就無須擔憂。不過，戰爭是將來的事情，當前的問題在於對朝鮮的政策。青木還寫道，對朝鮮「採取強硬手段，施行干涉主義，是為了讓朝鮮政府及人民愈發知道聯合、依賴日本是有利益之事，最終使之乞求日本的救援。」而且「教彼之園夫學習果木培養的方法，是植我利於朝鮮，施我恩於其人民，待時機成熟，便可平穩地將其收於我掌中」。[188]

青木將這份意見書送給閣僚們，但除了郵政大臣後藤象二郎外，無人贊成。青木進而還送給了陸軍參謀次長川上操六、陸軍次官桂太郎。青木在自傳中寫道，他後來從陸軍中聽到了贊成的聲音。[189]青木的後任外相陸奧宗光與青木同歲。

俄法同盟建立

一八九一年是日本和俄羅斯的關係圍繞俄羅斯皇太子訪日和西伯利亞鐵路開工而出現巨大變化的一年，也是俄羅斯在歐洲決定性的轉折之年——俄羅斯與德國最終分道揚鑣，反而與法國建立了同盟關係。專制君主制國家俄羅斯和因法國革命而誕生的共和制國家法國結成同盟，這種進展頗令人為之感到意外，但從某種意義上來講卻是必然。法國在普法戰爭中敗北，因而對德國懷有強烈的敵意，從與德國對抗的邏輯來講，自然而然會希望與俄羅斯結為同盟。曾探索與俄羅斯結盟之路的法國外相弗雷西內（Charles de Freycinet）於一八九〇年成為首相，這一因素起了決定性作用。[190]

俄羅斯與德國長期以來一直是同盟國，無論是皇帝還是外交部，在傳統上都是親德的。外相吉爾斯、外相助理拉姆斯道夫個人也都是親德派。為了維護專制統治，必需避免戰爭，為此，與德國結成同盟可謂不可或缺。[191]然而，一八八〇年代保加利亞發生危機，俄羅斯不惜發動戰爭支持其獨立的保加利亞卻被納入了奧地利、德國的勢力圈，此事增強了俄羅斯對德國的反感。加之俄羅斯與德國在貿易面對立。[192]俄羅斯皇帝亞歷山大三世雖然保守，但為人沉穩，平衡能力很強，能夠很好地聽取大臣們的意見。再加上皇后出身於厭惡德國的丹麥王室，他也受到皇后的影響，最終傾向於反對德國。[193]

一八九〇年一月至二月，俄羅斯在巴黎發行了外債。金融上的結合具有決定性的意義。一八九一年八月三日（七月二二日），外相吉爾斯向皇帝提出與法國締結協定的提案。翌日，皇帝批准了他的上奏報告。[194]吉爾斯遂與法國外相展開交涉，甚至連暑假也沒有休息，持續進行。九月八日（八月二七日），俄法協定文本確定下來。最終協定文規定，採用兩國外相互換批准函的形式，兩國締結協定，約定兩國就威脅和平的問題進行協商，當和平受到危害時，立即同時採取必要措施。[195]

俄法同盟的建立，對俄羅斯而言，是牽制德國、奧地利，增強西部國境安全保障的措施，在這個意義上，它使俄羅斯在遠東、東北亞洲採取某種程度的積極行動成為可能。然而，這一同盟最終導致了俄羅斯與德國、奧地利的戰爭。[196]

第三章　甲午戰爭與戰後日本、朝鮮、俄羅斯的關係

駐在武官沃加克與東學農民叛亂

這個時期，俄羅斯軍方對遠東的軍事形勢也終於重視起來，為了收集情報，俄羅斯開始向清國派遣駐在武官。最初赴任的是康斯坦丁・沃加克中校。[1]他於一八九二年四月接到任命書前往清國，駐在天津。隔年三月，他又接到任命，兼任日本駐在武官。

沃加克生於一八五九年，是年三十四歲，出身於瑞典的貴族。父親伊波里托・沃加克是海軍中將，曾經擔任過波羅的海艦隊的代理司令長官。[2]沃加克畢業於尼古拉騎兵軍官學校，一八七八年進入仕途，配屬於近衛烏蘭斯基聯隊。三年後進入尼古拉參謀本部大學學習，一八八四年畢業後在維里諾軍區任參謀。他自一八八九年起擔任參謀本部軍務局職員，從那裡被派遣到了遠東。

沃加克常駐天津，一年之中只有兩個月待在日本。我們無法確定他最初到日本是一八九三年的什麼時候。沃加克向日本尼古拉主教所屬的俄羅斯東正教會的請求幫助，為其提供翻譯，開始收集情報。

在當時的俄羅斯，駐在武官的報告都彙集到參謀本部兵站總監部的統計科。沃加克的報告也提交到那裡，收錄在參謀本部軍務局編制的《關於亞細亞的地理、統計資料集》中。[3]由於沃加克在一八九五年以前

是遠東唯一的駐在武官，當然，他的觀察對象包括清國、日本、朝鮮。他從天津發送的報告中，已經公佈的最早報告所標註的日期是一八九三年五月二八日（一六日），報告了朝鮮叛亂的動向：

「在當地獲得的最初情報是，這場運動主要針對傳教士，尤其針對美國人。然而，根據最新情報，實際情況完全不是這樣，現已判明朝鮮的騷亂涉及了非常廣泛的領域。在本年年初漢城就出現了騷亂的苗頭，據後來明確的情況，騷亂是由以東學黨為先鋒的若干秘密結社鼓動的。東學黨雖然創立僅僅四、五十年，但會員已接近二十萬人，會員中的大多數是狂熱的信仰者。它帶有宗教色彩，同時還追求政治性目的。這一結社除宣傳由佛教、儒教、多神教混合而成的新宗教之外，還要求將朝鮮從一切外國勢力中解放出來。」[4]

運動從地方發起，為了向中央政府傳達要求，東學黨向漢城派遣了廿四名總代表，這廿四人全部被逮捕了，於是，一萬名會員在四月蜂擁到首都。這是沃加克在報告中的說明，但這些資訊並不正確，不過一八九三年三至四月，東學教徒的確發起了運動。沃加克還將目光投向了日本的動向，據他報告，日本在一八八〇年代中期已有吞併朝鮮的徵兆，不過由於清國介入，兩國締結了天津條約，日本才暫時停止動作。但日本的經濟進軍並沒有就此止步，這方面發生了防穀令事件（譯者註：日朝圍繞朝鮮禁止穀物出口的對立事件。），因日本方面要求賠償，日朝之間關係很緊張。在日本，無論是議會的多數派、還是有影響力的報紙都在譴責政府對朝鮮政策軟弱，他們要求將清國在朝鮮的影響力一掃而光。至於俄羅斯，則將其視為「從北方麇集而來的，準備吞併朝鮮王國的稻草人、敵人」。

對於騷亂事件的發生，朝鮮政府採取了「高度消極的態度」。由於無力鎮壓，遂向清國的李鴻章請求援助。沃加克沒有從得到的情報中做出任何結論，只寫道：「所有這些情況如果在本質上惡化到一定程度，有可能導致朝鮮發生問題，更準確地說應該是導致朝鮮再度發生問題。」[5]

日本決定出兵朝鮮

沃加克的分析頗有先見之明。一八九四年初，東學農民叛亂正式爆發，朝鮮問題真正成為了遠東、東北亞的焦點。叛亂部隊掌控了朝鮮南部全羅道諸地域，其後北上，於一八九四年五月三十一日佔領了全羅道首府全州。六月一日，杉村濬代理公使給日本外務省發去電報，報告朝鮮政府請求清國出兵。陸奧宗光外相認為如果對此事置之不理，朝鮮將「任清國為所欲為，別無他術」，清國如果出兵，日本也必須根據天津條約，派遣數量相當的兵力。六月二日，內閣會議邀請了參謀總長和次長出席，會議聽取了陸奧外相的提案，決定以保護公使館和僑民的名義出兵朝鮮。派遣兵力為一個混成旅團。[6]（譯者註：在步兵一個旅團的基礎上，添加炮兵、工兵、騎兵等其它兵種，編制而成的獨立部隊。）也就是說，會議決定為了對抗朝鮮政府請求清國出兵的事態，儘管朝鮮政府完全沒有向日本提出請求，日本也決定向朝鮮派去軍隊。[7]

在內閣會議做出決定的前一天晚上，川上操六參謀次長到外務省訪問了陸奧大臣。根據坐陪的次官林董回憶，當時席間人們說：「為了挽回（明治）一五年（壬午軍亂）、一七年（甲申政變）的落後，此次務必獲得勝利。牙山清兵人數眾多，應該有五千人。……如果他們聽說我方出兵，必定會來襲擊。若期待彼時必勝，我方需六、七千兵力。故先派去混成旅團應足矣。」「眾人商議了如何發起戰鬥、如何獲得勝利。」[8]

林董的這段回憶有值得懷疑之處，因為六月一日清國軍隊尚未到達牙山。不過，外務省和軍部決定出兵細節這一點是有可能的。一八八二年壬午軍亂時，日本向朝鮮派出一個大隊五百人，一八八四年甲申政變時，派遣了二個大隊一千人，這次日本計畫派出一個混成旅團八千人。遙遙領先的兵力，完全是一副準備戰爭的架勢。

沃加克的下一份報告是此年六月四日（五月二三日）發出的。這一次，他詳細報告了三月朝鮮流亡者金玉均在上海被暗殺事件。金玉均是「一八八四年革命運動的頭目之一」，在舉事失敗後流亡日本。雖然朝鮮政府要求引渡他，但日本政府把他作為政治犯，安置在了小笠原諸島、北海道等地。可以確定的是，後來他去了東京，又被朝鮮政府的爪牙李逸植引誘到了上海，他在上海被李逸植派去偽裝成其僕人的洪鐘宇殺害。他的屍體由清國政府引渡給朝鮮政府。在漢城，金玉均的屍體被公開肢解四肢，並且將頭顱以外的部分扔到了河裡，頭顱則被送往各地示眾，不過不久就被盜走，下落不明。沃加克詳細記述下了這件事。

「這起暗殺事件在日本引起了軒然大波，所有自由主義派報刊雜誌、所有自由主義派人士時隔許久，再次對政府產生了敵對情緒，開始一齊猛烈抨擊政府對於受日本保護的人物被殺害，即使明知非法，也只會採取軟弱的態度。面對這起事件，人們高聲譴責朝鮮和清國的行為，指出這些行為讓人深感恥辱，令人義憤填膺，責難之聲直到現在仍然不絕於耳。」[9]

沃加克認為這樣的反應充分地顯示了日本社會的氣氛。他預測金玉均被害會進一步刺激朝鮮內部已經開始的騷亂。

沃加克在報告的後半部分對掌握到的清國出兵朝鮮的情報做了分析。李鴻章應袁世凱的請求，命令做派兵準備。「從清國派遣軍隊幫助朝鮮恢復平靜，到這個王國被清國佔領不過是一步之遙。」沃加克指出這樣的事態對俄羅斯而言明顯是「不理想的」。而日本必定會對此做出反應。「為了更加符合帝國尊嚴，日本政府不得不向輿論讓步，而轉向參與朝鮮問題。」日本如果佔領了諸如釜山等地，大概俄羅斯「面對朝鮮發生的事態，就不能僅僅停留在旁觀者的角色了」。[10]沃加克認為，朝鮮問題進入了「極其嚴峻、尖銳的局面」，即使這次不發生衝突，遲早「朝鮮問題也必將在關注這個正在逐漸解體的王國命運的列國的參與下，得到最終的解決」。不過，他在結尾寫道，如果清國派兵，朝鮮問題的解決「或已不可能拖延」。雖然沃加克不知道日本政府已經著手向朝鮮派兵之事，但他對於事態發展的預測是正確的。[11]

為了鎮壓東學黨勢力，六月八日，大約二千五百名清國兵在漢城之南、忠清道的牙山登陸。與之相對，日本方面決定派出一個混成旅團八千人。六月九日，由一個大隊一千人組成的先遣隊從日本出發，十三日在仁川登陸，然後向漢城進軍。緊接著六月十至十一日，主力部隊第一批三千人自宇品港出發，十六日在仁川登陸，不過他們暫時沒有向漢城進軍。後續四千人的出發也被阻止了。這是大鳥圭介公使返回任職地漢城後做出的決定。[12]

大鳥圭介生於一八三三年，學習過西式兵法，做過幕府的步兵奉行（譯者註：相當於陸軍少將，旅團指揮。），曾與榎本武揚軍會合，在箱館與官軍進行過戰鬥。他後來被赦免，進入新政府任職，曾擔任清國公使，其後自一八九三年起擔任朝鮮公使。[13]

沃加克在六月十四日（二日）的報告中，彙報了韋貝爾作為正在休假的駐清公使喀希尼的代理，從漢城前往北京與李鴻章會談時的情形。李鴻章向韋貝爾說明清國是應朝鮮國王請求而派兵的。韋貝爾馬上斷言，如果朝鮮國王提出了這樣的請求，那也完全是因袁世凱的主張而做的。然後他說，「無論是清國、俄羅斯還是日本，都必須同樣地尊重朝鮮的不可侵犯性。」清國的朝鮮介入政策，「非為善事」，早晚會招致關心朝鮮的第三國的介入，他要求李鴻章停止派兵。[14]出兵請求是在袁世凱的強制之下做出的，這點今天已經得到了韓國歷史學家的證明。[15]

這個時候，沃加克也從日本駐清武官以及他在東京的情報源那裡得知了日本的出兵決定，並向國內做了報告。沃加克斷言：儘管日本的駐清武官解釋說是為了保護僑民而出兵，但「我的意見不變，日本向朝鮮派兵……源於在朝鮮問題上，日本對清國懷有的羨慕、妒嫉之情」。[16]

日本政府的基本方針

不過，即使在日本政府內部，也有人對陸奧外相的意見感到擔憂。此人正是伊藤首相本人。六月十三日，伊藤向內閣會議提交了日清協調案，即日清兩軍共同鎮壓叛亂，待叛亂鎮壓後，兩國派遣常設委員，共同推進朝鮮內政改革。陸奧外相提請內閣不要在當天做決定。在六月十五日的內閣會議上，陸奧在伊藤的提案中加入了兩個條件：無論與清國的交涉結果如何，日本在朝鮮內政改革見到成效之前不撤兵；如果清國不同意，日本就單獨推進朝鮮的改革。此方案獲得通過。[17]這樣一來，日清協調案就轉變成了與清國相對決的統治朝鮮案。這是陸奥的強硬路線壓倒伊藤的協調路線的瞬間。

基於這個內閣會議決定，日本首先向清國提議共同要求朝鮮政府進行內政改革。清國政府於六月廿一日回覆，由於叛亂已被鎮壓，兩國皆應撤兵，改革應委任朝鮮政府去推進。對此，陸奥通告清國，朝鮮不具備「獨立國家之責守」，由於日本在朝鮮擁有重大的利害，袖手旁觀既有違「鄰邦之友誼」，也違背「我國自衛之道」，因此不會撤兵。陸奥將此稱作給清國的「第一次絕交書」。[18]

日清眼看就要走上決定性的對立之路了。

俄羅斯嘗試阻止戰爭

至此時為止，俄羅斯政府一直在觀望著事態的發展。俄羅斯駐東京公使是上年剛剛到任的米哈伊爾・希特羅渥，他原是駐葡萄牙大使，被緊急調到了日本，他對遠東局勢、日本政治都不是很瞭解。不過在此事態中，他極力要求拜會陸奥外相。六月七日，希特羅渥首次見到陸奥，聽了他的解說。陸奥說，日本是根據天津條約出兵的，目的「只在於保護在朝僑民的生命財產以及保衛日本公使館、領事館」。不過，由於日本人同情叛亂運動，故而不知能否在叛軍和對之進行血腥鎮壓的清軍之間保持中立。「而且，日本人多年以來對清國政府和朝鮮政府懷有的憎恨，最近因朝鮮流亡者金玉均在上海被殺害，以及另一名流亡者朴泳孝在東京被暗殺未遂，再次受到強烈刺激。」因此，日清兩軍之間有可能因一點小事就發生衝突。希特羅渥將陸奥的這番話報告給了俄國政府，沒有做任何評論。[19]

六月二二日（一〇日），駐清公使喀希尼從歐洲返回任職地。他在前往北京的途中，在天津會見了李鴻章。李鴻章向喀希尼提出，希望俄羅斯政府沿著敦促日清兩軍同時撤退這一路線同日本進行交涉。[20]兩天後，喀希尼再次見了李鴻章，李鴻章這樣說道：

「日本曾數次向清國提議由兩國共同執掌朝鮮內政。從這個提議明顯可以看出日本懷有在朝鮮最終確立其勢力的頑固企圖。由於清國打算忠實遵守一八八六年對俄羅斯做的口頭約定，因此明確對日本說了NO。現在日本宣稱，如果清國不接受上述提議，就不會從漢城撤出本國軍隊。目前事態極其緊張。清國視俄羅斯的決定為維護和平的唯一希望，正以一日三秋之心翹首以待。」[21]

此時李鴻章終於理解了派遣清軍會引發怎樣的紛爭了。[22]

外相吉爾斯接到報告，在取得皇帝的支持後，向希特羅渥公使發去訓令，命令他按照李鴻章的請求，與日本政府進行斡旋。[23]希特羅渥六月廿五日會見陸奧，陸奧表示：「日本在沒有獲得任何保證的情況下，不能撤軍。」「無論在任何場合，只要清國不直接挑釁，日本就不會展開軍事行動。」希特羅渥的印象是，「由於日本現內閣過於深入燙手的朝鮮問題，因此，如果沒有很好的藉口或者成果（即使是虛假成果），大概都無法後退吧。」[24]

六月廿五日同一天，督辦交涉通商事務大臣趙秉稷遵照朝鮮國王的命令向外國使節傳達，由於南部叛亂業已平息，外國軍隊繼續駐留可能會引發騷擾，因此希望日清兩國依照協議撤兵，並請求各外國使節將此事報告給本國政府。提出這一請求的背景是六月十日，全州的東學軍和政府軍之間達成約定，東學軍從全州撤退了。俄羅斯政府也收到了關於這個朝鮮政府的請求的報告。[25]外相吉爾斯收到報告後向皇帝請示，對於李鴻章請求正式調停一事，他認為相爭雙方無法達成一致，決定觀望，只是通告日本政府，俄羅斯方面支持朝鮮政府的請求。皇帝批准了。[26]

六月三十日，希特羅渥按照吉爾斯外相的指示，向陸奧外相遞交了敦促日本按照朝鮮政府的請求撤兵的照會。其中寫道：「朝鮮政府已將該國內亂業已平定之事公然告知駐該國的各國使臣，並就敦促清軍及日軍撤回之事請求使臣等援助。故我皇帝陛下的政府命令本官勸告日本帝國政府接受朝鮮的請求，並忠告該政府若對與清國政府同時撤回在朝鮮軍隊之事橫加阻礙，則日本應承擔由此引發的重大責任。」[27]這份文書明顯含有威脅之意。

日軍佔領漢城

這個時候，派往朝鮮的日軍繼六月廿三日仁川的第一批主力部隊進入漢城龍山後，混成第九旅團的剩餘部隊於廿七日在仁川登陸，廿九日進入龍山。[28]這樣一來，佔領漢城的日軍達到了八千人。以此兵力為背景，日本方面向朝鮮政府亮出了決定性的要求。

陸奧派加藤增雄外務書記官帶著給大鳥的訓令，與混成第九旅團的剩餘部隊一同去了朝鮮。該訓令命令大鳥與朝鮮政府「嚴談」，勸告朝鮮實施改革，以避免將來的弊政，[29]但實際上，陸奧還委派加藤口頭傳達了秘密訓令，其內容為「今日之形勢，開戰不可避免」，「須採取某種手段，製造開戰之口實」。這是陸奧真正的指令。[30]大鳥的意見是，雖然一直在和朝鮮政府交涉改革問題，不過只要不解決朝鮮對清國的宗屬問題，改革就無法推進，因此應該將宗屬問題擺在前面。[31]

六月廿七日陸奧做出了行動。在這天的御前會議上，內閣通過了給大鳥公使的訓令案：日本重視與朝鮮的「舊交」、「鄰好」，率先締結條約，明確「平等之權利」，向世界表明朝鮮為「獨立國」。然而，若朝鮮墨守「舊章」，不除「宿弊」，內亂持續，終將瓦解「自主獨立之根基」，「乃至成為東洋大局之大憂」。因而日本政府向朝鮮政府尋求「落實獨立自主、永遠維持王室尊榮之長計。」除此之外，勸告該政府改革以下事項：一，矯正地方官吏；二，尊重對外交涉的專業職務；三，確保審判公正；四，嚴格會計制度；五，改良兵制，導入員警制度；六，改定幣政；七，改善交通，鋪設鐵路、電信線路。[32]當日，大鳥公使接到了機密訓令。

大鳥公使聽取了六月廿七日到達漢城的加藤書記官傳達的陸奧的秘密訓令，也緊張起來，他制訂了兩個方案，打算廿八日向朝鮮政府施壓。甲案是，質問朝鮮政府是否承認六月六日清國政府文書中的「保護屬邦」四字，如果得到不是屬邦的回答，那麼清軍就侵害了朝鮮的獨立，應該讓他們從朝鮮撤退，假如朝鮮無法獨力做到，就逼迫朝鮮政府「以我兵力助貴國驅逐之」。勒令清國公使讓軍隊撤退，如果清國公使猶豫不決，「可通知他將以我方兵力驅逐之」。朝鮮政府如果回答是清國的屬邦，那麼就追究朝鮮欺騙日本之罪責，要求賠償。乙案是，向朝鮮國王建議進行內政改革，向政府出示改革方案，確認其實行的意願。如果朝鮮政府不遵從大鳥公使的改革勸告，「可在合理的範圍內使用恐嚇手段，促其實行」。[33]

大鳥的提案是派專人送往外務省的，送達的時間是七月五日。在得到外務省的回覆之前，大鳥根據自己的判斷，於六月廿八日這天就「保護屬邦」的問題質問了朝鮮政府，強硬要求翌日即給出回答。由於沒有得到回覆，三〇日，杉村濬一等書記官要求面會外務督辦，得到了朝鮮政府的回答：朝鮮是「自主之邦」，向中國請求援助是「我國自由之權利」。[34]

這時，漢城公使館收到了陸奧六月廿八日從日本發來的電報，要求將「屬國」一詞從正式文書中刪除，至於驅逐清軍之事，因「違背現下之政略」暫緩，現在先向朝鮮政府拋出改革問題。[35]

雖然因為通信狀況不佳，外務省和漢城公使館各自分別行動，但這份電報與其說是陸奧制止大鳥公使，不如說是要求大鳥採取更加積極的行動。

對俄羅斯政府照會的反應

恰好就在這個時間點，俄羅斯向日本傳達朝鮮政府的請求，照會其如不履行，就要追究日本的責任。陸奧極其緊張。他給大鳥公使發去電報，「在採取暴力措施之前，先等待進一步的訓令。」[36]然後他去伊藤總理之處說明了事態，伊藤乾脆地說：「吾人已至今之態勢，豈可遵從俄國指教，自朝鮮撤去我軍隊耶？」陸奧大喜，明言今後由二人共同負責，遂告別伊藤而去。[37]

希特羅渥將與陸奧會談時的印象報告給吉爾斯：「語言上的勸說沒有意義。日本人陶醉在自己的意見之中，將會不可避免地被清國教訓，如此才能回歸正常狀態。日本或許會獲得一時的成功，但最後勝利的將是清軍。」[38]也就是說，希特羅渥認為如果發生戰爭，清軍將獲得勝利。希特羅渥寫道，問題只有在漢城才有可能解決，「朝鮮政府可以要求日軍撤退，並自己提議在清國、日本、俄羅斯三國委員的監督下進行內政改革。」

七月一日，喀希尼向外相彙報了與李鴻章再次會談的結果。李鴻章表示，他認識到朝鮮內政改革的必要性，但這個問題可在漢城或天津，由俄羅斯、清國、日本的全權代表通過締結協約來解決。這項提議對俄羅斯有利，但日本似乎想將俄羅斯排除在外。喀希尼請求對此事做出指示。[39]然而，在該日的第二封電報中，喀希尼報告他從李鴻章處又聽說日本蠻橫地給朝鮮國王下了最後通牒，要求他將清國代表驅逐出國，承認成為日本的保護國。「事態逐漸變得幾乎沒有出路了。」喀希尼也很悲觀。[40]

陸奧準備了正式的拒絕俄羅斯政府的回覆。[41]漢城的大鳥公使接到陸奧的指令，再一次將重心放在要求改革上。七月三日，他將日本政府先前在內閣會議決定的朝鮮內政改革案交給朝鮮政府，要求其執行。朝鮮政府遲遲未做出回覆。[42]

天津的沃加克也一直密切關注著局勢的發展。他在七月六日（六月二四日）的報告中寫道，根據從朝鮮得到的情報，日本公使要求朝鮮國王拒絕清國的保護，接受日本的保護，並勒令袁世凱回國。

「日本直接向朝鮮要求承認成為日本的保護國。現在日本正在推進戰爭準備，國內沉浸在強烈的興奮之中，國民要求政府向全世界展示，在四分之一世紀前剛剛踏上進步之路的日本變成了什麼樣的國家，因此，日本尤其不能妥協。對於遠東的我方代表而言，想使事態達到一個比較好的結果是極度困難的。」[43]

沃加克完全看穿了日本政府正在考慮的事情。

俄羅斯接受日本政府的回覆

俄羅斯政府內部似乎也有應該讓清國做出讓步的意見，有人想起了一八八八年協商會議事錄中的，通過佔領朝鮮沿岸某處，向清國施加壓力的辦法。六月廿六日（一四日），外相給陸相瓦諾夫斯基寫信表示他認為沒有那種必要。[44]七月一日（六月一九日）陸相答覆外相，他知道清國沒有危險，不過鑒於駐清國、日本武官的報告（即沃加克的報告），朝鮮局勢極其嚴峻，因此他提議，如果希望陸軍進行示威性的作戰，那麼就開始討論具體需要調動的兵員數量等事宜吧。[45]

七月六日，日本政府將答覆送交希特羅渥，內容如下：日本政府非常慎重地討論了希特羅渥的照會，認為朝鮮政府的聲明過於急促，叛亂的原因還沒有得到排除，叛亂本身也沒有被完全鎮壓，如果不採取措施，有可能再度發生叛亂。日軍會在確認朝鮮恢復平靜後撤退。感謝俄羅斯政府親切的、友好的建議。希特羅渥將上述內容報告給了外交部，[46]也傳達給了喀希尼。喀希尼認為，「日本雖然看上去殷勤備至，但卻乾脆地拒絕了我們的照會。」日本「想排除俄羅斯和清國的參與，隨心所欲地支配朝鮮的命運。」他說，確認日本是否有這種動向的決定性的時刻到來了。他斷言，「毫無疑問，對我們而言，日本並不是理想的大陸上的鄰居」。他再次請求外交部做出指示。[47]

吉爾斯外相仍然希望日清兩國避免衝突。但他不認為俄羅斯加入兩國之中，參與朝鮮的改革符合俄方的目的。七月七日、七月十日他都給喀希尼發去了表明這一宗旨的信。[48]七月九日，吉爾斯給希特羅渥發去指令，讓他向日本政府表明：俄方得知日本政府沒有侵略性的目的，並準備迅速撤兵，非常滿意。日本應該立即與清國進行交涉。俄羅斯很關心朝鮮事態，衷心希望日清兩國消除衝突的可能性。[49]他想迴避與日本發生衝突。

七月十三日，希特羅渥向陸奧傳達了俄羅斯政府的答覆。陸奧說：「帝國政府對閣下的聲明中展現出的信賴表示深深的感謝，將立即向天皇呈報談判記錄的內容。」[50]大概陸奧原本面對俄羅斯的照會感到頗為緊張，但如此一來覺得就不必在意俄羅斯了。

但在這時，一直防範著俄羅斯積極介入的英國向法、德、俄、美四國提議聯合干涉，敦促日清兩國政府進行直接交涉。不過列國對此沒有做出反應，英國的提議最終不了了之。[51]

日本對朝鮮政府的要求

到了七月七日，朝鮮政府終於聯繫大鳥公使，告知任命了三名改革調查委員。大鳥當天再次送去文書督促。[52]七月十日，大鳥起草了送交陸奧的決定性方針的提案。該方案為：如果朝鮮方面沒有做出能夠滿足日本要求的回答，則「全部視為拒絕我之勸告」，就由日本軍控制漢城各城門和王宮各宮門，迫使其通過日本的要求。日本提出的要求為：甲案，由於朝鮮「不整頓內政」，會給日本帶來「危險」，因此要求實施「內政改革」；乙案，要求解除清朝間的宗屬關係，給予清國的權利、特權也要給予日本。大鳥寫道，他雖然知道甲乙兩案都很難施行，但比較起來，他認為乙案更值得一試。控制王宮的方案大概是公使館和佔領漢城郊外的日本軍協商後得出的吧。這封機密信函送到東京需要花費時間。[53]在此期間，自七月十日起，改革調查委員與大鳥公使實現了會談。

這時，陸奧終於從俄羅斯以及英國的介入中解脫出來，他開始催促漢城的行動。陸奧認為「不能無限期地繼續此不安定狀態」，他感到「此際無論如何促使日清間產生一衝突為上策」。[54]七月十一日，陸奧給大鳥發去訓令，令他提出總括性的要求，這些要求應該「不僅向朝鮮施加壓力，也要成為挑釁清國的手段」。[55]十二日，陸奧又聯繫大鳥，「因英國的調停失敗，今有斷然實施處置的必要」，「選擇某種不至引起世間非難的藉口，以此開始實際行動」，[56]同日還發去電報，令其在推進改革要求的同時，還要「不遺餘力地確保」建設漢城—釜山鐵路、電信以及木浦開港等的「物質權益」。[57]

至七月十五日，大鳥與朝鮮的改革調查委員一共進行了三次會談。七月十六日，他從外務督辦和調查委員那裡得到了文書形式的答覆。前者的內容為：如果日本撤兵，即著手改革；後者的內容為：若日本撤兵、撤回提案，即著手改革。十八日，大鳥發出電報，「收到的答覆並不令人滿意……轉為啟動第二手段為佳」。[58]

十九日，大鳥要求朝鮮政府為日軍修建兵營，二十日，他進一步要求「清國兵以保護屬邦為藉口，長期駐屯朝鮮國內，侵害朝鮮國之獨立，應驅逐之。」並且指定七月廿二日為答覆期限。[59]這就是大鳥所說的第二手段。由於改革要求遭到了拒絕，因此要求朝鮮與清國斷交，與清國對抗。不得不說，這的確是強盜邏輯。

東京的陸奧得到大鳥十八日的電報，指示道，「閣下可採取自認為正當的手段」，並於十九日發出電報，「考慮到以我兵固守王宮及漢城非為上策，望不實行之」。[60]控制王宮案是大鳥在七月十日制訂後送交陸奧的方案，於十七日送達外務省。可以推測，陸奧之所以說不要這樣做，是為了營造一種雖然外務大臣提出了反對，但當地卻根據情況判斷採取了行動的局面吧。在大鳥沒有其他方案的情況下，讓他根據自己的判斷去做，就是指推進佔領王宮吧。

陸奧在這份電報中還提到了清軍追加派遣援軍到朝鮮的情報，並補充道，那麼清軍則是敵對而來，對此「除採取手段外別無他策」。這個事態已演變成了決定性的軍事作戰。

俄羅斯方面一直在觀察著事態的進展。七月十五日（三日），沃加克報告了清國和日本的戰備情況。「清國人在軍事方面完全不知道日本的情況，以及日本陸海軍的程度。」「無論清國人採取怎樣的行動，他們都會在與日本一對一的對抗中失敗，我認為這是不變的真理。」（著重號為原文所加，下同）另一方面，日本「被前所未有的興奮支配著，在所有的縣都組建了希望前往朝鮮的志願兵部隊」，「所有報刊都贊同政府的政策，一部分報刊要求，為了向世界展示日本在遠東問題上擁有大聲發言的權利，政府應該投入更大的精力。」[61]

七月十八日韋貝爾代理公使從漢城給俄外交部發去了如下電報：「友好的調停沒有成功，日本軍佔領了各城門。戒嚴狀態開始了。物資不足，恐慌，逃亡。國王和民眾唯一的希望都押在了俄羅斯的調停上。如果我們再無所作為，大概會威信掃地吧。」[62]

廿一日，喀希尼從北京報告了李鴻章的話。李鴻章明言，日本好像向英國請求調停了，清國請求俄羅斯進行調停。即使英國直接來調停，他也會給出同樣的回答，如果日本不撤兵，戰爭不可避免。[63]

七月二十三日事變——朝鮮戰爭的開始

一八九四年七月廿三日，漢城的日本軍終於開始了作戰行動。關於這次行動，陸奧在回憶錄中如是寫道：

「大鳥公使……先言明為伸張我權利不惜使用兵力，另一方面，他與大島旅團長經悉心研究，以廿三日拂曉，令在龍山營的若干兵員緊急入京。行至王宮近旁時，突然自韓兵先發炮，我軍追擊之，遂打開城門，侵入闕內。朝鮮政府之狼狽不可名狀。」[64]

今天已經完全證明這是虛偽的說明。中塚明查證了參謀本部的日清戰爭史草稿，解明了這一點。[65]

根據《明治二十七八年日清戰史第二冊決定草案》，這次行動的經過是這樣的：七月十九日，混成第九旅團長大島義昌少將接到了來自大本營的秘密指令，是從東京歸任的福島中佐傳達的，內容為「若清國將來增發軍兵，可獨斷處事。」一直將幾乎所有注意力都集中於進攻牙山清軍的大島旅團長加快了制訂軍隊南下的計畫。然而，到了七月二十日午後，公使館的本野一郎參事官趕來傳達大島公使之意：

「頃來朝鮮政府頓趨強硬，前來要求我方撤兵，此舉可視為該政府拒絕我方一切要求，故我方將採取斷然措施。本日我方向該政府提出了勒令清兵撤回的要求，限其二十二日回覆，若至期未得明確回覆，擬先派一個大隊步兵入京城威嚇，若仍不能滿足我意，則開進旅團，包圍王宮，然後推出大院君，讓渠入闕，扶持渠為政府首領，由此即可使渠囑託我方擊攘牙山清兵。故旅團暫緩出發。」[66]

這個聯絡之後不久，從大本營也發來了電令：

「我艦隊將於二十三日從佐世保出發，佔領朝鮮西海岸的豐島或安眠島為根據地，清國若運送增兵至朝鮮，可逕自破壞其軍艦及運送船隻。」[67]

勸誘大院君出山的工作由杉村一等書記官為核心推進。計畫按以下步驟進行：夜晚派岡本柳之助、穗積寅九郎、鈴木重元、翻譯鈴木順見至大院君居所，荻原警部為護衛，率步兵一個中隊，保衛護送大院君前往王宮。然而，岡本勸說大院君的工作很不順利，直至廿二日也沒有得到他的應允。[68]

大島旅團長接到大本營的命令後，於七月二十日在召集各部隊長的秘密會議上將計畫的行動命名為「對朝鮮王宮的威嚇行動」，並宣佈了該計畫：以步兵第十一聯隊的三個大隊和第二一聯隊的二個大隊為主力部隊。計畫的核心是調動第二一聯隊的第二大隊和工兵一小隊，「出其不意地侵入王宮，驅逐韓兵，擁國王，並守護之。」據中塚的研究，第三草案中的「擁國王」一語，在原案中為「擒國王」。[69]

七月廿二日，在回答期限當日的午夜十二時，朝鮮政府做出了答覆，其主旨如下：「正如《朝日條約》所載，我國乃自主之邦，且清國亦素之我國內政外交的自主，清將的告示條目中有「保護屬邦」等文字一事，朝鮮政府不知情。清軍因我方請求前來援助，……至今未退，猶如貴兵今尚駐留。我方雖屢次提請清國政府迅速退兵，奈何其對我照會不得要領。」[70]

得到這個變相拒絕的回覆後，大鳥公使和杉村一等書記官做出了日軍進攻作戰的決斷。杉村將能夠影響大院君的人從監禁中解救出來，帶到公使館，向其詢問說服大院君的方法。[71]

七月廿三日當天的行動是這樣展開的：午夜零時三十分，大島旅團長接到公使的聯絡後，向部隊下達了出動命令，他則親自率領幕僚前往公使館坐陣。

武田中佐率領步兵第二一聯隊第二大隊從西大門方向前往王宮西側的迎秋門。到達之後，「門扉緊鎖，無法入內，……因而決定破壞迎秋門。」工兵欲用炸藥爆破，但沒有成功，用斧頭也沒有達到目的，於是打算順牆架雲梯翻入門內，從內側開門，同樣也不順利，「遂內外相應，以鋸截斷門楗，以斧破壞門扉，終於於凌晨五時許艱難打開宮門。」

於是，第七、第五中隊衝入門內，特別是「第七中隊　喊直衝光化門，驅逐守衛之韓兵，佔領之，自內將門打開。」進而前往建春門，亦洞開其門。「此期間守備之韓兵無一抵抗者，皆向北方逃走。」

凌晨四點二十分，分頭行動的第六中隊從南大門方面到達王宮東側的建春門，但「門外有韓兵向其射擊，中隊乃對射之」，由於五時後，第七中隊的士兵從裡面打開了門，第六中隊遂進入門內，在王宮內部向北進發，行進至王宮東北角的春生門時，遭到北方松林中韓兵的射擊，日軍回射。在光化門的武田聯隊長聽到激烈的槍聲後，命令山口大隊長率領第五中隊前往增援。「第五中隊剛一赴援，方才抵抗第六中隊的韓兵即陸續撤出王宮北面的宮牆，逃向白嶽（北嶽山）方向，雙方交火遂漸至平緩。」此時是早上七時半。「已一概驅逐王宮內之韓兵，宮牆四周皆為日本兵佔領，此刻核心任務所剩唯搜索王宮內部，發現國王之所在並擁護之。」

高宗和閔妃在槍聲中惴惴不安地躲在王宮深處的咸和堂。山口大隊長下令搜索，第五中隊長回來報告「國王在雍和門內，由韓兵護守。」雍和門大概是國王所在的建築區的廓門吧。山口大隊長到達雍和門後，朝鮮方面官吏說現外務督辦正前往大鳥公使處談判，在他回來之前，希望不要讓日軍進入門內。山口說：「門內可見多名韓兵，若渠等將武器交付於我，即應所求。」他要求韓兵解除武裝。朝鮮方面拒絕了。這時候「大隊長遂拔劍麾兵，欲叱吒闖入門內，渠等大驚，閉門支撐，請求暫緩，以獲得國王的裁決」，然後很快就出來了，同意交出武器。王宮的守備兵就這樣被完全解除了武裝。

山口大隊長進入門內，面對國王高宗，說道：「未料今日兩國軍兵交戰，驚擾殿下宸襟，此乃外臣遺憾之處。然貴國兵士業已將武器交付於我，我兵自當保護玉體，絕不使殿下受到傷害。請殿下諒之。」高宗怎樣回答的沒有留下記錄。國王就這樣成為了日軍的俘虜。

日軍橫掃朝鮮兵，將其解除武裝後，在宮殿周圍部署了哨兵。就這樣，上午九時多，國王和王妃被擒獲，王宮景福宮完全被日本軍控制。[72]

通常所稱的日清戰爭就是從這個時候起拉開了序幕。以前的檜山幸夫、最近的原田敬一都將這一攻擊王宮的事件稱為「日朝戰爭」或「七月二三日戰爭」。[73]我認為這是「以朝鮮為目標的戰爭」、「在朝鮮的戰爭」，從這個意義上，我想將其稱之為「朝鮮戰爭」的開始。

勸說大院君的工作極其困難。王宮的戰鬥結束後，杉村親自前往大院君府邸，反覆勸說大院君，日本的行動是為了「朝鮮中興」，為了「東洋和平」。大院君最後質問杉村：「貴國此舉若果出於義舉，閣下能代表貴國皇帝陛下與我約定，事成後不割我國寸土乎。」杉村代表大鳥公使立下誓約，寫下誓約文，署名鈐印後交給了大院君。大院君終於同意出山了，但又表示沒有王命不行，因此日本又開始做起工作來。[74]

王宮被佔領後，高宗要求日本公使進宮謁見，想要進行協商，但大鳥公使推遲了進宮，上午十一時左右才到達王宮。此時，大院君已經到了王宮，他指責了高宗政治的問題，高宗表示道歉。大鳥在拜謁高宗之前，大院君出來說道：「我受大君主之命，自今日起統轄政務，關於內政改革諸事，將隨後與貴公使詳細協商」。於是，大鳥公使沒有見高宗，直接退下了。[75]在挫敗朝鮮後，日本實現了期待的大院君執政。

俄羅斯人的觀察

沃加克這個時候人正在朝鮮。他觀察了漢城市內的情形，於七月一四日（二日）返回仁川。他將漢城的日本士兵的規模、駐紮地等情況告知了常駐仁川的炮艦「高麗人號」的艦長。士兵總數約一萬一千人，電信鋪設部隊一千二兩百人，壯工約三百人。士兵分佈在漢江沿岸和漢城周邊的三處陣地。市內的士兵則在公使館院內。[76]沃加克在仁川停留了十天，或許是因為身體欠佳，在那裡休養。

七月廿三日，日軍進攻王宮之日，漢城的韋貝爾代理公使早上五點在持續的槍聲中醒來，他急忙穿上衣服，從臥室出來，正好朝鮮國王顧問李仙德的信送來了，上寫「日本人正在攻擊王宮」。韋貝爾心想：「可憐的國王在哪裡呢？」他不知道發生了什麼。到了九點，高宗發出的希望前來王宮的邀請函送到了美、俄、德、英、法公使處。下午三點，韋貝爾前往王宮，一路上他看到城內沒有行人，只有負責警備的日本兵的身影。他到達王宮，得到日本兵的許可後，去了國王處。韋貝爾寫道：當時現場給我們的印象簡直就是「俘虜（而非國王）的客人來了」。「最終我們拜謁了國王。然後還見了大院君。國王臉色非常蒼白，很明顯，早上的事件使他受到了強烈的打擊。他穿著普通的室內便服，不是國王的正式禮服。……他哀求我們，希望各個外國幫助他，將朝鮮從現在沒有出路的狀態中解救出來。」[77]

這天下午，漢城領事館書記官克伯爾格把韋貝爾代理公使的口信傳達到仁川。「高麗人號」艦長的報告如下：

> 我從克伯爾格那裡聽說了日本軍在漢城攻擊王宮的情形。日本公使大鳥……面對其他列國外交代表的質問，表示日本沒有想過發起攻擊之類的事情，只是為了佔領漢城對面的陣地，讓軍隊穿過市區，不料卻遭到了朝鮮警備隊的槍擊，因此不得不轉為攻擊。日本人否認國王及其家人成為了他們的俘虜，允許外國代表謁見國王。但是，國王這時完全是一副悲慘的模樣。朝鮮政府在形式上依然存在。但總理大臣發

出的文書內容，很明顯是遵照日本人口述記錄下來的。大鳥公使的言辭是最無恥的謊言，日本人規定了自己在朝鮮的角色，最終破壞了其他列國代表對日本所做約定的信賴。從日本人的所有行動中可以顯而易見地看出，由於他們在朝鮮沒有受到任何人的積極抵抗，他們變得自信過度，因而肆無忌憚地拋下了謙恭有禮、謹慎克制的假面具，施展出了亞洲人不加掩飾的粗暴。[78]

沃加克或許也一起聽了這番話，對此很有共鳴吧。七月廿五日（一三日）他帶著聯絡的任務，乘坐法國軍艦「里昂」去了芝罘。廿六日，四十名俄國水兵為保衛漢城的公使館被派遣到了仁川，克伯爾格等五人騎馬返回了漢城。[79]

從朝鮮戰爭到日清戰爭

日本軍佔領王宮後，高宗和王妃住在王宮內東側的一個宮殿，大院君住進了相鄰的宮殿，那個區域由韓兵警衛，但除此之外的王宮區域則由日本軍駐守、統管，政府的建築物也在日本軍的控制之下。日本軍從七月廿三日起開始解除韓國各部隊的武裝，沒收武器，到廿五日結束，以致於「一時間朝鮮政府除王宮衛兵所持之外，無有一武器。」[80]朝鮮就這樣完全成為了被佔領國和戰敗國。

在大院君和日本公使的指揮下，朝鮮首先進行了政府改造。以最有實力的閔泳駿為代表的眾多閔氏家族之人被解除了政府要職，流放到偏遠的島或予以其他處置。大院君想廢掉閔妃，但因大鳥、杉村等日本方面的反對，沒能實現。取代閔氏家族進入政權核心的是親日派、改革派的面孔。首先，金弘集成為領議政（譯者註：又稱領相，朝鮮李朝最高行政機關——議政府的最高領導人），然後起用了金鶴羽、朴定陽、趙義淵、安駉壽、金宗漢、金允植、魚允中、金嘉鎮、俞吉濬、李允用等人，成立了由他們組成的合議制的行政機關——軍國機務所會議。此會議的編外書記是日本公使館的書記生鹽川。[81]

日本逼迫這個新政權擺脫清國獨立。七月廿五日，大鳥公使同大院君和趙秉稷交涉，二人遲遲不能做出決斷，但在大鳥強硬要求下，二人最終屈服。當天，朝鮮方面通告清國代表將廢除清韓通商三章程。清國代表即日由仁川回國。

接下來做的事情是，逼迫新政權宣佈驅逐駐留在朝鮮國內的清軍，並委託日本政府執行。趙秉稷最終也沒有同意此事。但是大鳥根據自己的判斷，認為朝鮮既然已經宣佈獨立，就可以視為有過這樣的委託，於是在七月廿六日通知大島旅團長獲得了由外務督辦署名鈐印的委託書。其實並不存在這樣署名鈐印的文書。[82]陸奧承認：「遂乘七月廿三日之事變，自韓廷強取了將牙山清軍驅逐出國外的委託書。」[83]

至此，朝鮮戰爭開始走向日清戰爭。二日後的七月廿五日，軍事衝突首先在海上發生。在牙山附近的豐島沖，日本海軍三艘巡洋艦「吉野」、「秋津洲」、「浪速」攻擊了運送一千一百名清國增援士兵的英籍承租船以及清國海軍的護航戰艦「濟遠」和「廣乙」。結果「濟遠」逃走了，「廣乙」觸礁投降。日本方面對於這場戰鬥的正式說明是：因為清國方面最先開炮，日方才應戰的，但原田敬一論證了這一說明是虛假的。[84]

戰鬥結束後，司令官命令清兵乘坐的英國船跟隨「浪速」航行，但清兵不允許船長這樣做。於是，「浪速」在警告後，發射水雷，擊沉了該船。當時，「浪速」只救起了英籍船長等三人而已。而清國兵除了游到附近島嶼得以逃生的大約一百六十人外，其餘九百多人都消失在了大海中。[85]

陸軍方面，漢城第九旅團的兩個聯隊三千五百人自七月廿五日南下，七月廿九日攻擊了牙山以北、成歡的二千五百名清軍。清軍死亡一百人，負傷四百人，其餘逃往了北邊的平壤。[86]在這場戰鬥中，誕生了即使中槍也軍號不離手的軍號手的美談。據報導，這名軍號手的名字是白神源次郎，但在十年後的德育教科書中，卻變成了「木口小平物語」。[87]這些戰鬥全部發生在宣戰公告發佈之前。

日本向清國發出宣戰公告是牙山戰役三天後的八月一日。這是近代日本國家發佈的第一個宣戰公告和開戰詔敕。[88]其開篇如下：

「保全天佑，踐萬世一系之皇祚，大日本帝國皇帝示汝忠實勇武之有眾。朕茲對清國宣戰。」

據說在內閣會議審議的六套草案中，有兩套為「對清國及朝鮮國」，最終，日本只對清國發出了宣戰公告。[89]開戰詔書的核心內容如下：

「朝鮮乃帝國首先啓誘使就列國為伍之獨立國，而清國每自稱朝鮮為屬邦，全面干涉其內政，乘其內亂……出兵朝鮮。」

「朕……出兵備變……先告以清國協同從事，清國……拒之。帝國於是勸朝鮮釐革其秕政，……外以全獨立國之權益，朝鮮既肯諾之，清國始終暗中百方阻礙……更派大兵於韓土，於韓海要擊我艦，狂妄已極。……查朝鮮因帝國率先使之與獨立國為伍而獲得之地位，與為此簽署之條約，均置諸不顧，以損害帝國之權利利益，使東洋和平永無保障。就其所為而熟揣之，其計謀所在，實可謂自始即欲犧牲和平而遂其非望。事既至此，朕……亦不得不公然宣戰。賴汝有眾之忠實勇武，而期速克和平於永遠，以全帝國之光榮。」

朝鮮的「獨立」，朝鮮是「獨立國」等語言在這份宣戰公告中出現了三次，這份詔書的口吻仿佛是為了保護朝鮮不受清國的壓迫而戰似的。日本佔領朝鮮的首都，佔領王宮，「擒」其國王，解除朝鮮軍隊的武裝，它所發出的詔書真是充滿欺瞞性。

同日，清國也發佈了宣戰詔書，只是淡淡描述了事實：

「朝鮮為我大清藩屏二百餘年。……近十數年，該國時多內亂。朝廷撫弱為懷，疊次派兵，前往戡定。……本年四月間，朝鮮又有土匪變亂，該國王請兵援剿。情詞迫切，當即諭命李鴻章，撥兵赴援。甫抵牙山，匪徒星散。乃倭人無故增兵，突入漢城。」

「日本與朝鮮立約，係屬與國，更無以重兵欺壓，擅令革政之理。各國公論皆以日本師出無名，不合情理，勸令撤兵，和平商辦，乃竟悍然不顧。」而且在我們進一步運兵時，「有倭船多隻，乘我不備，在牙山口外海面開炮轟擊，傷我運船」。

這份宣言譴責「該國不遵條約，不守公法，任意鴟張，專行詭計」。[90]「鴟張」出自《三國志・吳志》的「卓不怖罪而鴟張大語」，意為貓頭鷹（即鴟。譯者註）張開翅膀擺出威猛的姿勢來。

接下來，日本和清國都開始接連不斷地向朝鮮領土派兵。日本方面，第五師團派出第九旅團後，剩下的部隊從釜山登陸後向北進發，接著，第三師團的別動支隊在元山登陸。清軍則以在平壤集結為目標。陸奧寫道：「朝鮮國土被分割為南北兩大部，日清兩軍各自佔領其半。各地因行軍準備、徵發軍需，極度擾亂繁忙，朝鮮全土殆與戰場無異。」[91]

朝鮮戰爭至此已轉化成了日清戰爭。

日本的對朝鮮方針

日清進入戰爭階段，日本強迫朝鮮宣佈從清國獨立之後，就有必要確定對待朝鮮的基本方針了。八月一日，大鳥公使因「日韓兩國關係自上月廿三日事變以來局面一變」，認為應迅速締結臨時條約，他向外務省報告，自前一天起已經開始與朝方就以下方案進行交涉。其方案為：實施日本政府的改革勸告，由日本政府建設鐵路，保留日本政府建設的電信設施，聘用日本人做政務法律顧問、軍務教師，七月廿三日之事不予追究，以及由兩國代表協商決定「關於獨立保護的一切事項」等。[92]得到這個報告後，陸奧首先起草了內閣會議決定草案，於八月七日送交伊藤總理：「七月廿三日事變以來……收繳朝鮮軍隊武器，且一定程度上形成鉗制其警察權的局面，在事實上有侵犯一國獨立權之形跡」，對於這點，俄羅斯政府是持批判態度的。如果

「朝鮮獨立出現變故」，「俄國決不會默視」。因此，「顧全朝鮮國獨立之體面，並取得同盟之實，為眼前急務。」有必要將此宗旨通告朝鮮當地。內閣會議接受了這項提案，決定向朝鮮交還武器。[93]

接下來，八月十五日，陸奧又向伊藤總理提交了進一步的內閣會議決定草案：現在「朝鮮國實際上恰如日清兩國之戰場，或通往戰場之道路」，日本軍必須避免在國際公法上，「招其他強國非難」而難於辯解的情況出現，而且「今日朝鮮國之地位乃我同盟，而非敵國」，「應盡力避免顯著毀損其獨立國體面之行動以及實際掠取其疆土之形跡，」不能讓朝鮮政府因過於不滿而向各國公館控訴。注意事項有以下三點：一，「諸如侵害朝鮮國獨立權之行為，」即使軍事上有所不便，也「應盡力避免」；二，對朝鮮政府提出的要求，應「在朝鮮政府獨立體面可容忍之限度內」，須「充分注意使其無不堪忍受之感」；三，對軍事上的必要物品給予賠償，須「深度注意不要有侵掠之形跡」。[94]最終這個方案在內閣會議中通過了，陸奧於八月廿三日向大鳥發去了訓令。[95]

然而，陸奧認為這樣還不充分，他第三次起草了內閣會議決定草案，於兩日後的八月十七日送交伊藤。他在這裡明確提出和探討了對朝鮮的四種方案。

甲，（即使日本勝利後，朝鮮）仍然是一個獨立國，全然放任其自治自主，我方不干涉。

乙，雖名義上公認其為獨立國，然帝國永遠或長時間地間接、直接扶持其獨立，承擔其防禦外侮之勞。

丙，日清兩國擔保朝鮮領土的安全。

丁，由我國邀約歐美諸國及清國共同擔保朝鮮為世界中立國。（使其確立類似比利時、瑞士之地位。）[96]

雖然陸奧對每個方案的優劣都做了分析，但內閣會議仍然沒能做出決定。「僅決議……當前先以乙策大意為目的，他日再待廟議決定。」[97]乙案即保護國方案。

在此期間，大鳥公使與朝鮮政府之間就締結以確定兩國關係為目的的臨時條約進行了交涉，八月二十日，大鳥與外務大臣金允植簽訂了暫定合同條款。其內容為：一，日本政府希望朝鮮政府實施改革；二，因朝鮮財政窘迫，漢城至釜山之間以及仁川至漢城之間的鐵路建設，希望與日本政府或民間企業「訂約」，儘快開工；三，日本軍在漢城至釜山之間以及仁川至漢城之間架設的軍用電信設施以後再酌訂條約，現予以保留；四，七月廿三日事件「應彼此共同不予追究」；五，日本政府希望成就朝鮮的「獨立自主之業」，協商「有關將來鞏固朝鮮國獨立自主之事宜」；六，「應酌量時宜，一律撤退護衛大闕之日本兵員」。[98]其中，倒數第二項在八月一日的原案中為「有關將來保護朝鮮國獨立之一切事宜」，因朝鮮方面厭惡「保護」一詞，有所抵觸，修改成了目前的方案。最後一項的「大闕」指王宮，也就是說解除佔領王宮。這套方案於八月廿一日得以實施。[99]

進而關於日本軍的地位，雙方八月廿六日簽訂了《大日本大朝鮮兩國盟約》，規定「日本國既允承擔與清國攻守爭戰，朝鮮國則於日本隊伍時進退，以及預籌糧餉等諸項事宜，必須襄助予便，不遺餘力。」[100]

大鳥公使在促進改革上遇到了困難。軍國機務所自七月廿八日開會伊始，就連日召開會議，一項接一項地制定了打破舊弊的政策，然而儘管日本公使以軍事力量相威脅，強硬地提出改革要求來，政府的最高層、七十一歲的大院君首先就不會輕易地對日本言聽計從。因此，當躋身政府核心的金弘集等親日派想大幹一場時，就與大院君產生了很多衝突。而且被剝奪了實權的高宗和閔妃也加強了抵抗。此外，保守的老資歷官僚們也開始消極怠工。最終在十月三十一日發生了中立派的代理法務大臣金鶴羽被暗殺的事情。[101]

大鳥公使也因在開戰前力爭暫時迴避日清間的衝突，評價很差，開戰後，軍人們對他的批判更加嚴厲起來。他被認定為「因循」「老耄」。最終，日本政府以大鳥公使無能是導致混亂的原因之一為由，決定撤換他，由內相井上馨繼任。[102]

井上馨出身長州，較山縣有朋、伊藤博文年長，早年留學英國，回國後，曾參與四國艦隊炮擊下關事件的善後處理工作。他參加過倒幕運動，明治維新後，在地租改正（譯者註：一八七三年明治政府進行的租稅制度改革）、秩祿處分（譯者註：明治政府廢除了江戶時代武士領取的俸祿）等方面大顯身手。其後，在第一次伊藤內閣中擔任外務大臣。前文已介紹過一八八五年，井上對高宗接近俄羅斯的舉動抱有強烈反感，曾謀劃「限制」其外交。井上是元老之一，一直負責朝鮮的外交，這樣的重量級人物在伊藤總理的請求下，前往朝鮮赴任了。井上於十月廿五日到達仁川。

開戰與俄羅斯

俄羅斯的調停沒有成功，戰爭開始後，俄羅斯政府的考量迅速發生變化，轉為阻止這場戰爭傷害俄羅斯利益的方向。

八月七日（七月二六日），吉爾斯外相上奏了關於應隨著日清開戰而修改俄羅斯政策判斷的意見書：「我們不能允許日本完全攻佔朝鮮半島，因為這樣一來就侵佔了我們在日本海的出口。」如果日本勝利了，我們必須在這個問題上與日本締結協定。隨著戰爭發展為局地戰爭，必須保護俄羅斯在清國的權益。我們要向日清兩國要求，不讓軍隊進入朝鮮北部，不在擁有戈什克維奇灣（包含雄基港）和拉札烈夫港（元山）的咸鏡道內進行軍事行動。還有必要要求日本不佔領朝鮮沿岸靠近俄羅斯國境的海軍據點。「我們在日本海最重要的利害是對馬與釜山間的布勞頓海峽（朝鮮海峽）的航行自由。」這一海峽堪稱「遠東的博斯普魯斯海峽」。我們有必要與日本約定，如無俄羅斯同意，不決定通向太平洋的自由航行問題，為此，「我們承諾」不介入日清兩國間的「不和」，也不佔領朝鮮的任何部分。[103]皇帝在這份意見書上批示，「很多地方都正確」，表現出贊成之意。

八月廿一日（九日）舉行了特別協商會。與會者為外相吉爾斯、陸相瓦諾夫斯基、海相奇哈喬夫、財相維特，以及外務次官希施金和亞洲局長卡普尼斯特。[104]會議開始，外相吉爾斯說明本次會議的目的在於討論面對日清這場戰爭，俄羅斯應該採取怎樣的行動方式，如果某一方勝利後做出損害朝鮮領土完整的舉動時，俄羅斯應該如何應對。吉爾斯彙報了應李鴻章的請求，駐東京公使向日本政府調停卻被日方拒絕的情況。他還講到李鴻章似乎有意請俄羅斯也參與朝鮮內政，但俄羅斯「認為直接介入朝鮮的改革不合適」，拒絕了李鴻章的這一提案。由於日本沒有回應請求，俄羅斯與歐美政府也做了溝通，其中，英國政府贊成儘量迴避衝突，提議將日清兩國兵力分置於朝鮮南北兩方。然而，在此期間，兩國卻發表宣戰公告，開始了戰爭。俄羅斯不參與這場戰爭，將呼籲兩國迅速停戰，締結和平協定。「協定的基礎在於有必要維持朝鮮的status quo

（現狀）」。「日本如果佔領了朝鮮半島南部，……布勞頓海峽就會被日本掌控。那樣的事情，對於我們來講，即使從維護日本海的通行自由上來考慮，也是難以允許的。然而，在日清兩國都……不希望破壞朝鮮領土完整的情況下，我認為維持朝鮮的status quo是有可能實現的。」[105]

財相維特贊成不介入戰爭，但他認為如果戰爭結束，勝利者攫取成果時，英國有可懷揣利己的目的介入，他主張「不能允許這種介入，因此，當英國露骨地表現出利己性時，我們應該準備反擊」。奇哈喬夫海相表示，如果英國介入的話，俄羅斯出於對抗的目的，可以佔領朝鮮領內的岡恰羅夫島（馬養島），但從朝鮮獲得領土沒有太大的利益，反而會造成巨大的經濟上的負擔，因此，如果可能的話應該避免這種情況出現。陸相瓦諾夫斯基說「維持朝鮮的status quo必須成為現階段我國在遠東政策上的主要任務。日本征服朝鮮，對我們來講尤為不利」。另一方面，他主張應該開始增強俄羅斯在遠東的兵力。[106]

這次協商會得出的結論是：俄羅斯不介入日清戰爭，但也不發表中立宣言，爭取戰爭在結果上維持朝鮮的status quo，陸相和財相進一步協商增強軍備之事。[107]由此可見，俄羅斯的態度是慎重的，甚至可以說是消極的。

沃加克最初的印象與平壤大會戰

沃加克從仁川去了芝罘，在當地，他聽說了豐島沖海戰的情況，急忙寫信給仁川「高麗人號」的艦長，告訴他日本海軍擊沉了清國商船。[108]沃加克在天津看到後續的戰爭情形後，於八月下半月前往東京。此時，俄羅斯海軍也緊急派遣了施萬克中尉到東京任臨時駐在武官。沃加克在東京與施萬克相會，告訴了他自己在朝鮮的觀察，並介紹了翻譯。[109]

儘管沃加克對日本徹底奉行的秘密主義很傷腦筋，不過還是見到川上操六參謀次長，得到資料，進行了分析。沃加克原本希望前去觀戰，但或許陸軍首腦層並不樂意讓俄羅斯武官去觀看第一線部隊的作戰，最終他被挽留在了東京。

九月十日（八月二九日），沃加克從東京給俄羅斯參謀本部發去了第一封信，對派遣到朝鮮的清軍兵力進行了分析。「我無法報告所有的部隊是否都到達了平壤。清軍集結在平壤，我期待他們在大同江畔構建起強力的陣地，對日軍發起反擊。」[110]

另一方面，九月十五日（三日），沃加克將對日軍的綜合判斷寫信發給了北京的喀希尼，那封信由外務省轉呈，皇帝亞歷山大三世也過目了。

「我在想，我們擁有日本這樣一個極度危險的鄰居。將來，我們無論如何都必須重視這個國家，在某些情況下，這個國家或許會給我國製造出很多麻煩、困難來。迄今為止，我們一直認為有必要強化我國在遠東的地位，主要是與清國和英國對抗。現在，以我所見，至少事態看上去有了變化。日本是當地主要的、極其重大的存在（dannaia）。日本這個對今後的遠東命運有著巨大影響力的新生力量誕生了。」

皇帝閱過沃加克這封信，在最後一句下面畫了線，批示「完全正確」。

沃加克接著還寫道：「日本的參謀本部知道我們在當地的兵力情況。日本在朝鮮問題上表現得似乎一直無視我們的存在，不正好印證了這點嗎？我不談論政治，只談論純粹的軍事方面。日本打算在滿州進行作戰，即使這樣，它也沒有擔憂要防備俄羅斯方面。日本似乎確信沒有誰能夠威脅他們的戰線。鑒於這種確信既沒有立足於與我國締結的條約之上，我們又沒有宣佈中立，那就只能以日本熟知我國沿阿莫爾地區的軍事狀況來解釋了。日本今後（與清國）締結媾和條約的時候繼續無視我們，大概也並不令人驚訝吧。」

皇帝在整段話下面畫了線，批示「極其務實、明確」。[111]沃加克發出這封電報的九月十五日，是朝鮮戰爭規模最大的會戰——平壤大會戰進行的日子。

平壤位於大同江畔，城市由高聳的城牆守護。清軍跨過鴨綠江南下，集結在平壤。從牙山戰役中逃離的部隊也匯集到了這裡。清軍的兵力在一萬五千人之上。他們在平壤城內和周邊修建了二十七座堡壘。戰後，沃加克來這裡視察時得出結論，如果準備得當，對於日軍來講，平壤有可能成為俄土戰爭時難以攻克的普列文要塞。但是，清軍沒有利用好六個星期的猶豫期，未能將平壤變成那樣的要塞。[112]

會戰當日，日軍一方大島少將率領混成第九旅團從南邊的中和進軍，野津（野津道貫）中將率領第五師團本隊緊隨其後；在元山登陸的大迫少將率領第三師團的支隊從陽德經成川從北邊進軍；立見少將率領第十旅團由朔寧經遂安從東邊進攻，一齊逼近平壤，總人數達一萬六千五百人。

戰鬥在九月十五日黎明大島部隊的炮擊中開始。接著是立見部隊的突擊，但遭到了來自清國堡壘猛烈的炮擊，不得不撤退。大迫部隊從北邊進攻，攻下了現在的機場所在地順安，進而攻打北側的牡丹台堡壘，最終攻陷了玄武門。這個時候，士兵原田重吉勇敢地攀登城牆、開闢道路的事蹟後來被大肆宣揚。清軍的北面指揮官總兵左寶貴英勇作戰，最終戰死疆場。大島部隊猛烈進攻平壤南邊的簡易堡壘，攻陷後，接著進攻大同江東岸船橋裡堡壘，該堡壘壁厚達五米，很難攻破。戰鬥持續了十小時，終於在傍晚五時，清軍總司令官葉志超提督投降。清軍請求緩期交出武器，在此期間逃走了。留下了死者二千人，傷者四千人，俘虜七百人。日本方面的傷亡為，死亡一百零二人，負傷四百三十八人，下落不明三十三人。[113]

中秋的明月升起在陷落的平壤上空。

長夜涉過大同江，前進號角月升起。入山野，披月奮進三萬騎。

這是因病而未能從軍的《日本》報記者正岡子規想像著平壤戰鬥的情形寫下的俳句。[114]其他作家也寫了很多作品。

「我想到戰爭，想到和平，想到白色硝煙中炸裂的野山。自己也想去，牙山之戰，京城、仁川的佔領，還有接下來平壤的那場大戰。月明之夜，美麗的十五之夜……」[115]

平壤會戰的勝利決定了日清戰爭的勝敗，這場會戰在日本被稱為「平壤大捷」，鐫刻在國民的記憶中。原田重吉成為了民族英雄。

兩天後，日本海軍又在黃海會戰中取得了勝利。日本艦隊遭遇丁汝昌提督率領的北洋艦隊主力，擊沉清軍十二艘軍艦中的四艘，而日方一艘也沒有沉沒。

沃加克的日軍從軍觀察報告

在接到日軍連勝的消息後，沃加克十月四日（九月二二日）給參謀本部發去了第二封信，詳細介紹了日軍的戰時體制：

「動員以及軍隊的鐵路、海上運輸工作都進展得極其順暢，毫無疑問這是任何西歐強國都會羡慕的狀態。陸軍省在召集預備役和地方軍時沒有遇到任何困難。躲避者的比率遠遠少於預期。很多志願者都爭先恐後。這就是當前的戰爭在日本國內喚起的狂熱的結果。」

「鐵路運行得很完美」、「列車以我迄今為止從未見過的完善狀態運營。」[116]、「軍隊的海上運輸也很順暢」、「總而言之，萬事就如同上了潤滑油一般，進展順利，日本的參謀本部確實能夠為達成的結果而自豪。」

沃加克在這裡又重複了九月寫給喀希尼的信中的話：「我認為對我們而言，日本是一個危險的鄰居。……日本，對遠東命運具有巨大影響力的新生力量誕生了。」[117]

沃加克得出了在當前這場戰爭中，「日本會成為勝利者」的結論。他認為日本想趕在「西伯利亞鐵路完工前，在我們擁有充足的力量之前，成為使我們恐懼的」積極力量。他寫道，日本的參謀本部為了掌握俄羅斯的兵力狀況，向俄羅斯領內派去了很多「秘密日軍特工」，「日本人對於瞭解敵人及其實力所具有的巨大意義認識得非常透徹。」[118]

不久之後，十月九日（九月二七日），沃加克終於得以同參謀本部指派的池田中佐一同從東京出發，前往廣島的大本營。

沃加克在廣島給俄羅斯公使館發去電報，希望轉達參謀總長：「我非正式地拜謁了天皇。日本人極其溫文爾雅，且有防範心。川上操六（參謀次長）說，希望俄羅斯相信日本的戰鬥能力，承認日本是值得關注的，並且承認在遠東的自然國境，因為我們共通的敵人是英國。」[119]沃加克在給參謀本部的通信中寫道，明治天皇對他說，希望他能夠為在中國的土地上的作戰方式提出一些建議。[120]

十月十五日，第一師團開始在宇品登船，三十三艘運輸船聚集在一起。沃加克觀察了整個登船過程，認為「日本人在這方面不比任何歐洲國家的陸軍遜色。」登船過程「很安靜、有條不紊」。[121]十月二十日（八日），沃加克與大山巖的第二軍下屬的第一師團一同乘坐運輸船「姬路丸」從宇品出發。[122]

沃加克在船上度過了五天五夜。日本士兵的安靜程度令人驚訝，他們不唱歌，不賭博，不喧嘩，很多人都靜靜地翻閱宣傳戰況的小冊子。[123]到達仁川後，俄羅斯公使館書記從漢城趕來，向沃加克講解了朝鮮的情況。日本策劃的改革因朝鮮民眾的反感和不滿難以進展。失敗的原因首先在於日本人依靠金弘集等親日派，無視國王。漢城的情況很嚴峻。俄羅斯的影響力每天都在喪失。[124]

沃加克乘坐姬路丸直接到了大同江河口。第一師團已經開始在遼東半島登陸。雖然之前沃加克提出想觀看鴨綠江渡河作戰，但那次行動已於十月廿五日（一三日）結束了。他聽說日軍渡河進入了滿洲，清軍正退往奉天方向。於是，他決定參觀平壤的戰鬥遺跡，就此下船。十月廿九日（一七日），沃加克視察了平壤市內，[125]他從各種各樣的人那裡聽取介紹後，對平壤戰鬥做了評價，於十一月十五日（三日）寫成報告。在報告中，沃加克雖然也寫了對野津第五師團長的作戰指揮的批評意見，但他對清軍卻做出了極其否定的評價：「很明顯，所有的人——從將軍到每一位士兵——都只考慮自己，戰鬥的目的、救援我方士兵等都與他們沒有關係。敵人離開時向敵人開炮……然而敵人一接近，最先考慮的卻是逃走。」[126]在十一月十日（一〇月二九日），沃加克終於到達鴨綠江，去了九連城。[127]

戰爭從此在滿洲展開，而在朝鮮國內，金琫準領導的東學黨打著抗日、反開化的旗號，發起了第二次農民叛亂，對此，日軍派南小四郎大佐率領後備步兵獨立第一九大隊與朝鮮軍共同鎮壓叛亂。兵站總監川上操六於十月廿七日下令「要嚴酷處置東學黨，今後應悉行殺戮」。農民軍於十月、十一月兩次糾集數萬兵力進攻忠清道的重要城市公州，然而未能攻打下來，最後陷入失敗。參與農民軍的人全部遭到了日軍的殺戮。一二月，全琫準因叛徒出賣被捕，被送交給日軍。這場作戰是朝鮮戰爭最為殘酷的一頁。[128]

井上公使的改革指導

於一八九四年十月廿六日到達漢城的井上馨公使擁有崇高的聲望、地位以及強烈的自負心，他一心想以日本佔領軍的力量為依託，強力推進朝鮮政府的改造。廿七日，井上首先會見了外務大臣金允植，表示「日清事件之原因」在於要幫助朝鮮獨立，然而「內政改革之舉未能收穫實效」，強調沒有達到目的。他提出朝鮮政府應該「協和一致，以赤誠盡國事，不要互樹私黨，猜疑爭鬥，貽誤國家大業」，並請求內謁見高宗。[129]二八日，他入宮請安，得到允許正式謁見高宗。一八八五年井上馨得知高宗試圖接近俄羅斯時相當憤怒，曾決心要限制其行動，此時距離那個時候已經過去了將近十年。現在，日本佔領了這個國家，高宗也向日本發誓屈服。狀況改變了，井上馨此時的心態大概是想以新的思路操縱高宗吧。面對高宗，井上馨從「東洋之大勢」講起，在強調俄羅斯威脅的基礎上，又說明了英、德、法的動向。處在這樣的環境中，「貴國若不從速改良內政，落實獨立，鞏固基礎」，就有可能出現不幸。井上馨在這裡強調，內政改革首先要穩固王室，這一點給高宗留下了好感。高宗回答：他對維新的元勳井上馨充滿期待，希望他提供基於經驗的建議，他自己會「嘉納井上奏言，今後屢屢作為顧問官……多有引見之日」。[130]

十月廿九日，井上在公使館會見了大院君。井上以嚴厲的態度面對大院君，要求他改變態度和想法。而大院君卻始終對井上的主張顧左右而言他，使井上怒不可遏。最後，井上威脅道：「若不幸與閣下議不相容，予難以預測今後將出現如何結果。」[131]十一月二日，井上會見了總理金弘集，向他特別強調一定不能讓大院君隨意介入政治。[132]

十一月四日，終於到了內謁見高宗的時候。內謁見指讓大臣們退席，單獨謁見高宗和皇太子。井上在內謁見中途請求與閔妃說話，高宗允許了。閔妃對井上說道：閣下是我國「忠愛」之士，我也深知閣下「對我國之衷情」。國王聽了閣下的話，表示「無論甘苦，必定勵行如一」，希望閣下能諒解。我自己最關心的是「君權重大之事」。[133]接著，高宗和閔妃都一致同意「將這個國家比喻為重病之人」、「適合今日之時勢」，稱讚井上「我國如得良醫一般」。[134]

內謁見結束後，井上首先著手處理不讓大院君參與政治之事。井上掌握了大院君與東學黨相通並予以教唆的證據，並且，他還有日軍佔領平壤時繳獲的、大院君送給清國將軍的密信，當他將這些東西擺到朝鮮政府面前時，[135]大院君果然恐慌起來，屈服了。十一月十二日，大院君面見了井上公使，為信件之事謝罪，表示「一切依賴閣下周全處理」，「余人老智昏……，政事上不容置喙，全賴閣下安排。」[136]

接著，井上於十一月二十日在各大臣列席的情況下，拜謁高宗，提出了改革綱領，首先是以下九條：

第一　政權必須出於一途（即應由高宗「親裁」）。

第二　大君主有親裁政務的權力，又有遵守法律的義務。

第三　王室事務與國政相分離。

第四　確定王室之組織。

第五　確定議政府並各衙門職務許可權。

第六　租稅統一歸於度支衙門，且向人民所課之租稅應有一定稅率，此外不得以任何名義方法徵收。

第七　計算歲入歲出，以確定財政之基礎，預定王室及各衙門之費用。

第八　確定軍制。

第九　去百事之虛飾，矯誇大之弊習。[137]

翌日（二一日），井上馨進一步提出自「第十　制定刑律」至「第十九　向日本派遣留學生」為止的十條。[138]確實，這些改革措施都是一個國家所必要的。高宗逐條看過井上提出的這些條目，口中不停地說著「確實」、「太對了，的確應該這樣」等，然後回答採納所有條目。

這個結果令井上感到滿意，他讓高宗從大臣之中「召集主張相同之人」，任命為協辦大臣、次官，十一月廿七日，高宗頒佈命令任命了四名協辦、次官。這是高宗、王妃獨斷的結果，大臣們完全不知情。得知此事後，井上拜謁高宗，對他說：「我認為大君主已不信任本使」，自己也對「貴國之事將來無望矣」，感到灰心，提議中止改革。高宗馬上對井上說，這次任命是一場錯誤，表示今後「必定不許王妃干預政務」，希望他能夠幫助改革。不過，這一天井上沒有讓步。[139]十二月八日內謁見時，井上在閔妃也在旁聽時說，「王妃參與國政，是政治混亂的原因」，「只要遵守我所說的」，保證王妃和皇太子沒有任何危險。於是「王妃斷言今後不再干預政治，國王看上去堅定了實施改革的決心」。雙方就這樣達成妥協，高宗赦免了朴泳孝、徐光範等參與甲申政變的人。[140]

十二月十七日，朝鮮進行了內閣改造，調整了人事：總理大臣金弘集、外務大臣金允植、度支大臣魚允中、學務大臣朴定陽等連任，趙義淵成為軍務大臣，被赦免的朴泳孝任內務大臣，徐光範任法務大臣。[141]在這一瞬間，朝鮮在日本軍的佔領下，由井上公使指揮，終於看上去似乎誕生了改革政府。

俄羅斯皇帝之死和新皇帝尼古拉

俄羅斯發生了重大事件。一八九四年十一月二日（一〇月二一日），皇帝亞歷山大三世因腎病猝死。即日，皇太子尼古拉即位，為尼古拉二世，年僅二十六歲。他的祖父亞歷山大二世即位時三十七歲，父親三世即位時三十六歲，與他們相比，很明顯他在為人處事上還不夠成熟，政治經驗也不足。[142]而且，他雖然好不容易訂下了婚約，但還沒有成婚。他的老師是波別多諾斯采夫，他雖然向老師學習了專制君主應該做的事情，卻沒有學習專制君主應該如何去做。在軍務方面，尼古拉只做過周遊世界的觀光旅行，而政治上的訓練幾乎沒有。

尼古拉的未婚妻是德國黑森－達姆施塔特大公的女兒阿利克斯，是英國維多利亞女王的孫輩之一。她秉性堅強，父皇病危時，她在尼古拉的日記中寫下了「堅強（Be firm）」。[143]在亞歷山大三世去世翌日，她改宗正教，成為亞歷山德拉・費奧多羅夫娜，葬禮結束後，舉行了親友間的小型結婚儀式。即便如此，皇后在這一時期也絲毫沒有參與政治問題。

尼古拉身邊的大公們數量之多，前所未有。其中，父皇的弟弟們，也就是尼古拉的叔父們很重要：弗拉季米爾大公（一八四七年生）是陸軍大將，為近衛軍和聖彼德堡軍區司令官；阿列克謝大公（一八五〇年生）為海軍元帥；謝爾蓋大公（一八五七年生）為陸軍中將、莫斯科總督；保羅大公（一八六〇年生）為陸軍少將，近衛騎兵聯隊長。祖父的兄弟系列有，尼古拉・尼古拉耶維奇大公（一八五六年生）為陸軍中將，近衛第二騎兵師團長；亞歷山大・米哈伊洛維奇大公（一八六六年生）雖然只是海軍中尉，但與尼古拉的妹妹克謝尼婭結了婚，與尼古拉的關係特別親密。

尼古拉原封不動地繼承了父親的大臣們，開始了他執政的時代。陸相瓦諾夫斯基時年七十二歲，自父皇登基伊始就在其位，至此已十四年。他是一位保守的老人，在因財政窘迫、軍費被控制在最小限度內的狀況中，延續著一條維持兵力現狀的路線。另一方面，四十五歲的財相維特在任三年，他在政府內部已經很有份量。內相伊萬・杜爾諾沃在任五年，他原是軍人，一八七〇年任州知事，一八八二年任內務次官。這個時候，俄羅斯國內出現了要求新皇帝轉換政策的動向，特別是從壓制地方自治局的政策轉換到主動將地方自治局代表的意見反映到國政中去。特維爾州議會當年年末通過了洛基契夫起草的請願書，要求給予自治機關闡述意見的可能性和權利。對此，政府強烈抵觸，最終，洛基契夫受到了懲罰。

新年伊始，一八九五年一月廿九日（一七日），尼古拉向貴族團、地方自治局、城市自治體的代表們發表了講演：「朕知道，最近在部分地方自治局州會中，出現了一些熱衷於讓地方自治局代表參預內政的愚蠢夢想的聲音。」「朕為了民眾的幸福竭盡全力，將與朕無法忘懷的亡父一樣，毅然決然地、毫不動搖地維護專制的原則。」「愚蠢夢想」這種表達方式令人震驚。有年輕的知識份子寫下《給尼古拉二世的公開信》一文，在民眾中流傳開去。文中指出，尼古拉的這番講話甚至連人們「最克制的希望」都打碎了。[144]

在忠實於專制權力的原則這點上，尼古拉與其父亞歷山大三世相同，思考問題的水準也與父親大致相當。然而，尼古拉在為人處事上不夠沉穩堅定，容易受他人影響，很愛改變主意。在這點上他與他的父親完全不同。

新外交大臣

自一八七六年起實質上擔任外交大臣之職，歷經先帝整個治世的吉爾斯彷彿追隨先帝似的，於一八九五年一月廿六日（一四日）去世了，享年七十五歲。巧合的是，至此為止，俄羅斯一直沿續著一朝皇帝一位外相的體制。外相的穩定保證了外交政策的穩定。尼古拉一世的外相是內塞爾羅德，亞歷山大二世的外相是戈爾恰科夫，亞歷山大三世的外相是吉爾斯。因此，至此為止的大約八十年間，俄羅斯只有三人擔任過外相，然而，在其後的短短六年間，卻相繼出現了三位外相。

走馬燈似的變換的外相中，第一位是洛巴諾夫—羅斯托夫斯基公爵，他於一八九五年三月十日（二月二六日）被任命為外相。阿列克謝・洛巴諾夫—羅斯托夫斯基出生於公爵之家，只受教於家庭教師，沒有接受過學校教育。他在二十歲時進入外交部，此後十二年間，擔任過駐土耳其的臨時公使，一八六六年他被調到內務部，翌年被任命為內務次官。十年後，他又返回外交領域，成為駐土耳其公使。此後，他歷任駐英國、奧地利、德國公使，最終被任命為外相，他的履歷無可挑剔。

維特評價他：「風采堂堂，幾乎在所有方面都算是一個人物，但選他為外相，我認為是失敗的，因為他不太可能會成為一位腳踏實地的外相。」[145]維特寫道，這個外相的人事安排大概是國務會議議長米哈伊爾・尼古拉耶維奇大公推薦了自己心腹波洛夫采夫看中的人的結果。翻看這個波洛夫采夫的日記，我們可以知道，在亞歷山大三世即位時，就有人推薦過洛巴諾夫—羅斯托夫斯基擔任外相，[146]後來成為外交大臣的吉爾斯本人曾經再三對洛巴諾夫—羅斯托夫斯基說，「可託付後事者惟君」。[147]波洛夫采夫確實與洛巴諾夫—羅斯托夫斯基很親密，稱他為「最重要的老朋友。」[148]二人經常在一起討論俄羅斯內外政治的「悲慘狀況」。[149]洛巴諾夫—羅斯托夫斯基曾給波洛夫采夫寫信說，俄羅斯「在歐洲完全被孤立」，就連戰爭都沒有對手，誰也不想攻擊我國。[150]維特批評洛巴諾夫—羅斯托夫斯基完全不瞭解亞洲，筆者認為這一點或許是對的，但毫無疑問，他是一個有判斷力、可靠的人。問題出在皇帝那裡。

這之後的遠東局勢風雲突變，俄羅斯的內政外交出現劇烈震盪。年輕的沙皇缺乏慎重，只尋求安易的變化。

圍繞戰爭閉幕的動向

早在一八九四年十月，英國就已經有了向日本提議，由強國保障朝鮮的獨立和由清國向日本賠償軍費兩個條件，讓日本停止戰爭的想法。為此，英國與德、法、俄接觸的同時，也試探了日本政府的意向。然而，德國拒絕參與，俄羅斯也對英國的提案頗為消極。因為它們首先擔心雖然說是由強國來保障朝鮮的獨立，但此舉或許會成為英國正式介入的一個手段。俄羅斯繼續採取觀望的態度。[151]

日本受到英國的試探後，也探查了列強的反應。駐東京的各國公使們都回答沒有從本國傳來任何訓令。陸奧特別提到了希特羅渥的態度：俄羅斯公使「嘲諷英國之提案，其主意頗空洞，日本政府當難應之」。[152]陸奧與伊藤總理協商後，於十月廿三日向英國做出答覆：戰爭尚在繼續，「不得不克制發表關於終結戰爭條件的意見」。[153]

到了十一月十二日，日本駐俄羅斯公使西德二郎發來電報，俄羅斯政府擔心的只有一點，即「日本是否會永久佔領朝鮮」，特別是軍人間的反對意見很強烈，希望注意這一點，「不要引起麻煩」。[154]進而，西德二郎又在十二月一日的長篇電報中報告，據俄羅斯外交次官私下透露，清國公使前來請求俄羅斯進行戰爭調停時，遭到了俄方的拒絕，回答說如果沒有列國的同意，無法調停。十一月三十日他去訪問外相吉爾斯時，吉爾斯說，「看來日本政府不會只滿足於朝鮮獨立和獲得賠償金了」，流露出屆時日本有必要考慮不損害諸國利益的想法。而對日本懷有好意的幾位友人的意見是，獲取領土一事因其他列國的干涉，恐怕很困難，不如提前停戰，獲取盡可能多的賠償金。「依本使所見，自戰爭中獲取過當成果堪疑，……謀我國之利益時，與清國和談，若可能，從速趁機在軍事賠償中加入割讓臺灣為上策。本使以為俄國政府應對割讓臺灣不持異議。」[155]

這種意見雖然談不上妥當，但可以說這是作為外交官的適度的判斷。如此就不會刺激俄羅斯，這種看法也是正確的。

十二月廿二日，陸奧與希特羅渥公使進行了會談。希特羅渥說，他得到本國外相的電訓：關於日本所提要求，「只要不損害朝鮮國獨立，不做干涉」。他個人對於佔領臺灣不持異議。[156]陸奧也希望希特羅渥理解，「日本現在已經不滿足於只要求朝鮮獨立和獲得賠償金了」。會見歸來後，希特羅渥悠然地報告道，「沒有理由擔心朝鮮的自主性會受到侵害」。日本大概會要求割讓臺灣吧。[157]

戰鬥的終結

在此期間，日本軍於一八九四年十一月佔領了遼東半島的旅順和大連。最後的作戰為佔領威海衛。一八九五年一月，日本開始進攻山東半島的海軍基地——威海衛。一月十九日，陸軍部隊從大連灣出發，於當天登陸威海衛，截至三十一日，日軍佔領了所有的炮臺。沃加克參觀了這場登陸作戰，他於二月初從旅順向東京報告：「我看到了登陸作戰的完美實施，日本軍控制了威海衛北部和東部的所有堡壘。」[158]

沃加克對於期間旅順的戰鬥也做了詳細報告，還提到後來演變成嚴重問題的旅順屠殺事件。他承認日本軍「毫無疑問做了完全無益的、真正的殺戮」。屠殺不僅發生在戰鬥的最後一天，其後兩天也在繼續進行，這是事實。不過他認為士兵們對於淩辱清軍俘虜相當興奮也無可厚非，這是憤怒的士兵們陷入了無差別殺戮狀態。沃加克寫道，他認為新聞報導有所誇張，他也見到了大肆報導這一事件的美國記者克里曼，克里曼承認自己只看到兩具女性的屍體。沃加克寫道，所有的軍隊都有可能發生這樣的行為，應該受到譴責的是沒有制止之後兩天繼續做同樣事情的第二聯隊司令官（伊瀨知好成），但不能因為一個聯隊的行動就責難日本軍整體。他的結論是，「所謂的『旅順屠殺』放在任何軍隊都有可能發生，這不過是令人悲哀的局部事例而已。」[159]

在戰爭迎來終結之時，沃加克於一八九五年二月廿八日（一六日）的報告中，對日本軍力做出了最終的評價：

「對我而言，我一點也不懷疑日本是我方應該給予十分注意的鄰國。……日本軍現在已經被完美地組織起來，由受過非常良好的訓練、教育的優秀士兵構成。軍官們完全獻身於自己的任務，對自己的職務擁有令人嫉妒的熱愛和合理的熱情，他們的指揮讓人印象深刻。軍隊的責任感、愛國主義令人無話可說。日本人的這種資質是天生的，這是他們的國民特性。我既看到了日本軍在冬季極度艱苦的條件下行軍的情形，又看到了他們與中國兵作戰時冒著猛烈的炮火浴血奮戰的樣子，我從內心深處由衷地升起了對他們的敬意和完全的讚賞。他們的後方組織、運輸服務、作戰的事前準備等確實無可挑剔，尤其是考慮到戰場艱苦的條件以及與主要基地的距離。他們事先把所有情況都考慮到了，所有事情都準備好了，無一遺漏。如此完美地解決現代作戰最為複雜、最為微妙的諸種問題，任何一個歐洲軍的參謀本部無疑都會表示敬意吧。他們的醫療隊伍也無以倫比，歐洲的任何軍隊在戰場醫療援助、開設醫院、轉送後方等等方面都沒有達到這樣的程度。」160

之後，沃加克返回廣島。可以說，戰爭已經發展到了以日本的勝利而告終的階段。眼看就到了討論和談內容的時候。

戰爭終結的條件

戰爭結束後，即使從日本的角度而言，如何處置朝鮮、與清國的和談條件也是問題。儘管日本打算將朝鮮作為實質的保護國，但按照國際公法，如果將其作為獨立國對待，就不能讓軍隊一直駐留下去，必須撤回。另外，確保已建成的電信線路的權利、鐵路鋪設的權利都是問題。

日本政府在這個階段通過內閣會議決定了日韓新條約案、或稱鐵路電信條約案，一月十七日，給井上公使發去了《日韓電線設置條款續約修正案》，要求與朝方交涉。接著，於廿一日發去了關於鐵路的《日韓條約草案》，要求交涉。[161]電信案的內容為，在朝鮮方面「能夠恰當地開展業務之前」，由日本政府「代朝鮮政府」「管理」所有既設線路和今後建設的線路，「以及開展通信業務」。朝鮮政府建設的電信線應有償「讓渡日本政府」。這是日本完全壟斷朝鮮電信事業的方案。鐵路案的內容為，釜山至漢城間、漢城至仁川間的鐵路由日本政府或日本政府指定的公司修建，所有權屬於朝鮮政府，但在償還完建設費用之前，由日本管理，將一部分利益贈與朝鮮政府。也就是說，日方試圖將通過《暫定合同條款》得到的利益變成國家間永久的條約。當井上拿著這些方案與朝鮮的外務大臣交涉時，對於鐵路條約，對方沒有提出異議，但對於電信條款修正案，對方表示「雖不充分，但我國一直以來也在培養學生，將來也可勝任。……」，像這樣「毀損朝鮮之獨立權」的條約，「得我內閣同意事……甚難」。由此井上判斷，如果鐵路、電信都要獲取，會「傷害朝鮮人感情」，二月廿五日，他提出將電信部分，視財政整頓情況，全部讓渡於朝鮮，然後定下秘密條約，在戰時必要的情況下「臨時派我官員管理」，並附上了修改為這種內容的新條約《朝日電信條約》案。[162]

對此，陸奧在三月一日將自己的看法發電報給井上，「自將來政略角度考慮，相信此際務必應將電信取入我手」，希望「乘今日之好時機，將朝鮮全部電信線置於我之管理下」，望按此宗旨進行談判。[163]但是井上沒有遵從陸奧的意見。[164]

井上很關注俄羅斯的主張。陸奧在這點上也一樣，他與東京的俄羅斯公使希特羅渥反覆進行了這樣的對話。三月二日（二月一八日），希特羅渥向聖彼德堡如下報告道：

「陸奧告訴我，日本政府很滿意地接受了我傳達的訊息，日本政府對朝鮮的政策沒有任何變化，日本政府無論在名義上還是在實質上，都對承認朝鮮獨立沒有猶豫。」[165]

這個時候，井上正在考慮向朝鮮政府提供資金。一八九五年一月八日，他向陸奧外相提出，由於朝鮮政府已經五個月沒有給軍人發放軍餉，照這樣下去無法推進改革，應考慮緊急從日本的軍費中提出五百萬日元借與他們，面對議會，可用事後承諾的方式應對。井上最後在提案的結尾毫不客氣地寫道：「Answer me simply yes or no. If no, I could not do anything more.」大概井上的想法是，日本能夠發起戰爭進入朝鮮，那麼像這種程度的事情沒有理由做不到吧。[166]但是，陸奧十日回電說要與總理商量，讓他等待結論。[167]井上十二日又發出電報，說「國債之事如不成，朝鮮政府難度年關，公使自不能居其地位」。[168]終於在二月三日，陸奧發來電報，朝鮮公債「已無疑可成」。[169]然而此後依然遲遲沒有進展。

朝鮮政府內部的混亂仍在持續。一八九四年十二月的政府改造使得以日本勢力為後盾躋身於政府的朴泳孝、徐光範等新派得以接近高宗、閔妃，獲得了他們的信任，結果導致新派在政府內部的勢力顯著增強。朴泳孝等新派與政府內部的舊派出現了激烈對立。在一八九五年二月，舊派和新派的較量達到了「勢不兩立」的程度。在這個過程中，齊藤修一郎內部顧問官和星亨法部顧問官等日本顧問們也擅自按照自己的想法行事，「為黑幕，懷抱掌握其政權之希望」，他們想要推翻舊派，讓新派獨佔政權。他們採取的戰術是，建議朴泳孝等內閣成員全體辭職。而舊派以為這樣的做法是受到了井上公使的指示，於是也打算提交辭呈。[170]然而井上公使在二月十二日內謁見時，徹底譴責了這個總辭職的動向。他說：「貴國之事，本使至此殆不堪厭惡」，如果作為國家主人的大臣們都沒有徵兆就紛紛辭職，那麼「本使為客……應如何為之」。井上請求國王不要批准總辭職，命令總理去見他，聽取他的意見。[171]從金弘集去見井上時起，這場辭職騷動得以平息，大臣們繼續留任。

而朝鮮公債方案進展得也不順利，二月廿二日，陸奧告知井上另一方案，從日本銀行貸款三百萬日元來處理此事。這個方案提交議會後獲得通過，最終，三月三十日，日本與朝鮮政府簽訂了協定。[172]

四月八日，井上向陸奧提交了《關於在日清和平後確定對朝鮮方針的意義》的意見書。井上寫道，以往的方針在於「自根底芟除清國之干涉」，「保全朝鮮之獨立權利」。因此「至將來朝鮮國趨於富強、可自守其國為止，我國不可不保護之，此乃我國之義務」。為此，鐵路、電信都必須由日本架設管理，守備兵也必須保留，並且由於朝鮮政治腐敗，所以讓他們多聘用顧問官，「不得不強制干涉」。但這些事情「無疑多少會損傷朝鮮之獨立權」，因此日本如果讓列國疑心「表面提倡朝鮮之獨立，其實懷有以之為屬隸的野心」，可能會遭到責難。井上在這裡請求，就是否撤去守備兵、是否一定要獲得鐵路電信條約、是否從內政改革中收手這三點確定政府方針。[173]

媾和談判與俄羅斯

這個時候，俄羅斯的大臣們於一八九五年二月一日（一月二〇日）舉行了第二次協商會。[174]這次會議由海軍元帥阿列克謝大公主持。由於吉爾斯外相剛剛於一周前去世，代理外相希施金代為出席。協商會的主要議題是，日清戰爭已經趨向結束，對俄羅斯而言，在日清雙方媾和時，是繼續採取與以往一樣慎重的態度，還是採取獨自的行動。

在協商會上，陸相瓦諾夫斯基表示，如果日清雙方的媾和條件損害了俄羅斯的利益，對抗性地佔領諸如巨濟島之類的地方符合是俄羅斯目的的，不過這「只能在非常情況」下實施，因此應該慎重考慮。代理外相希施金反對這樣的佔領案。而海相奇哈喬夫只表達了一般性的意見，無論旅順還是威海衛落入日本手中，都會損害俄羅斯在遠東的利益，更何況日本佔領朝鮮本身就是違背俄羅斯利益的。不過，海軍元帥阿列克謝大公表示支持佔領巨濟島方案，為此有必要強化陸海軍。海相也立即表示贊成佔領巨濟島方案，而且最好再佔領滿洲的一部分。對此陸相踩了剎車，參謀總長也反對佔領方案。而財相則主張，現在還不清楚日本在媾和談判時將會向清國提出的要求，討論這些沒有意義，當前俄羅斯應該堅持「不介入」的立場。[175]

對此，亞洲局長卡普尼斯特表示：雖然不知道日本的要求，但如果那些要求觸及了我們的「根本利害」，就不能繼續「不干涉政策」。不過，由於我國沒有足以對日本形成「有威懾作用」的充足兵力，因此，較為理想的是與其他列國，尤其是與英國合作。由列國共同保障朝鮮獨立也是可能的。對於這種意見，海軍元帥提出了質疑：對英國來講，日本佔領朝鮮是不是沒有太大的意義。卡普尼斯特樂觀地表示，鑒於日本無數次表明的約定，日本剝奪朝鮮獨立的「可能性很低」，即使會暫時佔領，俄羅斯也能夠與列國一同讓它定下期限來。陸相、參謀總長都表示贊成與英國，值得注意的是，就連財相維特也贊成卡普尼斯特的意見，說「當前除卻與英國協同行動外沒有其他辦法」。只有海相表現出為難，說即使日本征服了朝鮮，但如果讓它發展經濟的話，英國大概也不會反對。可是如果由歐洲列國共同保護朝鮮，那麼俄羅斯軍艦在朝鮮的港口停泊可能就會變得很困難。他順便介紹了日本政府的新規定，在長崎最多只能同時停泊兩艘軍艦。卡普尼斯特對這個意見提出反駁，說沒有懷疑英國誠意的根據。[176]

這次協商會的結論最後由阿列克謝海軍元帥一錘定音，如果外交部能夠和英國達成協定，就交由外交部去推動。會議確認了以下三點：一，增強遠東海軍實力，使其淩駕於日本海軍之上。二，日本如果在媾和談判中提出了有損俄羅斯重要利害的要求，委任外相與英國、法國等協作，準備向日本施加壓力。三，當上述努力失敗時，屆時再召開新的協商會，討論俄羅斯在遠東採取怎樣的行動方針。[177]

日本和清國自三月二十日起開始在下關（譯者註：會議地為日本山口縣赤間關市，即今山口縣下關市，「赤間關」也寫作「赤馬關」，江戶時代的漢學家簡稱其為「馬關」，故在此簽署的條約被稱為《馬關條約》，日本現稱該條約為《下關條約》）進行和談。廿四日，清國全權特使李鴻章被暴徒用手槍射傷，此事件震驚了世人。此時，沃加克返回了廣島，他彙報道：「無疑，狙擊李鴻章事件和旅順屠殺事件是日本在這場戰爭中的兩大敗筆。」[178]幸運的是，李鴻章的傷沒有大礙，和談繼續進行。雙方首先於三月三十日簽署了休戰協定。接著，媾和談判開始。四月一日，陸奧外相提出了日方的要求：一，「清國承認朝鮮為完全無缺之獨立自主國家」；二，割讓包括遼東半島在內的南滿洲、臺灣全島以及澎湖列島；三，支付賠償金三億兩；四，日清兩國締結新條約；五，三個月後撤兵；六，日本保障佔領（譯者註：指為了間接地強制對手國履行條約上的一定條件，佔領對手國一部分領土之事。一般用於在媾和條約生效，交戰國之間達成平常關係後，為了確保對手國履行條約上的義務，例如賠償義務以及實施其它條約時。）奉天府和威海衛，直至賠償金支付完成為止。[179]這實在是太過貪婪的要求。李鴻章立即將這些內容告知了英、俄、法三國公使，批判了日本的要求。日本所要求割讓的南滿洲是包括鳳凰城、岫岩、遼陽、鞍山、牛莊、營口等地在內的廣大地域。

對於這些要求，陸奧外相在他的書中寫道：海軍認為「與其割讓遼東半島，莫如割讓臺灣全島更為必要」。而陸軍則主張「遼東半島是我軍流血捐軀奪取的成果，」而且此半島「撫朝鮮之後背，扼北京之咽喉，為國家將來長久計」，務必佔有。[180]內閣面對因戰場上的勝利而志得意滿的軍方強硬地提出的領土要求，不得不屈服。

四月五日，清國方面針對日本的要求立即送來了長篇駁論。清國主張：關於朝鮮獨立，要在條約中加入日本也予承認朝鮮獨立；關於領土割讓，因會引起「清國國民的憤怒」，損害日清兩國的和平關係，無法割讓將危及首都地區的軍事基地以及祖先之地；關於賠償，雖然本來賠償要求是不當的，不過可以接受「理性的賠償」條款等。[181]

俄羅斯政府得知日本的要求後，也立即開始探討研究。四月六日（三月二五日），洛巴諾夫－羅斯托夫斯基外相提交了兩份上奏書：割讓遼東半島「無論對北京來講，還是對朝鮮來講，都會成為不斷的威脅」。「從我們的利害角度來看，這是極度不希望出現的事態。」為了讓日本打消這個念頭，有必要採取「某種強制性措施」。不過，英國、法國、德國都對使用武力頗為消極。因此，當前除卻以無限友好的口吻去說服日本之外，別無他法。[182]「我們可以和其他列國，特別是和英國一同表明對日本變得過於強大的擔憂。同時，與其他列國不同，我們應該克制對日本做出這樣那樣的敵對行動。」皇帝尼古拉在這份奏書上批示道：「俄羅斯確實無條件地需要一個終年都能夠自由出入的、開放的港口，這個港口必須在大陸（朝鮮東南部），而且必須在陸地上與我國現有的領土連接在一起。」[183]

四月十四日（二日），外相再次提交上奏書，彙報了他與法國公使蒙塔佩羅會談的內容。蒙塔佩羅的意見是：法國對日本獲得澎湖列島不滿，贊成與俄羅斯共同向日本施加壓力，但又擔心這樣做會將英國推到日本一方去。因此，如果日本在沒有受到抵抗的情況下就獲得了和談條件，法國考慮大家分別去獲得某種補償。[184]

尼古拉贊成這份上奏書中獲得補償的方案，批示道：「我贊成第二種方案，與法國一同，不反對日清和談條約的實施，但要想盡一切辦法以自由港的形式獲得我們所希望的補償。」[185]

在此期間，四月八日，洛巴諾夫—羅斯托夫斯基外相向各國傳達了俄羅斯反對日本獲得旅順等地的意見。四月九日，李鴻章在媾和會議上提出了清國方面的對應方案，其主要內容為，一，中日兩國承認朝鮮的獨立自主；二，割地僅限於奉天省南部的安東、寬甸、鳳凰城、岫岩四縣廳州和澎湖列島；三，賠償金為一億兩。也就是說，清國方面不接受割讓遼東半島和臺灣。[186]日方立即於一日提出了再修正案，內容為，關於朝鮮獨立，清國所承認的原案不做修改；關於領土，徹底要求割讓臺灣，至於奉天省南部，限定於包括從鳳凰城到海城、營口的地區為止，徹底要求割讓遼東半島；賠償金二億兩，保障佔領僅要求威海衛。[187]

為干涉而舉行的大臣協商會

確認了各國反應後，俄羅斯政府在四月十一日（三月三〇日）的特別協商會上，再度討論了應採取的態度。參謀總長奧布魯切夫為這次協商會寫了意見書。[188]奧布魯切夫自一八七九年起任參謀總長，被譽為「俄羅斯的毛奇」（譯者註：毛奇，Helmuth Karl Bernhardvon Moltke，普魯士帝國和德意志帝國總參謀長），是位很有才幹的人。他輔佐年邁的陸相瓦諾夫斯基，公認他對俄羅斯陸軍肩負巨大責任。他在意見書中寫道，為了使俄羅斯在太平洋岸站穩腳跟，有必要乘著這個機會，實現「佔領包括松花江流域在內的北部滿洲，和包括圖們江流域及謝斯塔科夫港（新浦）在內的北部朝鮮的一部分。」對清國，我們可以說佔領北部滿洲是暫時性的，對日本可以說，你們可以佔領南滿洲，也可以將朝鮮主體作為保護國，俄羅斯承認這些，因此你們也要承認俄羅斯的行動。奧布魯切夫判斷，以俄羅斯能夠調動的兵力，不可能將日本從朝鮮、滿洲驅逐出去，攻打日本本土。即使取得「一時的成功」，「我們也會製造出日本這樣一個最為惡劣的敵人」。俄羅斯在歐洲和中亞已經有足夠多的敵人。在不能保證西部和高加索戰略安全的情況下，在遠東發生紛爭是極度危險的。因此，「我的結論是，現在我們不應該與日本爭鬥，妥當的做法是通過與日本簽訂協定，盡可能滿足我們的利益。我們要友好地勸告日本應該從滿洲撤退，絕對不能強迫，要做到即使日本拒絕，也不會投入英國的懷抱這種程度，……同時，應該嘗試開始就獲得補償進行交涉。」可以推測，陸相、海相、海軍元帥阿列克謝大公都看過這份意見書。

奧布魯切夫的意見是日本獲得南滿洲和朝鮮南部，俄羅斯獲得北滿洲和朝鮮北部這樣一種分割方案。下文將會講到，奧布魯切夫當時寫了進攻土耳其、佔領博斯普魯斯海峽的意見書。對他來講，黑海海峽問題遠遠更為重要。

在四月十一日的協商會上，洛巴諾夫—羅斯托夫斯基外相彙報，已判明英國不參與介入之事，而德國突然轉變為積極政策，法國一如既往與俄羅斯同步。主持會議的阿列克謝大公闡述了對日綏靖論：必須要與日本保持良好關係，只有這樣才能對抗「我們的敵人英國」。另一方面，他講了獲得不凍港很重要，謝斯塔科夫港（新浦）很合適。這是奧布魯切夫的意見。陸相瓦諾夫斯基說朝鮮的獨立很重要，如果日本佔領南滿洲，就必須要求日本撤出朝鮮。另一方面，他強烈主張「日本佔領南滿洲是對俄羅斯的直接威脅，因為這個地區能夠成為日本對沿阿莫爾地區採取行動的基地。」與其讓日本進入滿洲，還不如將朝鮮南部讓給日本，俄羅斯佔領朝鮮沿岸某處港口更為有利。如果通過外交手段不能達到這個目的，就應該訴諸武力。也就是說，陸相基本上不贊成參謀總長的意見。阿列克謝大公再次述說了與日本協作論，外相表示反對，他強調「無論什麼樣的情況下，都無從期待與日本建立友好關係。」[189]

然而，在這裡，財相維特陳述了系統性的意見，讓人印象深刻。

「維特說，日本策劃的戰爭是我們開始建設西伯利亞鐵路的結果。所有的歐洲列強以及日本，很明顯都同樣地意識到了大概在不遠的將來會分割中國，大家都認為在分割時，西伯利亞鐵路會使我們的機會極大化。日本的敵對行動大概主要是針對我們的吧。日本提出佔領南滿洲對我們來講是威脅，這可能會導致整個朝鮮被日本吞併。如果日本從清國獲得六億盧布的賠償金，並在佔領的區域紮下根來，大概會與戰鬥力極強的蒙古人和滿族人結成同盟，然後開啓新的戰爭。如果事態照這樣發展下去，數年後，日本天皇成為清國皇帝並非不可能。如果現在我們讓日本進入滿洲，我方有必要派去數十萬軍隊並大幅度增強海軍實力，以保衛我們的領土和西伯利亞鐵路。因為我們遲早會走到與日本無法避免衝突的那一步。這裡問題就出現了。對我們來講，怎樣做更好？是接受日本佔領南滿洲，待西伯利亞鐵路建成後獲得某種形式的補償呢，還是現在邁出積極的一步，阻止佔領呢？作為財相，我的意見是，對於我們來講，現在正是採取積極的行動方針的時候，……我們應該果斷地聲明，我們不能允許日本佔領南滿洲，如果不履行我們的要求，我方將採取應有的措施，這樣做更為有利。……如果與我們的期待相反，日本不聽從我們的外交主張，就應該命令我們的海軍……對日本海軍啓動敵對行動，炮擊日本的港口。」[190]

外相被維特這種條理清晰的強硬論壓倒，詢問陸相俄羅斯的陸海軍兵力能否與日本作戰。瓦諾夫斯基陸相回答道，雖然眼下能夠調動的陸軍不過一萬二千或一萬五千人，但「日本的地面軍現在對我們來講是無害的，因為他們沒有充分的運輸手段，而且也沒有騎兵，因此他們一步也無法前進」。陸相過低地、錯誤地評價了日本陸軍的實力。奇哈喬夫海相也說不能信任日本，他主張「我們的太平洋艦隊實力強大，較日本艦隊有精神上的優勢」。[191]

參謀總長奧布魯切夫支持阿列克謝大公，極力主張不能和日本發生戰爭。他認為俄羅斯不能與相距一萬俄里、人口四千萬、擁有發達工業的文明國家展開戰爭。在無論是西部還是高加索的安全都沒能確保的時候，俄羅斯不能在遠東進行戰爭，因此他主張採取外交手段，與日本協作。瓦諾夫斯基陸相對這一發言進行了反駁，不過只是逞口舌之快。[192]

然而，即使發生了這樣的爭論，維特仍然沒有改變意見。他主張：「我們可以同意將臺灣、澎湖列島甚至將旅順割讓給戰勝國日本，極端的情況，甚至可以割讓朝鮮南部。但是，絕對不可以割讓滿洲。」他進而又說：「如果我們態度堅決，日本大概會主動同意我們的要求。」[193]外相完全被維特的氣勢壓倒，他表示以和平交涉的方式與日本就滿洲達成協議之事令人質疑，間接地支持了維特。

這次協商會的結論是，要讓日本打消佔領滿洲南部的念頭，日本如果拒絕，俄羅斯就宣佈將確保行動的自由，根據自己的利害採取行動，並將這個意思傳達給歐美諸國、清國。[194]維特的意見得到了採納。

就奧布魯切夫的意見書來說，他在方案中指出，關於滿州，日俄間有可能達成妥協；關於朝鮮，打著朝鮮獨立的旗號而發動戰爭的日本，在佔領了北部朝鮮的這個時間點上，如果俄羅斯也向佔領部分朝鮮的方向邁進，可能會發生日俄衝突。在這點上，維特的提案作為當下的要求，具有其現實性，但是，奧布魯切夫方案的精髓在於防範日英靠攏、主張日俄協作，這才是現實的路線，它對維特路線的危險性做出了充分的警告，但遭到了否決。

四月十六日（四日），在尼古拉御前舉行了協商會，出席者有阿列克謝海軍元帥、外相洛巴諾夫—羅斯托夫斯基、陸相瓦諾夫斯基、海相奇哈喬夫、財相維特五人，參謀總長被排除在外。維特在回憶錄中寫道：「我再次重申了自己的意見，其他人完全沒有反駁，即使反駁也非常微弱，最終，陛下同意採納我的意見。」[195]尼古拉在洛巴諾夫—羅斯托夫斯基的意見書上寫了如果日本獲取滿洲南部，俄羅斯就要獲取朝鮮某個不凍港作為補償的想法。但是，在這裡被維特的強硬意見打壓了。很明顯，皇帝有所不安，他在日記裡寫道：

「我方將極力要求日本從滿洲南部和旅順撤退，如果他們不聽取這一建議，我們決定以武力強制推行。神啊，請保佑我們不要捲入戰爭。一個小時的協商會後，我出去散步了。」[196]

俄羅斯海軍集結芝罘

實際上，在二月協商會結論的基礎上，阿列克謝海軍元帥經皇帝批准，於當月命令原來的太平洋艦隊司令長官特爾托夫中將為司令長官，在芝罘編制聯合艦隊。地中海艦隊在這裡與太平洋艦隊會合。停泊於長崎港的巡洋艦「亞速紀念」號懸掛起了特爾托夫提督的旗幟。羅熱斯特文斯基為艦長的巡洋艦「弗拉季米爾・莫諾馬赫」二月七日從皮雷出發，四月廿六日（一四日）到達芝罘。新任命的太平洋艦隊司令長官阿列克塞耶夫也來到了芝罘。他在羅熱斯特文斯基艦上懸掛起了自己的旗幟。接著，地中海艦隊司令長官馬卡洛夫乘坐戰列艦「尼古拉一世」於四月十八日到達長崎，這是一艘於一八八九年下水，自一八九一年起服役，排水量達九五九四噸的一等戰列艦。[197]來自地中海艦隊的巡洋艦還有「納西莫夫海軍上將」、「科爾尼洛夫海軍上將」、「睿恩達」、「拉茲伯尼克」。太平洋艦隊的巡洋艦「扎比亞克」也來了。這些艦艇於四月下半月集結於芝罘，舉行了一次大規模演習，給日本留下了深刻的印象。

當時的日本海軍沒有戰列艦，構成聯合艦隊的自旗艦「松島」之下，雖然「嚴島」、「橋立」、「吉野」、「浪速」、「高千穗」、「秋津洲」等全部是巡洋艦，但幾乎都是無裝甲艦。因此，俄羅斯海軍的這次集結給日本留下了壓倒性的印象。

另外與此相關的是，一八九五年四月三日（三月二二日）召開了由海軍元帥阿列克謝主持的，關於一八九六年至一九〇〇年建艦計畫的特別協商會。在一八八一年的特別協商會中討論的一八八三年至一九〇三年的建艦計畫，其重心在增強黑海艦隊的實力上。這次協商會討論了轉換重心的問題。羅門中將在向協商會提交的意見書中指出，應該增強太平洋艦隊的實力，以對抗日本海軍，其結論為，「有必要使所有建成和正在建造的戰艦都回航太平洋」，「有必要使太平洋艦隊的艦數和戰鬥能力無條件地淩駕於日本海軍」。協商會的結果為，決定由財相和海相上奏，一八九六年海軍預算為五千七百五十萬盧布，以後逐年增加五十萬盧布，直至一九〇二年。[198]

三國干涉

對於日本的再修正案，四月十二日，李鴻章表示歡迎日本下修賠償額，但指出其數額仍然強加給清國過重的負擔，同時還批判了日本不僅索求日本兵並未踏足的臺灣，還強求南滿洲。[199]不過，最終清國方面的抵抗到此為止，四月十七日，兩國簽署了以日本再修正案為基礎的《馬關條約》。[200]日本國民沉浸在獲得了新領土的喜悅之中。

六天後的四月廿三日，俄羅斯、德國、法國三國公使分別親手向日本外務次官遞交了照會，要求日本放棄獲取遼東半島。[201]這就是所謂的三國干涉。俄羅斯的照會如下：日本掌控遼東半島「是對清國首都永久性的威脅，同時使朝鮮的獨立也成為幻想。此舉會成為實現遠東永久和平的持續障礙」。因此勸告日本放棄確定性地佔有遼東半島之事，這是俄羅斯帝國政府對日本政府「真誠友誼的新證據」。[202]

日本方面，從日清戰爭最開始起一直在推動事態發展的外相陸奧宗光這個時候躺在了病床上。他儘管預想到了歐洲強國或許會進行干涉，但當實際遭遇這種干涉時，還是受到了打擊。陸奧想到，特別是俄羅斯

「自去年以來其軍艦陸續集結於東洋，目前其強大的海軍力量已經不僅僅侷限於日本支那的沿海」，各種各樣的「流言蜚語」層出不窮，特別是「俄國政府已對停泊諸港口的俄國艦隊秘密下令，要做好二十四小時隨時出航的準備，此傳聞頗似如有其實」。進而他又想到，如果做出讓步，放棄已經締結的條約的一部分，「我陸海軍人將會如何激動，我一般國民又將會如何失望呢？」「即使外部的禍機因此得以輕減，然而又該如何抑制內部出現的變動呢？」陸奧心中暗自決定，暫且拒絕三國的勸告，試探它們「居心之深淺」以及「我軍民之趨傾」。[203]

而伊藤首相則首先徵求了陸海軍的意見。根據海軍省的資料，「陸海軍大臣等對伊藤總理大臣的諮議做出回答，其內容為：以目前我陸海軍之狀態，將新銳而且是當前世界列強中實力相伯仲的此三國轉為對立方，對抗力爭，決非上策云云」[204]。

於是，伊藤首相決定於四月廿四日在廣島召開御前會議。陸奧得到通知後，發來電報「我認為此際我方應暫且維持地位，一步不讓，觀看彼等將來更做何舉動，再盡廟議。」[205]在山縣陸相、西鄉（從道）海相出席的御前會議上，伊藤首相提出了三個方案：拒絕三國干涉的方案；將條約提交列國會議請求裁決的方案；接受干涉歸還遼東的方案。眾人圍繞這三個方案進行了討論，最終對第二方案——請求列國會議裁決——達成一致。廿五日，伊藤探訪了在舞子療養的陸奧，告訴了他這個決定，陸奧對此表示堅決反對。兩人最後一致贊成先進行交涉，看應在多大程度上接受三國的要求。[206]

於是，陸奧指示駐俄羅斯的西德二郎公使進行交涉，在探查到俄羅斯政府態度的基礎上，四月三十日，他又指示西公使將日本政府的答覆交給俄羅斯政府：日本完全放棄奉天半島（遼東半島）除金州廳（旅順、大連）以外的地方，對於放棄的領土欲獲取相應的賠償金額，在清國完成對日本的義務之前，日本維持佔領。[207] 不久，西公使回電，俄羅斯政府於五月三日告知對此回答無法滿意，日本佔有旅順是一障礙。[208] 到了這時，陸奧不得不答覆三國政府，「日本帝國政府基於俄、德、法三國政府的友好忠告，約定永久性放棄佔領奉天半島」[209]。

五月十三日，日本政府同時公佈了媾和條約與歸還遼東的詔敕。直到這時，日本民眾才第一次知道三國干涉之事。各家報社全都用號外報導了詔敕。「朕恒以和平眷眷……至與清國交兵，亦洵以永遠鞏固東洋之和平為目的。而三國政府以友誼切偲之所，其意亦存於茲。」「滋事端，艱時局，遲滯治平之回覆，以釀民生之疾苦，沮國運之伸張，實非朕意。」「於今顧大局，以寬宏處事，亦不見於帝國之光榮與威嚴有所毀損。朕乃容友邦之忠言。朕命政府以其意照覆三國政府。」

五月十四日的《東京朝日新聞》這樣寫道：

「幕被揭開，秘密終於公之於眾。俄、德、法三國對割讓遼東半島持有異見以及向我政府提出忠告之事，過去數日來口耳相傳，洩露於世間。所謂重要問題途説紛紜，今以詔敕明示其然，將遼東半島一帶之地歸還敗余之清國，洵無上之恩惠，泰山何足言，江海亦難比其大。清國官民上下咸應感泣拜謝。」

文中基本上沒有觸及任何日本方面的感情，也沒有社論，翌日，報紙也沒有刊登社會的反應。但是，國民的感情很激烈，「臥薪嚐膽」一詞瞬間流傳開去。[210]

大杉榮〔日本無政府主義者〕在回憶錄中寫道，當時他是新瀉縣新發田高等小學的學生，即使在數名朋友的聚會中，歸還遼東也會成為話題。「我原封不動地朗讀了《少年世界》投稿欄中的臥薪嚐膽論。大家全都流著眼淚，發誓要臥薪嚐膽。我向大家提議背誦歸還遼東半島的敕諭。之後，我決定每天早晨一起床就立即高聲朗讀它。」[211]

中央論壇的意見領袖們更為激烈。《國民新聞》的主筆德富蘇峰早早就遊覽過了他認為已成為日本新領土的遼東半島，這個報導使他受到打擊。「說歸還遼東幾乎改變了我一生的命運都不過分。自從聽說此事以來，我在精神上幾乎成了另外一個人。」[212]

雖然日本政府預想到了這種干涉，但仍然逼迫清國接受割讓遼東半島的要求，結果最終還是因為遭到干涉而被迫歸還，失去了臉面。五月一五日，駐俄羅斯的西公使拜見了洛巴諾夫－羅斯托夫斯基外相，因為他聽到傳言說俄羅斯政府將要勸告日本政府在朝鮮的行動不要損害朝鮮的獨立，所以前去試探其真實意圖。外相回答沒有這樣的打算。不過他說，據從漢城得到的電報，日本政府「無恥」地介入朝鮮的統治，試圖將礦山、鐵路的利權收入手中，因此朝鮮全國上下很不滿，給國民留下了糟糕的印象。對此，西公使雖然做了反駁，但還是發回電報，「為了使此類流言不致成真，希望我們在朝鮮的行動無比慎重。」[213]

伊藤總理認為必須敏銳地應對俄羅斯外相的這番話。他向外相指示，有必要直率地向俄羅斯方面傳達日本獨佔礦山以及鐵路事業等說法，「沒有事實根據」。[214]然而，陸奧回答，鐵路事業「欲歸日本一手之事……不應掩飾」，因此，如果不確定今後的方針，無法讓西公使去說什麼。[215]他仍然很強硬。

漢城的井上也知道了西公使傳回的俄羅斯外相的話。井上於五月十九日給陸奧發電報導：「本使很早已知，我方在漢城的一舉一動都深深牽動著俄國的情感和神經。」「日本被迫聲明和平，會讓朝鮮人覺察日本不能任意行事，致使任何黨派都嘗試干涉，如果做責備他們等事，必呼外國公使助之。」因此他認為有必要預先決定干涉的程度，也就是決定對朝鮮的政略大綱。井上發電報，希望回國協商此事。[216]

朝鮮政府和井上公使

朝鮮在一個月之前的四月發生了一件大事，大院君的孫子李埈鎔因暗殺金鶴羽而被逮捕。李埈鎔在日軍攻擊王宮後任內務協辦，為大院君的親政而奔忙，他謀劃出廢除王妃之計，但遭到中立派金鶴羽義正辭嚴的阻撓，十分憤怒。於是，他於一八九四年十月令人暗殺了金鶴羽。後由於事情敗露，朝鮮政府於一八九五年四月十八日逮捕李埈鎔，對他進行了審判。雖說井上公使曾經勸告過大院君的親信要慎重行事，但原本揭發大院君與東學黨以及清國將軍秘密接觸之事的正是井上本人，而實際實施秘密接觸的人就是李埈鎔，因此，事情就像火車沿著井上鋪設的軌道前進一樣發展了下去。儘管朴泳孝一派要求判處李埈鎔死刑，但因井上反對極刑，五月十三日的判決，李埈鎔被減刑為流放十年。[217]

在此期間，因四月廿三日發生的三國干涉和日本最終屈服，朝鮮朝野留下了俄羅斯很強大的印象，日本的權威迅速降低。五月，朴泳孝想掌握軍務和警務，策劃了罷免軍部大臣趙羲淵之事，終於於五月十七日，趙羲淵遭到罷免。總理金弘集在這個過程中因反對罷免趙羲淵而觸怒了高宗，不得已提出了辭呈。魚允中、金允植也緊隨其後。高宗接受了辭呈，沒有做任何挽留，在這種形勢下，井上雖然想介入，卻沒能成功。金弘集被解職，朴泳孝臨時擔任代總理。但五月廿九日，朴定陽被任命為總理。[218]

井上馨申請臨時回日本時，正是這場騷動發展到最高潮的五月十九日。陸奧認為如果政府的方針沒有確定，讓井上回國並不合適。他向伊藤總理建議，有必要決定朝鮮是由「列國聯合擔保」還是「我方退出」，要從中選擇一種。[219]不清楚伊藤當時做出了怎樣的反應，但五月廿五日陸奧與在東京的內閣同僚聚會時說：「朝鮮之獨立將來永續，關係各國一般之利害」，因此，日本不應單獨承擔責任和義務，會上通過了「與其他諸國協力，改善朝鮮國之狀況」的決議。[220]很明顯，陸奧也考慮到不得不退讓。陸奧將這一決議發給伊藤，提議如果贊成，應該立即向各外國宣佈。五月廿六日，伊藤回覆待他回京後再做討論。[221]

五月三十一日，外務省終於給井上發去了回國命令。其後，六月四日，內閣會議重新討論了對韓政策案。會議決定「將來的對韓政略應儘量停止干涉，採取讓朝鮮自立的方針，故決定採取被動的方針」。進而還決定「鑒於以上決議的結果，對於朝鮮鐵路電信之事，期待不強制實行」。[222]這是全面的後退。

這時，井上回國了。他於六月十一日從仁川出發，二十日到達橫濱。回國後，井上於七月一日向西園寺代理外相提交了長篇意見書。金文子的新研究指出了這份意見書的存在，並關注了井上對韓政策論的意義。[223]

意見書的第一項是公債問題。井上於六月廿五日提出一方案，由於朝鮮政府根本無法返還三百萬日元的貸款，因此或從清國獲取的賠償金中提出大約五百萬日元贈與朝鮮政府，或擱置三年，讓朝鮮政府從第四年起分二十年償還。井上寫道，「以牙山為首，平壤、義州淪為日清之修羅場〔戰場〕，釜、仁、元三港為我軍登陸地，故八道幾乎都成為進軍之地」，「立即陷入悲慘之境遇」，因此，他主張日本就算拿出大約五百萬日元難道不應該嗎。[224]

第二項是鐵路問題。井上認為實現條約案有困難，可以讓朝鮮政府修建漢城至仁川的路線，資金、材料、技術人員讓其全部依賴日本。[225]

第三項，關於電信問題，這一問題所遭遇的異議比鐵路更多，井上認為無法按照設想的進行下去。他主張仁川至漢城間、漢城至義州間的電線原本就是朝鮮的，因此應該歸還，而漢城至釜山間的軍用電線如果由日本管理，需要「相應的線路保護兵」，因此惠贈給朝鮮政府為好。[226]

第四項是漢城守備兵問題。他主張由於目前是後備兵，必須更換為常備兵，但為此需要得到朝鮮政府根據「大君主之命」發出的委託公文。[227]

這份意見書的內容與六月四日的內閣會議決定似乎沒有太大的區別，但文中有著對指導朝鮮改革的挫折感，強烈表達出了井上的不應更多傷害朝鮮獨立性的心情。與之相對，政府乍看消極的方針背後，仍然潛藏著必須挽回事態的意志。可以想到，從這樣的政府立場出發，井上公使的意見書不會被接受。

駐屯軍問題與朝鮮政府的危機

二〇〇九年，金文子首次揭示出，在井上抵達日本（六月二〇日）的同時，日本軍駐屯問題開始在朝鮮發酵。金文子指出，芳川法相在與井上談話後，發給山縣、陸奧的標注為六月二十日的信函中所寫「決行之方針」指的是解決日本軍駐屯問題，與殺害閔妃計畫等無關，[228]這是妥當的解釋。而且據她考證，井上謁見天皇，向內閣做了報告後，於六月廿二日指示漢城的代理公使杉村濬與朴泳孝會商，必須要在「受大君主之命」的基礎上，從朝鮮獲取關於委託日本軍駐屯的公文。廿六日，杉村告知，他從朴泳孝處聽說，內閣會議就此事進行討論時，因「出現異論……未決定」，國王似乎「不喜我兵之駐屯」。然而，廿九日，杉村卻又詢問，說已得到朝鮮外部大臣的委託公文，希望在漢城駐屯兩個中隊，釜山、元山各一個中隊，共計駐屯一個大隊，是否要將此公文發送東京。金文子指出這份委託書是「在國王完全不知情的情況下發出的」。[229]

然而，這個問題發生在朝鮮政府的危機時刻，成為了其中的一個要素。朝鮮王宮中的親衛隊有七、八百人，由美國教官戴伊等人訓練。王宮外的訓練隊為兩個大隊，約八百人，由日本軍官訓練。朴泳孝推進的方案是將訓練隊送入宮中，將親衛隊調到外面，進一步進行訓練。當初朴泳孝探詢高宗的心意時，感覺他似乎對此沒有異議，於是就在內閣做出了決定。然而，當軍部代理大臣李周會上奏執行時，高宗沒有批准。由於李周會多次請求批准，國王震怒。六月二五日，他傳來朴定陽總理。[230]高宗對朴定陽說：「廢除護衛王宮之舊兵，元非朕之所好，乃大臣等強行奏上之事，不得朕意。」總理奏稱這件事陛下已經同意了，高宗更加憤怒，說自去年六月以來的敕令「皆非朕意，應取消之」。朴總理很惶恐，提出了辭呈。不過這個辭呈沒有被受理。[231]

杉村在這時的電報中也寫道：「以上全為王妃出於欲恢復閔氏勢力之用心，秘密遣人勾通俄羅斯公使以固其根本，茲出事。」

正是在這場激烈衝突之後，杉村通過朴泳孝得到了駐屯委託書。不用說，如果國王察知了這件事情，是會反對的。六月廿九日，杉村給井上的電報這樣寫道：

「雖然朴定陽的辭表暫且被駁回，但其本人辭職的決心已堅定……。聽說國王欲再次取消批准守備隊駐屯的委託，徐光范、朴泳孝兩人輪番奏上其不可之理由，方得漸達御聞。如此每每起衝突之趨勢，朴泳孝內心亦大為困惑，昨夜私下向淺山訴說，此際欲暫時抽身以窺情形。」[232]

淺山顯藏是曾擔任過朴泳孝秘書的日本人。[233]實際上，在廿九日當天，韋貝爾和美國公使希爾訪問了杉村代理公使，他們是來訴說日本要對朴泳孝負責的。韋貝爾譴責朴泳孝的行動「常常暴惡危險，妨害土地之治安」，最近更加惡化，這樣下去會「惹起禍亂」，但由於他因日本「保助」才得以進入權力中樞，革退他也應「屬貴國之權力」。韋貝爾還說，報紙上說他和朴泳孝似乎關係很親近，對此他感到很困擾。杉村含糊其辭地說，讓朴泳孝回來的是大院君等人。希爾公使表示，無論怎樣都希望能勸告他。韋貝爾還批判了朴泳孝企圖將新兵調入王宮內取代舊衛兵的做法。對此，杉村反駁道「以正式訓練之兵代替無紀律之舊兵」來護衛王宮難道不是理所當然的嗎？韋貝爾說，兩者其實沒有區別，而且原本就不是一千、二千名士兵守衛得了的，他們只是讓「陛下安心的道具」，「陛下對舊兵安心」。於是，杉村答應勸說朴泳孝。[234]

第二天三十日，杉村會見了朴泳孝，告誡他「對王宮採取過激手段，易提前致禍，甚不可為」。也就是說，杉村認為朴泳孝或許會採取將訓練隊調入王宮內，以實力排除親衛隊的做法。他擔心那樣的話，高宗一方也許會將「外國水兵」，即俄羅斯水兵調入王宮。[235]

在這種混亂的局面中，杉村將他得到的委託日本軍駐屯的公文發給了日本，寫道，「國王不同意，勉強得到此批准，恐再生變議」，[236]這是明知不可靠而為之。

東京也懷疑混亂是因為閔妃試圖拉攏俄羅斯勢力而造成的。西園寺廿九日給杉村發去電報，「風傳王妃正與俄公使密謀恢復閔氏勢力之手段甚盛」，指示他向朴泳孝打聽情況。[237] 朴泳孝回答，「雖未找到把柄……但確定無疑」，這是沒有根據的斷定。[238]

七月二日，內閣會議決定暫停替換親衛隊一事，[239] 緊張稍稍緩和下來。

七月三日，杉村得以內謁見高宗。高宗詢問，據內部大臣朴泳孝和度支部大臣魚允中所言，日本軍隊最近要撤退，「果有此事乎？」杉村含糊其辭地說早晚應該會撤退，不過軍隊要根據大本營的指揮命令來行動，在命令沒有下達時，難以預料。於是，高宗說，「若日本軍隊如傳言將悉行撤回，朕甚為擔心，就朕所望，今可暫時以護衛公館等名義駐留一中隊士兵。」[240] 也就是說，高宗同意一個中隊這種程度的駐屯，但超過這個數量的駐屯則不予認可。杉村已經發出的委託駐留四個中隊的公文，確實沒有得到國王的批准。僅從此事就可以看出，日本政府可以依賴的只有朴泳孝。

七月四日，杉村將朴泳孝發來的電報轉發給了東京。「本官考慮一步不退，正與齊藤、星二氏親密會商，王妃似與俄公使多少有關係，待探知清楚，將與杉村氏謀劃、報告。」[241]

齊藤、星是指內部顧問官齊藤修一郎、法部顧問官星亨。他們是與朴泳孝聯手，操作「韓廷黑幕」政治動向的日本顧問。[242]

兩天後，一重大事件發生。七月六日，高宗召集大臣們到王宮，宣佈解除朴泳孝之職，因為他有謀反的嫌疑。謀反是指朴泳孝圖謀殺害王妃，國王手中的證據是日本人佐佐木留藏的供述書。七月七日，警務廳下達了逮捕朴泳孝的命令。有人偷偷將此事洩露給了朴泳孝，朴泳孝喬裝改扮，騎驢倉皇逃進了日本公使館。

他在杉村的幫助下於當天逃往日本。就這樣，朝鮮政府最具實力的人物、日本最為信賴的朴泳孝輕而易舉失勢了。[243]

從朴泳孝的角度來講，他終究遭到了與俄羅斯公使相串通的閔妃的算計，杉村在七月十三日發給日本的報告書中，也略帶嘲諷地寫道，「朴派雖然一心認定宮中與俄館之間開闢了深厚關係，但迄今未找到證據」。[244]

韋貝爾和希特羅渥的看法

漢城的俄羅斯公使館確實加強了對日本的批判。韋貝爾代理公使於七月一日（六月一九日）向本國外相報告：

「雖然根據馬關條約，日本莊重地宣佈了朝鮮的獨立，然而在現實中，這個聲明與日本的行為幾乎沒有結合起來。……日本違反朝鮮政府及關心當地事態的其他諸國的意志，擅自扮演著推進朝鮮進步的角色，蹂躪了當地國王應有的一切主權性權利，任命、罷免大臣、國家的行政府幾乎都操控於其手中，至少通過指派的日本顧問官和助手掌控著漢城政府機關主要的統治權。……朝鮮的獨立實際上是虛構的。」

韋貝爾還寫道：針對朝鮮外部大臣對日本公使館表示的日軍撤退為時尚早的意見，高宗對我說，這一意見「違背了他的意志和理解」，他親自告知過杉村代理公使「日軍進一步駐留無益，不希望繼續」。[245]

在朴泳孝失勢後的七月十日（六月二八日），韋貝爾給外相寫道：「國王衷心希望改造國家，但他所處的立場極其困難。……日本人正試圖以實施改革的名義再次將統治的韁繩掌握在手中。不能排除他們有努力奪取國王一切權威的可能性。國王希望我們能夠友好地喚起日本政府的注意，敦促它想起它反覆宣告的尊重朝鮮獨立的約定，使其行為模式與約定一致。」尼古拉二世在這封信上批示道：「我們必須要極其認真地關注這個問題。對我們來講，日本奪取朝鮮比他們佔領遼東半島要遠為重要。」[246]

另一方面，東京的希特羅渥公使認為朝鮮事態頗為棘手，有意摸索與日本協作的途徑。七月十一日，希特羅渥會見了西園寺外相，他說朝鮮之事「雖與貴我兩國大有關係……卻無協議」，「為避免將來貴我兩國間發生衝突」，「事先交換意見」較為有益。值得注意的是，他認為「朝鮮政府之言行毫不足置信」。即使關於日軍駐留，也可能今天請求駐留，明天又要求撤退，那樣的話「俄國勢必不得不贊成朝鮮政府的請求」，因此他相信日俄兩國「有必要事先充分交換意見」。[247]這不是俄羅斯謀劃干涉朝鮮的情形。希特羅渥的姿態是尋求與日本協作。

或許是受到皇帝批示的影響，洛巴諾夫—羅斯托夫斯基外相決定按照高宗和韋貝爾的意見照會日本，他給希特羅渥發去了訓令。七月三十一日，希特羅渥拜訪了西園寺外相代理，按照外相的指示進行了照會：

「我方相信，朝鮮國王有實施必要改革的意向，但對臣民而言，國王自身的權威因日本政府的干涉而被削弱了。因此，俄羅斯帝國政府期待日本帝國政府想起自己迄今為止所做出的朝鮮名實均獨立的宣言，使自己的行動與自己的宣言一致。」

由於照會的口吻頗為嚴厲，希特羅渥公使再次以個人身份提出希望為避免將來的誤解締結協議。[248]他在發給本國的報告中這樣寫道：

「西園寺公爵答應將我的聲明傳達給內閣並做出答覆。我在同一天與內閣首相談了很久。伊藤伯爵保證日本政府有絕不侵害朝鮮獨立的堅定意圖，他反覆說無論是朝鮮問題，還是其他的一切問題，都希望與我國達成完全的共識。不過，雖然我傾盡努力想與使他真正推心置腹地交談，卻沒能成功。」[249]

三浦公使登場

朝鮮政府中的親日派的核心人物——朴泳孝的失勢在日本普遍被看做是閔妃和俄羅斯勢力的勝利。人們感覺現如今日清戰爭的成果已然化為烏有，俄羅斯的影響力與日俱增，日本方面的相關人士開始恐慌起來。日本國內彌漫著井上公使的政策明顯失敗了這樣一種氣氛，更換公使的呼聲高漲起來。在這種氛圍中，作為取代井上的新公使——三浦梧樓的名字浮現出來。

三浦梧樓生於一八四六年，時年四十九歲，他最早是長州奇兵隊士（譯者註：奇兵隊，指由藩士以外的武士和庶民組成的混成部隊，與藩士、武士組成的新選組針鋒相對），在明治維新後進入山縣主政的兵部省，參加了西南戰爭。他雖於一八八一年與谷干城一同參與過四將上奏，不過沒有受到追究。但他在一八八六年又主張過於激進的兵制改革案，最終被編入了預備役。其後，他曾短期擔任過學習院院長，於一八八九年同谷干城一起參加了反對大隈外相的條約修正案的運動，之後，投身於政治活動中。[250]

三浦梧樓被選拔為公使的過程是一個謎。推薦三浦為公使的文書，已為人知的只有一份，是一八九五年七月五日谷干城寫給伊藤總理的信。[251]信中寫道，「如前所稟」，「願為日本」任用三浦梧樓。由此可知，谷干城以前曾向伊藤推薦過三浦。至於為何有必要由三浦代替井上出任公使，他指出：「今後對朝鮮政策要避免明明白白的干涉……以情和理，令其意識到依賴強鷲（俄羅斯）為失策……」，必須要「避免將朝鮮視如我物的舉動」。也就是說，應該轉換井上的過度干涉的政策。三浦梧樓的優點是，對「心理學」頗有心得，「人品高，志操潔」，非常積極向上。信中列舉了他與朴泳孝關係親密，與柴四朗也情同手足，期待他是「做無用之用的人」。

三浦梧樓長期以來與谷干城志同道合。信中提到的柴四朗是谷干城任農商務大臣時期的秘書官，自一八八七年反對井上馨的條約修正案時起，他們就成為了同志。谷干城寫這封信的背後，還有意幫助柴四朗去朝鮮，以往的研究忽略了這一點。

柴四朗就是《佳人之奇遇》的作者東海散士。他與金玉均、朴泳孝從一八八〇年代起就是朋友。他在一八九二年第三屆議會中當選為福島縣議員。日清戰爭開始後，一直流亡日本的朴泳孝於一八九四年八月返回朝鮮。柴四朗似乎在再次當選議員後不久，於當年九月也去了朝鮮，為朴泳孝的復出而奔波。朴泳孝之後擔任內部大臣。到了一八九五年五月，柴四朗聽到朴泳孝正在接近俄羅斯的傳言，於是與佐佐友房一同再次前往朝鮮。據說這是與谷干城、三浦梧樓等人商量後的結果。柴四朗與朴泳孝進行了深入的交談，他大概也在公使館與代理公使杉村濬談過吧。柴四朗等人於六月下旬返回了日本。然而其後不久，朴泳孝被逐出政權，再度流亡日本。[252]朴泳孝將對高宗、閔妃及其背後的俄羅斯的徹底對立之情傳達給了柴四朗。大概柴四朗感覺日本正在逐漸失去朝鮮，因而決心放手一搏吧。他後來寫下了《日俄戰爭羽川六郎》這部空想小說，闡述了他對朝鮮形勢的理解。

「時因歸還遼東，我方失去威力，井伯細密干涉招致朝鮮對其厭惡，我方最終放棄了曩日因攻守同盟獲取的鋪設京釜、京義、京元諸鐵路的權利，而俄國勢力在宮中隆隆高漲，朴泳孝等為免遭虐殺的陰謀而流亡國外，此乃三浦子繼井伯之後成為新公使時情形。」[253]

可以推想，當時柴四朗將該書中對於形勢的看法灌輸給了三浦梧樓，勸說他出馬。三浦同意後，他又去做谷干城的工作，讓他向伊藤總理推薦三浦。很明顯，谷干城推薦的理由與三浦和柴四朗打算在朝鮮做的事情是不同的。也就是說，柴四朗在沒有將自己的想法充分向谷干城說明的情況下，就請谷干城推薦了三浦。[254]

三浦接到伊藤的正式任命後，認為日本需要「堅定不移的對韓政策」，他向政府提交意見書，希望政府選定以下三項策略中的一項：第一，「認定朝鮮為同盟的獨立王國，將來我方獨力負責其全國防禦及改革責任」；第二，「與歐美列國公平者相謀，（使朝鮮）成為共同保護獨立國」；第三，「果斷決意與一強國分割佔領高麗半島」。[255]在出發前的送別宴上，柴四朗講了與三浦的三項策略相同的內容，力主應該「確定永久不變的方針」。三浦的意見書或許是由柴四朗寫的。[256]

政府無法做出回答，所以沒有回覆。三浦要辭去公使一職。但山縣勸說他：因三大策略需要深思熟慮，政府遲早會決定採取其中某項，現在應「從速渡韓」。因此，三浦「決心臨機應變，自由隨意而為，除此無它」，[257]接受了公使之職。這一人事任命於八月十七日頒佈。

可以推測，三浦被確定為公使後，在他赴任之前，軍部接近了這位退役將軍。金文子通過詳細的史料發掘，揭露了井上因在日軍撤退問題、日軍鋪設的電信線的權利問題、鐵路建設利權問題等方面提出了軍部不能接受的方針，致使川上操六參謀次長等人對他的不滿與日俱增，而這些人與三浦有著深厚的交情。[258]

井上公使返回任職地

井上於七月中旬返回了漢城。他試圖努力改善日本與朝鮮的關係，向日本政府提出徹底改變以往強制朝鮮改革的姿態，向國王贈予三百萬日元的方案，然而日本政府最終中止了這個方案的實施。[259]此時，井上已經完全被捨棄了。

七月十六日，親日的宮內府協辦金宗漢被解職，與韋貝爾很親近的美國人李仙德被任命為宮內府顧問。[260]七月十七日，朝鮮新設立了警備宮中的侍衛隊，國王親近的洪啟薰被任命為訓練隊聯隊長。[261]

在此期間，韋貝爾與國王越來越親近。八月十日（七月二九日），韋貝爾給俄羅斯外相的報告中寫道：「朝鮮國王很清楚地意識到依靠自己的力量無法與日本鬥爭，他將全部希望都寄託在了俄羅斯決定性的、強有力的支援上。」[262]韋貝爾認為俄羅斯應該回應這樣的期待。他主張應該答應高宗請求的派遣俄羅斯教官、派遣兩名開發咸鏡道的礦山工程師、派遣俄羅斯醫生等，特別是朝鮮政府請求派遣羅斯波波夫做宮內府顧問，更應該積極地回應。

羅斯波波夫是繼科斯特列夫之後去到東京公使館的語言留學生，於一八九一年到日本。後來，他可能被派遣到漢城，與朝鮮方面有過接觸吧。高宗很喜歡他，希望派遣他來。

外相看了韋貝爾的報告，立即慎重起來。八月十三日，外相指示韋貝爾，「為了不與朝鮮政府之外的諸國國民的關係尖銳化，要無比慎重地」對待朝鮮國王的請求，「如果這一任命有可能因某種原因被解讀為我們直接干涉這個國家的內政，那麼較為穩妥的做法是找到好的藉口，將其推遲到最恰當的時候。」[263]後來，由於韋貝爾一直堅持應該回應高宗的期待，俄羅斯政府認為他的活動會帶來危險，以至於七月下達命令，將他調為了墨西哥公使。韋貝爾的繼任者是士貝耶，他曾經擔任東京公使館一等書記官直至一八八九年。雖然高宗給俄羅斯皇帝寫信希望韋貝爾留任，[264]但未能改變這個決定。不過，在士貝耶一八九六年一月到任之前，韋貝爾被允許留在漢城。俄羅斯政府更迭韋貝爾的決定暫時保密。

八月廿三日，朴定陽辭去總理的職務，成為內部大臣，金弘集重新擔任總理一職。[265]

三浦公使抵達

一八九五年九月一日，新公使三浦梧樓到達漢城上任。有研究認為，他的顧問柴四朗於九日離開東京，二十日左右到達漢城。[266]我們無從知曉三浦是否在到達漢城之前就有了十月八日行動的設想。或許他是到達漢城後，才與柴四朗一同，和一等書記官杉村濬、駐在武官楠瀨幸彥等商量，分析事態，制定計劃的吧，這樣考慮也許更為自然。

在這個時期屢屢扮演重要角色的一等書記官杉村濬，原是《橫濱每日新聞》的記者，他通過當地神奈川縣縣令野村靖的介紹，與駐朝公使花房義質相識，於一八八〇年訪問了朝鮮。之後，他進入外務省，在朝鮮工作了九年。特別是在最近四年朝鮮激烈變動的時期，他一直擔任著首席書記官、臨時代理公使。[267]他之所以深入參與三浦的計畫，可能在他看來，這是日本對朝鮮政策的最後一招吧。武官楠瀨幸彥是首任駐俄羅斯武官，於一八九四年十二月從俄羅斯來到朝鮮，他大概是徹底的反俄派。楠瀨幸彥在朝鮮負責培訓訓練隊，還是朝鮮政府的軍務顧問。他和柴四朗的弟弟柴五郎是陸軍軍官學校的同班同學。[268]

三浦抵達漢城不久，就和川上操六開始了電報往來。九月六日，川上操六參謀次長給三浦發去電報，告知正在考慮在駐屯四個中隊之上，再派遣約二百五十名憲兵守護電信線路，此事大概需要朝鮮政府的批准，想聽聽公使的意見。這份電報於十三日送達。[269]三浦十五日回電說，驟然增兵並不可取，逐步更換或許更好。[270]到十九日，三浦突然請求，如果地方上發生叛亂，朝鮮有可能會向俄羅斯請求援助，出於對抗的目的，或許有必要不與大本營聯絡就直接調兵，因此「應事先給兵站司令官訓令，聽憑本官通知，任何時候都可出兵」，希望能經由外務大臣將這個意旨通知給他。[271]

大概三浦在這個時間點上，感覺到為了不久的將來的行動，有必要掌握漢城守備隊的指揮權吧。西園寺代理外相得知此事後，於九月廿四日表達了對三浦的不快。[272]

在此期間，井上於九月十七日回國。其後，柴四朗到達漢城，正式開始準備工作。三浦、柴、杉村等人下定決心，要邁出決定性的一步。

之後，在閔妃被殺害的次日午後，三浦從王宮返回公使館，內田領事要求解釋。他這樣說明了行動的動機：

「近來，以王妃為首的閔黨之輩與俄國勾結，其勢力越發得逞，欲逐步破壞所有內政改革之業；並擬用閔黨之策，故意唆使我軍官培養的訓練隊與巡檢等惹起爭鬥，遂以此為口實解散訓練隊，且悉行捕獲其軍官並殺戮之；進而擢拔閔泳駿執掌國政，萬事依賴俄國而叛離我國。今日眼看將著手先解散訓練隊，故須當機立斷，不可躊躇。」[273]

柴四朗也在《日俄戰爭羽川六郎》中寫道：「突然，這個令人恐懼的陰謀被發現了，俄韓間即將簽訂秘密條約，因為妨礙其簽署，將斷然解散由日本軍官訓練的新營軍，而後還要暗殺親日的大臣。」[274]

很明顯，俄羅斯徹底成為朝鮮王妃的後盾，唆使高宗站在了與日本對抗的道路上這樣的判斷是錯誤的。

實際情況是，儘管高宗、閔妃希望俄羅斯政府重新考慮調動他們信賴的韋貝爾公使，俄羅斯政府並沒有同意。至於解散訓練隊，是因高宗想讓與他親近的人做訓練隊的聯隊長，訓練隊對此抵觸，因此有必要解決這件事情。實際上是否真正存在解散訓練隊的命令，尚存疑問。

根據內田領事的報告，九月廿七日，訓練隊大隊長禹范善向教官宮本少尉訴說，訓練隊將在十天之內被解散，將校們將被處以嚴刑。禹範善廿八日又拜訪石森大尉，說了一些事情，接著在十月三日，與馬屋原少佐、石森大尉一同拜訪了三浦公使。內田推測，楠瀨中佐大概在這三日中也參與到了本事件中。[275]

無論如何，在三浦等人到達朝鮮時，他們的計畫是抬出大院君實行政變，一掃親俄反日勢力，在這個過程中殺害閔妃，最大限度地威脅高宗，使其順從於日本。他們考慮最好由朝鮮士兵殺害閔妃，如果實在不行，也可以使用在朝鮮的日本志士。

這個計畫實在是太過侮辱鄰國朝鮮的計畫，是日本這個國家深層疾患的表現。國際社會不會允許舉公使館之力來實行這樣的行動，必將遭到以俄羅斯為首的各國批判而陷入窘境無法自拔，然而三浦等卻好像完全沒有考慮到這些因素似的。

執行部隊已經開始了動員。三浦公使、杉村和柴首先將日本安插到朝鮮的宮內府顧問官岡本柳之助和《漢城新報》社長安達謙藏拉入了這場陰謀中。安達又拉入了《漢城新報》主筆國友重章、社員平山岩彥、小早川秀雄、《國民新聞》特派員菊池謙讓等人。其中，安達、國友、平山、小早川、菊池全都來自熊本縣，漢城有熊本縣人的同鄉會。後來，廣島地方審判所審判的四十七名事件相關人員中，熊本縣人多達廿一人。[276] 動員領事館員堀口九萬一（詩人堀口大學之父）的大概是杉村吧。而楠瀨已經做好了守備隊和訓練隊方面的準備。

殺害閔妃

十月五日，三浦派岡本柳之助去大院君處，預先告知大院君即將來臨的行動。《暗殺閔妃》的作者角田房子認為，大院君沒有明確答覆會接受三浦的請求。三浦原計劃十月十日行動。十月七日，傳來了將於第二日解散訓練隊的消息。如果訓練隊被解散，行動就會出現障礙。於是，三浦、柴、杉村決定將預定日期提前，當天就開始行動。他們決定於十月八日淩晨四時闖入皇宮。十月七日傍晚，三浦叫來領事館員堀口九萬一，因為要讓大院君入宮，三浦命令堀口與萩原警部一同去龍山見岡本柳之助，希望岡本前往大院君的宅邸護送大院君。二人乘馬出發了。[277]

七日晚七時，內田定槌京城總領事為三浦公使舉辦了歡迎會。三浦覺得這是掩人耳目的好機會，欣然出席。由於杉村、內田的部下堀口都缺席了，只有三浦和內田夫婦一同進餐。內田什麼都不知道。

執行部隊的人得到指令，從傍晚起陸續聚集到位於靈山的據點待命，大約有四十人。受命去接大院君的岡本柳之助到達這個據點的時間是七日深夜十二時左右。安達謙藏、小早川秀雄、堀口九萬一等人迎上去，全體人員從那裡出發，前往位於孔德里的大院君宅邸，鈴木順見作為翻譯同行。

到達大院君的宅邸後，岡本、堀口與翻譯鈴木一同進入了大院君的寢室，向大院君說明了行動並勸說他參與。淩晨三時，大院君好不容易下定決心坐上了前往王宮的轎子。岡本在門前訓示眾人，護衛大院君前往王宮，並且「狐，臨機處分」，這是殺害閔妃的指示。

一行人進入市內後，日軍守備隊一百四十人來到西大門附近迎接。十月八日黎明前後，一行人到達光化門，與在柴四朗的住所待命的國友重章等十多人會合。日本守備隊和訓練隊不顧訓練隊聯隊長洪啟薰的阻攔，闖入光化門內，洪啟薰被斬殺。大院君令轎子停在康寧殿，他等在那裡。一部分人留下來護衛，剩下的人殺入了王宮深處。最終日本人到達了高宗和閔妃居住的乾清宮，慘劇在那裡發生了。

據內田領事的報告，日本人侵入閔妃居住的坤寧閣，殺害了身著華服、容貌美麗的三名女性。然而，由於沒有人認識王妃，有人用刀指向女官們，威脅著問「王妃在哪兒？」

然後，壯士們又打算闖入國王的居室長安堂。萩原警部大聲制止道：「這裡是國王陛下的宸殿，不得擅入。」「國王及世子身體顫抖，緊抓萩原兩腕，頻頻請求給予保護。」

這期間，根據女官的證言，確認了被殺害的三人中有一人正是閔妃。按照萩原的指示，遺骸被運到乾清宮東邊的松樹林中焚燒了。日本人從王妃腰間的荷包中發現了高宗和閔妃向俄羅斯皇帝請求韋貝爾留任的信函原稿。[278]

此外，宮內府大臣李耕植在乾清宮的院子中被斬殺。內田在報告中寫道，據說殺害王妃的人是日本軍人。金文子查證資料，推測那名軍人是訓練隊教官宮本竹太郎少尉。[279]

殺害事件的目擊者們

一位俄羅斯人在這場風波中目擊了慘劇並留下了證言，他就是謝列金・薩巴京。他是一八八三年從上海來到朝鮮的外國雇員，最後作為建築師，為高宗工作。一八八八年，他在國王和王妃所居住的乾清宮深處修建了兩層的洋樓——觀文閣。仁川萬國公園中的濟物浦俱樂部建築也與他有關，這一點廣為人知。謝列金・薩巴京從朝鮮匿名給符拉迪沃斯托克的報紙《遠疆》投稿，[280]寫他前一天在王宮內巡視時，在南門附近，看到朝鮮的新軍士兵和日軍士兵對峙，聽到朝鮮士兵在叫嚷著什麼。他回到宿舍後，認識的朝鮮人來拜訪，警告他明天晚上將會有事情發生，但不知詳情。當日午後七時，他巡視王宮內，沒有發生任何事情。十月八日，拂曉前的淩晨四時，宮廷警備隊、侍衛隊的軍官李洛允來說王宮被叛亂的士兵包圍了。不久，美國軍人戴伊趕來，提議一起去大門那邊看看。

他們首先去了西邊的迎秋門，門前，日軍兵士正整齊地列隊。隨後，他們又去到東邊的建春門，那裡有三百名左右訓練隊的兵士。他們意識到事態的嚴重性，折回宮殿（乾清宮），採取了防範措施。然而，由於將校們不在，無法調動兵士。淩晨五時，西側響起了槍聲，訓練隊兵士架起雲梯，翻牆侵入進來。哨兵聽到最初的槍聲就全都開始逃跑，剩下的侍衛隊也逃跑了。戴伊想阻止他們，但無能為力。此時，謝列金・薩巴京看到通往乾清宮內國王和王妃居室的門邊聚集著人群，其中，有幾位穿著便服的日本人。他們不停地穿梭，似乎在尋找什麼人。

「王妃居室的院子內擠滿了日本人。大約有二十人至二十五人。他們都穿著便服，帶著刀。一部分人的刀是拔出來的。指揮他們的是帶著長刀的日本人，大概是他們的隊長吧。一部分日本人在仔細地搜尋宮殿的每個角落以及其它的建築物。另外的人闖入王妃的房間，猛撲向在那裡的女官，拽著頭髮將她從窗戶拉倒，在地面上拖行，盤問著什麼。」

「我停留在原地，看著日本人將王妃御殿中所有的東西都翻了出來。兩名日本人抓住一名女官，從屋裡拽出來，拽到了臺階下面。」[281]

可以說，謝列金・薩巴京恰好目擊到了王妃遭到襲擊時的情形。不久，日本的行動隊員抓住了他，將他帶到了王妃的建築前，逼迫他告訴他們王妃在哪兒。他們用英語說，「王妃在哪兒？告訴我們，王妃在哪兒？」然後，指揮官也來了，逼問道，「我們沒有找到王妃，你知道她在哪兒吧？告訴我們她藏在哪兒了。」[282]謝列金・薩巴京堅持說自己也沒有見過王妃，不知道王妃的位置，最後被放過了。內田在報告中也提到了謝列金・薩巴京和戴伊兩人。

大院君與新政府的成立

高宗大概感受到了無以名狀的恐懼吧。他應該馬上就知道了在旁邊的宮殿中王妃被殺害之事，而且可能還痛感到了日本人的憎恨和殺意也指向了他自己。就在這種恐懼和憤怒尚未平息的時候，三浦公使訪問了高宗。早上八點多，三浦和杉村來見高宗。在謁見的中途，三浦退出，確認了閔妃的遺骸，並命令萩原將其燒毀。然後，他叫來正在待命的大院君，高宗、大院君、三浦三人進行了會談。三浦迫使高宗接受了日本方面與大院君之間已經達成的共識：留任金弘集總理、金允植外部大臣，讓有實力的親日派進入內閣，解除軍部大臣安駉壽、學部大臣李完用、農商工部大臣李範晉、警務使李允用的職務，任命李載冕為宮內府大臣，金宗漢為宮內府協辦，趙義淵為軍部大臣，徐光範為學部大臣，鄭秉夏為農商工部大臣，俞吉濬為內部協辦。而且，三浦還迫使高宗在「干涉國政，淆亂政治，廢王后閔氏為庶民」的敕書上簽了名。這對高宗而言，應該是終生難忘的恥辱吧。同時決定宣佈由驅逐了侍衛隊的訓練隊擔負起警護王宮的任務，根據敕令，將侍衛隊吸收進訓練隊。[283]日本所操縱的大院君政變真正實現了。

俄羅斯公使展開追究

慘劇之夜，韋貝爾在公使館。黎明時分，朝鮮的宮內府協辦身著僕人服裝倉皇趕來，驚慌地訴說道：「日本人正在宮中屠殺，大概是想殺害王妃吧。」國王急切地盼望美國和俄羅斯公使馬上趕去王宮。不久，謝列金・薩巴京也逃出來，做了彙報。聽了他們的訴說，韋貝爾和美國公使館一等書記官艾倫急忙一同趕往王宮。途中，他們順道去了日本公使館，三浦公使不在。他們在王宮裡見到了戴伊將軍、李仙德、古雷特豪斯、稅關長官布朗以及大臣們。韋貝爾和艾倫去了高宗的御殿。

「數名歐洲人進入了國王的寢室，裡面一片肅然沉默。這比任何語言都更能表明事情的真相。國王因昨夜的事件受到沉重打擊，連說話的力氣都沒有了，不停地流出眼淚。他顧不上禮儀，走近每個人，緊緊握手，只是懇求不要拋下他一個人。」[284]

然後兩人見了大院君，接著找到日本公使，見了面。「我剛一問起他發生的事情，他就開始囉裡囉嗦地解說起與這件事情完全無關的，以前發生過的訓練隊兵士和員警的衝突。我們做出反駁，好不容易他才接受了眾人的要求，同意出席下午三點半的聚會。[285]

下午三點半舉行的在京外交使節的聚會，所有國家的公使都參加了。韋貝爾接著寫道：

「日本公使完全一副若無其事的樣子，沒有表現出緊張，他漫無邊際地閒聊著，絲毫不提及這個事態。他又開始沒完沒了地說起訓練隊兵士和員警的衝突來，就好像王宮內的一切騷動都是因為這件事情引發的一般。我不得已以同僚的名義打斷了他的話，指出那些事情與當前的事態沒有關係，因為王宮內根本沒有員警，可是很不正當地，裡面卻有日本人，正是他們做出了殺害之事，我提醒他要注意這點。三浦子爵明顯變得困惑起來，他肯定地說按照日本的習慣，軍隊中會有若干馬夫，表示這種事情不值得重視，又試圖逃避對事態的評判。不得已，我強硬地挑明，問題不在於數名馬夫，而是武裝整齊的三、四十人的日本人集團。這裡也有證人，如果需要的話，可以讓人畫出一部分人的肖像畫，還可以當場驗證。進而我逼迫三浦子爵說：第一，要弄清楚在王宮內引發騷動、殺人的日本人的姓名；第二，要弄清楚帶大院君來的日本軍隊是否參與了王宮內的事件。三浦子爵不知如何回答為好，只是滿口答應一定會調查事件，完全恢復王宮內的平靜。……聚會之後，各國外交代表們得到的印象是，這一前所未聞的恐怖事件完全是日本人所為。」[286]

韋貝爾徹徹底底地憤怒了，他在報告的最後這樣寫道：

「我們正面對著世界史中從未有過先例的犯罪性事實。在和平時期，外國的國民在該國軍隊，可能還有公使館的庇護以及指導下，大肆闖入王宮，殺害王妃，焚燒遺體，做出一連串醜惡的殺戮和暴行之後，卻在眾目睽睽中恬不知恥地否認自己做過的事。迄今為止，我從沒見到過這樣的事情。很明顯，因為歐洲列國不關注朝鮮，日本人完全不擔心會受到懲罰，他們早已不認可有必要受到任何法律的約束了。」[287]

日本國內的反應

十月九日早晨，日本的報紙以《京城事變》為題做了這樣的報導：

「今晨五時許，大院君率領訓練隊二大隊闖入王宮，衛兵無力阻攔。尚不知王妃消息。三浦公使當即進宮謁見。」

「兩兵之間至互相發炮，於將釀大事之一刹那，看到我三浦公使遵照大君主陛下御召，引率日本兵若干進宮參見，兩兵僅發四五炮即告平定……」「大院君進入王城，王妃蹤跡不明，是為訓練兵所殺，還是遁往何處，午後二時許尚未證實。」[288]

這篇報導與事件發生當天上午十一時，三浦公使發給東京的臨時代理外務大臣西園寺公望的第一封電報在內容上完全一致。[289] 這是三浦傳出的對這一事件所做的正式說明。八日下午八時五分，杉村發電報回答東京井上馨的詢問，如下：

「不見日本兵教唆訓練隊形跡，顧問官中，岡本難免與大院君有些許關係，……今朝公使因國王緊急請求鎮撫而入闕，王妃或許已被殺害。」[290]

這完全是欺騙東京的虛假報告。

到了十月八日晚十點半，三浦才給外相發去進一步的說明。

「今朝之事變……表面似朝鮮人之工作，裡面多少有日本人參與，而本官實默視之。」[291]

八日午夜十二時左右，三浦發出的電報好不容易使事件真相明朗起來。電報報告了八日的午後會議，當時俄羅斯公使追究了三浦。三浦雖然沒有直接做出肯定的回答，但從俄羅斯公使的追問中，可以判明是日本人殺害了王妃。西園寺代理外相相當震驚，於九日一大早就決定派遣小村政務局長去漢城進行善後。[292]

而在漢城，十月十日頒佈了廢除王妃的詔敕。日本的報紙也報導了這件事：

「朕臨御三十二年，治化尚未普洽，而王后閔氏，援引其親黨，佈置朕之左右。壅蔽朕之聰明，剝割人民；濁亂朕之政令，鬻賣官爵。貪虐遍於地方而盜賊四起，宗社岌岌危殆。朕知其惡之已極而不能斥罰者，誠由朕之不明，亦顧忌其黨羽也。朕欲遏抑其勢，於上年十二月宗廟誓告文有曰：后嬪宗戚勿許干政，以冀其閔氏之改悟。而閔氏猶不悛舊惡，與其黨羽及群小之輩潛相引進，伺察朕之動靜，防遏國務大臣之引接。又矯朕旨，欲解散朕之國兵，激起是亂。及其變出，離朕而避其身，蹈襲壬午往事，訪求而不為出現，是不啻不稱於壼位之爵德而已，其罪惡貫盈，不可承先王宗廟，朕不得已謹仿朕家故事，廢王后閔氏為庶人。」[293]

高宗不僅遭遇自己的王妃被殺害，而且還被迫頒佈侮辱王妃的詔敕，不難想像他內心必定懷有絕對不能饒恕日本的心情。

小村調查團處理事件

十月十五日，以小村壽太郎政務局長為負責人的事件調查團抵達漢城。調查團成員有安藤檢事正（相當於地方檢察廳長。——譯者註）、海軍大佐伊集院五郎、陸軍中佐田村怡與造，還有在仁川任副領事的山座圓次郎。[294]後來在日俄戰爭前夕，小村成為外相，山座任外務省政務局長，伊集院為海軍軍令部長，田村為陸軍參謀次長，他們在各個方面主導了日俄開戰。

十月十七日，日本政府向三浦發出了回國的命令，任命小村為繼任公使。小村的方針是，日本政府與該事件無關，讓有嫌疑的公使館員、民間志士全部離開朝鮮，回國接受法律處分。首先，為了防止志士們發生騷亂，讓他們最先離開。十八日，小村命令自岡本柳之助以下二十餘人離開朝鮮，廿二日他們乘船被送往宇品。三浦公使、杉村一等書記官、楠瀨中佐等人繼他們之後於當月內被送往宇品。他們在宇品被相繼拘留、提起訴訟，共計四十四人。[295]

十月二十日，俄羅斯外相的休假結束，會見了西公使。外相對西公使說，公然讓日本軍隊從朝鮮撤退或許較好，因為「有一種說法是，朝鮮人討厭日本人，這一事件的結果會使朝鮮人更加敵視日本人」。[296]

十月廿一日，日本政府派原駐朝鮮公使井上馨作為慰問使前往漢城，希望多少挽回一些三浦給朝鮮人留下的印象。十月廿五日，西園寺代理外相發表了如下的聲明，通過各國的駐日公使向該國政府傳達：

「日本國軍隊駐屯朝鮮，乃因眼下日本國佔領奉天半島期間，需經由朝鮮國內……維持交通線路，擔保安寧，保護我公使館、領事館及臣民之故。……上述軍隊駐屯之必要，至日本軍隊奉天撤兵之時始止。……朝鮮國的改革事業已有端緒，正在進步，不久即能達到單獨維持秩序，保護外國人之程度。鑒於此，日本國即應召還駐屯朝鮮國之軍隊。日本國對朝鮮國絕無他意，無永久拖延軍隊駐屯之意圖，相反，解除相關一切責任實乃最為欣喜之處。眼下形勢，關於朝鮮國的內政事務，日本國政府的政略為採取不干涉的方針，惟有欣然與其他條約國共同守望將來之意向。」297

日本做出殺害王妃這樣的暴行，軍隊已經不能再繼續駐留了。

十月廿五日，列國公使又一次聚會，聚會地點為美國公使館。美、俄、英、德、法以及日本的公使彙聚一堂。會議開始，美國公使希爾提出了討論的主題：該如何應對高宗繼續感到生命危機這種非常事態。在小村謝絕發言後，韋貝爾指出，異常事態的根源在於十月八日叛亂的「兇手全都居於權力之位」，他主張有必要解散金弘集內閣並將訓練隊撤出王宮。對此，小村反駁道，難道讓訓練隊從王宮撤出來，就能保證秩序與穩定了嗎。韋貝爾再次主張，城內是穩定的，騷亂發生在王宮中，應該逐步將訓練隊撤出王宮。美國公使希爾說，「國王被掌控在殺害王妃的人手中」，他指出，如果這些人有殺害王妃的動機，那麼也會有企圖殺害國王和皇太子的可能性，他向小村施壓，要求日本公使館負起責任。小村回答，日方有準備做可能的事情。韋貝爾提議，為了國王的安全，有必要更換軍部大臣趙義淵並解散訓練隊。但是，英國公使希里阿贊同小村的意見，反對撤去訓練隊，而美國公使希爾支持韋貝爾。會議最終沒有得出一致結論。298

小村將這次座談會的情形簡略地報告給了東京。小村寫道，由於被逼迫用日本的兵力去執行，他表示要好好考慮一下。[299]

十一月五日，內田定槌總領事向西園寺代理外相提交了長篇報告《明治二十八年十月八日王城事變之始末》，寫道「有於意外之處謀劃意外之事者，不僅壯士輩……還煽動本領事館員及守備隊，施行歷史古今未曾有之罪惡，實為我帝國遺憾至極之事。」金文子指出，這份報告是黑暗中綻放著良知之光的告白書。[300]

同在十一月五日這天，日本公使館舉行了各國公使的座談會，會議由井上主持。六日，井上、小村兩人聯名提交了這個座談會的報告，內容與俄羅斯方面的資料沒有太大出入。會上，美國公使作為代表，提議為了消除逼近國王身邊的危險，應該將軍部大臣掌握的王宮護衛兵「以強力……趕出王宮外，且為達目的，刻下之急務為讓日本兵入於王宮」。針對有必要將一部分大臣和王宮護衛兵驅逐出王宮的提案，井上表示「大體同意」美國公使的意見，不過，他擔心讓日本兵使用強制性手段可能會產生新的糾葛，因此，他主張「各國代表者採取某種協同措施為上策」。[301]

井上在席上說，他回到漢城，得知三浦公使的行動使得朝鮮人、列國公使都「對日本的行動抱有了懷疑」，他的說法多少緩和了公使們的情緒。這次會議的結論是，憑藉日本軍之力，將王宮護衛兵驅逐出王宮，行動時，國王由外國代表陪同，而日本軍達成目的後立即撤走。大家對此都表示贊同。公使們遂向本國政府請示訓令。[302]

會議之後，韋貝爾和希爾被國王請去。國王說了如下的話：明天六日，朕俯允井上謁見，軍部大臣趙義淵請求朕對井上說，十月的事件與日本人無關，是一部分朝鮮人軍官的犯罪。如果不這樣說，他被威脅生命不保。

於是，兩位公使於六日早晨去日本公使館訪問了井上，對他說，謁見時，無論高宗說什麼，都不是他的真心話，是被迫那麼說的。並請他如果說到十月的事件，就打斷，什麼都不要讓國王說。井上回答，知道了。井上拜謁完高宗後，派自己的兒子前往俄羅斯公館，告知沒有觸及到那個敏感話題。不過，井上當天會見了金弘集總理，並將會談記錄分發給了各國公使館。其中，井上只抽象地說到「史無前例的暴力」，具體地譴責了廢除閔妃的詔敕是「朝鮮史上最為黑暗的污點。」[303]

在此期間，俄羅斯外相對韋貝爾的報告做出了答覆，支持「救出國王的所有對策。」[304]

十一月十二日，俄羅斯、美國、英國三國公使拜訪了小村公使。韋貝爾率先說，他自十年前到這個國家赴任以來，一直踐行著「竭力謀求和平、和睦，以及國王及其國家的福祉」這條訓令，然而，該國的「和平與和睦在過去十五個月內，至少被破壞了四次」。「我本人想籲請大家關注王妃被憑藉日本公使館而獲得權力的大臣們廢除一事。而某外國臣民帶著殺害王妃的明確目的攻擊王宮，是比廢除王妃更為嚴重的這個國家歷史中的黑暗污點。」韋貝爾如此嚴厲地批判了日本政府的行為。在此基礎上，他指出日本政府對發生的事態負有責任，因此，有義務採取行動。他還補充說，俄羅斯政府也贊成這種意見。[305]

而美國公使和英國公使雖然只說了些頗為曖昧的話，但三位公使一致主張，「日本政府應率先採取措施，為鞏固國王之安全和自由，暫時以日本兵護衛王宮，恢復秩序」。這是臨時對策，直至「國王或外國代表認為沒有必要時為止」。[306]

井上馨被逼問得不知該如何作答。日本政府的方針是不採取任何措施，沒有調動更多部隊的打算。[307]井上於十一月十三日以「滯留無用，立場艱難」為由，申請回國。[308]西園寺立即發電報批准。[309]另一方面，伊藤總理當天看了這段時期的電報，認為「這明顯是想讓井上大使承認我兵為入王宮之禍首」，告知西園寺代理外相命令井上回國。[310]

簽訂《交收遼南條約》與俄清靠近

十一月八日，日清兩國簽署了《交付遼南條約》（譯者註：此條約亦稱《交還奉天省南邊地方中日條約》，日本稱《遼東還付條約》或《奉天半島還付條約》）。清國約定向日本支付三千萬兩庫平銀（相當於四百九十三萬五一四七英磅，四千四百九十萬七四六九日元）作為交還奉天省南部土地的補償。[311]在該條約交涉的過程中，日本方面提出在條約案中包含「清國約定，前條中所歸還之地絕不讓與他國」這一條款，但清國全權代表李鴻章認為，「條約中明載本國領土不讓與他國，頗損國威」，最終刪除了這一條款。[312]

在簽署條約的兩天前，西公使會見洛巴諾夫－羅斯托夫斯基外相時，外相對於刪除這一條款所說的話頗令人矚目。

「以上全屬三國提議範圍之外，且『各國』云云，觀其條件似暗指俄國，多少令余有不快之感。然俄國絕無掠取該半島之意，無論清國然諾與否，均與我毫無關係。」[313]

自三國干涉之後，清國也對俄羅斯產生了好感。實際上，由於清國根據《馬關條約》要向日本賠償二億兩庫平銀，又因日本交還遼東，不得不再向日本支付三千萬兩庫平銀，數額如此巨大的賠償金使得清國除了依靠俄羅斯外，別無他法。因為在為支付賠償金而募集外債時，需要尋求俄羅斯的擔保。

清國簽署《馬關條約》後，立即開始與柏林、倫敦、巴黎的銀行界接觸。英國、德國政府雖然有所行動，但最後構成國際銀行團核心的是巴黎・荷蘭銀行（Banque de Paris et les pays bas）等，法國的銀行居於主導地位，俄羅斯政府提供償還發債本金、利息的擔保。維特在回憶錄中寫道，反而是他在為清國與法國的銀行進行募債方面的交涉，[314]他大概有謀求法國和俄羅斯雙方協作的動機吧。總之俄羅斯方面有隱秘的盤算是確實的。洛巴諾夫—羅斯托夫斯基外相曾對外務審議官拉姆斯道夫說：「雖然法國人是我們的朋友，但即使對再好的朋友，我們也沒有必要急著表露自己最真實的想法。」[315]外相五月廿三日（一一日）給駐法公使莫列恩蓋姆寫信道：「對我們的方案來講，同樣重要的是要使清國在一定程度上從屬於我們，不允許英國在他們那裡擴大影響力。」[316]

最終，一八九五年七月六日（六月二四日），由俄羅斯提供擔保，法國和俄羅斯的銀行所推進的對清國四億法朗、一億金盧布貸款的外債募集協定成立。俄羅斯外相、財相和清國公使簽署了該協定。涉及的發債額相當於一五八二萬英磅，約二億日元，利息為百分之四，償還期限三十六年。[317]

接著，維特經俄羅斯國際銀行行長羅思坦的仲介，回應了參與發債的法國的銀行的請求，於當年十二月廿二日（一〇日）成立了俄清銀行（譯者註：即華俄道勝銀行）。該行的核心股東為巴黎・荷蘭銀行、里昂信貸・霍丁蓋爾、國際銀行，資本金為六百萬盧布，俄羅斯負擔八分之三，法國負擔八分之五。銀行總部設在聖彼德堡，與維特親近的烏赫托姆斯基公爵被任命為董事會董事長，但實質上的行長是羅思坦，他是德國籍猶太人。俄清銀行天津分行的負責人為波科季洛夫。從此之後，這家銀行成為了俄羅斯進軍中國的主要橋頭堡。[318]

十一月廿八日事件

韋貝爾想迫使日本將矛頭指向現在的朝鮮政府，但最終也沒能如願。藏身於俄羅斯公使館的原大臣李範晉大概也是同樣的心理吧。十一月中旬，韋貝爾慫恿高宗起草了致俄羅斯皇帝的信函。高宗在信中說明了王妃被殺害後的情形，提出「希望給貴國公使處發電報，命令他為護衛我行使軍事力量。」[319]對此聖彼德堡也沒有反應。

十一月廿六日，高宗接見了各國公使，告知已取消廢除閔妃的敕令，並命令管事大臣逮捕、處分事件的犯人。軍部大臣趙義淵和警務使權泳鎮被罷免，李道宰被任命為新的軍部大臣。國王給親衛隊、原來的訓練隊發出敕諭「爾等無罪，猶且忠勤」。[320]

這些是日本公使館和朝鮮政府為安慰高宗而採取的策略，但卻不可能使高宗和親俄派滿足。李範晉以及藏身於美國大使館的李完用、李允用等人決定使用武力救出高宗。這個行動，除韋貝爾之外，美國公使館書記官艾倫以及原親衛隊教官戴伊等似乎都參與了。在舉行了兩天要求國王掌管現政權的遊行示威後，他們發起了行動。自十一月廿七日至廿八日淩晨一點半左右，二百名侍衛隊兵士和相當數量的刺客逼近王宮，試圖從春生門闖入其中。但是，情報洩露了，親衛隊已經做好準備嚴陣以待。因此，入侵者被打敗，衝在前面的大隊長等三名軍官、五名士兵以及四名刺客被逮捕，其餘的人被趕出了宮牆之外。美國人戴伊和李仙德、傳教士元尤杜等六人試圖進入王宮，被攔了下來。韋貝爾、艾倫也趕到王宮，卻被襲擊部隊在門附近擊退了，不得不無功而返。[321]

行動集團的兩名使者到日本公使館預告了行動，希望日本軍部隊不要介入，然而小村已經知道了這次行動。他讓兩名代表中的一人趕赴現場，告知為了鎮壓這次行動，將會出動日本軍，讓行動者迅速解散。這次行動以失敗告終。

抱有危機感的朝鮮政府和日本公使館加快了實施措施的步伐。李周會、尹錫禹、朴銑三人作為殺害王妃的犯人被逮捕，於十二月廿九日的審判中被處以死刑。然後，作為積極的改革措施，朝鮮政府按照內部大臣俞吉濬的宣導，於十二月三十日頒佈了斷髮令，同時還公告國民可穿著外國式樣的衣服。[322]然而，這一與彼得大帝的命令異曲同工的歐化措施，在朝鮮卻引起了比俄羅斯更加激烈的反彈。這種反彈與因閔妃被害而高漲的仇恨糾纏在一起，發展成了叛亂。

一八九六年一月，四道掀起了義兵運動。春川的義兵將領李昭應發表檄文《曉告八道列邑》，以倭虜和賊臣逆殺國母、勒令君父斷發為由，呼籲民眾奮起討伐他們。[323]就這樣，局勢越發不穩定了。

日本和俄羅斯的軍備增強計畫

戰爭獲得勝利，滿心以為已經到手的遼東半島，卻因為俄羅斯、德國、法國的干涉而不得不歸還。而且，本應確確實實地置於日本勢力下的朝鮮現在卻倒向了俄羅斯一方。面對這種情形，最為懊惱的就是日本的軍部首腦，陸軍方面是山縣陸相和川上操六參謀次長，海軍方面是西鄉從道海相和山本權兵衛軍務局長。他們在戰爭結束後，毫不猶豫地推進了大幅度增強軍備的計畫。

海軍方面，山本軍務局長受西鄉海相之命制訂了所謂的「六六艦隊」方案，計畫鐵甲戰艦在一萬二千噸級「富士」、「八島」的基礎上再重新建造四艘一萬五千噸級的，一等巡洋艦全部重新建造，為六艘九千或一萬噸級的，計畫用十年時間實現。一八九五年七月，西鄉海相將這一方案提交閣議，獲得批准。方案分為二期，第一期案於當年十二月提交議會，基本上獲得通過，為建造鐵甲戰艦一艘，一等巡洋艦二艘的計畫，決定從一八九六年起開始建造。[324]

陸軍方面，山縣陸相撰寫了倍增各師團兵力的《軍備擴充意見書》，不過，實際實施的增強方案是，保持目前近衛一個師團、步兵六個師團的兵力不變，重新增設六個師團。一八九六年初，這個方案經閣議決定後提交給了議會。它雖然引起了很大的爭議，但最終還是付諸了實施。[325]

而察知了日本海軍計畫的俄羅斯也加緊了對抗計畫的立案步伐。然而，這裡面臨著巨大的難關。在當時的歐洲，德國的海軍力量持續增強，因此俄羅斯存在著一種意見，認為為了對抗德國，應該增強波羅的海艦隊的實力。海相奇哈喬夫就是重視波羅的海艦隊論者，海軍元帥阿列克謝大公也尊重海相的意見。財政大臣維特從財政角度出發，對於增強海軍實力持消極態度。另一方面，增強遠東海軍論者的急先鋒是亞歷山大・米哈伊洛維奇大公，並且皇帝支持這一立場。

一八九五年十一月，亞歷山大・米哈伊洛維奇大公取得皇帝的支持，召開了特別協商會。在這次協商會上，亞歷山大大公提出了建造六艘戰列艦、四艘海防艦、九艘一等巡洋艦的方案。對此，維特表示反對。他認為大陸國家俄羅斯不能追隨日本的後塵，對俄羅斯而言，重要的是快速動員陸軍的能力，為此，建設西伯利亞鐵路是當務之急。而奇哈喬夫海相也有不同的立場，因此可以推測一八九五年的計畫沒有達成大幅度增強遠東海軍實力這一結論。但是，尼古拉二世在協商會的報告上批示道：「以朕的想法，比較好的方式是，太平洋艦隊的實力不能有一艘弱化，將波羅的海艦隊的一部分維持在地中海。」[326]

俄羅斯軍部的日清戰爭研究

可以說，日本在日清戰爭中的勝利使各國的日本觀察者在理解上完全改觀。俄羅斯最敏銳地把握到了日本實力的人是沃加克。陸軍參謀總長奧布魯切夫得到他的報告，產生了應該迴避與日本軍事衝突的想法。

陸軍大學也表現出對日清戰爭的強烈關注。一八九六年，參謀本部大尉希曼斯基利用德國軍官馮・繆拉於一八九五年出版的三本小冊子，再輔以其他資料，寫成了《日清戰爭一八九四—一八九五》。[327]他的結論部分如下：

「無論日本人有著怎樣的缺陷，他們積極的長處是重要的，最終的結論大概可以這樣說：我們俄羅斯人有了一個必須要嚴厲監視的鄰居——日本。對於擁有一億二千萬人口的帝國來講，這個鄰居即使不算危險，但也有可能令俄羅斯在實施遠東計畫時變得困難。……在肉體層面，日本士兵年輕、快樂，擁有充分的肉體上的力量，忍耐力強。日本人的特性普遍患有腳氣病。在精神層面，日本士兵有很多積極面，他們榮譽感強，會為達成的勝利自豪，夢想新的勝利。他們在『團體教育和精神』上尚未成熟，軍隊紀律尚未穩固，指揮官是接受封建時代教育的一代人，有必要進行革新，派系思想是個問題。」

「日本表現出二元現象。在軍事初步的、技術的、機械的層面（兵士、下軍官等素材、軍隊與後方、運輸、醫療組織、技術改良、作戰的事前準備）幾乎無可挑剔。相反，在軍事創造性組合層面（解決戰略的最高創造部分的種種問題、設定目標、選擇作戰線和確保作戰線、正確解決軍隊的最高指揮部的問題）還有很多需要改善的地方。日本人作為德國學派的弟子，從老師那裡借用了很多東西。他們雙方都有缺陷，也都有優點。雙方都在創造性、靈感、大膽程度上欠缺決定性的、閃亮的組合。」[328]

同為參謀本部中尉的勒熱武斯基出版了一本只有七十六頁的小冊子，是新寫成的通史《日清戰爭》。他也在結論部分如下寫道：

「這次戰爭顯示出日本在文化面上取得了值得關注的發展。日本的國家制度、經濟狀態和軍隊實力賦與了它進入歐美國家行列的權利。日本在這樣短的時間內取得的成就在與中國的戰爭中得到了證明，俄羅斯尤其不能忽視這一點。對俄羅斯而言，日本現在已然是危險的東方鄰國。」「面對這片長期被遺忘的土地，對俄羅斯利益的關懷可能會使我國政府將注意力轉向這邊，而且目前已經轉向了這裡。在這種關懷的影響下，西伯利亞鐵路誕生了，並且還在西伯利亞廣大的荒地上殖民，強化軍事力量。」[329]

然而，軍方高層的將軍們並沒有共同擁有這種對日本的認識和危機意識。這一點可以從瓦諾夫斯基陸相退任，庫羅派特金繼任後，表現出的某種反動、對日本軍實力的輕視上得到印證。

海軍方面也有認真地對待駐在武官施萬克報告的人們。一八九六年，海軍軍令部海軍研究科出版了《海軍問題資料集》第一卷《日清戰爭》。該書由科長多莫日羅夫海軍上校負責編輯，他根據施萬克的報告以及太平洋艦隊屬下的巡洋艦「納西莫夫海軍上將」號、「睿恩達」號、炮艦「高麗人」號艦長、清國方面的外國專家、德國駐在武官的報告，闡明了日清戰爭全貌，是一部內容詳實、厚達四四二頁的著作。[330]

海軍軍官學校的教官庫拉德出版了《日清戰爭時期的海上戰鬥行動》，由海軍部印刷局刊行。這本書是一八九五年一二月庫拉德在海軍軍官學校所做的演講。庫拉德指出，雖然日本的勝利沐浴在無上的讚美之中，但由於製造出這種印象的公開資料大部分是日本的資料，我們或許會被印象壓倒，以致有可能盲從日本的經驗。對於日本來講，結果就是一切，但是「對於希望從這場戰爭中吸取有益教訓的我們來講，可以說無論結果是什麼都無所謂，我們最重要的是弄清楚這個結果是怎樣得到的。」[331]可以說這才是正確的態度吧。

但是，這種對日本海軍認真的關注在多大程度上引起了海軍首腦層的重視仍然是一個疑問。不過，就海軍而言，太平洋艦隊的基本任務是執勤，很多軍官都有在長崎越冬執勤的經歷，因此可以推想他們對日本海軍實力的關心程度比陸軍要高。

俄羅斯知識份子和日清戰爭

不同於政府、軍部，俄羅斯的知識份子對這場戰爭表現出的關注並不十分強烈。一八九四年開戰當年幾乎沒有什麼反應。《新時報》主筆蘇沃林沒有在他著名的專欄中觸及日清戰爭。在這種背景下，例外地有兩人顯示出了重要的反應。

首先是哲學家弗拉季米爾・索洛維約夫，他是一位試圖將科學與哲學、宗教統一，將西歐世界與東方世界統一，提升到神人合一這種知識高度的人。

索洛維約夫早在一八九〇年就寫作了詩歌《來自東方之光》（*Ex Orientes lux*）和論文《日本——歷史性特徵》。他注意到「日本史變動的、前進的性格」，將其與中國進行對比，認為日本傾向於基督教。索洛維約夫與日本有瓜葛，當時的駐日公使希特羅渥的妻子索菲婭・貝特羅維娜是他終生傾慕的戀人，進而他與公使希特羅渥也成了朋友，公使去世時，他還在雜誌上發表了悼念文章。[332]

以日清戰爭為契機，索洛維約夫開始警惕起日本來。一八九四年十月一日，他寫下詩歌《泛蒙古主義》：

從馬來海到阿爾泰山，

東方之島的首領們，
在逐漸崩坍的清國牆下，
悄然聚集起自己的軍威。[333]

這首詩指出了日本的威脅性。索洛維約夫是將日本作為反基督的勢力來認識的。他於一九〇〇年去世，在他最後的作品《身邊的關於反基督的故事》、《關於戰爭、進步、世界史終結的三個故事》中，他描寫了日本模仿蒙古來襲，準備進攻基督教世界的動向：「擅長模仿的日本人以驚人的速度，成功地吸納了歐洲文化的物質性形態，而且還將一部分低水準的歐洲思想納為己有。他們通過報紙、歷史教科書，知道了西方有泛希臘主義、泛日爾曼主義、泛斯拉夫主義、泛伊斯蘭主義，於是他們宣揚起了泛蒙古主義的思想，也就是宣揚在他們的帶領下，以對異種人，也就是歐洲人發起決戰為目的，將東亞所有民族團結在一起的思想。」[334]索洛維約夫被認為是黃禍論的肇始人。

與此相對，給民粹主義派綜合雜誌《俄羅斯財富》投稿的評論家謝爾蓋•尤沙柯夫重視日清戰爭，從另外的角度批判了日本。謝爾蓋•尤沙柯夫生於一八四九年，與維特同樣畢業於新俄羅斯大學。有過在學生運動中被捕的經歷，後來成為記者，做過《奧德薩通信》的副總編。他於一八七九年被逮捕，流放到東西伯利亞，於一八八二年刑期結束後返回了奧德薩。他所寫的東西得到了中央的認可，被安排進入《北方通信》雜誌編輯部。[335]

其後，一八九一年至一八九二年大約一年半的時間裡，尤沙柯夫在符拉迪沃斯托克度過。他在往返符拉迪沃斯托克的途中經過長崎，寫下了最初的日本遊記，以《瞥見日本——來自旅途的印象》為題，發表於《俄羅斯財富》雜誌一八九三年第九期。這篇遊記的觀點與皇太子尼古拉對日本的看法性質相同。對於這個時期的尤沙柯夫來講，日本是一個充滿異域風情的世界。在他看來，日本最大的問題在於賣春制度。他還很關注長崎俄羅斯軍官們的臨時妻子。[336]

然而，尤沙柯夫對日本的看法因日清戰爭的發生而徹底改變。他從前一年起為變成了同人雜誌的《俄羅斯財富》一八九五年第一期的專欄寫下《一八九四年——摘自現代日誌》。他宣稱：「過去的一年、一八九四年大概會成為即將過去的一九世紀史上值得紀念的一年，將會被二十世紀的歷史學家不止一次地在其序文中提到。」[337]被尤沙柯夫視為問題的是面向「國際經濟鬥爭」的世界史的動向。他將世界分成三個集團進行分析：「在經濟上處於支配地位的集團」（英國、荷蘭、比利時、法國），「處於過渡階段的集團」（德國、美國、北歐），「經濟後進國」（奧地利、義大利、俄羅斯、巴爾幹諸國、西班牙、葡萄牙、墨西哥、中南美、亞洲、非洲）。他認為日清戰爭給這三者之間的關係帶來了巨大變化。由於當前的國際經濟制度是「處於經濟支配地位的國家暗中掠奪處於經濟從屬地位國家的機制」，對於第三集團的諸國來講，生存的道路是從如下二條中選擇一條：

「打倒經濟支配國，佔領其地位，讓其他的後進國在經濟上從屬自己，將自己的財富建立在其他國家國民的辛勤勞作之上，或者剝奪其他國家國民經濟上的獨立性，廢除將他們區分為主人和僕人的制度本身。……去年，經濟後進國做出這種嘗試的極其鮮明的例證呈現在了我們眼前。日本對清國的攻擊就是鮮明的例證。……如果說採取作為經濟政策標準的西歐先進國的經濟進化模式，即讓經濟最弱的鄰國在經濟上從屬於己，在這個從屬關係中，尋求解決因自身經濟獨立性的衰退和對世界市場條件的從屬而造成的國內危機這一課題，可以說日本對朝鮮和中國的攻擊，是其國內經濟狀態自然而然的歸結。」[338]

尤沙柯夫認為，經濟後進國為了進入先進國的行列，而支配經濟上的弱者的道路——這正是日本的道路。然後，他呼籲同為經濟後進國的俄羅斯不應該選擇這條道路。俄羅斯無法像義大利、日本那樣跳越經濟進化的階段而快速前進。俄羅斯也「正在興起同樣的進化，……但是，進化還沒有到達不可能選擇其它道路的程度」。因此，俄羅斯應該選擇別的道路。「這條道路，既不能是中國的道路，也不能是日本的道路。」尤沙柯夫指責俄羅斯的馬克思主義者是「日本型經濟政策的擁護者」，他主張「後進國的經濟進程必須是農村的、農業的。」尤沙柯夫認為有「第三條真正文化上的、啟蒙的道路」，它不以本國人民的犧牲和凋落為代價，「是為了本國人民的利益和整體的福祉，為了與鄰居和平地、團結友好地交流，以扶植文化和進步為目的」的道路。[339]俄羅斯應該走這樣的道路。

然而，尤沙柯夫所宣揚的俄羅斯道路在內容上極其籠統。他在一八九六年出版的書中，也只寫了「俄羅斯依據事物的力量，在國際關係中代表著勞動，是苦於經濟的階層分化，被資本支配的諸國家中的一個」。[340]不管怎麼說，對於以彼得大帝為樣板推進近代化進程的日本所取得的新成就——日清戰爭的勝利，俄羅斯知識份子雖然將其視為重大動向，但卻對此持否定態度，把日本的道路作為反面教材，這一點是頗令人感興趣的歷史脈動。

而俄羅斯帝國內其他族裔的知識份子從日清戰爭時期起就開始期待日本是一個能夠挑戰俄羅斯帝國的國家。其代表是芬蘭記者科尼・茨利阿克斯。他生於一八五五年，三十歲出頭時離開國家去周遊世界。他在南美哥斯大黎加的鐵路建設工地勞動過，在芝加哥擔任記者取得了成功。自那之後，他來到日本，旅居日本兩年半，看到了日清戰爭中的日本。他在回憶錄中寫道：「我親眼見到了日本對中國所做的戰爭準備，還有，特別是在和談之後，感受到了整個日本國內瀰漫著的憤激情緒。那種憤怒……指向了俄羅斯。」[341]因此，他認為當日本和俄羅斯發生戰爭的時候，芬蘭人的機會就來了。

不過，俄羅斯的大多數普通知識份子並沒有改變對日本的傳統看法。也湧現出嘲諷、輕蔑的觀點。一八九五年出版的外交官佩利坎的著作《進步的日本》就是立足於這種觀點的日本論。佩利坎曾於一八七九年至一八八四年擔任橫濱總領事，但日清戰爭時期，他不在遠東。

佩利坎在該書中斷言，日本興起的西歐文明化的變革「不是真正的啟蒙的成果，只不過是日本人高度成熟的模仿的結果而已」。[342]模仿議會主義的結果，生成的不是「真正地按照人民的意願統治國家的手段」，只不過是「安全閥門」。天皇也「不過是一個象徵」，真正的權力在於「Oligarchy」（意即寡頭壟斷的統治階層。——譯者註）。佩利坎譴責寡頭階層將國家帶入日清戰爭這種冒險的行動是犯罪。[343]只不過由於戰爭對手是清國，才得以輕鬆獲勝。他尖刻地評論道：「日清戰爭沒有給出判斷日本軍絕對的戰鬥資質的素材，反而表明了指導日本命運的人們欠缺一切政治上的辨別能力和指揮能力。」日本有什麼理由認為歐洲會允許它從這場戰爭中獲得實質性的利益呢？作為結論，佩利坎認為這種失敗的「答案在於日本人極度輕率、過分自信、沉浸於愚蠢的自戀中。」[344]

佩利坎在整部書中始終主張日本的西歐化只表現在國家生活的外在形態的變化上，只有寡頭階層與其相關，而國民整體的家庭生活、社會生活的變化很小，沒有真正的文化的成長、知性的開化。「日本的物質進步不能證明其文化的成長，他們的知性開化是幻影，與國民的欲求不吻合。」[345]佩利坎的日本觀很明顯地展現出對明治維新後日本的變化評價過低的傾向。

儘管如此，報刊雜誌的反應也在戰爭進入第二年的階段，特別是俄羅斯參與三國干涉的時候開始有了變化。《新時報》主筆蘇沃林於一八九五年二月廿三日（一一日）在他的專欄中寫道，他同情敗北的清國的立場，清國人實踐了托爾斯泰的非暴力主義。「清國人可謂正是那樣做的，完全不保護自身。但儘管如此，日本人仍然進攻、殘殺，就像廚子殺雞一般，帶著一種特別的滿足感斬殺俘虜。」[346]

三月十六日（四日），蘇沃林呼籲要注意日本。「日本的命運不得不喚起我們的關注。日本是我們的鄰居，有可能成為我們的敵人。我們從尼曼河擴展到太平洋沿岸，曾經認為在遠東，除了大海之外沒有障礙。……然而，實際中出現了日本人這個障礙。這群身材矮小，黃皮膚，幾乎不蓄鬍鬚的人們雖然手腳很小，卻聰明睿智、勤勉、節儉。」「我想，有巨大的工作等待著我們的外交部。他們有必要深度關注、研究問題，還有必要制訂出毅然決然的行動計畫。」[347]

五月廿三日（一一日），蘇沃林寫了與日本年輕人的談話。日本人說，「對日本來講，朝鮮的獨立是sine qua non（不可欠缺）的條件」，但是，直至朝鮮能夠獨立為止，日本考慮佔領朝鮮。「我說，那麼好吧，……你們佔領朝鮮吧，我們佔領旅順。」[348]在這裡我們有必要注意的是，這段對話發生在日本因三國干涉，打消了對旅順的念頭之後不久。

綜合雜誌也開始討論起日清戰爭來，但沒有湧現出比尤沙柯夫更敏銳的關心的文章。負責穩健自由主義雜誌《俄羅斯思想》國際局勢專欄的戈利采夫在三月號中從日清戰爭開始寫起，他最後得出結論，即使日本陶醉於勝利，沾染上排外主義，也無須擔心。「因為我們祖國和歐洲列國堅決的、理性的政策，不會給日本新生的排外主義廣闊的行動空間。」[349]在五月號中，戈利采夫表達了對三國干涉成功的讚賞之意，並相當樂觀地寫道，「現在俄羅斯有了通過外交交涉在太平洋岸獲得不凍港，不與日本陷入敵對關係，就完全可以強化我國政治、軍事地位的可能性。」[350]

同樣是穩健的自由主義雜誌《歐洲通信》在三月號的國際局勢專欄中，針對德國《科隆日報》中所寫「現在俄羅斯政界將所有注意都投向了朝鮮事態的發展」進行了反駁。他認為雖然現在通過集團干涉限制了日本的勝利果實，但哪個國家會策劃軍事佔領朝鮮這樣的事情來呢。「那樣的要求原本就不存在，不可能存在。」他譴責報紙「屢屢在對俄羅斯更為重要的問題」上保持沉默，抗議其「不關心巴爾幹諸民族的利害」。[351]

很明顯，這些一般性的言論並沒有理解事態的嚴重程度，因為它們沒能正確地評價日本的實力。

第四章　俄羅斯佔領並租借旅順（一八九六年至一八九九年）

高宗的俄館播遷

一八九六年一月八日，韋貝爾的繼任代理公使士貝耶抵達了漢城，[1]韋貝爾仍然留在漢城。一月十四日，廣島的第五師團軍事法庭對楠瀨中佐以下諸人做出了無罪判決。接著，在廣島地方裁判所的預審中，對三浦梧樓以下總計四十四名被告因證據不足，做出不予起訴的判決。朝鮮方面大概是滿腔憤怒地接受了這樣的現狀吧。韋貝爾等人應該也是同樣的心情。

一月廿七日（一五日），士貝耶給東京的俄羅斯公使館發去電報，希望傳達給聖彼德堡：「（朝鮮）國王期待我們能夠幫助他恢復自己的權力，恢復自由選擇大臣的權力。雖然朝鮮人民和善良的人們是他的戰友，但他自己完全沒有達成此事的手段。日本的壓迫受到萬人憎恨。……為了將朝鮮從日本扶植的殺人大臣手中解救出來，國王期待俄羅斯發出強有力的聲音。韋貝爾和我大膽地揣測，即使我們擔心介入會引起糾紛，但根據當地的實際狀況，如果我們不希望將朝鮮完全讓與日本的話，我們不應該拒絕積極的角色。」士貝耶在電報中請求派遣足以與日軍守備隊匹敵的俄軍部隊。[2]

東京的希特羅渥公使在轉達這份電報時，添加上了他向西園寺外相詢問情況時，小村「以完全不同的方式描述了事態，並斷言國王對大臣的信賴與日俱增」。希特羅渥公使寫道，原本看看「審判三浦的鬧劇」，就可知日本所做的保證「完全不值得信賴」，但是「儘管如此，我還是認為我們有必要嘗試事先與日本簽訂協定的所有手段」。[3]

漢城公使館和東京公使館的見解、方針完全不同。聖彼德堡的外相接到電報後拒絕派遣軍隊。「在現在這個時間點上，刺激純屬朝鮮內政的問題不合時宜。」[4]

然而，漢城的事態有了進展。二月二日，高宗通過躲避在俄羅斯公使館的李範晉，給韋貝爾和士貝耶送去書信，說有人想利用因反對斷髮令而發生的反亂，奪取他和皇太子的性命，因此希望到俄羅斯公使館躲避。[5]一國君主在自己的都城中，卻要逃到外國公館，這樣的做法真可謂前所未聞。士貝耶等人雖然擔心會有危險，但在李範晉的強烈請求下，答覆可以接受。

士貝耶立即將這件事情報告給了本國，貝拉・樸認為此舉也得到了聖彼德堡的支持。因為在士貝耶二月二日（一月二一日）的電報上，皇帝寫道：「期待我國派遣一艘大型軍艦到仁川。」[6]高宗原本派人來聯繫，定於二月九日前往俄羅斯公使館，但後來又因「守衛公使館的水兵數量不足」而延期，希望士貝耶「調來更多的水兵」。於是，二月十日，韋貝爾和士貝耶從停泊在仁川的巡洋艦科爾尼洛夫海軍上將號上抽調了五名軍官、一〇七名武裝水兵和一門大炮到漢城的俄羅斯公使館。[7]接著，二月十一日，行動開始。朝鮮國王高宗與皇太子一同逃出王宮，轉移到俄羅斯公使館。這一事件被稱為「俄館播遷」。

來自參謀本部的科爾涅耶夫上校這個時候停留在公使館，他自去年十二月起前來視察朝鮮南部。根據他的報告書的記載，這天自早晨起，事情是這樣進行的[8]：拂曉，一直躲藏在公使館中的親俄派巨頭李範晉給他送信，言明國王要逃離王宮，前來公使館。這天公使館大概充滿了緊張的氣氛，武裝水兵們應該進入了戒嚴狀態。上午七時半，有兩頂轎子來到公使館圍牆東側的便門處，便門立即打開，轎子進入公使館的玄關。國王和隨從的女官坐在其中一頂轎子中，另一頂轎子中則是皇太子和一名侍奉他的女官。科爾涅耶夫寫道：「由於對國王的監視極嚴，因此如果沒有女官們和一名軍官……的奉獻精神，他們無論如何都無法從王宮中逃脫出來。」

後來，日本公使館的總結是，自去年十一月的事件之後，規定女官們可以乘轎徑直出入王宮，因此，衛兵沒有盤查。[9]

俄羅斯公使館占地面積廣闊，中間有巨大的主樓和四棟略小的建築。主樓的左側住著前任公使韋貝爾，新上任的公使士貝耶住在右側。韋貝爾將自己住的主樓左側的兩間房屋提供給了他的親密朋友——朝鮮國王。

高宗到達俄羅斯公使館後，立即發出了詔敕，張貼在漢城城內。其內容為「國運不幸，亂臣賊子年年作禍」，這次他也是因為得到事變的消息，才逃到了俄羅斯公使館，他列舉了趙義淵、禹範善等六人為逆魁，號召將他們即刻斬首來獻；並提出罷免現在的內閣，重新任命金炳始為總理，李載純為宮內府大臣，朴定陽為內部大臣，趙秉稷為法部大臣，李完用為外部大臣，李允用為軍部大臣，尹用求為度支部大臣。[10]其中，李完用和李允用二人均躲藏在美國公使館，是親兄弟。

上午八時三十分，士貝耶公使受國王委託，通告所有的外國代表：「朝鮮國王陛下考慮到目前該國政治局勢極其嚴峻，若繼續居住在王宮中，對自身的個人安全有重大危險，因此與皇太子殿下一同來我公使館尋求庇護。」上午十一時，以新任外部大臣李完用的名義向美國公使希爾發出請求，希望聯繫各國公使，國王將於正午俞允公使謁見。[11]

上午九時許，水兵們在俄羅斯公使館主樓前齊整列隊，接受了國王高宗的檢閱。高宗對水兵們讚歎不已，遂向士貝耶提出能否由俄羅斯人負責訓練朝鮮軍隊。不久，朝鮮軍隊來了，他們在主樓前排列為四隊，向國王舉槍敬禮，聆聽國王的訓話後，離開了公使館。

十時，宮內府官員倉皇跑到日本公使館，告知國王和世子躲避到俄羅斯公使館之事。小村立即派國分翻譯官前往朝鮮內閣。國分離開之後，自總理金弘集以下的大臣們聚在一起商量，內部大臣俞吉濬主張全體辭職。但是，金總理打算先去俄羅斯公使館勸諫國王。他在前往公使館的途中被警務廳派出的巡警逮捕，押送走了。農商工部大臣鄭秉夏也被逮捕。警官們將兩人押到警務廳門前殺害了，然後將他們的屍體擺在漢城鍾路示眾。除了被殺害的兩人外，其他前任大臣——內部大臣俞吉濬、軍部大臣趙義淵、法部大臣張博九死一生逃脫了追捕，在日本公使館的庇護下逃往了日本。

正午，美國公使希爾以及各國公使陸續前來拜謁國王。小村公使也來了，在這種事態中，他應該受到了很大的打擊，不過科爾涅耶夫寫道，小村表現得相當鎮靜。根據小村本人提交給日本外務省的報告，他到達俄羅斯公使館時，各國公使已經退出，他獨自拜謁了高宗。高宗以平靜的語氣說：「因眼下闕內危險，故暫入該館。」小村對士貝耶說了要儘量避免日俄士兵間發生衝突後，就離去了。[12]二月十三日（一日），士貝耶給本國發去電報：「可以認為，在帝國公使館的精神支援下，朝鮮國王果斷實行的和平政變取得了圓滿成功。」[13]

日本受到打擊

這個事件使日本方面受到很大的打擊。小村公使於事發當日向外務大臣做了報告：

「國王、世子今朝拂曉伺宮內官吏之隙，潛入俄國公使館，同時布如下之詔敕於市街各所，並更迭內閣之員。……人心稍稍不穩，然無任何變動之兆候。被稱為日本黨之人過半遭逐斥。事已如斯，除儘快動用兵力外，別無手段。然動用兵力必不免與俄國衝突。因相信眼下尚非起此種衝突之時機，故決心至貴大臣發來某種新訓令為止，始終以穩和手段應對。」[14]

高宗與俄羅斯聯手反擊，狠狠痛打了日本，小村好不容易才抑制住了調兵進行對抗的衝動。五天後，事態稍稍平息，小村發出了第三封信，對形勢做了進一步分析。他擔憂的事情有三個：第一，日本的壯士們在激昂的情緒下做出報復性舉動。第二，朝鮮人對日本人施加暴行。第三，日俄間的糾葛。小村最為重視的是第三點。「日俄關係眼下為極為迫切。我認為對我政府而言，或置朝鮮於各國保護之下，或與俄國達成協議，總而言之，面對俄國，決定朝鮮問題非常緊要，絲毫不可猶豫。」[15]

日本不惜發動日清戰爭，排除掉清國，本應使得朝鮮成為事實上的保護國，然而遭到三國干涉後，朝鮮國王也立即變得不聽話了，慌張中，三浦公使帶頭做出了殺害閔妃的暴行，致使日本完全喪失了立場。小村投身進來，正在思索如何挽回局面的時候，國王又被俄羅斯公使館奪去了。日本在朝鮮的權益已然如同風中殘燭，飄忽不定，俄羅斯的力量佔據了絕對優勢。如此這般，日本就需要與俄羅斯協商，無論如何，也要在這個地方保留下日本勢力的手，小村這樣考慮到。

在日本國內，二月十四日，各家報紙紛紛報導了「朝鮮的一大變動」。《東京朝日新聞》在十五日的社論中寫道：「俄國公使館現已成為朝鮮國王及世子親臨商談組織新內閣的場所，如此這般，我對韓政策遂以失敗告終，不能不使吾人悲哀。」十九日，報紙用整版討論了「今後的對韓策略」，提出在朝鮮國王返回王宮的基礎上，應該採取三種對抗俄羅斯的策略。第一策，聯合列國公使，表明不承認朝鮮新政府，以牽制俄羅斯；第二策，使朝鮮成為「列國共同保護國」；第三策，放棄與朝鮮的關係，採取「袖手旁觀策」，「臥薪嚐膽」，以待他日。不過，相反地也提到了還有「與俄國協同，平均維持於朝鮮的勢力，以遏止糾紛」的策略。文章指出，雖然第二策較好，但「難保最終會出第三策」，很是悲觀。這個時候，民間情緒低落，喪失了膽氣。

在俄都及東京的交涉

西園寺臨時代理外相令駐俄羅斯的西德二郎公使詢問俄羅斯政府的意向。因為漢城的音信被隔斷了，連東京的希特羅渥公使也在二月十四日（二日）的電報中寫道：「我完全沒有得到漢城的消息，電信聯繫也從一月廿四日（二月五日）起中斷了。」[16]二月十七日，西德二郎公使報告了與洛巴諾夫—羅斯托夫斯基外相會談的結果。外相說，漢城公使只發來三封電報，他將電報拿給西公使看，並說道「俄國將來的方針，只希望無任何外國干涉，迅速於朝鮮實現穩定安寧」。西公使評論外相「不熟知事件真相」，「此次事件似在俄國政府不知情的情況下發生。」[17]

到二月十八日，小村公使看到俄羅斯公使沒有動用俄羅斯兵力護衛王宮的跡象，感覺俄羅斯似乎並沒有開戰的決心，遂提案：「相信我政府在面對俄國，決定朝鮮問題時，尚有一時的猶豫期。」「以共同擔保朝鮮獨立和共同監督朝鮮內政這兩個基礎與俄國協議，不失為最捷徑。」[18]在日清戰爭之際，一八九四年八月，陸奧外相曾提出四個對朝鮮政策方案，日本對朝鮮：甲，自由放任；乙，保護國；丙，日清兩國共同擔保；丁，由列國保障中立，最後，日本決定推進乙案的方針，並且一直在這樣做。現在，小村提議退到丙案的變形，即採取日俄兩國共同擔保的方案。

十九日，西園寺與希特羅渥公使會談，對他說道：「防止誤解於未然的最良手段，在於彼我兩政府間協商。」希特羅渥也說，相信這次事件「俄國政府並不知情」，回答可以接受提案。於是，西園寺提議今後日本、俄羅斯在向各自的駐朝鮮公使發去訓令時，要事先與對方政府溝通。對於這樣無理的提案，希特羅渥也表示了贊成。[19]這一提案最終還得到了俄羅斯外相洛巴諾夫—羅斯托夫斯基的贊成。[20]

西園寺因此受到鼓舞，他在五天後送信給希特羅渥，提議讓兩國駐漢城的公使建議國王返回王宮，建議組建由公正人士構成的新政府，建議掌權的朝鮮人不要對政敵施以殘酷的懲罰。西園寺寫道，朝鮮國王如果對日本軍不放心，日本政府準備做出保證，日本軍只用於保護日本公使館和在朝日本人，並在必要時保護國王。[21]

希特羅渥對此表示贊成，給本國發回了電報。洛巴諾夫—羅斯托夫斯基外相研究後，提出了五點新建議，於三月二日由希特羅渥傳達給了西園寺。第一點，「若國王判斷時機合適時，無論何時都可以自由地返回王宮。俄羅斯代理公使確實對此不反對。」態度軟化起來。第二點，建議使用穩健和懷有慈悲精神的大臣，這點與日方提案的第二點相同。第三點，應該調查是否有必要由外國軍隊來保護電信線路。第四點，應當就保護兩國公使館、領事館所應採取的措施達成諒解。第五點，提倡「相互和解的精神」。[22]西園寺將這一共識告知小村，指示他與在漢城的俄羅斯臨時公使落實若干點。[23]

漢城的判斷完全不同，這一點從士貝耶發給俄外交部的電報中就能很清楚地看出來。他於二月十五日（三日）發電報說，國王提出請求，希望在朝鮮任命俄羅斯人的主任顧問官，希望俄羅斯派送軍事教官。[24]廿一日（九日），士貝耶發電報說，國王正在等待回覆他所提出的請求，他對日本軍的駐留感到危險，說如果沒有俄羅斯水兵的警護，他不能返回王宮。「我們二人傾向於實行這些請求。」[25]

山縣的訪俄方案

士貝耶在二一日的電報中還寫道，「山縣元帥被任命為特使一事具有著重大意義，他是可以確信的支持與我國簽訂協定的人。」表達了士貝耶的期待之情。這封電報在第一時間傳達了山縣有朋訪俄的構想。

俄羅斯宣佈將於當年——一八九六年五月在莫斯科舉行尼古拉二世的加冕儀式，日本早已決定由伏見宮代表天皇出席。伊藤總理的想法是，有必要趁出席加冕儀式的機會，派遣全權大使去俄羅斯，就朝鮮問題與俄羅斯達成協議。也許，他在二月漢城危機之前就有了這種想法，自事件發生之後，他更加迫切地感到了必要性。據說，伊藤總理最初的想法是親自訪俄。但是，總理出行肯定會出現異議。於是，伊藤將橄欖枝伸向了內閣之外的元老山縣有朋。山縣雖然一開始堅決推辭，不過最終還是答應了。二月廿一日，經閣議決定，山縣被任命為訪俄全權大使。[26]

山縣原本就有一種舍我其誰的強烈意願。山縣自一八八二年讓井上毅撰寫《朝鮮政略意見案》以來，一直留意著「保護朝鮮之獨立，防禦俄國之南侵」。最開始，他想通過日清協作來實現這個目標，但迅速放棄了這一想法，隨之，日清戰爭爆發了。山縣作為日清戰爭的主力軍、第一軍司令官，於仁川登陸，經義州，渡鴨綠江，到達了九連城。在那裡，他於一八九四年十一月七日起草了《朝鮮政策上奏》送往廣島的大本營。文中，他在確認了「朝鮮國土已不再為清兵蹂躪」的基礎上，對於朝鮮獨立的可能性表現出極其否定的認識來。

「觀察現今朝鮮國內之形勢，殆有讓人不禁氣餒者。」看到從仁川到義州所經歷的五十天、一百五十里的情形，土地既不豐饒，山川也不秀美。「至其人民概皆愚暗，且不力產業。而蒙昧、淳樸之風氣極稀。」「舉國之民缺乏進取之氣象，有偷安姑息、飽食即眠之風習。助此國實現獨立之名實，不可不云實為至難之業。」[27]

山縣在這裡直率地寫道：「而況使之獨立，以此為保全我國於東洋之利益提供方便乎」，承認朝鮮獨立是謀求日本利益的「方便」。如果這樣有困難，那麼目前什麼是必要的呢？

「最為急務者，即以下二策：一曰鋪設自釜山經漢城至義州鐵路，一曰移植我邦之人至平壤以北義州為止的樞要之地。」釜山至義州間的鐵路是「通向東亞大陸之大道」，應該能夠成為「橫斷支那直達印度之道路」，如果日本「欲稱霸東洋，永遠雄視列國之間」，這條道路是必要的。向朝鮮北部移民日本人，穩固與清國的邊界，「漸次掌握其商業農業之權力，同時誘導土人真誠向慕文明之域，以斷然杜絕清國之影響。」[28]

這基本上是將朝鮮全境置於日本統治之下的構想。山縣在戰爭中抱有的這種構想，戰後隨著局勢的發展，眼看就要走向潰敗了。正因如此，他才執著於要設法與俄羅斯簽訂協定，保衛日本在朝鮮的地位，哪怕只是一部分。

確定山縣訪俄後，希特羅渥公使於二月廿七日（一五日）給俄外交部發去電報。「山縣元帥代替伊藤公被任命為特命全權大使之事具有特別重大的意義，這證明了在該國的領導層中，認為有必要與我國簽訂直接、全面協定的意見獲得了勝利。」[29]

希特羅渥在山縣之前先行出發回國了。在他離開期間，士貝耶被任命為駐東京的代理公使。這使得本來已經被免去代理公使之職的韋貝爾成了漢城的單獨負責人。[30]在出發前的三月五日，希特羅渥與伊藤總理進行了會談，他提出希望聽聽山縣的使命。伊藤沒有直接回答，而是這樣說道：

「該大臣與閣下一樣，認為朝鮮國非能自立之國，必須他國之扶助，因此，最為期待日本國與俄國達成協議之事。」

對此，希特羅渥也說道：

「依我個人意見……朝鮮乃不能靠一己之力獨立之國，故希望俄國與日本國協商，設定一個足以使朝鮮存立的暫定辦法（modus vivendi），又……俄國希望朝鮮不落入其他強國手中，成為對付俄國的一個武器。」

伊藤對此表示贊同。

「若俄國之真意果如斯，相信兩國間能夠達成十分圓滿之協議，並且……日本國對朝鮮無侵掠之意，此外，日本不欲獨握該國全權。」[31]

另一方面，西園寺外相代理和山縣經過協商，起草了給特使的訓令和密訓，於三月十三日獲得通過。訓令為：「日俄兩國或者互相共同提攜，以扶持朝鮮之獨立；或者勸誘彼我兩國外之關係國，保證朝鮮之獨立。無論何策，苟能確實鞏固朝鮮建國之基礎，帝國政府將欣然與俄國政府籌畫經營」。[32]「籌畫」在這裡是指與俄羅斯政府一同想方設法努力做的意思吧。

密訓中列舉了日俄應該通力協作的六個專案，為組建政府、改革整頓財政、整備軍隊、警察制度、鎮壓騷亂、防衛外國侵略。特別是為了鎮壓騷亂，規定「自日俄兩國或其中一國派駐相當之軍隊，以備不虞」，「為保持朝鮮國內之秩序安寧，若有自日俄兩國派遣各自軍隊的情況，劃定其國內一區駐屯，且兩兵駐屯之地間應設置相當距離。」[33]這幾乎是完全的日俄共同管理朝鮮方案，包含著分割日俄勢力領域方案的萌芽。

山縣一行於三月十五日從橫濱出發，都筑馨六作為隨行人員加入。此行經由美國繞到歐洲。[34]由於俄羅斯給朝鮮也送去了尼古拉二世加冕儀式的邀請函，高宗想趁此機會派遣使節，請求俄羅斯提供全面援助。很明顯，韋貝爾為此事出了力。閔泳煥被任命為特使，尹致昊作為其顧問同行。[35]

《小村—韋貝爾備忘錄》簽署

到了三月中旬，漢城的小村按照東京的指令開始與俄羅斯公使接觸。[36]小村與韋貝爾會談了一兩次之後，將自己構想的協議案送交韋貝爾。協定案有四項內容：第一項，兩公使奉勸國王返回王宮，撤走王宮前的日本兵。第二項，兩公使勸誡任命溫和之人為大臣。第三項，將漢城的日本裁軍減為兩個中隊、四百人，與釜山、元山各一個中隊一同，駐屯至朝鮮國內恢復穩定。第四項，撤走保護電信線路的部隊，替換為憲兵，憲兵總數不超過二百人。韋貝爾看後表示「大體無特別異議，尚有一些修正」，就帶回去了。然而，過了一星期都沒有回音。[37]

四月五日，韋貝爾終於做出回覆。關於第一點，確定國王身邊安全後，會勸告其返回王宮。第二點，現在的大臣是「自由進步主義之人」，沒有問題。第四點中，替換為二百名憲兵雖好，但也應漸次撤走，日本佔有獨立國朝鮮的電信線路屬於「離奇事態」，應該推進將電信線路賣與該國之事。第三點，雖然目前可以在漢城駐屯二個中隊，釜山、元山各駐屯一個中隊的日本軍，但如果不再發生襲擊後，亦應撤走，為保護俄羅斯公使館、領事館駐紮的守備兵，隨俄羅斯之意安排。[38]

小村認為基本可以接受這些內容，他只提出應將日本公使也勸告國王歸還王宮之事加入第一點，以及應該刪除「將電信線路賣與該國」的表述這種程度的意見。[39]

東京傳來指示，認為這樣可以接受，不過第四項中的「俄兵駐紮之項，應規定其數不超過我兵之數，且朝鮮事態恢復平穩後，應予撤兵」。[40]小村四月廿二日向韋貝爾傳達了這一宗旨，但沒有得到回覆。在三十日，韋貝爾傳來答覆，說由於日俄政府間已經協定好了第一項、第二項，我們只是執行，而限制俄兵人數之事必須要請示本國政府的訓令。小村給東京發電報寫道，韋貝爾「根本不僅絲毫沒有與我方共同行動的想法，而且非常厭惡這樣做」，這樣下去，交涉會充滿困難。[41]

日本政府似乎也與東京的士貝耶進行了溝通，並向俄羅斯外交部做了工作，尋求向韋貝爾施壓，讓他接受小村的提案。最終，五月十三日，韋貝爾回覆，基本上全盤接受小村提案。[42]

一八九六年五月十四日，小村公使和韋貝爾前代理公使簽署了備忘錄，其內容如下：

一，朝鮮國王陛下返回王宮之事，任由陛下一己之裁斷，日俄兩國代表對陛下返回王宮之安全抱有疑懼時，可忠告其不返回王宮。此外，日本國代表於茲保證，將採取嚴密措施取締日本壯士。

二，現任內閣大臣皆為陛下獨自任命，多為在位超過兩年之國務大臣或其他顯職者，以寬大溫和主義為人所知。日俄兩國代表常以勸告陛下任命寬大溫和之人物為其閣臣，且以寬仁對其臣民為目的。

三，關於如下之項，俄國代表完全同意日本國代表意見。即鑒於朝鮮國之現況，為保護釜山至漢城間之日本電信線路，有必要於若干處部署日本國衛兵，盡速撤回現在由三個中隊兵丁組成之護衛兵，代之以憲兵，配置如下：大邱五十人，可與五十人，釜山至漢城之間十處之派出所各十人。……憲兵隊總數絕不超過二百人。並且此等憲兵將來在朝鮮政府恢復安寧秩序後，應自各地漸次撤回。

四，為防止萬一朝鮮人發動襲擊，保護在漢城及各通商港的日本人居留地，可於漢城駐屯二中隊、釜山一中隊、元山一中隊日本兵，……為保護俄國公使館及領事館，俄國政府亦可於以上各地駐屯不超過日本兵人數之衛兵……[43]

在簽署這個備忘錄的過程中，日本政府確認了俄羅斯政府的合作態度。也就是在此期間，日本成功地將與朝鮮國王結下深厚情誼的前任代理公使韋貝爾從聖彼德堡和東京孤立了出去。

小村簽署了這個備忘錄後，接到回國的命令，於五月三十一日離開了漢城。在離開的前一天夜晚，小村向朝鮮外部大臣李完用提出了向一個月以來在朝鮮各地被殺害的四十三名日本人以及十九名受傷者支付受害損失賠償金日本銀幣一四萬六千日元的要求。[44]不過，他對於閔妃的被害沒有任何表示。

據說小村回國後，見到了勝海舟。勝詢問小村對韓善後方策時，小村回答，「如閣下所處幕府末年之狀」。勝表示不解，小村接著說道：「天子被奪，萬事皆休。」[45]

小村晉升為外務次官，原敬被任命為朝鮮公使。

《俄清秘密同盟條約》與《東清鐵路協定》

就在山縣訪問俄羅斯之時，俄羅斯和清國之間正在進行著另外的重要交涉，即關於俄清秘密同盟條約和東清鐵路協定的交涉。

一直大力推進西伯利亞鐵路建設的財相維特十分重視和清國的良好關係，他有所企圖。一八九五年二月，他撰寫了關於西伯利亞鐵路貝加爾湖以東、阿莫爾部分的意見書。鑒於這個地區的工程是一道難關，他想到從諾沃楚魯海圖伊橫穿滿洲北部，經墨爾根通往布拉戈維申斯克（海蘭泡）的線路。然而，三國干涉成功後，維特也開始推進更加大膽的橫穿滿洲鐵路案。從合理性的角度來說，由赤塔橫穿滿洲至符拉迪沃斯托克的鐵路最短、最快捷，也有利於滿洲的開發。十月，維特整理好這個橫穿滿洲鐵路方案，上奏給皇帝。財政部制訂了這個方案應該向清國政府提議的工程計畫。[46]

俄羅斯的方案為，希望清國承認民間公司鋪設鐵路的權利，俄羅斯承認清國於八十年後回購的權利。維特與烏赫托姆斯基共同推進這一方案，交涉在聖彼德堡開始了，但仍有必要令北京的喀希尼公使與清國政府進行交涉。按照洛巴諾夫—羅斯托夫斯基的訓令，一八九六年二月，在北京的交涉也正式開始。然而，清國政府以自己要建設鐵路為由，拒絕了俄羅斯方面的請求，喀希尼的交涉遲遲沒有進展。[47]

這時，維特想到利用歡迎李鴻章作為清國代表出席尼古拉二世加冕儀式的機會，在聖彼德堡進行交涉，得到了皇帝的同意。維特派烏赫托姆斯基去塞得港迎接李鴻章，徑直護送他到俄羅斯，帶至聖彼德堡。[48]五月一日（四月一九日），烏赫托姆斯基拜謁皇帝，報告李鴻章已經抵達。[49]

與李鴻章進行交涉的不是外相，而是維特。李鴻章帶來了用俄羅斯資金建設清國鐵路的方案和俄清同盟條約案。交涉頗為艱難。雖然最後決定了在細節上採用俄羅斯式的寬軌，名稱不用滿州鐵路，而用東清鐵路、中國東方鐵路，回購的期限也由八十年縮短為三十六年，然而，雙方根本性的對立並沒有消除。五月四日（四月二二日），李鴻章謁見了尼古拉。尼古拉在日記中寫道：「大名鼎鼎的李鴻章謁見了我，他帶來大批隨員，是一位風采堂堂的老人。」[50]皇帝三天後還接見了李鴻章。「李鴻章謁見，贈送了清國皇帝的禮物以及他自己的禮物。然後我們在辦公室進行了長時間的會談，由他的兒子李公爵做翻譯。」[51]尼古拉向李鴻章強調，俄羅斯沒有任何領土上的野心，給李鴻章留下了深刻的印象。盧科亞諾夫在俄清交涉的研究中指出，正是聽了皇帝的這席話，李鴻章才定下決心 接受俄羅斯方面的條件。[52]翌日，維特向皇帝做了上奏。又翌日召開了西伯利亞鐵路委員會。[53]會議明確了交涉負責人和相關大臣以及皇帝要緊密協商，合力推進交涉。對於當時的俄羅斯來講，這是最為重要的交涉。

李鴻章的想法是清國和俄羅斯締結同盟條約，在其中寫入鐵路問題。也就是說，他的邏輯是雙方為了應對日本的侵略而締結同盟，共同面對問題，因此清國允許修建運送俄羅斯軍的鐵路。而對維特和洛巴諾夫—羅斯托夫斯基來講，雖然他們大概並不期待與清國簽訂以日本為敵的條約，但為了獲得鐵路特許權，必須接受同盟。雙方就同盟保密之事達成了一致。

就這樣，圍繞在滿洲建設鐵路的交涉，從李鴻章一方的邏輯來看，演變成了內容意想不到的條約交涉。最終雙方締結了被普遍稱為「喀希尼密約」的《俄清秘密同盟條約》和與之配套的《東清鐵路協定》。一八九六年六月三日（五月二二日），李鴻章和維特、洛巴諾夫—羅斯托夫斯基在聖彼德堡簽署《俄清秘密同盟條約》，其內容自俄方資料翻譯如下：

俄國皇帝陛下暨清國皇帝陛下期望為鞏固遠東幸而恢復的和平，防衛外國再次入侵亞洲大陸，決定締結防禦同盟，這裡為此目的，任命……為全權代表。

第一條，如果日本攻擊東亞的俄羅斯領土、清國和朝鮮的領土，無論何種情況，均可視為立即適用本條約的契機。這種情況下，兩締約國在該時點，有義務以各自擁有的一切陸海軍兵力進行相互支持，為這些兵力補給各種裝備時，盡最大可能相互援助。

第二條，兩締約國開始共同行動後，任何一方未經他方同意，不得與敵方締結媾和條約。

第三條，軍事行動之際，清國所有港口在必要時須向俄羅斯艦船開放；清國當局應盡力給予這些艦船必要的支援。

第四條，為確保俄軍能夠到達有可能遭受攻擊的地點以及軍隊存在的手段，清國政府同意鋪設通過滿洲的鐵路。屆時，關於鐵路鋪設的所有條件，將於聖彼德堡由清國公使與俄清銀行進行交涉，以契約的形式確定。

第五條，軍事行動之際，俄羅斯擁有為輸送自己的軍隊和補給而自由利用這條鐵路的權利。平時，俄羅斯亦可行使同樣權利，但除因轉運暫時逗留外，其他不得藉故停留。條約的效力自上述契約經清國皇帝批准之日起生效，有效期十五年。在該期限結束的六個月前，雙方締結進一步延期的協定。[54]

（譯者註：以上是根據俄羅斯的資料翻譯成日語，再由日語翻譯成中文的譯文。這裡附上《中俄密約》中文版原文，以供參考。如下：

大清國大皇帝陛下暨大俄國大皇帝陛下，因欲保守東方現在和局，不使日後別國再有侵佔亞洲大地之事，決計訂立禦敵互相援助條約，是以……為全權大臣……

第一款　日本國如侵佔俄國亞洲東方土地，或中國土地，或朝鮮土地，即牽礙此約，應立即照約辦理。如有此事，兩國約明，應將所有水、陸各軍，屆時所能調遣者，盡行派出，互相援助，至軍火、糧食，亦盡力互相接濟。

第二款　中、俄兩國既經協力禦敵，非由兩國公商，一國不能獨自與敵議立和約。

第三款　當開戰時，如遇緊要之事，中國所有口岸，均准俄國兵船駛入，如有所需，地方官應盡力幫助。

第四款　今俄國為將來轉運俄兵禦敵並接濟軍火、糧食，以期妥速起見，中國國家允於中國黑龍江、吉林地方接造鐵路，以達符拉迪沃斯托克。惟此項接造鐵路之事，不得藉端侵佔中國土地，亦不得有礙大清國大皇帝應有權利，其事可由中國國家交華俄銀行承辦經理。至合同條款，由中國駐俄使臣與銀行就近商訂。

第五款　俄國於第一款禦敵時，可用第四款所開之鐵路運兵、運糧、運軍械。平常無事，俄國亦可在此鐵路運過境之兵、糧，除因轉運暫停外，不得借他故停留。

第六款　此約由第四款合同批准舉行之日算起照辦，以十五年為限，屆期六個月以前，由兩國再行商辦展限。）

《東清鐵路協定》於一八九六年九月八日（八月二七日），由烏赫托姆斯基、羅思坦與清國駐俄公使在柏林簽署。[55]根據這一協定，俄羅斯能夠以最短距離鋪設連結赤塔至符拉迪沃斯托克的鐵路，能夠租借其附屬地，並在那裡部署員警以及警備兵。該協定規定鐵路的建設主體不是俄羅斯政府，必須是俄羅斯的民間企業，俄羅斯設立了東清鐵路公司。

山縣有朋在俄羅斯

山縣一行於五月中旬從法國出發前往莫斯科。有關俄羅斯方面迎接山縣時的氣氛的資料很匱乏，外交部的三號人物——上級審議官拉姆斯道夫日記中的隻言片語為我們提供了一些線索。拉姆斯道夫在五月十三日（一日）的日記中寫道，他被洛巴諾夫—羅斯托夫斯基外相叫去，外相剛結束與李鴻章的長時間會談，告訴他條約基本上已經談妥。外相的心情很好，說道，「你知道嗎，事態順利的話，這將會成為一項偉大的事業。」拉姆斯道夫接著寫道，他向外相彙報，已回國的駐日公使希特羅渥確信與日本簽訂密切協定的必要性和可能性。「以希特羅渥的意見，這次前來出席加冕儀式的山縣元帥是日本傑出的政治家之一，他由衷地相信與俄羅斯達成共識是必要且不可欠缺的。」進而，拉姆斯道夫寫道，據駐法國武官報告，日本代表途經巴黎時對俄羅斯優待清國感到非常不安，代表本人以及伏見宮貞愛親王都擔心他們在俄羅斯得不到應有的待遇。[56]

很明顯，洛巴諾夫——羅斯托夫斯基外相重視與清國的交涉，對與日本的交涉沒有任何的準備。拉姆斯道夫雖然對此感到擔心，但也沒有做任何事情。

五月二十日（八日），洛巴諾夫—羅斯托夫斯基外相和山縣在莫斯科進行了第一次會面。山縣傳達了希望交涉的本意，然而，外相卻說近一兩日沒有時間，想在加冕儀式結束後在聖彼德堡進行交涉。[57]加冕儀式將於六天後在莫斯科的克里姆林宮舉行。雖然也有像李鴻章那樣從聖彼德堡繞道而來的人，但像山縣這樣直接來到莫斯科的外國賓客也很多。因此，外相的說辭也有一定的道理，不過這種應對方式還是顯示出外相輕視日本、輕視山縣。

五月十八日（六日），皇帝尼古拉由聖彼德堡抵達莫斯科。十九日（七日），伏見宮與巴登—符騰堡公國的王子一同謁見了皇帝。廿二日（一〇日），各國使節謁見，「來自法國、美國、西班牙、日本以及朝鮮，全是大人物。」[58]山縣也於這時拜謁了皇帝，不過，俄羅斯皇帝沒有俞允日本政府代表山縣單獨謁見的想法。

很快，希特羅渥公使來訪問了山縣下榻的賓館。他對山縣說，外相在加冕儀式之後，似乎打算先到休假地靜養一段時間，因此他建議山縣不要著急，做好慢慢交涉的打算。然而山縣沒有那樣悠閒的心情。在他的反覆要求下，五月廿四日，他與西公使一同與洛巴諾夫－羅斯托夫斯基外相進行了第一次會談。[59]山縣有朋懷裡揣著有六項內容的協定方案，其中，最為重要的是第一條和第五條。

第一條，日俄兩國相互擔保朝鮮國之獨立。

第五條，由於內憂外患，致使朝鮮國內之安寧秩序顯著紊亂，或有紊亂之虞時，日俄兩國政府基於協商，……認為除已駐屯朝鮮國之軍隊外，有必要進一步派遣軍隊以援助該國官憲時，日俄兩國為避免兩國軍隊的衝突，須劃分各自軍隊派遣之地，一方派遣其軍隊至南部之地，一方派遣至北部之地，且出於預防的目的，兩國軍隊之間須設相當之距離。[60]

這是尊重朝鮮的獨立，將朝鮮分為南北兩部分，分別為日俄勢力範圍的構想。其他項目為：第二條，日俄在朝鮮的財政均衡、外債募集方面協作；第三條，日俄在組織維持軍隊員警方面協作；第四條，日本所有的電信線路由日本管理，直至朝鮮收購為止；第六條，將來如果出現問題，日俄通過「和衷熟議」來解決，等等。這完全是由日俄兩國共同管理朝鮮，分割日俄勢力範圍的提案。

雖然在山縣口頭說明了提案之後，洛巴諾夫－羅斯托夫斯基外相說：「若雙方所望同一，我感覺大體上無異議。」但他看了文稿後，首先對第一條就做出了反應。他質問山縣「擔保（garantie）」獨立，指的是使朝鮮成為兩國的「保護國」嗎。山縣辯解說，這只不過是放在六條的「開頭」部分的措辭而已，沒有深刻的含義。看到第五條處，洛巴諾夫—羅斯托夫斯基和山縣相視而笑。西公使心想，他大概認為這是「分取南北」的意思吧。外相詢問山縣，是朝鮮國王提出請求時才派遣軍隊嗎。[61]

山縣的提案意義重大，但是俄羅斯方面完全沒有接受的準備。加冕儀式眼看著就要在兩天之後舉行了。

加冕儀式及其後的交涉

五月廿六日（一四日），克里姆林宮內的烏斯賓斯基教堂舉行了尼古拉二世的加冕儀式。尼古拉在日記中寫道：

「這是偉大、莊嚴的一日，然而，對於阿利克斯、媽媽以及我來講，是精神上頗為苦悶的一天。早晨八點，隊伍已經排列整齊。我們是十點半開始行進的。幸運的是，天氣晴朗得令人吃驚。烏斯賓斯基教堂正面的入口金光閃閃。我感覺在這裡發生的一切都像在真正的夢中一樣。然而，大概我會終生難以忘懷吧。」[62]

伏見宮、山縣等日本代表與李鴻章、閔泳煥等清國、朝鮮代表一同出現在教堂中。

第二天仍然有活動。晚上，克里姆林宮中的多棱宮設宴招待了所有的外國賓客。第三天有軍隊的慶典。

第四天夜晚，莫斯科大劇院上演了格林卡的歌劇《為沙皇獻生》（譯者註：原名《伊凡・蘇薩寧》），自皇帝以下的所有人都觀賞了歌劇。

第五天，五月三十日（一八日），郊外霍登卡平原舉行了由國民參加的慶祝活動，將發放麵包和印有新皇帝姓名首字母的杯子。五十萬人蜂擁而至，然而不幸的是，很多人掉進了為軍隊演習而挖的壕溝中，僅正式公佈的死亡人數就有一千三百八十九人，演變成了一大慘劇。本來，這件事並不是皇帝的責任，但是，事發當晚，皇帝、皇后就像什麼事情都沒有發生似的，出席了由法國公使蒙塔佩羅主辦的祝賀舞會，因而遭到了潮水般的猛烈批判。反政府派聲討尼古拉二世為「血帝」。

就在三十日當天，山縣得知亞洲局長卡普尼斯特和希特羅渥希望在日本的提案中加上承認俄羅斯派遣軍官這樣一項，或者將這層意思加在協定的附記中，他努力想讓他們明白日本方面不會同意這樣的條款。同一天，日本也傳來了電報，說有朝鮮政府向俄羅斯政府請求派遣軍官的傳聞。[63]

六月二日（五月二〇日），洛巴諾夫－羅斯托夫斯基外相向皇帝上奏，[64]與清國的條約交涉結束了，定於翌日簽署，此事當然獲得了批准。而外相也一定在這個時候順便彙報了與日本的交涉。

六月六日舉行了第二次日俄會談。洛巴諾夫－羅斯托夫斯基外相詢問山縣，日方提出的協定是打算公開還是保密。山縣回答，除有關財政的條款外，「考慮無公開之必要」。於是，外相出示了俄羅斯方面的逆向提案。提案在內容上對第五條做了根本性修改，並追加了承認由俄羅斯軍官訓練朝鮮國王的護衛兵這項新條款，將第一條的「擔保」獨立改為「承認（reconnue）」獨立，在電信條款中加上俄羅斯也能夠建設電信線路的修改內容，刪除了第五條中的「南」「北」二字。對於最後一點，山縣詢問其理由，反而被洛巴諾夫－

羅斯托夫斯基外相質問，「南北」打算以哪裡為分界線。山縣回答，按我的設想是「可以彼國中部之大同江為界」。[65]大同江附近指的是平壤附近，北緯三十九度一帶。這是欲將平壤納入俄羅斯勢力範圍中的設想，不過，不管怎麼說，俄羅斯拒絕了日本的將朝鮮分為南北，各自佔領勢力範圍的提案。

後來在一九〇三年五月，此時的交涉成為了議論的焦點。前駐清國武官沃加克站在批判俄羅斯政府對日政策的立場上，在意見書中抨擊道，調節與日本在朝鮮半島的鄰國關係，「最佳的時間點是馬關和談條約的時候，當時日清戰爭剛結束，日本的力量變弱，較易妥協，然而當時卻沒有做這件事情。同樣，一八九六年山縣元帥為出席加冕儀式訪俄，他衷心希望與俄羅斯締結一定的關於朝鮮的協定，然而我們拒絕就這件事情進行交涉。」[66]拉姆斯道夫外相對此做出了反駁：

「實際上，眾所周知，一八九六年日本的山縣元帥為出席加冕儀式來到莫斯科，他心裡想的是指出與我國締結分割朝鮮的協定的可能性。」、「俄羅斯拒絕在這個方向上交換意見有別的重大根據。第一，恰好在一年前，俄羅斯宣告了朝鮮完全獨立的原則，根據俄羅斯的要求，馬關條約第一條中包含了這項內容。……第二，如果根據條約將朝鮮半島的南部讓給了日本，那麼俄羅斯在形式上，無論是從戰略層面，還是從海軍相關層面都永久地放棄了朝鮮最重要的部分，這樣一來，反而主動束縛了自己未來的行動自由。因此，從所有層面來講，俄羅斯的直接利害在於支持朝鮮的全一性和獨立的原則，直至俄羅斯在太平洋沿岸牢固地扎下根來。」[67]

第二點是指制止了對馬山問題的關心，由於外交部一貫反對獲得馬山，將此作為論據顯示出這種辯解是官僚式的責任迴避。

儘管如此，與第一點相關的，恰好在三日之前剛剛簽署的俄清秘密同盟條約的第一條中，俄羅斯誓約將會對抗日本對朝鮮領土的攻擊。在簽署這個條約的墨蹟未乾之時，俄羅斯方面也許覺得馬上與日本就分割佔領朝鮮之事達成一致並不合適。但不管怎麼說，俄羅斯都沒有經過深思熟慮，眼睜睜地錯過了與日本就朝鮮問題達成共識的重要機會。考慮到前後的形勢，這大概是最後的機會。因而，不得不說沃加克的指責是正確的。

六月八日，雙方進行了第三次交涉。由於俄羅斯方面對第一條的「擔保」獨立有所抵觸，故將第一條去掉了。由俄羅斯軍官訓練的問題也是爭議最大的地方。日本方面表示從「我國的感情」出發，無法接受，主張由既不是日本人、也不是俄羅斯人的第三國軍官來訓練，但俄羅斯方面的意見為，問題在於朝鮮國王是否放心，而且日俄共同謀劃朝鮮之事，依賴第三國之人的做法並不妥當，雙方對此無法達成一致。最後，俄方做出妥協，提議由俄羅斯軍官訓練國王的護衛兵，由日本軍官訓練別的部隊。[68]

簽署《山縣—洛巴諾夫協定》

六月九日（五月二八日），洛巴諾夫—羅斯托夫斯基外相拜訪了在莫斯科郊外、謝爾蓋大公的領地伊利因斯科耶（譯者註：在加里寧格勒州）靜養的尼古拉，做了緊急上奏。[69]他大概彙報了談妥的日俄交涉，得到了簽署議定書的許可吧。

於是，一八九六年六月九日（五月二八日）當天，山縣和洛巴諾夫—羅斯托夫斯基簽署了《關於朝鮮問題的莫斯科議定書》，其內容如下：

第一條，日俄兩國政府出於救濟朝鮮國財政困難的目的，應勸告朝鮮政府節省一切冗費，且保持其年度財政收支平衡……。

第二條，日俄兩國政府在朝鮮財政及經濟狀況允許的限度內，……應完全委任朝鮮國創設以本國人組成的軍隊及員警，且維持之。

第三條，為方便同朝鮮國的電信聯繫，日本政府繼續管理其現在所佔有的電信線路。俄國保留架設從漢城至其國境的電信線路的權利。……

第四條，若出現上述的原則尚須進一步精確且詳細定義的情況，或今後發生需要商議的其他事項時，應委任兩國政府的代表友好協商解決。

接下來是秘密條款：

第一條，不問原因之內外，若朝鮮國內的安寧秩序紊亂，或有紊亂之虞，……日俄兩帝國政府經協商，認為有必要進一步派遣軍隊援助該國官憲時，兩國政府為預防軍隊間的一切衝突，須確定各自軍隊的用兵地域，並在軍隊之間留出完全不被佔領的空地。

第二條，在朝鮮國，至本議定書公開條款第二條所提朝鮮組建本國人軍隊為止，日俄兩國有在朝鮮國駐屯相同數目軍隊的權利，小村氏與……韋貝爾署名的臨時協定仍然有其效力；有關保護朝鮮國大君主的現存狀態……亦均應繼續。70

西德二郎公使在一八九六年七月回顧這一交涉結果時，明白了以下情況：第一，俄羅斯無論是與日本共同，還是單獨，皆「無意」將朝鮮作為保護國。第二，俄羅斯「於現今之狀態，無意與日本共同分割朝鮮南北」。雖然第二點加上了「至狀態一變，……應不辭之」這個但書，不過只是無意義的註腳而已。如果狀況發生了變化，政策也許會改變，也許不會改變。總之，日本外交官認識到，俄羅斯無論是將朝鮮做為保護國，還是與日本分割，都沒有採取決定性行動的欲望。「俄現今於朝鮮之所望，不過保其現狀，非有主動攫之或使其為保護國之計。」西德二郎主張當前應維持與俄羅斯的協作，基於「兩國協和之精神」，迴避危險。並且「勿忘彼性好衝突」，不會簡單地做出讓步，在另一方面，應加緊擴張海軍，積蓄對抗俄法艦隊的實力。然後，「儘早至於我無懼，於俄亦不欲衝突之地步，待時局一變，主客易位，衝突自避，如何處置朝鮮亦得近我所望」。71

西德二郎推導出來的決定性結論是，由於俄羅斯對朝鮮沒有特別的欲望，因此，如果日本實力壯大起來，就能夠使朝鮮成為日本的保護國。在這個意義上，可以說山縣訪俄，所提方案遭到俄羅斯拒絕的這一時間點成為了日俄朝三國關係決定性的分歧點。

俄羅斯政府希望議定書的非秘密條款部分同樣不要公佈。七月八日，希特羅渥向西園寺代理外相傳達了不公佈莫斯科議定書的「強烈願望」，日本政府無奈，於翌日答覆已知悉。[72]然而，日本政府在八月又希望公佈《小村——韋貝爾備忘錄》、《山縣——洛巴諾夫議定書》，再度與俄羅斯進行了交涉，[73]但是俄羅斯方面表示拒絕。西園寺於八月七日還請求士貝耶調解，如果繼續保密下去，日本會被置於非常困難的立場。[74]這一經過很明顯地顯示出俄羅斯低看日本的態度。

朝鮮使節的交涉

朝鮮使節閔泳煥一行也於五月二十日抵達了莫斯科，大致與山縣同時。[75]參加完加冕儀式後，一行於六月五日前往聖彼德堡。閔泳煥在那裡向俄羅斯政府遞交了請願書，列舉了五項請求：一，請求俄羅斯軍保衛國王的安全，直至朝鮮軍能夠勝任為止；二，請求派遣足夠數量的軍事教官；三，請求派遣三名顧問（宮內、內閣、產業鐵道領域）；四，請求提供三百萬日元的貸款；五，鋪設朝鮮至俄羅斯間的電信線路。而且，閔泳煥這時似乎還提出了希望韋貝爾留在朝鮮的請求。在山縣與洛巴諾夫－羅斯托夫斯基外相簽署議定書的四天之後，六月十三日，閔泳煥與洛巴諾夫－羅斯托夫斯基外相進行了會談，做了交涉。[76]

閔泳煥詢問洛巴諾夫－羅斯托夫斯基外相日俄簽署協定的傳聞是否屬實。「俄日兩國所有的共同行動或許對兩國有利，但對朝鮮則是最為嚴重的災難。朝鮮政府請求俄羅斯將朝鮮置於獨佔的保護之下，或者直率地拒絕共同行動。」洛巴諾夫－羅斯托夫斯基回答，不會拒絕對朝鮮的援助，但也不想與日本發生糾紛。[77]

最終，俄羅斯根據朝鮮的五項請求，做出了五項回答。羅曼諾夫發現並公佈了這份材料。

一，國王在俄羅斯公使館停留期間，將由俄羅斯兵保護，只要國王認為有必要，盡可在俄羅斯公使館停留。國王返回王宮時，俄羅斯公使對於其安全負有道義上的責任。

二，關於軍事教官問題，近期將會派遣一名高級軍官，委任他組織國王的警備隊。關於財政問題，俄羅斯也同樣將派出專家。

三，關於派遣顧問，第二項已寫明。

四，待解明國家的經濟狀況後，再著手締結貸款合同。

五，努力建設電信線路。[78]

閔泳煥對此感到不滿。他提出締結俄羅斯與朝鮮的同盟條約，然而洛巴諾夫—羅斯托夫斯基對此沒有做出回應。閔泳煥一行在俄羅斯逗留了三個月，直到八月下旬，但在此期間，除了上述的五項回覆之外，他們沒有得到其他任何回應。[79]「不過，皇帝表現出了對朝鮮的關心。尼古拉在七月十四日（二日）日記中這樣寫道：「朝鮮使節又一次謁見了我，他們終於要回國了。」[80]

派遣俄羅斯軍事教官和財政顧問的問題

高宗將日本軍事教官辭掉後，在很長一段時間內不停地請求俄羅斯派遣軍事教官。應此請求，逗留漢城的參謀本部上校科爾涅耶夫制訂了創設三個步兵大隊、一個炮兵中隊、半個騎兵中隊，由俄羅斯派遣十二名軍官、六十三名下士進行為期五年指導的方案。預計派遣費用為二十一萬五千盧布。[81]

俄羅斯陸軍部對這一方案頗為慎重。一八九六年四月十七日（五日），陸軍部召開了由奧布魯切夫參謀總長主持的討論會。會上計算得出，如果將國王的警備隊定為一個大隊、千人規模的話，那麼派遣六名軍官、十四名軍官即可滿足，費用每年三萬八千盧布足矣。對於俄羅斯陸軍部的這套方案，高宗請求先依照這個標準執行，但希望不久之後擴大為訓練四千名朝鮮軍。為了將方案具體化，俄羅斯參謀本部的亞洲科長助理、曾擔任駐清國武官達六年之久的普佳塔上校被派往了漢城。[82]

與此同時，俄羅斯政府認為，如果要向朝鮮提供貸款援助，有必要知道其還款能力。於是於一八九六年夏季，從北京派遣了財政部專員波科季洛夫去進行派遣財政顧問的準備工作。[83]

但是，真正有所進展的是派遣軍事教官、培養朝鮮軍隊這方面。一八九六年十月廿一日（九日），普佳塔上校和二名軍官、十名士兵乘坐炮艦「古雷米亞西奇」到達朝鮮。他們立即開始訓練八百名將來的警備隊員。普佳塔召集朝鮮的高官、大臣，成立了為解明軍事問題的小型委員會。這個小型委員會工作的成果是十二月二日的普佳塔意見書。普佳塔認為，朝鮮有必要建立六千人規模的軍隊，為此，必須由俄羅斯派遣二十九名軍官，一三一名士兵，再加上四十八名翻譯，費用為每年九萬二六四〇韓元。聘期為五年。同時，還有必要設立幼年學校、軍官學校、軍官學校等。普佳塔在方案中寫道，教官只從俄羅斯聘請。高宗完全同意這一方案。韋貝爾也向聖彼德堡送去了支持這個方案的意見書。[84]

而財政顧問方面則遲遲沒有進展。朝鮮政府為了償還上一年從日本借入的三百萬日元，請求從俄羅斯貸款。這是高宗的意向，希望在財政上不從屬於日本。此事由俄羅斯財政部負責。七月七日（六月二五日），次官羅曼諾夫答覆，這一問題「只有在弄清楚朝鮮的財政來源後，才有可能」。朝鮮方面說明可以用關稅收入作為貸款的擔保，並且正在出售特許權。後來演變成一大問題的出售給商人布里涅爾的鴨綠江森林特許權就是在這個時候（九月一〇日）賣出的。雖然波科季洛夫強烈建議提供三百萬墨西哥元的貸款，但是維特對此很冷淡，他表示在十一月之前什麼也不能做。年末，高宗同意將這一問題延期六個月。韋貝爾也在不斷地催促儘快貸款。[85]

海相更迭與外相之死

這一時期，俄羅斯政府內部發生了重大的人事變動，即海相和外相的更迭。

一八九六年上半年，一篇奇怪的文章在聖彼德堡市內散佈開來。其作者匿名批判了海軍元帥阿列克謝・亞曆山德羅維奇大公和海相奇哈喬夫。奇哈喬夫立即提出辭職。據說，他當時這樣說道：「我有和任何人做鬥爭的精神準備，但是，如果連累到大公，使他被置於針對我的陰謀的中心，我將辭職。」這次攻擊的主謀是亞歷山大・米哈伊洛維奇大公。亞歷山大大公在海軍部主導權問題上，一直與年長十六歲的從兄阿列克謝大公明爭暗鬥。可以推測，增強太平洋艦隊實力的問題也是他們爭鬥的一環。[86]

奇哈喬夫的辭職於一八九六年七月廿五日（一三日）獲得批准，特爾托夫被任命為繼任的海相。特爾托夫曾於一八九〇年臨時擔任代理軍令部長，一八九二年被任命為太平洋艦隊司令長官。他從一八九三年起任建艦補給總局長，一八九五年被任命為太平洋聯合艦隊司令長官。可以推測他是一位日本通。

外相的更迭則是由於死亡。外相洛巴諾夫－羅斯托夫斯基之死發生在皇帝旅行的過程中。一八九六年八月廿七日（一五日），尼古拉二世抵達維也納，受到了奧地利皇帝弗朗茨·約瑟夫一世的歡迎。他是作為結束了加冕儀式的年輕俄羅斯皇帝，去問候六十六歲的老皇帝的。三天兩夜的維也納之旅結束後，皇帝和皇后返回了基輔。八月三十日（一八日），在皇帝一行就要到達基輔，車行駛至羅夫諾附近時，同行的外相洛巴諾夫－羅斯托夫斯基因心臟麻痺而死亡。[87]

皇帝於翌日到達基輔後，接連數日出席了基輔等地各式各樣的活動。九月五日（八月二四日），他再度到達德國的布雷斯勞，在這裡參觀了德軍的閱兵式，並與威廉二世進行了會談。[88]此後，尼古拉於九月九日（八月二八日）前往哥本哈根，訪問了丹麥國王。這裡是他的母親——皇太后的故鄉。尼古拉在這裡停留了十二天。俄羅斯駐丹麥公使是穆拉維約夫伯爵，他們應該有很多機會接觸，尼古拉對穆拉維約夫有好感是確實的。

之後，皇帝拜訪了英國維多利亞女王，訪問了巴黎，最後去了皇后的出生地——達姆施塔特，並在那裡停留了很長時間。一行於十月三十一日（一九日）返回俄羅斯。[89]

佔領博斯普魯斯海峽問題

這一時期，歐洲方面圍繞土耳其局勢，正以亞美尼亞問題和克里特島問題為焦點，日益緊張。首先，自一八九五年起，土耳其東部發生了對亞美尼亞人的屠殺，致使大量亞美尼亞人逃往俄羅斯境內。這場屠殺一直持續到一八九六年。另一方面，在克里特島，一八九五年，伊斯蘭教徒的總督上任後，基督教居民們開始向著爭取自治、加入希臘的目標行動。一八九六年五月發生了屠殺基督教徒事件，希臘士兵奔赴克里特島，還派遣了艦隊。為此，歐洲列強介入，試圖迫使土耳其承認克里特的自治，但遭到土耳其的拒絕。[90]

俄羅斯國內開始出現利用土耳其國際地位動搖的現狀，實現在俄土戰爭中沒能實現的宿願，為確保博斯普魯斯海峽而展開軍事行動的想法。其核心人物是參謀總長奧布魯切夫。

前文曾談及，參謀總長奧布魯切夫在日清戰爭結束時，提出了力爭迴避與日本發生軍事衝突的意見書。其背後就有奧布魯切夫對俄羅斯國策的認識和潛藏的軍事行動提案。

一八九五年七月七日（六月二五日），召開了以奧布魯切夫所寫意見書《我國在黑海的軍事力》為主題的大臣協商會。奧布魯切夫在會上表示，一八八一年九月通過大臣協商而制訂的增強黑海地區陸海軍的方針得到了出色的實施。如今，為了佔領博斯普魯斯海峽，只要一聲令下，在十二小時內就能夠派去三萬五千名士兵、五艘戰艦、多艘運輸船。由於羅馬尼亞已經建國，俄羅斯與保加利亞關係惡化，與奧匈帝國處於持續的敵對關係中，因此，無法從陸上運送兵力。而從海上進攻土耳其首都的必要性，在俄土戰爭後，得到了當時的皇帝——亞歷山大二世的認可，在皇帝亞歷山大三世統治時被確定為現實的方針。俄羅斯如果佔領了博斯普魯斯海峽，就能夠通過外交交涉獲得達達尼爾海峽的通行權等。「通過確保博斯普魯斯海峽的通行，俄羅斯就可以實現其自身最偉大的歷史任務——扼制英國，成為巴爾幹半島完全的主人，那樣一來，無論是黑海沿岸還是高加索，都不用再擔心了。」就能夠將擁有的兵力全部分派到國境，守衛無論德、奧國境，還是遠東。[91]

這場協商會沒有邀請外相參與。拉姆斯道夫對這份意見書的評價是，充斥著奧布魯切夫特有的「政治幻想色彩」。尼古拉二世對這份意見書表示了贊許之意，指示於秋季舉行協商會，由索利斯基主持，邀財相、外相參加。[92]不過，秋季最終並沒有舉行這個協商會，因為為了應對遠東局勢，俄羅斯政府已經無暇顧及其它事情了。

進入一八九六年，駐土耳其公使涅利多夫非常固執地提議採取強硬行動以獲取博斯普魯斯海峽。皇帝尼古拉二世依從了他的意見。代理外相希施金對此深感痛心。十一月十五日（三日），拉姆斯道夫在日記裡記錄下了希施金的話：「年青的君主以令人恐懼的速度改變了意見。」[93]他在一六日（四日）的日記中進一步寫道：

「希施金向陛下上奏，將在他之後拜謁陛下的我公使（涅利多夫）主張俄羅斯的獨立行動，他打算向陛下請求在感覺時機合適之時，允許他直接將黑海艦隊調往博斯普魯斯海峽。陛下以前曾反對過這樣的想法，……但今天陛下卻說，『是嗎，怎麼樣，也可以批准。』然後說，『我就好好聽聽你的說法吧。』希施金講起了利弊。他說現在我們的立場無可非議，反對我們的只有英國，但是，如果我們有一丁點兒失誤，就可能陷入與我們一八五四年在東方相同的狀況。陛下反駁道，『也沒有誰硬要反對吧』，然後加了一句，『那樣的話就放手幹吧。』對於這樣的指示，希施金無法反駁。」[94]

希施金還提到了與陸軍大臣瓦諾夫斯基一同乘坐火車去皇村時聊起的話。「陸相對陛下的評價是『戰鬥型的、自信過剩』的人。希施金說，『不過重要的是，陛下缺乏意見上的穩定性』。陸相加上了一句：『是啊，陛下和誰都商量，叔父、叔母、母后以及其他各式各樣的人。陛下年輕（iun），總是受最後發表意見的人的觀點影響。』」[95]

這個時候，財相維特從正面提出了意見。他於十一月廿四日（一二日）向皇帝提交了意見書，講述了他對土耳其帝國的看法，提出應該保持和平政策，克制使用武力。然而，十二月三日，涅利多夫公使提交了意見書。涅利多夫正式提出，應該抓住土耳其不穩定的狀況，乘機佔領博斯普魯斯海峽地帶。[96]一八九六年十二月五日（一一月二三日），根據涅利多夫的提案，就海峽問題舉行了協商會。除皇帝外，陸相瓦諾夫斯基、參謀總長奧布魯切夫、外相代理希施金、海相特爾托夫、財相維特以及駐土耳其公使涅利多夫出席。[97]據維特記載，在這個協商會上，涅利多夫提議，為使俄軍佔領海峽成為可能，有必要挑起某種事端。參謀總長和陸軍大臣對此表示贊成。代理外相希施金「幾乎沉默，只說了一些模棱兩可的話」。海相特爾托夫對陸軍的意見「沒有明確地表達特別的贊意」，只是說海軍在實行時有條件給予配合。「因此，只有一人非常執拗、堅決地對這種企圖唱反調。」就是維特。維特反對道，如果這樣做的話，「最後會演變成歐洲戰爭，會動搖先帝遺留下來的卓越的政治上的、財政上的地位。」皇帝沒有發表任何意見，只詢問了若干問題，不過最後說同意涅利多夫公使的意見。[98]

就這樣，對博斯普魯斯海峽的登陸作戰被確定下來，準備工作開始了。行動的日期由涅利多夫的判斷和信號決定。然而維特沒有放棄，他向皇帝的叔父弗拉季米爾大公和皇帝原來的老師波別多諾斯采夫傾訴。儘管他們什麼也沒有說，但波別多諾斯采夫讀過協商會的議事錄後，給維特寫信：「Jacta est alea（骰子已經擲出）（譯者註：凱撒名言，意為孤注一擲。），神啊，憐憫我們吧」。不過，不知是大公，還是波別多諾斯采夫，或者其他人勸說的緣故，皇帝打消了博斯普魯斯作戰的想法。[99]最後關頭打消這一想法拯救了俄國。因皇帝的一念之差，俄羅斯差一點就陷入在遠東與日本糾纏的同時，又在西方與土耳其作戰的窘況之中。

高宗返回王宮

一八九六年初，當年領導甲申政變的開化派核心人物徐載弼從流亡地美國回到了朝鮮。他已經取得了美國國籍。為啟蒙民眾，他於四月創刊了《獨立新聞》。在這份報紙的支持者不斷壯大的過程中，七月，朝鮮搗毀了昭示與清國關係的迎恩門，打算在其原址修建獨立門，以此為契機，成立了以愛國啟蒙為目的的獨立協會。由於是國家事業，因此，安駉壽任協會會長，外部大臣李完用為委員長，很多高級官僚名列其中，徐載弼任顧問。獨立門於一八九七年十一月完工，直到現在還矗立在首爾市內。同時，慕華館也被改建成了獨立館。在一八九七年，李完用等人離開獨立協會，而從上海歸來的尹致昊加入其中，該協會匯集了很多中堅階層的官僚、知識份子，演變成政治討論俱樂部。[100]

進入一八九七年，社會各階層的人們逐漸認為國王以類似流亡的狀態停留在俄羅斯公使館是一種屈辱，紛紛上疏請求高宗還宮，並到俄羅斯公使館門前靜站。獨立協會一開始認為，如果和播遷當時的狀況相比沒有變化，就算國王返回王宮，也沒有保護他的辦法，對國王還宮的主張持批判態度。但是，政府行動了。

一八九七年二月十八日，議政府的高官、大臣們召開秘密會議，派代表去普佳塔處，希望他保證高宗安全還宮。普佳塔表示會竭盡全力，高官們認為如此足矣，於是請求高宗返回王宮。二月二十日，高宗終於結束了在俄羅斯公使館長達三百七十五日的停留，與世子一同返回了慶雲宮（德壽宮）。警備扈從國王還宮的是由俄羅斯軍事教官訓練的一個朝鮮軍大隊。[101]

穆拉維約夫外相登場

一八九七年一月，丹麥公使米哈伊爾・尼古拉耶維奇・穆拉維約夫伯爵就任因洛巴諾夫－羅斯托夫斯基外相猝死而空缺出來的外相職位。穆拉維約夫的父親是羅夫諾州的伯爵，擔任過科夫諾州和梁贊州州長。穆拉維約夫中學畢業後，曾在海德堡大學作為旁聽生學習。他在十九歲那一年進入外務省，先後在駐德國、瑞典、荷蘭等公使館工作，一八八四年晉升為柏林公使館的參事官，一八九三年成為駐丹麥哥本哈根的公使。丹麥是皇太后瑪麗亞・費奧多羅夫娜的祖國，俄羅斯皇族經常訪問這裡。因此，駐丹麥公使與皇太后、皇帝、皇后有很多近距離接觸的機會。

維特斷言，穆拉維約夫之所以在四年後被提拔為外相，就是因為他擔任丹麥公使的緣故。這個判斷是正確的。維特刻薄地評價穆拉維約夫智商低，嗜酒，厭惡工作，是個「不務正業的人」。[102]然而，前任外相的朋友波洛夫采夫則評價穆拉維約夫「過度考慮自己的虛榮心、自戀，為此不惜採取任何手段」，[103]並不認為他缺乏能力。可以推測，新外相是一個想利用皇帝的信任，千方百計建立某種功績的野心家。

穆拉維約夫外相對朝鮮和日本採取了慎重的態度。就任伊始，他就對普佳塔意見書表示反對。一八九七年三月六日（二月二二日），穆拉維約夫給陸相送去意見，他認為在日本反對俄羅斯軍事教官的情況下，「必須說，在現在的政治節點上，即刻派遣我軍官前往漢城完全不合適宜。」「至少延緩一段時間較為穩妥。」由於現在高宗剛返回王宮不久，應該先觀察一下情況，俄羅斯有必要遵守與日本方才簽訂的《山縣—洛巴諾夫議定書》。穆拉維約夫提議，待羅森到東京上任、士貝耶返回漢城時再深入研究此事。進而具體到普佳塔方案的內容，穆拉維約夫認為從朝鮮的財政角度來講，六千人規模並不現實，三千人比較妥當。而且，為了不刺激日本，他主張廢除只聘請俄羅斯軍事教官的規定。[104]

陸相瓦諾夫斯基明確反對穆拉維約夫的意見。在獲悉其意後，穆拉維約夫做出若干修正。他於三月三十日（一八日）和四月八日（三月二七日）給漢城的韋貝爾發去訓令，指示他從高宗處取得將軍事改革全面委託俄羅斯實施的確切約定。[105]

俄羅斯軍事教官的活動

韋貝爾就聘請軍事教官問題與朝鮮政府進行了交涉。一八九七年四月，朝鮮的大臣就原則上接受普佳塔方案達成一致。但是，日本執拗的工作使大臣們動搖了。接替小村公使的加藤增雄代理公使強硬地向朝鮮政府進行反俄羅斯的宣傳以及反對軍事教官協定的工作。

然而，國王高宗強力指示要推進普佳塔方案。四月三十日（一八日），以普佳塔方案為基礎的協定案被提交給議政院討論。雖然多數與會者贊成協定案，只有少數反對，但由於來自日本方面的威脅增強，當場並沒有做出結論。但是，高宗已經向前推進了。五月四日（四月二二日），聖彼德堡給韋貝爾下達指令，在後續指示到來之前，中斷交涉。然而，在這份電報送達漢城之前，五月五日（二三日），高宗已經在普佳塔創建六千人部隊的方案和聘請俄羅斯軍事教官、軍官十三人、其他八人的文書上簽字了。[106]

但是，日本反彈強烈。士貝耶五月一日從東京給俄外交部發去電報：

「因我們在漢城進行關於軍事教官的交涉，在日本當地引發了激憤。隨著從聖彼德堡傳來報導，說我政府認為實施朝鮮的請求有悖於莫斯科協定精神，故不願答應，這種氛圍趨於沉靜。」[107]

穆拉維約夫繼續堅持不能再進一步交涉的態度。他於五月廿六日（一四日）給陸相寫了如下的信：

「仔細追蹤發生在這個偏遠地方的政治事件的進展，就會發現，我國在朝鮮的一切舉動都必然會招來日本的猜疑心，結果導致日本著手加強軍備。如果我方繼續這樣的行動模式，或許在不遠的將來，會不可避免地引發與日本的軍事衝突。另一方面，現在我們還不應該探討在與日本鬥爭的問題上，我們準備到了何種程度，因為從我們的政治利害來講，有更加緊迫的其它問題尚待解決，俄羅斯的關切和力量不能夠傾注到遠東。對於我們來講，理想的做法是，不做不必要的、會激怒日本的事情，維護遠東的和平，保持我們的觀望狀態。」[108]

然而，普佳塔等人已經開始了行動。他們組建了千人規模的警備隊進行訓練。五月十一日（四月二九日），韋貝爾發回電報：「阿列克塞耶夫提督和我都贊同，我國教官在訓練國王警備隊士兵上取得了極大成功。」六月九日（五月二八日），國王、大臣、外國使臣、駐在武官以及其他眾多賓客出席了首次警備隊的閱兵式。「在所有方面取得的訓練成果給全體參觀者留下了深刻的印象。」[109]

新任駐日公使羅森發令

在新外相的領導下，羅森在第一時間由塞爾維亞公使調任為日本公使。此時的狀況與他一八八三年離開日本時相比，已經發生了根本性的變化。現在，日本和俄羅斯的關係正處於遠東緊張對立局勢的正中心。羅森從貝爾格勒返回聖彼德堡，拜見外相，調查了遠東局勢，寫成長篇意見書。羅森感到普佳塔上校推進的朝鮮軍編制案有很大的問題。[110]他於一八九七年四月廿五日（一三日）提交的意見書，內容如下：

「作為世界帝國的俄羅斯在遠東的現實意義是以其海軍力量為基礎的。其自然的對立國……應該是英國，事實上也是如此，將來也會如此吧。為了在太平洋上成功地與英國的優勢相抗衡，我們……與清國聯盟尚且不能找到充分的支持，更何況人口五百萬的赤貧國朝鮮，……即使其成為保護國，也不足為恃。為了這一鬥爭，有必要與別的海軍國家結成同盟。對我們來講，有可能成為這種同盟國的只有日本。在我國與英國發生戰爭之際，與日本的同盟關係可以保障我太平洋邊境的安全，使我國在這個邊境的文化工作得以平穩地繼續……保證為我國陸海軍力創造出堅實的基礎。……最後，恢復我國與日本曾經有過的友好關係，至少對於我們在遠東保持海軍強國的政策具有第一等重要的意義。……如果這樣……這個至高的國家利害……不能因為實施組建朝鮮軍方案而被犧牲。」[111]

很明顯，這是不瞭解自一八八〇年代末到日清戰爭為止的局勢變化的、舊時代負責與日本外交的人的言論。此時如此樂觀地考慮與日本的同盟已經不可能了。不過，在指出俄羅斯對朝鮮政策的錯誤這一點上，這份意見書值得傾聽。羅森如下主張：俄羅斯想把日本勢力從朝鮮驅逐出去，然而，為實現這一目標使用的方法是軍事教官和財政顧問這種「瞬間（efemernyiu）」的力量。另一方面，日本擁有受過日清戰爭洗禮的八萬士兵，海軍力量是俄羅斯的一倍，有數萬日本人居住在朝鮮，還有英國的支持。[112]這是正確的評論。

最終，五月廿六日（一四日），穆拉維約夫外相在給羅森的訓令中這樣寫道：俄羅斯「不想合併朝鮮」，只希望在「與俄羅斯接壤」的「朝鮮確立政治影響力」。這樣做的目的是「如果朝鮮陷入其他某個強國的影響下，對我們來講即使不算危險，無論如何，也不要使其成為在政治紛爭時代必須要提防的鄰居」。我們不反對日本在朝鮮擁有商業方面的支配權。「一般來講，我們希望在朝鮮問題上，我們的行動模式儘量迴避一切有可能使得對日關係進一步尖銳化的藉口。」羅森「恢復與日本曾經有過的友好關係」的構想也被採納了。這是折衷的指令，雖然「將朝鮮的軍事掌握在我們手中在本質上是重要的」，但不希望惡化與日本的關係。因此，不與朝鮮政府做進一步強化關係的交涉，也不再增派軍事教官，由已經派遣的軍事教官負責三千名士兵的訓練。」[113]

增派軍事教官與韋貝爾離韓

然而實際上，俄羅斯還是向漢城增派了軍事教官，韋貝爾的施壓是使之得以繼續的力量。韋貝爾於五月廿二日（一〇日）就俄羅斯政府停止增派軍事教官的新聞報導給聖彼德堡去了信。「這樣的報導會在當地製造出強烈的印象，軍事教官問題和我們的地位緊密聯繫在一起。讓步會對我們的影響力、期待我們支持的國王的立場造成毀滅性的打擊。」七月三日（六月二一日），俄政府決定派遣第二批軍事教官——三名將校、十名兵士。他們從符拉迪沃斯托克出發，於七月廿八日（一六日）到達仁川。不過，這些人沒有被允許參與軍事教練。「這是朝鮮大臣們慣用的陰謀」。[114]從一開始日本的反對就很重要。韋貝爾在八月十四日（二日）電報中寫道：「由於新軍事教官的到達，日本人又啟動了脅迫朝鮮人的體系。軍事教官尚無法著手軍隊訓練。」[115]

在這個時候，羅森終於到東京上任了。大隈外相對羅森上任感到很高興，立即照會他：據來自漢城的情報反映，韋貝爾竭力想在士貝耶抵達漢城前促使朝鮮政府簽訂軍事教官的合同。這是違反俄羅斯外交部訓令的行為。現在日俄間希望簽訂新的協定，但如果俄羅斯簽了那種合同，會成為兩國間協定的障礙。「大隈請求我將他的願望——讓韋貝爾停止對朝鮮政府的要求——傳達給大臣。」大隈還附加上了將在九月初提出的新的朝鮮問題協定案。[116]

羅森在接下來會見大隈時，似乎向他解釋了，為了朝鮮的安定，國王需要有能夠依賴的軍事力量，俄羅斯是應國王的請求而派遣軍事教官的，日俄關於朝鮮問題的友好協定要在尊重彼此利害的基礎上才有可能實現，從與朝鮮接壤的鄰國俄羅斯的利害來說，將組織這個國家的軍事力量委託給俄羅斯是必要的。但是，羅森也警告俄外交部，在協定交涉開始前夕派出第二批軍事教官這樣的舉動，會使日本人認為這是俄方輕蔑態度的標誌，只會增強對俄的不信任感。[117]

羅森到任的同時，士貝耶離開東京，返回了他本來的任職地漢城。[118]對韋貝爾來說，他最後的時刻到了。雖然他被命令去墨西哥，但他始終希望繼續留在漢城，從春季起，他就開始為此活動。在閔泳煥訪俄時，他曾讓閔泳煥代為向俄羅斯政府申請，當然並沒有奏效。韋貝爾似乎也曾經考慮過從外交部辭職，作為朝鮮國王的宮內府顧問留下。但日本公使館覺察到了這件事，遂與日外務省聯繫，展開了阻礙工作。最終，韋貝爾打消了留在朝鮮的念頭，於一八九七年九月十五日離開了漢城。[119]

俄羅斯首任駐朝鮮公使韋貝爾就這樣結束了在朝鮮十年的駐留。他的工作與其說是維護俄羅斯的國家利益，不如說更傾向於支持朝鮮國王高宗。韋貝爾前往了新任職地墨西哥，一直在當地擔任公使至一九〇〇年。[120]

然而，雖然韋貝爾離開了，但軍事教官的工作仍在繼續。第二批教官於九月末開始訓練第二組警備隊一千人。十一月廿三日（一一日），士貝耶向外交部報告：

「全面接手訓練朝鮮軍隊，導致我們毫無疑問地因為此事本身招來了日本的重大不滿，與規模無關。然而，現在一方面，對於我們來講，在這個生死攸關的問題上，不能考慮做任何原則性的讓步；另一方面，也不可能讓日本自發地承認我們的這種權利，這樣的話，是全面地接受還是縮小普佳塔的專案這個問題，只能根據我們的財政考量或朝鮮現實的請求來決定。」[121]

明成皇后的國葬

在此期間，在朝鮮，高宗為了提高國家的權威舉行了一系列國事活動。首先，他在一八九七年八月十四日將年號改為光武。[122]十月，高宗將國號定為大韓帝國，自己採用皇帝的稱號。十月十二日，他在圜丘壇舉行了登基儀式。翌日，高宗頒佈了的詔頌文，其中有「創獨立之基礎，行自主之權利」之語。[123]

最後，是為被追封「明成皇后」的閔妃舉行國葬，葬禮定於十一月廿一、廿二日舉行。十一月廿一日，各國公使從早上五點半列席。日本公使加藤、美國公使艾倫、俄羅斯公使士貝耶等於上午七點目送了由二百人抬行的、安放著棺材的大輿從慶運宮出發。送葬的隊伍綿延持續了一小時。大輿兩側排列著「俄國式」的儀仗兵。高宗的聖駕四隅各有四名俄羅斯下軍官護衛。送葬的隊伍綿延持續了一小時。隨後，高宗在仁化門外臨時設置的便殿接見了各國公使。日本公使加藤表達了哀悼之意，並獻上日本皇室贈送的香爐。高宗對加藤說：「今回葬儀，自日本皇室獲贈美麗香爐，朕殊感謝，望卿速轉奏朕意於貴國皇室。」午後二點，在清涼里的洪陵舉行了下葬儀式。午後四點半，棺材被移到陵內的丁字閣，高宗率眾人燒香。廿二日淩晨三點半起，各國使節燒香。四點半，棺材被移入陵中，高宗親自列席舉行了下葬儀式。上午九時二十分，高宗在墓所的便殿會見了各國使節，感謝他們的列席。他說：「以天候淩寒之時，於斯不完備之臨時房屋堅守一夜，緣朕始終不堪軫念之意」。加藤代表公使們致詞。午後一點，高宗與擺放牌位的神輦一同返回了王宮。[124]

俄羅斯派遣財政顧問

關於派遣財政顧問問題，根據財政部派遣員波科季洛夫的報告，財政部經研究，於五月決定先派遣K・阿列克塞耶夫為財政顧問前往漢城。阿列克塞耶夫於九月廿五日（一三日）抵達漢城。他曾任俄羅斯財政部關稅局辦公廳主任。[125]他在拜謁高宗時，指出了擔任朝鮮海關總長的英國人柏卓安的失敗。高宗震怒，要求罷免柏卓安，他向外部大臣指示委任阿列克塞耶夫全面管理財政。然而大臣害怕英國，進行了抵抗。而柏卓安請求英國政府給予支援，不肯辭職。[126]

十一月五日（一〇月二四日），士貝耶公使與朝鮮外部大臣簽訂了關於阿列克塞耶夫的合同，阿列克塞耶夫正式成為財政顧問。

之後，維特再三要求外相與朝鮮方面進行交涉，爭取罷免柏卓安。但十二月八日（一一月二六日），穆拉維約夫講述了他的意見：海關現在只留下了柏卓安一人，我方不應該再提出更多的要求。「我們不要固執於要求朝鮮國王和大臣們委任阿列克塞耶夫為朝鮮海關總負責人，可以滿足於當前取得的成果了。」[127]十一月二三日（一一日），大臣委員會討論了俄韓銀行章程，十二月十七日（五日），尼古拉批准了該章程。[128]

就在事態像這樣緩慢推進之時，一八九七年十二月十五日，發生了一個徹底改變局勢的事件。

德國佔領膠州灣和俄羅斯

一八九七年七月廿八日（一六日），德國皇帝威廉二世和皇后一同訪問了俄羅斯。皇帝、皇后在彼得戈夫宮停留了大約兩周時間。[129]此時威廉二世三十八歲，尼古拉二世二十九歲，兩人年齡相差較大。威廉的母親是維多利亞女王的長女，尼古拉的皇后亞歷山德拉的母親是女王的次女，姻親關係將這兩位皇帝聯繫在了一起。雖然俄羅斯和法國成了同盟國，與德國的關係很微妙。但威廉對尼古拉表現出了親愛之情。

在彼得戈夫停留期間，威廉詢問尼古拉，俄羅斯是否對山東半島的膠州灣有意圖。尼古拉回答，對於確保在這個海灣入港之事很關心，不過那是在確保能夠自由使用更靠北的平壤之後的事情。平壤云云是在打馬虎眼，但俄羅斯與膠州灣有關係卻是事實。[130]

首先，德國自一八九五年以來，一直在考慮為擴張勢力中的遠東海軍獲取基地。一八九六年六月，李鴻章在訪俄參加完尼古拉加冕儀式的歸途中，順便去了德國，當時德國外相進行了試探，提到了膠州灣的話題。到了一八九七年春，德國確定膠州灣是最為合適的目標。[131]

而俄羅斯方面的情況是，在三國干涉後，日俄關係緊張的時候，俄羅斯艦隊不得不尋找長崎以外的越冬港。太平洋聯合艦隊司令長官特爾托夫把目光投向了未對外國艦船開放的膠州灣。他請求北京的俄羅斯公使館進行交涉，得到了允許一八九五年冬季停靠的回信。然而，由於清國方面並不情願做出這個決定，因此，只有一艘俄羅斯艦船在這裡停靠了數日，一八九六年至一八九七年的冬季，俄羅斯艦船得到長崎越冬的許可後，就沒有再在膠州灣停靠，而是繼續利用長崎。[132]對於俄羅斯來講，與膠州灣的關係僅僅停留在這種程度。

因此，當德國皇帝詢問，因德國海軍缺乏停靠港，想在必要的情況下，經俄羅斯海軍同意後在膠州灣拋錨可有問題時，尼古拉回答沒有問題。當時穆拉維約夫外相表示，俄羅斯沒有獲取膠州灣的意圖，希望與德國共同利用這裡直至確保其它港口為止。如果要讓出，不反對德國擁有。[133]

一八九七年十一月一日，位於山東半島張家莊的德國天主教會遭到中國人襲擊，兩名傳教士被殺害。山東有一千一百五十九個大大小小的教會，有德國傳教士六十六人，這是以德國政府為後盾的特別宗教活動。[134]但這引起了中國人的反感。德國政府立即利用這次事件作為向膠州灣派遣艦隊並佔領膠州灣的藉口。十一月六日，威廉二世命令艦隊出動，並給尼古拉二世發去密碼電報。他寫道：「根據我們在彼得戈夫的私下交涉，我向膠州灣派去了我國艦隊，期待你會認可我們從那裡發起的針對掠奪者的行動。」[135]他還寫道，膺懲是必要的，這有益於所有的基督教徒。尼古拉於十一月七日（一〇月二六日）收到這封電報，當天就做出了回覆。尼古拉寫道：「對德國的行動既說不上贊成也說不上不贊成，因為我直到最近才得知，這個海灣在一八九五年至一八九六年間曾暫時掌握在俄羅斯手中。」[136]

穆拉維約夫外相十一月八日和九日通告德國政府，如果德國艦船進入膠州灣，俄羅斯也會派艦船過去，因為俄羅斯自一八九五年以來擁有在該港拋錨的優先權。此舉被視為俄羅斯表明了不認可其他國家搶奪膠州灣的態度。[137]俄德之間展開了艱難的交涉。德國方面也有過動搖，但最終還是堅持了自己的立場，德國艦隊於十一月十三日入港膠州灣，並且登陸佔領了這裡。[138]俄羅斯仍然拒絕承認這一事態，命令俄羅斯艦隊也駛向膠州灣。最終，尼古拉和穆拉維約夫外相在十一月二十日取消了這個命令，也就意味著默認了德國艦隊佔領膠州灣。[139]

不過，這個時候的俄羅斯太平洋艦隊對膠州灣沒有興趣，它的關注點在朝鮮的港口。新任太平洋艦隊司令長官杜巴索夫為勘察能否在朝鮮獲得海軍基地而出航了。他於十一月十日從符拉迪沃斯托克出發，首站停靠釜山，十一月二十日（八日）停靠馬山。他得出的結論是，如果佔領了馬山和巨濟島，就能一舉解決俄羅斯海軍的煩惱。杜巴索夫順便訪問了漢城，與士貝耶代理公使商談，得到了他的支持。[140]確實，馬山是具有戰略決定性的地點。正因如此，如果俄羅斯佔領了那裡，必然會導致與日本的徹底對立。

清國方面被佔領了膠州灣後，首先想到的是根據《俄清秘密同盟條約》，憑藉俄羅斯之力抑制德國。據說李鴻章對此事很是傷了一番腦筋。[141]無論是以怎樣的形式，清國方面的確提出了保護請求，這點從下面穆拉維約夫意見書的記述中也可以看出來。

這時穆拉維約夫外相主動向前邁進了，他提議俄羅斯應該為對抗德國佔領膠州灣而有所行動。一八九七年十一月廿三日（一一日），穆拉維約夫向皇帝提交了意見書。[142]在意見書中，穆拉維約夫主張，只要海軍部認為膠州灣並非必要，那麼與德國爭奪就沒有意義，但從三國干涉之後的狀況來看，為了預防不測事態，越來越有必要確保艦隊的越冬基地。接著，他列舉了朝鮮沿岸的港口釜山，由於這裡是日本關心的焦點，而且又與俄羅斯完全隔離，因此無法將這裡作為太平洋艦隊的基地，既然如此，作為俄羅斯艦隊必要的不凍港，他提議謀取遼東半島的大連灣（Talien-ban）。

「如果我們在遼東半島擁有港口，即使日本採取敵對行動，我艦隊的艦船也可以通過黃海，確保完全自由的出口。同時，我們還必須要注意到，鑒於通過特別的鐵路支線，能夠將大連灣與奉天、吉林連接到我西伯利亞鐵路上，因此與朝鮮的諸港灣相比，大連灣更接近主要幹線這個情況。」[143]

接著，穆拉維約夫引用了北京公使館一等書記官巴甫洛夫的電報，「清國政府很明顯被德國在膠州灣的行動搞得很狼狽，正在尋求我們的支持和庇護。因此，我們能夠很容易地向北京解釋，佔領大連灣是為了防備在太平洋發生對清國更加不利的事態，所以希望我們的艦隊擁有強有力的支點。」[144]

在提出這種冒險的行動方案之時，這名外交官闡釋了這樣的哲學：「歷史經驗告訴我們，東洋諸國國民無比尊重力量和權勢。向這些國家的當權者煞費苦心地提出任何建議、忠告都無法達成目的。最近清國的事情比什麼都明白地再次確認了這一歷史指示。……當我們因在總理衙門建議、友好地勸說而浪費時間的時候，其他所有的歐洲列國都在致力於仿效德國政府所用的成功的方法——在山東半島南部獲得適合於本國艦船的港口，來達成自己的目標。」[145]

明知清國的意向是請求保護，俄羅斯卻繼德國之後，也想佔領清國領土，不得不說這是赤裸裸的帝國主義的表現。穆拉維約夫突然提出這樣的意見書，很明顯是體察到了與德國皇帝較量的皇帝尼古拉的心意。

尼古拉得到意見書後，即日就做了批示，完全同意結論部分，命令不要浪費時間，在三天後的十一月廿六日（一一月一四日）與陸相、海相、財相四人舉行協商會，並指示將意見書送交其他三大臣。「朕一貫的意見是，未來我們開闢的港口必須在遼東半島或朝鮮灣東北角的某處。」[146]

在廿六日召開的四大臣協商會上，穆拉維約夫外相首先說明了自己的提案：俄羅斯長久以來都希望在太平洋岸擁有海軍基地，雖然他自己沒有權利來判斷哪裡的港口比較好，但在德國佔領了膠州灣的現在，這是「我們能夠佔領大連灣和旅順」的絕佳機會。「今後可能都不會再有這樣的機會，不能錯過。」

對於這個意見，維特表示強烈反對，他提到了《俄清秘密同盟條約》，當日本侵略朝鮮和清國時，俄清要共同對抗。在締結了這一條約的情況下，俄羅斯不能侵略清國的領土。如果德國的行為對俄羅斯造成了損害，俄羅斯可以向膠州灣派去艦隊，要求德國艦隊離開，如果俄羅斯自身也對清國採取同樣的行動作為補償完全與條約精神不一致。對於維特的正確言論，穆拉維約夫詭辯道，俄清條約是反對日本侵略的條約，並沒有反對歐洲諸國的行為，不妨礙俄羅斯佔領旅順，不能反對德國的行動。維特對此進一步反駁：俄羅斯做出的榜樣，有導致其他列強採取同樣行動的危險性，特別是日本。無論如何，佔領旅順都伴有巨大的風險。俄羅斯正在建設東清鐵路，這樣一來還必須要引一條支線將旅順與幹線連接，這需要莫大的費用和時間。在此期間，旅順是與俄羅斯分開的。對此，外相反擊道，就算佔領旅順也不會引起紛爭，反而如果俄羅斯不佔領，有可能會被英國佔領。

陸相瓦諾夫斯基說，為海軍在太平洋岸建立基地是必要的，他認為旅順是很合適的基地，贊成外相的提案。然而，特爾托夫海相卻表示反對。他懷疑旅順能否滿足海軍部的要求，並指出「朝鮮沿岸的港口能夠更好地適應海軍部的需求」，海相還表示財相的論據很重要。

維特指出，雖然無論是為了西伯利亞鐵路，還是為了俄羅斯，都希望擁有通往太平洋的出海口，但這需要時間，獲得不凍港不能依靠暴力，必須要依靠友好的協定。在謀劃新的事情之前，應該先完成剛剛著手的橫穿滿洲的鐵路建設。待這項工程完成之後，在經濟基礎上，也可以找到通向太平洋的出海口。「歐洲諸國是外來者，而我們在某種程度上是清國的鄰居。我們不應該採取歐洲人的做法。」

維特的這番言論正確合理，加上海軍大臣並不認可旅順的價值，也起了不利的作用。因此，外相不得不沉默了。皇帝不得已打消了佔領旅順和大連的想法。[147] 當天，尼古拉在日記中寫道：「今天在我處召開了四大臣會議，討論了與德國人奪取膠州灣相關的清國問題。會議很晚才結束，我出去散步時天已經黑了。」[148] 皇帝頗為不滿。

俄羅斯分艦隊駛向旅順

根據維特在回憶錄中的記述：「自那個會議之後過去數天」，他在向尼古拉皇帝做上奏報告時，尼古拉說：「朕決定獲取旅順和大連，已經派遣陸軍兵力和我們的艦隊一同前往那裡了。」他解釋做這個決定的原因是，外相說英國艦隊在旅順和大連附近，「如果我們不去奪取，英國人就會去奪取吧」。[149]這個解釋雖然看似有理，但僅在數日之內就完全顛覆了原來的結論，這樣的做法明顯是不對的。

據穆拉維約夫對在次年初成為候補陸相的庫羅帕特金所講，他「在之後那次上奏時詢問陛下，『如果由中國人自己請求我們佔領旅順怎麼樣？』陛下同意了」。[150]穆拉維約夫從這裡找到了突破口，但實際上這是兩件事影響的結果。

俄羅斯外交部與清國方面交涉，希望清國同意俄羅斯艦船在未開放的港灣停靠。十二月五日（一一月二三日），巴甫洛夫代理公使傳來了清國已同意的消息。「中國人認識到了自己的無力，最終放棄了武力抵抗德國的想法。……現在大臣們表明會無條件同意將所有沒有對其他外國人開放的港口全部對我國艦船開放，無一例外。」這件事被用來做文章了。還有一點在於英國的動向。受到德國舉動的刺激，英國艦船也進入了芝罘，有傳聞說，英國艦船或許會從那裡駛向旅順。十二月七日（一一月二五日），巴甫洛夫代理公使發回電報說明了這一情況。二天後，芝罘領事也發回了電報。這件事也被穆拉維約夫利用了。[151]

穆拉維約夫於十二月八日（一一月二六日）向皇帝報告，清國政府不僅同意了俄方在以往不能停靠的港口停靠，也同意了使用倉庫、武器庫。他再次呈交意見書，指出對於俄羅斯佔領某個港口之事，可以解釋為這是為了防止發生不利於清國的事件而做的準備。[152]

或許就是在這個時候，皇帝發出了前進的指令。俄羅斯可以採取經清國同意而向旅順、大連派遣艦船的形式。當然，皇帝的本意在於佔領，但因為變了形，故而大臣協商會上的反對聲音也就可以無視了。推測由於英國已有所行動，一直認為巨濟島重要的海相、海軍元帥阿列克謝大公也不得不改變他們的想法。海軍元帥對海相的意見書回應道，「如果傳聞正確，我們當然必須要向旅順派出強有力的艦隊。」於是，十二月十日（一一月二八日），海軍元帥向皇帝申請允許派遣艦隊至旅順。[153]翌日，皇帝批准了派遣艦隊。穆拉維約夫給北京的巴甫洛夫代理公使發去電報：「列烏諾夫少將將率領我國小艦隊立即向旅順出擊，要銘記我們已經獲得了同意。必須發出指令，友好地迎接這支小艦隊。」[154]

太平洋艦隊司令長官杜巴索夫則在考慮完全不同的事情。十二月九日（一一月二七日），他給聖彼德堡的海軍大臣發電報，提議佔領朝鮮的馬山港和巨濟島。杜巴索夫主張，雖然北京的巴甫洛夫告訴了他英國艦隊駛向旅順的動向，但他認為此事是「解放了我們雙手的事情」。只有「佔領馬山港和巨濟群島」才能一舉解決我們的戰略課題。他親自實地考察過這些地方，而且得到了士貝耶、駐在武官等人的支持，只待命令。[155]這個方案比佔領旅順更為冒險。

杜巴索夫的電報於十二月十二日（一一月三〇日）傍晚送達聖彼德堡。然而，十一日（二九日）深夜三時，長崎的杜巴索夫就收到了海軍大臣下達的向旅順出動的命令。結果杜巴索夫的提案還沒有經過討論就無疾而終。因為命令一旦發出，就沒有辦法更改。杜巴索夫下達了出動命令，十二月十三日（一日），列烏諾夫少將率領小艦隊從長崎出發，前往旅順。[156]

十二月十四日（二日），穆拉維約夫外相給駐柏林公使奧斯登－薩肯發去電報。「針對德國佔領膠州灣一事，我皇帝陛下在得到清國政府的許可後，向太平洋艦隊的一個分隊發出命令，令在旅順拋錨，暫時停靠在那裡，直至接到新的命令。陛下確信俄羅斯和德國應該攜手向遠東挺進，並且能夠做到這點，委託閣下將此事預先告知威廉皇帝陛下。」[157]

俄羅斯艦隊入港旅順

一八九七年十二月十五日（三日），杜巴索夫提督派遣的俄羅斯小艦隊駛入了旅順港。英國艦隊連影子都沒有。當天，杜巴索夫追加了入港大連的命令。十二月二十日（八日），巡洋艦「德米特里・頓斯科伊」駛進了大連港。

十二月十九日（七日），尼古拉在日記中寫道：「這幾天是在緊張中度過的。現在東方正在逐步完成重要的大事。我太平洋艦隊佔領了旅順，應該還會進入大連。迫使我們如此行動的原因在於德國人奪取了膠州灣，令人難以寬恕。」[158]這篇文章洋溢著興奮，傳達出俄羅斯皇帝為與德國較量，也要採取積極行動的高揚精神來。這個時期，這樣的行文多次出現在皇帝的日記中，可謂例外。由此可見，旅順作戰顯然是皇帝自身推進的決定。

很明顯，作為俄羅斯皇帝的尼古拉二世是打算佔領、奪取旅順和大連的，但他發出的命令卻說是經清國政府許可，俄羅斯艦船才予停靠。對外也是如此解釋。在日本，十一月大隈外相辭職，繼任者為卸任駐俄公使而歸國的西德二郎。十二月十七日，羅森公使通知西外相：「鑒於德國艦隊佔領了膠州，陛下認為我太平洋艦隊一分隊為臨時停靠有必要駛向旅順。此事已獲得清國政府同意。」[159]清國政府也於十九日回答日本駐清公使的詢問，表示此事不是割讓旅順這樣的問題，只不過因為與俄羅斯的關係友好，認可俄羅斯有利用旅順的權利而已。[160]

日本政府於翌日二十日答覆俄羅斯公使：「完全相信如閣下所通知，此乃一時之事，謹此收下通知。」[161]對於這次會見，羅森寫道，西外相說，「日本政府很重視與俄羅斯的友好關係，信任俄羅斯政府的意圖，打算努力抑制輿論的躁動」。羅森指出，由於日本政府「尚未很好地理解這件事真正的意義，因此當前大概會維持觀望的立場吧」。但是「無法預測將來會做出什麼樣的決定。」[162]

然而，日本的報紙卻做出了遠為清晰的預測。自十二月二十日起，報紙相繼以《俄艦解纜》、《重大外交問題》、《清國分割第二步》為題進行了報導。「從俄國泰然若有所恃的態度推測，今日之事無疑表露其以旅順口為海軍基地的意圖，當然支那政府……也迫不得已承認此事。」[163]

另一方面，一八九八年一月十二日，牛莊的日本領事報告了他從旅順來的英國人那裡聽到的情報：旅順港內停有四艘俄羅斯艦，港外有四艘，「八艘俄國軍艦平靜停泊於該港內外，陸上炮臺等尚屬清國宋提督掌管。」[164]

大約同一時期，俄羅斯方面還將手伸向了釜山港外的絕影島，也刺激了日本。一八九七年八月，日本駐韓公使向東京報告，俄羅斯駐韓公使向朝鮮政府申請租借島上的土地用於煤炭倉庫，朝鮮政府只得應允。日本政府雖然表面上無法反對此事，但立即向駐韓公使發去指示，「秘密採取相當之手段」，儘量設法讓朝鮮政府拒絕。俄羅斯派人去當地選定了要借用的土地，但就在這個階段，不知是否是日方工作成功的緣故，釜山港的負責人不同意租借，雙方僵持不下。[165]一八九八年一月廿一日，俄羅斯軍艦「海獅號」入港，水兵立即登上絕影島，帶著松杉樹苗，表現出要在俄羅斯希望租用的地方種植的樣子。[166]此事被韓國國內知曉後，掀起了非常激烈的議論。

維特的機會

就在十二月十五日俄羅斯艦船進入旅順的前一天，李鴻章向維特請求提供一億兩貸款的擔保，因為如果沒有擔保，就無法貸款。維特接到這一請求，立即於十二月十六日給波科季洛夫發去電報，讓他向李鴻章提出三個條件：第一，給予俄羅斯在滿洲和蒙古所有省份鐵路、產業上壟斷性的特權；第二，給予東清鐵路公司鋪設至黃海某港（自營口以東的）鐵路支線的特權；第三，承認俄羅斯所有艦船出入、停靠該港口的權利。羅曼諾夫推測，此時維特大概已經知道佔領旅順成為了既定方針。[167]

一八九八年一月四日（九七年一二月二三日），穆拉維約夫進一步啟動了與清國的交涉。當天，他指示北京的巴甫洛夫向總理衙門傳達以下事項：第一，我們的目標不在於獲得領土，如果狀況允許，將會從旅順和大連撤退；第二，鑒於俄清間的友好關係，希望在直隸灣、朝鮮灣提供可取代長崎的停靠地。羅曼諾夫推測，穆拉維約夫大概不知道維特交涉之事。清國方面回覆，清國考慮建設通往黃海的鐵路線。李鴻章向維特傳達了清國將在鴨綠江河口鋪設鐵路的想法。[168]

庫羅帕特金陸相登場

恰在此時，陸軍大臣瓦諾夫斯基的辭呈被受理，他馬上就要離職了。這位七十六歲的老人已經擔任了一七年陸相，確實氣力衰減，到了該退休的時候。瓦諾夫斯基推薦的繼任者首先是參謀總長奧布魯切夫，不過他說明奧布魯切夫從未指揮過部隊，更應該算是軍事學者、軍事顧問這樣的人物。他提名的第二人是陸軍部辦公廳廳長羅普科，但指出他也沒有指揮部隊的經歷。最後提名的是外裏海州長官兼軍司令官庫羅帕特金。瓦諾夫斯基的意見是，由於庫羅帕特金是一名年輕的將軍，可以先讓奧布魯切夫或者羅普科擔任一段時間陸相，然後再讓庫羅帕特金接任。參謀總長奧布魯切夫一直等待著晉升為陸相，他對自己的實力很有信心。[169]然而，皇帝卻對這位六十八歲的頑固老人敬而遠之。皇帝選擇的是五十歲、年富力強的庫羅帕特金。政府中樞已經明白了皇帝的意思。

我們可以從庫羅帕特金的日記中很好地窺探出俄羅斯政府中樞在這個時候的氣氛。瓦諾夫斯基於十二月廿三日（一一日）給身在克拉斯諾伏斯克的庫羅帕特金髮去電報，讓他來首都，說為了預防英國在俄羅斯入港旅順後採取對抗措施，俄羅斯應該在整個亞洲地區給英國施加壓力，想就開啟阿富汗方面的作戰是否可行聽聽庫羅帕特金的意見。庫羅帕特金一八九八年一月一日（一八九七年一二月二〇日）到達聖彼德堡，他徑直去了陸相處，然而陸相卻不在。於是，他訪問了參謀總長奧布魯切夫。此時庫羅帕特金還不知道自己為什麼被叫來。

奧布魯切夫說明了情況：「我們潛入了旅順。英國和日本可能會為了回擊我們，佔領朝鮮。必須要阻止英國人。瓦諾夫斯基向陛下提出在亞洲對他們進行威嚇的方案，陛下同意了。」[170]

其後，庫羅帕特金訪問了維特財相。維特講述了他自己是如何負責與清國交涉，在前外相洛巴諾夫-羅斯托夫斯基的協助下，取得了實際成果。他還說道，關於這次佔領旅順，雖然在最初的大臣會議上得出了不佔領的結論，然而兩天之後就改變為決定佔領，之所以如此，是因為穆拉維約夫外相「欺騙了陛下，他勸說陛下，說清國方面請求我們佔領旅順」。現在我們正在考慮威嚇英國，為何要如此？並沒有任何根據。反而德國會是個問題。如果發生戰爭，大概會是和德國吧。我們和清國的關係還惡化了。應該停止佔領。

維特對這位新陸相明確講了自己的看法：「陛下沒有堅定的意志，而且也沒有做好準備。沒有很好地考慮（splecha）就做決定。他還沒有明白在做這樣那樣的決定時，準備工作很重要。陛下容易受各種各樣的影響。在這件事情上有點衝動。現在，他不希望退卻。」維特說，之所以將庫羅帕特金從阿什哈巴德叫來，是想得到他的支持吧。維特對德國的凱撒（譯者註：德國的君主）感到很氣憤。還說如果有人反對陛下的意見，通常陛下會有一段時間對他抱有惡感。維特對外相的評價非常糟糕，說他「沒有實質內容，只是能說會道」，是「社交界的男性」，不是做事情的人。[171]

維特想將庫羅帕特金拉入自己的陣營，給了他各種各樣的秘密檔。其中也包括穆拉維約夫十一月廿三日（一二日）的意見書。

一八九八年一月二日（九七年一二月二一日），這次庫羅帕特金拜訪了外相。穆拉維約夫講了尼古拉皇帝在布雷斯勞承諾德國皇帝，允許德國佔領膠州灣。他強調在大臣會議之後，他以清國方面希望俄羅斯佔領旅順為由說服了皇帝。外相的意見是，旅順不會成為戰爭的根源。如果發生戰爭，那就必須讓步。穆拉維約夫更加擔心朝鮮的事態，財政顧問一事太過性急，士貝耶「變得太無恥，精力太過旺盛，必須壓制」。[172]

庫羅帕特金還拜見了特爾托夫海相。特爾托夫對旅順和大連大為不滿，因為旅順港「太過狹窄、開放」。海相「認為不會因為佔領這兩個港口而引發戰爭。這兩個港只是比沒有強一點而已」。[173]

庫羅帕特金終於見到了瓦諾夫斯基陸相，陸相對他說，「我們很久以來一直想要佔領港口」。海軍部雖然有這樣那樣的意見，不過「如果錯過了現在的機會，就沒法挽回了。維特使人混亂。陛下與威廉就港口做過約定。至於日本，我們沿海軍區四萬五千人的軍隊是能夠支持我們自己的要求的」。將要辭職的陸相忠告庫羅帕特金，「作為俄羅斯人，要將已佔領的港口守衛到底」。[174]

接著，庫羅帕特金於一月五日（一二月二四日）在皇村拜謁了皇帝和皇后。庫羅帕特金恭敬地說，由於現在還無法確保兵力的集結，應該避免決裂。尼古拉說：「當前萬事順利，我希望不會發生任何糾紛。」然後他說，已決定接受瓦諾夫斯基的辭職申請，選擇了庫羅帕特金作為繼任者。庫羅帕特金站起來，感謝了對他的信任，又補充道，覺得自己或許不勝任這個職務。隨後，皇帝說了有關參謀總長的人選問題，說有人提名薩哈羅夫。庫羅帕特金說，「薩哈羅夫有很好的頭腦和心胸，無論在哪裡都受到人們的喜愛、尊敬。與陰謀無緣，只不過有時候外表看起來有點粗魯」。皇帝說，「比陰謀家要好」。於是決定任命薩哈羅夫為參謀總長。[175]

一月十三日（一日），庫羅帕特金被任命為陸軍大臣事務代理，七月正式成為陸相。參謀總長改為薩哈羅夫中將，辦公廳廳長也於八月改為了列季格爾。[176]

姑且說說這裡登場的陸相庫羅帕特金。他生於一八四八年，是職業軍人之子，父親的軍銜是大尉，為世襲貴族身份。他從幼年學校畢業後，於一八六六年進入軍官學校，在那裡呆了不足一年，同年十月被分配到土耳其斯坦的狙擊兵大隊。在之後的三十年間，除了俄土戰爭時期外，他一直在中亞地區工作。一八七一年至一八七四年，他被派遣到尼古拉軍事大學學習，畢業後考察了德國、法國、阿爾及利亞。俄土戰爭期間，他在斯克別列夫將軍麾下作戰，還參加了普列文要塞包圍戰。戰後，他擔任了一年多參謀本部亞洲部長，一八七九年被任命為土耳其斯坦旅團長後，在中亞呆了大約四年，一八八三年以後從參謀本部派遣到西部、西南部、南部指導工作。一八九〇年晉升為中將，就任外裏海州長官，同州軍司令官。

新任參謀總長薩哈羅夫與庫羅帕特金同歲，但因於一八六六年從軍官學校畢業，反而相當於庫羅帕特金的師兄。而從尼古拉軍事大學畢業則比庫羅帕特金晚一年。他一直在華沙、奧德薩軍區等西南部方面活動。庫羅帕特金陸相遵從皇帝與前任陸相，支持對旅順、大連採取積極政策。

謀求日俄新協定的動向

雖然日本輿論對俄羅斯艦船入港旅順表現出了反彈，但政府很冷靜。當然也沒有相信此事就像俄羅斯說明的那樣，是「臨時停泊」。不過，無論是西德二郎外相，還是去年十一月接替西德二郎成為駐俄公使的林董都是能夠進行冷靜計算的人。他們考慮的是，接受俄羅斯獲取遼東半島之事，從朝鮮獲得其補償，與俄羅斯締結一直懸而未決的新協定，在此過程中進一步擴大日本的權益。

一八九八年一月，林董公使給東京發電報，報告了他與穆拉維約夫外相會談的情形。外相一開場就說這是秘密談話，並轉達了皇帝的話：俄日持續在韓國發生摩擦對兩國無益。如果認識到日本比俄羅斯在韓國有更大的利害這一事實，為避免將來的紛爭是否可以達成一致呢。穆拉維約夫外相說，有皇帝的這番話作為前提，日本宣佈尊重韓國獨立是一件好事，雙方如果在這點上一致，後面的事情都好解決，他打算做進一步研究，提出方案來。這裡，林董回答說，贊成制訂促使兩國關係順暢的協定。林董向西外相傳達了如下的展望：如果俄羅斯政府為了實行在遼東的計畫，以承認日本在韓國的行動自由來安撫日本，我們不做反對（free from opposition）。日本不僅可以主張在韓國的影響力，還可以爭取「理性、且更加切實的補償（reasonable, but more solid compensation）。」林董認為試圖扼制俄羅斯進軍遼東是「不必要且不明智的」。他請求西外相指示，如果贊成這個意見，那麼應該在韓國獲取什麼，作為對遼東的補償又應該獲取什麼。[177]

一月十五日，羅森訪問西外相，提到了有關日俄可能簽訂的協定的話題。當時，羅森似乎說俄羅斯準備承認日本在韓國擁有工商業上的利害。而西外相則主張，如果俄羅斯在軍事教官和財政顧問這兩件事情上不改變立場，雙方不可能達成共識。[178]

之後，到了一月廿六日，西外相給林公使發去指示，放棄軍事教官和財務管理是「為交換意見」而提出的，不是條件，反而希望日俄分享這兩項，讓林董按這條路線進行交涉。[179]

對此，林董於廿七日回覆了以下這份很值得關注的提案：俄羅斯政府的態度顯示出其「即使達不到與我們和解、增加朋友的程度，至少也想減少敵人的願望」。因此，我們可以率直地讓他們理解，「較為理想的是，俄方在韓國做出相當的讓步，以緩和日本民眾和軍部的焦躁」、「在這個基礎上進行交涉的話，我們最好努力獲取能夠獲取的東西。但是，我們不能主張將俄羅斯完全從韓國政府排除出去，因為我們既沒有提出那種要求的權利，也沒有強制力。因此，我們必須在心中拿定主意，滿足於我們能夠獲取的東西。可能有一部分人會從純粹感性的角度反對這點。……但是，我們在韓國因感情用事的政策而導致的失敗很多，現在是放棄感情色彩、嚴密限定我們關切的利害的時候了。」[180]可以說，這個回覆展示出了作為外交官的非常精彩的姿態。

其後，林公使和西外相之間還進行了多次電報往來，最終，林公使於二月十六日（四日）向穆拉維約夫外相遞交了日方的議定書梗概，其內容為：一，日俄維持韓國的獨立。二，軍事教官委任俄羅斯政府。三，財政顧問委任日本政府。四，關於在工商業上的利益，為了避免誤解，在採取新措施之際，要事先進行協調。[181]作為日本，這一提案相當克制。

韓國興起反俄運動

這個時候，韓國國內形勢驟變。一八九八年二月廿二日，一直對韓國政治發揮著巨大影響力的大人物——大院君去世了。就在宣佈服喪四日的當天，獨立協會舉行了集會，通過了給高宗的上疏文。上疏文開頭為「國之為國者有二焉：曰自立而不依賴於他國也；曰自修而行政法於一國也」。「財政焉不宜讓人而讓之於人；兵權焉宜自操而操之在人」，這是對聘請俄羅斯財政顧問和軍事教官的公然批判。「既無其典章法度，則是非國也，國既非國，則人心自然依賴於他國；他國亦不期而干預於內政也。」上疏文籲請高宗「確執聖衷，以三千里一千五百萬赤子之心為心，……內以實踐定章，外以毋依他國，自立我皇上之權，自立我一國之權」。[182]這的確是抓住了廣大國民之心的有力文章。

當初以慎重的態度對待俄羅斯和日本的獨立協會，到了一八九七年，逐漸對政府過度傾向俄羅斯開始有所批判了。[183]繼俄羅斯軍事教官之後，財政顧問接踵而來，終於，對之的批判正面表現了出來。不過，這裡不得不說他們沒有充分理解夾在日俄之間的自己國家自立的艱難。劃時代的國民運動眼看就要開始了，但其出發點卻是太過樸素的反俄羅斯感情。

以獨立協會會長安駉壽為首，一百三十餘人在上疏文上簽了名。當晚，原俄羅斯公使館翻譯金鴻陸在俄羅斯公使館前被人襲擊，金鴻陸雖然是俄羅斯籍，卻擔任著漢城府尹，他買賣官職，逢迎者眾多，以至「門庭若市」。士貝耶公使對金鴻陸被襲擊一事非常憤怒，廿三日，他要求韓國政府逮捕並處罰謀殺金鴻陸未遂事件的犯人。[184]

士貝耶一直將獨立協會看作是美國籍徐載弼創建的協會，他認為由於當前俄羅斯成為了韓國的決定性力量，因此獨立協會成為了反俄羅斯運動的中心。當然，他還懷疑現在的獨立協會背後有日本公使館。[185]被憤怒驅使的士貝耶忘乎所以地向聖彼德堡提案「放棄韓國獨立的原則，果斷以我軍佔領其北部諸道」。不用說，外相穆拉維約夫斷然拒絕了這一提案。「在皇帝陛下的計畫中，沒有考慮由我軍佔領北部朝鮮。這樣做明顯違背了我們再三宣佈的維護這個國家獨立的原則。只有維護其獨立才是需要我們不斷考慮的事情。」[186]

另一方面，日本代理公使加藤增雄向本國報告，「金鴻陸一案及獨立協會等與日本人毫無關係，請放心」，「俄國愈用壓迫手段，韓國愈傾激昂。」[187]加藤起初懷疑獨立協會是批判日本的團體，[188]目睹這樣的發展，他無法掩飾喜悅之情。

獨立協會還將目光投向了俄羅斯正在絕影島上推進的煤炭庫建設計畫，將此事當作聲討的靶子。三月一日俄韓銀行的開業也引起極大動盪。[189]這一系列事態發展成了抵抗俄羅斯統治、尋求自立的運動。

羅森意見書

日本國內的氣氛也在這個月惡化了。羅森公使於一八九八年二月廿六日（一四日）向外相提交了關於展望因俄羅斯艦隊佔領旅順而發生變化的日俄關係的長篇意見書。[190]

上個月（一月），日本政府和輿論的對俄觀「顯著地沉靜下來」，「雖然可能是暫時的，但無疑得到了改善。」日本憤激的高漲是以俄羅斯艦船入港旅順為契機的。日本政府將俄羅斯此舉視為「可能發生危機的前兆」。「不過，日本政府主要關注的始終是……朝鮮問題。」[191]

羅森在意見書中寫道，凡是嚴肅認真的日本政治家幾乎沒有人不明白征服朝鮮的野心是虛幻的，並且，其中很多人認為接近俄羅斯、與其締結協定是最佳之道，然而儘管如此，讓他們支持日本政府締結放棄日本對朝鮮的要求、承認俄羅斯將朝鮮當作保護國這樣的協定也是不可能的。盡一切力量抵抗俄羅斯的志向是日本政府不變的方針，看看一八九七年一月日本制訂了提升兩倍以上的軍備增強計畫就可以明白這一點。那個計畫與我方對朝鮮採取的措施相關。如果日本逐漸明白沒有與俄羅斯締結協定的可能性，那麼在它完成準備工作時，大概就會選擇時機，以軍事手段解決問題了。[192]

俄羅斯艦船入港旅順有可能成為那樣的時機。「我艦隊的出現，與其說是日本開始軍事行動準備的藉口，不如說是信號，它在十二月就大張旗鼓地開始了準備工作。」羅森認為根據歐洲政府間意見交換的進展情況，有可能發生日本軍登陸朝鮮的事態。[193]

羅森還將注意力投向了另外一個方面。日本有可能認為，如果俄羅斯獲得了旅順，由於得到了不凍港，俄羅斯對朝鮮的態度會有所「變化（peremen）」。「面對俄羅斯聲明有準備與日本締結完全的最終協定，日本以無法掩飾的真正的喜悅表示歡迎」，這是有理由的。但是，締結這樣的協定「不是輕而易舉就能達成的課題」。[194]

羅森個人的觀點是：「先就這件事情與清國政府進行交涉，將與日本的交涉推遲到最終明確我們在遼東半島的地位之後，……必要時，維持由日本承認我們在那裡的地位，引導出我們在朝鮮問題上的某種讓步的可能性不無益處。」[195]

也就是說羅森考慮的方法接近於俄羅斯獲取遼東半島，日本獲取朝鮮這樣一種解決方案，這或許是可以「完全消除俄日兩國不可避免的鬥爭」的途徑。他寫道：「通過與日本確立全然友好的關係，確保我國腹地完全平穩，是我國遠東政策最為重要的課題。」他預言：「我們在滿洲實施這樣的課題，日本將會以無可辯駁的道理嚴陣以待，我們必須持續多年竭盡全力並集中一切注意力在此課題上。」[196]也就是說，羅森認為如果俄羅斯要獲取旅順，不在別的地方做出讓步，就會陷入極其嚴峻的對立狀態中。

俄羅斯邁向租借遼東半島

德國佔領了膠州灣後，因俄羅斯佔領旅順而變得強硬起來。一八九七年十二月廿四日，德國向清國提出了租借膠州灣。一八九八年一月，清國原則上認可了德國的要求，最終在三月六日，德國與清國之間簽署了租借膠州灣的條約。

俄羅斯也一直關注著德國的動向。就在這時候，清國方面為了支付對日賠款而請求俄羅斯給予擔保，與維特開始交涉，此事具有重要的意義。李鴻章對維特關於東清鐵路南部支線的條件很抗拒，遂將俄羅斯的條件告知了英國，試探英國的態度。然而，英國有英國的算盤，它要求更加巨大的權益作為貸款擔保的回報，其中也包括開放大連。李鴻章在困窘之中再次聯繫了俄羅斯。一八九八年一月十一日（九七年一二月三〇日），穆拉維約夫外相再次給北京負責交涉的巴甫洛夫發去了關於條件的指令，所提出的關於東清鐵路南部支線的要求與維特的基本上沒有變化。[197]清國方面曾想促使俄羅斯和英國對立，以達成其目的，但最終於二月一、二日（一月二〇、二一日）打消了向俄羅斯和英國尋求貸款擔保的念頭。接著，清國打算在國內發行債券，但此舉沒有成功。於是，清國於三月二日與英、德的銀行集團簽訂協定，在沒有大國擔保的情況下募集外債。[198]

俄羅斯在這時候不顧一切地掙開束縛，衝到了前面。俄羅斯政府上下現在就要求達成了一致，即在鋪設東清鐵路南部支線之外，再加上租借旅順、大連。三月三日（二月一九日），巴甫洛夫代理公使對清國政府出示了俄羅斯政府關於租借旅順、大連和東清鐵路南部支線的要求。回答日期定於三月八日，最終簽署協定的目標日期定為三月廿七日（一五日）。[199]

與此同時，俄羅斯政府推進了強化太平洋艦隊的舉措。三月七日（二月二三日），在皇帝御前舉行了促進太平洋艦隊建艦的協商會，阿列克謝大公、特爾托夫海相、維特財相出席了會議。會上通過了海軍部建造五艘戰列艦、十六艘巡洋艦、三十六艘驅逐艦的計畫。由於目前太平洋艦隊的陣容是：戰列艦為零，巡洋艦八艘（「弗拉季米爾·莫諾馬赫」、「納西莫夫海軍上將」、「德米特里·頓斯科伊」、「科爾尼洛夫海軍上將」、「留里克」、「拉茲伯尼克」、「扎比亞克」等），炮艦二艘、驅逐艦十艘，因此可以說這是相當具有野心的擴張計畫。如果這一計畫得以完成，戰列艦將一舉變為五艘，巡洋艦增加二倍，為二十四艘，驅逐艦增加到將近五倍，為四十六艘，這與擁有八艘戰列艦、十二艘巡洋艦、七艘驅逐艦的日本海軍相比，具有壓倒性的優勢。[200]皇帝在這一天的日記中寫道：

「我認為今天是我國海軍史上重要的日子，值得特書一筆，在數年之內，海軍就會有成倍的增強。會後一整天，我都處於興奮狀態中，在室外走動。」[201]

海軍部將一八九五年的一般海軍建艦計畫和一八九八年的遠東建艦計畫合二為一，決定到一九〇五年完成。

三月八日（二月二四日）接著召開了遼東問題的特別協商會。會議由海軍元帥阿列克謝大公主持，財相、外相、海軍大臣特爾托夫、軍令部長阿韋蘭、陸軍大臣庫羅帕特金、參謀總長薩哈羅夫出席。會上通過決議，如有必要以軍事力量支援與清國的交涉，將從符拉迪沃斯托克向旅順派遣一個步兵大隊、四門炮、一個騎兵小隊。[202]

在北京，巴甫洛夫反覆進行著交涉。清國方面一直在抵抗，雖然接受租借大連，但不同意租借旅順。俄羅斯在所有方面都對清國施加了壓力，決定性的瞬間逼近了。

日本輿論已經察覺到了這個事態。《東京朝日新聞》三月十二日用整版刊登了歸還遼東詔敕的全文，指出如果當初俄羅斯以「不利於東洋和平」為由反對日本佔有遼東，那麼今天「俄國佔有遼東也同樣不利於東洋和平」。「然而俄國卻彷彿忘記了四年前的事情，突然提出此強制性要求，我日本宜以曾經從俄國那裡聽到的友好忠告，反過來去忠告俄國。」裁判官指出決定歸還遼東時的首相和現在的首相都是伊藤，追究了伊藤的責任。然後，這篇文章在結尾表以決心：

「以吾人所知，兵力之用與不用，亦實不可不由義理決定。雖我日本之兵力與歸還遼東時相比，無以加其強，又我日本經濟與當時相比，無以加其富，獨我日本國民之忠勇義烈、同仇敵愾之心比當時聊有提高。若夫接出師之發令，赴湯蹈火，在所不辭。」

清國最終在俄羅斯的要求前屈服了。三月廿三日（一一日），太平洋艦隊司令長官杜巴索夫接到命令，讓陸戰隊在旅順登陸，當日，北京政府回答全面接受俄羅斯的條件。[203]尼古拉得知這一消息後，非常高興，他在三月廿五日（一三日）的日記中這樣寫道：

「從清國得到的消息，我們和清國進行的關於割讓旅順和大連給俄羅斯的交涉，其進展和早期達成的妥協使我高興、讓我安心。恰好，今天陽光明媚，我的心情愉快，精神飽滿。」[204]

一八九八年三月廿七日（一五日），俄羅斯和清國締結了關於租借遼東半島的條約。清國同意俄羅斯租借旅順、大連以及附近的海面廿五年作為海軍基地，同意從東清鐵路幹線鋪設支線到大連灣。[205]皇帝在翌日的日記中寫道：

「昨天，期盼已久的事情達成了，俄羅斯在太平洋岸獲得了不凍港旅順和西伯利亞鐵路的自然出口。最讓我安心的是，整個過程沒有發生任何混亂，重要的是沒有流一滴俄羅斯人珍貴的鮮血，事情就達成了。這是主的指引吧。」[206]

尼古拉的興奮達到了頂點。他考慮這些事情的時候，是出於與德國較勁的打算，他的眼裡沒有日本。他完全不明白這樣的行為有多麼致命。

三月廿八日（一六日），杜巴索夫提督率領俄羅斯艦隊進入旅順和大連，海軍陸戰隊登陸。沃加克在這時被暫時任命為關東軍參謀長。[207]

韓國局勢急速變化

在漢城，獨立協會的反俄羅斯運動改變了韓國局勢。士貝耶公使徹底膽怯起來。三月三日，他向聖彼德堡提案，詢問俄羅斯是否有必要援助韓國政府。[208]三月四日，他訪問了加藤代理公使，說韓國對俄羅斯的態度「甚為險惡，若不多少用些過激手段，恐難以救治」。他認為「韓國終究不能獨立」，有必要「日俄兩國分割保護之」。[209]自閔妃被殺事件以來，士貝耶與韋貝爾一道，一直都自認為是在為對抗日本、幫助韓國獨立而奮鬥。無論是軍事教官，還是財政顧問，不都是應高宗的請求努力的結果嗎？現在彌漫在漢城街頭的反俄熱潮讓士貝耶感到被背叛了。直到這時，士貝耶口中才說出「日俄分割保護」。

高宗方面似乎沒有改變依靠俄羅斯的意思。這個時候，他對士貝耶說，自己被反俄派逼迫與俄羅斯斷絕關係，面臨生命危險。士貝耶建議他再次到俄羅斯公使館躲避。不過這一建議並沒有得到俄外交部的批准。[210]俄羅斯似乎贊成讓韓國政府表明態度。最終，士貝耶於三月七日造訪韓國外部大臣，對他說，批判俄羅斯的無賴之徒行動粗魯無理，我們是受到請求才派遣軍事教官和財政顧問的，現在我受俄羅斯皇帝陛下之命，想詢問「貴國大皇帝陛下和貴政府有沒有接受俄羅斯援助之意」。士貝耶要求在廿四小時以內答覆。[211]這是俄韓關係決定性的轉捩點。

高宗很為難，他最初回覆「沒有必要回答這個問題」，無論是俄羅斯政府還是公使都應該明白他的心意，不過隨後他還是要求給予三天的考慮時間。[212]

三月十日，獨立協會在漢城的鍾路舉行了街頭演講會──「萬民共同會」，八千人聚集於此。演講者痛斥委託外國人做軍事教官和財政顧問是二千萬同胞的恥辱，是應該憤怒的對象，集會決定向外部大臣傳達他們的決意。[213]

韓國政府試圖逃避。三月十二日，經內閣會議討論後，終於給俄羅斯公使送去了答覆。「兩年間，我國在俄羅斯的盛情幫助下，主要在兵制和財務上取得了多項進步」「對於今後的兵制和財務，我國決定按照貴國曾經的指導、教誨，主要由我國人掌管擔任，大體上一律不使用外國軍官、顧問。這是元老大臣以及政府的願望之所在。」這一答覆實質上表明了希望俄羅斯撤去軍事教官和財政顧問的意思。[214]

俄羅斯政府命令財政顧問阿列克塞耶夫回國，不過考慮到漢城情況並不穩定，指示軍事教官暫時停留一段時間。三月十八日，俄羅斯《官報》刊登了公報：「正因為期待經俄羅斯援助而得以強化的年輕國家朝鮮能夠獨自維護完全獨立以及國內秩序等，俄羅斯今後將會克制對朝鮮的一切活動的參與」[215]

三月十六日，俄羅斯外相穆拉維約夫會見了林公使，向他表明俄羅斯要員從朝鮮撤走之後，俄羅斯政府不允許韓國政府雇傭其他外國人，日、俄站在同樣的基礎上。林公使說在韓日本人眾多，有必要給予保護。穆拉維約夫說俄羅斯在這一點上一樣，他表示期待今後日俄在朝鮮締結和平的關係。[216]

俄羅斯雖然中止了與韓國政府的特別援助關係，但絲毫沒有想過將朝鮮拱手讓給日本，它打算以和日本相同的立場對待朝鮮。

《西—羅森議定書》

另一方面，日本政府打算抓住這個機會。三月十九日，西外相當面交給羅森公使普通照會，提出日本有準備與俄羅斯共同約定確認韓國的主權和獨立、不干涉朝鮮內政等。但「韓國需要外國的建議及援助時」，如去依賴第三國，對兩國的利益有損，並且考慮到「國土鄰近及現有利益」，「認為將對朝鮮建議及援助的義務一任日本」為上。進而還補充道，如果俄羅斯認可此事，日本「考慮將滿洲及其沿岸全然置於日本利益及關係範圍之外」。[217]這是滿韓交換論。大概是與伊藤首相商量後做出的提案吧。

西外相向林公使說明了這個提案的意義。如果清國東部的狀況沒有變化，日本會滿足於與俄羅斯平等分享在韓國的權益。但是，現在俄羅斯的活動擴展至了滿洲及其港口，日本不能不關心。如果與俄羅斯在韓國分享影響力，會不斷發生誤解和摩擦。如果俄羅斯達成了在滿洲的目的，那麼它對韓國的關心就會與以前不同吧。對日本來講，韓國無論在商業上，還是在歷史上，以及國民感情方面，其意義都是其他國家無法比擬的。因此，日本政府的願望是希望俄羅斯同意將韓國完全置於日本的影響之下。[218]

三月末，俄羅斯的軍事教官們離開了朝鮮。[219]穆拉維約夫三月末給羅森公使發去訓令，命令他與日本政府進行協定的交涉。三月廿九日，羅森向西外相遞交了文書，其梗概為：一，俄日兩國承認朝鮮的主權和完全獨立，不干涉朝鮮內政。二，朝鮮需要援助和建議時，可以選擇向俄、日兩國任何一方提出請求。三，為了避免誤解，兩國在軍事、財政、工商業領域採取措施時，要事先締結協定。至於先前日本方面提出的議定書的第二點、第三點，由於俄羅斯已經召回了軍事教官和財政顧問，認為這兩條已不再有意義。[220]很明顯，俄羅斯還想保留對朝鮮的發言權，這與日本的立場不一致。

然而，穆拉維約夫也頗為不安。他向新陸相庫羅帕特金徵求意見，俄羅斯該如何對待日本對朝鮮的意圖。庫羅帕特金四月十五日（三日）回答：「在我們沒有修通到旅順港的鐵路時，在朝鮮展開軍事行動對我們來講是沉重的、犧牲巨大的課題。」因為軍隊必須要從歐洲增援，為了佔領北部朝鮮，大概還必須佔領一部分滿洲。「因此，在確保莫斯科議定書所規定的行動自由的同時，較為理想的是考慮迴避必須將我軍送往朝鮮的策略。」先確保旅順，待鐵路修通後，再明確地說出俄羅斯的意圖，「如有必要，就能夠以武器的力量予以支持了」。[221]

日本政府對俄羅斯方面的提案很失望。不過，日本輕易地撤回了滿韓交換論。四月八日，西外相將日本方面的議定書案送交給了羅森公使。其內容為三項：第一項不變；第二項採納了俄方的第三項；第三項是日方的新提案，俄羅斯承認日本在朝鮮工商業方面擁有壓倒性權益，支持日本振興這些權益。[222]

對此，俄羅斯方面送來逆向提案，欲將第三項改為：鑒於日本在朝鮮工商業方面的發展，「俄羅斯政府完全明確表明將盡最大可能不妨礙日本和朝鮮之間發展通商關係的意願。」[223]

日本接受了俄方的修正。最終，雙方於一八九八年四月廿五日（一三日）在東京簽署了第三個協定——《西・羅森議定書》。其正文全文如下：

第一條，日俄兩帝國政府確認韓國之主權及完全獨立，且互相約定不直接干涉該國一切內政。

第二條，為避免將來的誤解，日俄兩帝國政府約定，韓國向日本國或俄國請求援助和建議時，在練兵教官或財務顧問官的任命問題上，未經事先相互協商，不採取任何措施。

第三條，俄羅斯帝國政府承認日本在韓國的工商企業的顯著發展，有大量日本國臣民居住該國，不妨害日韓兩國間發展商業及工業上的關係。[224]

雖然再次確認韓國的獨立有其意義，然而這個協定真正的意義所在是第二條，確認俄羅斯停止向韓國派送軍事教官和財政顧問這一現實。但是，這份議定書對於將來沒有達成任何共識。駐日武官揚茹爾寫道：「我們暫時將朝鮮交付於其自身的命運，這並不意味著我們已經完全打消了對這個國家提出要求的念頭。」[225]可以說，這份議定書並沒有滿足日本的欲望。

其後不久，士貝耶公使被任命為北京公使，從某種意義來講，這可以算得上是榮遷吧。這是俄羅斯政府擺出的高姿態。士貝耶一定是懷著苦澀的思緒離開韓國的。他的繼任者馬邱寧於一八九八年四月四日正式上任。[226]馬邱寧長期在遠東俄羅斯領地工作，曾做過交付烏魯普島（得撫島）以北千島群島的見證人，於八十年代接待過尋求接近俄羅斯的高宗使者。這個時候，他剛剛在聖彼德堡將購買鴨綠江森林特許權之事介紹給學友翁利亞爾利亞爾斯基和他的朋友別佐勃拉佐夫。

韓國動搖

俄羅斯勢力退出後，韓國政治波動依然。新任公使馬邱寧發現韓國事態嚴峻。在軍事教官離開漢城之日，馬邱寧經由東京給俄羅斯外相發去電報，請求留下公使館的警備兵。「韓國政府正日益失去腳下的基盤。國庫已見底，雖然勉強湊夠了四月份的官員俸祿，但已經發出告示大概無法在五月發放全額。警備大隊退回到舊的體制，完全不能信賴。春旱加之去年大米欠收使得饑饉的威脅揮之不去，再加上嚴重的騷亂，令人擔憂甚至有可能出現完全的無政府狀態。」[227]

高宗也在半年之後為讓俄羅斯軍事教官回國感到後悔。他悄悄地告訴了馬邱寧。馬邱寧七月九日（六月二七日）經由東京給俄外相發去電報。「昨晚皇帝派陸軍次官前來告訴我，他意識到自己在俄羅斯的事情上做錯了。他悄悄告知我獨立協會的陰謀敗露，他下令逮捕犯人。他沒有告訴日本公使，因為是日本在暗中煽動。這位使者很肯定地說，不出三個月，韓國就會為了對抗將其引向毀滅的日本，不得不尋求俄羅斯的援助。」[228]

九月十一日，韓國宮廷內發生了高宗和皇太子飲用的咖啡被投毒一事。由於皇帝喝了一口就吐了出來，得以無事，而皇太子因喝下了一整杯咖啡，雖然保住了性命，但留下了嚴重的後遺症。當局逮捕了宮廷大膳頭和廚師，接著，認定主謀是二月在俄羅斯公使館前被襲擊的金鴻陸。[229]金鴻陸在襲擊事件後返回公使館做翻譯，於這年八月遭到逮捕，被判處終身流放黑山島。[230]俄羅斯公使從外部大臣朴齊純處得到的回答是，金鴻陸的罪狀是他身為翻譯，在為皇帝翻譯時犯了錯誤。[231]金鴻陸被認定為密謀毒殺皇帝和皇太子的主犯，被從黑山島押送至漢城。儘管金鴻陸的供述極有可能是在嚴刑逼供下做出的，但他和三名廚師一同於十月十日被處死。[232]事情的真相成謎，金鴻陸很可能是被冤枉的。這一事件導致韓國的反俄情緒更加高漲，獨立協會就此事聲討了政府的責任。

到了十月，獨立協會提案改革中樞院，增加民選議員，使中樞院接近於國會。圍繞此事，出現了很大的政治波動。獨立協會十月十五日將這個方案提交給政府，廿九日在漢城市內召開了有數千人參加的官民共同會，朴定陽總理也參加了這次集會。當天表決通過了六項國政改革方案。政府回應這些提案，發出了實施改革的詔敕。保守派趙秉式等人在皇帝的授意下，組織褓負商（譯者註：指巡迴於朝鮮各地市場的行商，是褓商和負商的總稱。褓商主要經營紡織物、衣服、筆墨、金屬器具等稍高價的手工業品，將其包裹在包袱中。負商則主要經營穀物、幹魚、較廉價的日用雜貨等，將其裝在背簍中。一般認為褓負商出現於新羅統一前後，在朝鮮李王朝時代得到政府正式承認，成立了行會，在嚴格的規章之下展開活躍的商業活動。）成立了皇國協會，策劃讓其代表也進入中樞院。

進入十一月，趙秉式等人聲稱獨立協會是以廢除王政為目的的共和主義社團，高宗下令解散獨立協會、逮捕全部相關人員。朴定陽被從總理的位子上驅趕下來，趙秉式成為總理。但是，獨立協會及其支持者們並沒有屈服，他們展開激烈的抗議運動。為此，政府不得不對逮捕者施以鞭刑後將其釋放，趙秉式內閣垮臺。十一月廿六日，高宗在慶雲宮敏禮門前接見了三百名獨立協會的代表，要求他們解散協會。但協會沒有答應。廿九日，政府制定中樞院官制，任命了五十名中樞院議官。十二月二十日，中樞院通過選舉選出了候補大臣，但由於當選者中有流亡日本的樸泳孝和返回美國的徐載弼，釀成了問題。保守派以此為由攻擊了獨立協會。[233]

十一月各國公使們也同樣地擔憂起事態來。馬邱寧十一月廿五日經東京發電報說：「現在，外國公使們每天都聚會。前天日本代表還說，東京詢問韓國能否依靠自己的力量克服現在的危機，他提議大家考慮一下這個問題。我們的意見是否定的，不過我們迴避了無條件地給出否定性的回答。今天，日置請求拜謁，他以本國政府的名義向皇帝進言要制止騷亂。」[234]

日置是在加藤公使回國期間，擔任代理公使的日置益。即使對馬邱寧而言，這種變動也只能視為混亂吧。在這場激烈變動中，高宗是相當努力的，實際上，他比其他人加倍認為應該儘早鎮壓這樣的混亂局面。俄羅斯的專制政治終究是最為理想的模式。高宗向馬邱寧派去了使者。十二月廿一日（九日），馬邱寧給聖彼德堡發去了電報。

「自十一月三十日（一二月一二日）起，大臣們躲在王宮中，官吏們不再為人民工作了。然而皇帝（高宗）在褓負商們的幫助下，沒有放棄暗地裡收拾精神上得到美國人支持和物質上得到日本人支持的獨立協會的努力。國庫和皇帝的金庫是空的。今天陛下（高宗）送來了給我皇帝陛下（尼古拉二世）的信，信的要旨如下：『自一八九四年朕的最高權力遭到決定性的動搖時起，在整個災禍深重的時期，朕一直信賴陛下友好的情誼，感謝之情無以言表。召還顧問和教官並不是朕之所願。如果我們的友情將要遭到破壞，其根源在於陰險的人們。朕無限期待陛下的雅量和寬容。……現在統治的實權弱化，到處充斥著無秩序狀態。只有俄羅斯比任何國家都尊重至高的權力。朕希望兩國的關係再次強化。朕慎重地考慮了使未來安寧的手段，在尚未為時已晚之時告訴陛下。』高宗陛下正期待著能夠讓他安心的、表明沒有失去我皇帝陛下好意的電報。」[235]

日本公使加藤自九月起臨時回國，於十二月十五日左右歸任，他向高宗提出了應對事態的方案。即使對加藤而言，本應歡迎的獨立協會的活動也變得扭曲起來，他認為「極其膽怯、極深猜疑、嫉妒自負、輕薄殘虐，為君主甚不合格」的高宗對此負有責任，是高宗動員了褓負商等暴力份子。因此，加藤建議首先解散褓負商，「組成信任鞏固之政府」，改革弊政，刷新宮廷，「以文明政綱為則」。他建議將民會中深孚眾望的人士吸納進政府，向民會保證不隨意鎮壓他們，勸說民會與其盲目地擾亂國情，不如退一步關注政府的改革。加藤還建議政府方面派閔泳綺，民會方面派高永根為代表進行對話，收購《獨立新聞》，使之變為擁護政府的聲音。皇帝接受了這些提案，他似乎對日本的支持很高興。「皇帝大有所悟」，加藤報告道。[236]現在就連加藤也意識到了以批判的目光看待將特許權賣與外國的獨立協會、萬民共同會的危險性。[237]

高宗在十二月廿五日的敕諭中彈劾了萬民共同會的罪行，令其解散。獨立協會的幹部被逮捕。朴定陽進入政府。動搖韓國的巨大風波就這樣無疾而終。

更換駐韓公使

一八九九年，俄羅斯和日本都更換了駐韓公使。首先，俄羅斯的馬邱寧公使於一月十八日離職，北京的巴甫洛夫赴任公使。

巴甫洛夫生於一八六〇年，出身於貧困的貴族家庭，他進入海軍兵學校後，於一八八二年以優秀的成績畢業。就任後曾赴遠洋航海，一八八六年辭職，進入外交部。四年後，他被任命為駐清國公使館的三等書記官。在喀希尼任公使時，巴甫洛夫是其秘書官，一八九五年成為一等書記官。[238]大約同一時期在巴甫洛夫手下工作的二等書記官索洛維約夫，是大改革時代開明改革派官僚之子，他認為巴甫洛夫是個一心想往上爬的野心家。[239]如前文所述，在獲取旅順的過程中，巴甫洛夫有過誘導穆拉維約夫外相的情節。英國研究者伊恩•尼什也評價巴甫洛夫「即使以這個帝國主義時代的標準來看，他也是秉性剛強不屈的人，不好退讓，擅長玩弄權謀術策」。[240]當時的日本公使加藤很關注他，「由北京以來之名聲，讓人自然生出其要做出一番事的感想」，但一八九九年五月，加藤在報告中寫道，現在「未見何等顯著行動」。[241]

另一方面，一八九九年六月，日本公使加藤增雄離任，由林權助接任公使。林權助是會津藩士之子，生於一八六〇年，畢業於東京帝國大學，一八八七年進入外務省，擔任了大約四年仁川領事，日清戰爭時，他被調為倫敦領事。一八九七年，他成為北京的首席事務官和代理公使，自一八九八年起，任外務省通商局長。他由這一職務被調任為駐漢城公使。他在自傳《講述我的七十年》中寫道：在上任前夕，陸軍的幹部骨幹田村怡與造大佐、福島安正、長岡外史中佐拜訪他，他們殷切希望他阻止俄羅斯在鎮海灣獲取海軍基地。[242]

海牙和平會議

繼一八九八年佔領旅順、大連之後，俄羅斯隔年再一次令國際社會為之震驚。俄羅斯倡議於一八九九年五月十八日（六日）在海牙召開國際和平會議。這也是由穆拉維約夫外相構想、皇帝尼古拉二世實施的策劃。

事情的起因是剛剛上任的陸相庫羅帕特金就引進當時的最新兵器——速射炮的問題提起的議論。一八九八年三月十二日（二月二八日），庫羅帕特金向皇帝上奏，俄羅斯引進速射炮需要一億三千萬盧布，奧地利也需要大約一億盧布，為了避免如此龐大的支出，他提出能否與奧地利締結協約，約定今後十年不引進速射炮。尼古拉回答：「如果你認為朕會斥責你的想法，那就是你還不太瞭解朕。朕有同感。朕長期以來一直反對我軍引進最新兵器。」庫羅帕特金聽了這席話很感動。他說，此舉會成為邁向全面裁軍的第一步，至少能夠暫時遏制困擾整個歐洲的軍費增加問題，如果陛下採納了這一偉大創舉，陛下的名字一定會銘刻在世界子孫後代的記憶裡。尼古拉非常高興，說希望他儘早與穆拉維約夫外相商量。

庫羅帕特金退出皇宮後直接去了外相處。外相聽了此事後也很高興。他表露了內心想法：由於俄羅斯在遠東採取了「果斷舉措」，「讓人們在歐洲看到我們愛好和平的事實上的證據很重要。」[243]

庫羅帕特金於翌日將他的裁軍協約案整理成文書，送交穆拉維約夫。穆拉維約夫稱讚他寫得好，但說範圍應該更大一些，應該號召所有歐洲國家停止增強軍備十年。對此庫羅帕特金不由自主地說，那恐怕很難辦到吧。[244]

然而，穆拉維約夫強行推進了此事。四月五日（三月二四日），他絲毫沒提受庫羅帕特金構想啟發之事，向皇帝呈交了全面裁軍提案。提案敘述了在過去四分之一世紀的和平時期中，軍備競賽如何壓迫著國民福祉，他提出：「應趁為時未晚之際，制止這種在現在已經相當嚴重，在將來會更具毀滅性的狀態。」現在德國正計畫更新火炮，這為宣導全面裁軍提供了絕好的機會。「俄羅斯愛好和平，並且具有軍事上、財政上的實力，為世人所公認，應該發起這項神聖的事業。」一八九四年，英國曾經提出過舉行削減軍事費用的國際會議，但當時時機並不成熟，而現在正是締結削減軍事費用協定的大好時機。當然，縮減兵員數也應該同時進行，而且還應該構想設立仲裁法庭，以解決有可能引發戰爭的國際紛爭。

穆拉維約夫說如果得到陛下的贊同，他會派駐各國的公使們打探該國政府的意向。[245]大概外相身邊有人一直持有這種想法，外相整個吸納了其方案吧。

繼陸相之後，皇帝尼古拉又得到來自外相的提案。他雖然還沉浸在上個月決定大幅增強遠東海軍實力的興奮之中，卻對這次和平與裁軍提案非常上心。可以推測，他確實受到了這個月某位來訪人物的影響。

此人就是《未來戰爭》（*La Guerre Future*）的作者伊萬・布利奧赫（布洛赫）。他是俄羅斯無人不知無人不曉的猶太鐵路大王、銀行家。他於一八三六年生於華沙，從鐵路業的小承包商起家，累積了財富，然後去德國讀大學，回俄羅斯後，在莫斯科與一位醫生的女兒結婚時改宗了新教。推測他是在這個時候，將猶太人的姓氏布洛赫改為了波蘭式的布利奧赫。他創辦了華沙商業銀行、華沙火災保險公司，一八七八年合併了俄羅斯南部的鐵路公司，創辦了西南鐵路公司。維特就曾在這個公司就職，並在此嶄露頭角。[246]

《未來戰爭》最初於一八九三年在雜誌《俄羅斯通信》上連載，當時的標題是《未來戰爭——其經濟上的原因和結果》。[247]其後文字被全面改寫，一八九八年集結為全六卷，以《在技術、經濟、政治層面的未來戰爭》為題出版發行。[248]一八九八年的版本後來被翻譯到歐洲，引起了很大的轟動。在歐洲，該書出版時以作者本來的姓氏布洛赫署名。

我們來看看在一八九三年版中布利奧赫的主張吧。首先，「戰爭的預感」出現在現代歐洲的社會生活、個人生活中。過去數十年間，在軍事技術上發生了堪稱革命的重大變化。戰爭成為了全體國民的事業，隨著槍炮的改良，戰爭變得「更加恐怖」。「未來，諸國民的衝突將會變得極其血腥。」現代政治不安定的最大原因在於歐洲列國增強軍備的意向。今後的戰爭將會成為全體國民參與的事情。自普法戰爭之後，人類命運逆轉為過去的野蠻世紀。這點會在未來的海戰原理中表現出來。戰爭要動員眾多兵員和大量物資，破壞人民生活。火器威力的增大決定性地改變了戰爭的性質。布利奧赫是最先將二十世紀的戰爭和工業技術的發展相結合，分析將會呈現出總體戰樣態的人。因此，他主張應該避免這樣的戰爭。[249]

布利奧赫通過老朋友維特的引見，得以謁見皇帝，獻上了這部書。據國際法學家馬滕斯所講，皇帝「對布利奧赫的瘋狂想法很感興趣」，和他談過兩次。[250]

根據尼古拉的決定，一八九八年六月末，召開外相、財相、陸相等人參與的協商會，與會者均贊成舉辦和平裁軍會議。外交部負責這項準備工作的是拉姆斯道夫。八月廿八日（一六日）倡議舉辦這次會議的外相將最初的通函送交了駐聖彼德堡的各國公使。通函中宣稱：「維持全面和平，最大限度地縮小壓迫所有國家國民的極端軍備……應該是所有國家政府努力的目標。」探尋設定軍備擴張的界限、防止戰爭的方略是「所有國家的責任和義務」，我皇帝陛下滿懷這樣的心情，為討論這一重大問題而召集會議。[251]

各國得到這個提案後，各有各的想法。即使對俄羅斯而言，會議原本也是從俄羅斯的利害出發而發起的。十月四日（九月二三日），庫羅帕特金就會議之事上奏皇帝，尼古拉與陸相約意見一致。庫羅帕特金說明了這個會議對俄羅斯所具有的意義。「俄羅斯在技術上落後，……五年後會變成什麼樣呢？恐怕會更加落後吧。……也就是說，停止增強軍備，從軍事角度來講是有利於俄羅斯的。」從政治角度來說，「俄羅斯還沒有完全實施為將來發展和偉大前程所必要的事情。」遠東的課題沒有終結，黑海的特殊課題仍然沒有實施。[252]

一八九九年一月十一日（一八九八年一二月三〇日），穆拉維約夫外相發出了新的通函，告知調整後的議題等事項。議題如下：一，在一定期限內凍結軍備、軍費。二，禁止使用新火器、炸藥、火藥。三，限制使用大威力的炸藥，禁止從氣球投下炸彈。四，禁止在海戰中使用潛水艦。五，一八六四年日內瓦協約適用於海戰。六，承認海戰時救助遇難者的船隻的中立性。七，承認一八七四年布魯塞爾會議制定的陸戰法規。八，為防止武力衝突，採用仲裁審判原則。[253]

經過九個月的準備，由俄羅斯皇帝宣導的海牙和平會議於一八九九年五月十八日在海牙的森林之家宮殿召開。有來自二十五國的一百一十位代表參加會議。除英、美、法、俄、德、奧地利、義大利、荷蘭等歐美強國外，來自非歐美的國家有日本、清國、暹羅、土耳其（應作鄂圖曼帝國）、波斯、墨西哥。德國代表是外交官孟士達伯爵，法國代表是萊奧•布林治，美國代表是駐德大使安德魯•懷特，奧地利代表是外交官維爾賽爾斯哈伊姆，英國代表是外務次官鮑斯福司，而俄羅斯代表是原駐英國公使斯塔利男爵和國際法學家馬滕斯等人。日本代表是駐俄羅斯公使林董。[254]

值得關注的是，韓國沒有參加這次會議，暹羅參加了。暹羅王國位於法國殖民地印度支那（中南半島）和英國從印度分割出來的殖民地緬甸之間，為了維持獨立，拼命做著外交工作。暹羅國王朱拉隆功五世於一八九七年訪歐之際，將最初的訪問國定為了俄羅斯。他想請求俄羅斯勸說法國。早在俄羅斯皇帝尼古拉二世作為皇太子環游世界、訪問暹羅時，就已經與國王會過面。後來，在俄羅斯政府的斡旋下，法國政府接受了暹羅國王的訪問，暹羅與法國也開始了交涉。根據國王訪問俄羅斯之際的協商成果，俄羅斯和暹羅國建立了邦交，一八九八年五月十四日，俄羅斯在曼谷設立了公使館。[255]出於這種關係，暹羅響應尼古拉二世的號召，參加了海牙和平會議。在這一點上，韓國沒有參加會議顯示出它在外交感覺上的不成熟。

日本在參加會議之際，「認為該會議乃單純以考究為目的之會合」，「雖無不承認會議決議之意向……卻難以全然承認停止目前實行中的陸海軍計畫，或致使結果發生某種變更的提案」。[256]陸海軍極度慎重。山本海相在給出席會議的海軍軍官下達的訓令中指示：「諸如下瀨火藥，應努力置之於問題範圍外」。[257]日本對被俄羅斯抑制兵器的品質很警惕。

會議持續了兩個月，至一八九九年七月廿九日（一七日）閉幕。最終會議通過了三個公約（《和平解決國際爭端公約》、《陸戰法規與慣例公約》，《一八六四年日內瓦公約諸原則適用於海戰的公約》）和三項宣言（《禁止從氣球上投擲爆炸物宣言》，《禁止使用窒息氣體、有毒氣體宣言》，《禁止使用特殊子彈宣言》）。在會議結束時，比利時、丹麥、西班牙、墨西哥、法國、希臘、蒙特內哥羅、荷蘭、波斯、葡萄牙、羅馬尼亞、俄羅斯、暹羅、瑞典、挪威、保加利亞十六國簽署了所有文書，德國、奧地利、清國、英國、義大利、日本、盧森堡、塞爾維亞、瑞士所有文書未均簽署，美國只簽署了一份文書，土耳其簽署了三份。[258]

日本的全權代表林董在七月三十一日請示下達即時簽署的訓令，認為文書的內容「關乎鞏固保持列國和平及博愛主義，乃世界渴望之所在」。其後，日本於十二月二十日簽署了全部文書。[259]

俄羅斯政府就會議所取得的成果，於八月三日發佈通告文：[260]「在著手召集和平會議之際，帝國政府沒有將構想的課題即時付諸實施的誇張期待，沒有這種天真的想法。……帝國政府沒有任何利己的目的，也不追求隱秘的政治目的，在籌備會議的過程中，做好了將會遇到各種各樣巨大困難的精神準備。但是，同時帝國政府並沒有失去信心，相信以我皇帝陛下充滿人性愛的意願為基礎的兩份通函，將得到與會國政府的恰當評價，……這些政府無法拒絕為實現這項偉大、神聖的事業，做出各自相應的努力。」

「會議的結果完全印證了我們的期待。……雖然會議判定徹底解決停止增強軍備這一難題有必要延期到各個政府完全地、全面地探討結束，但通過嚴肅的決議，已經全場一致通過了減輕今日的軍備負擔，是為所有國家國民的幸福而高度期待的事情。另一方面，會議討論的事項，毫無疑問會對謀求戰爭的適度化、消除無目的地增大交戰國痛苦的一切殘虐行為產生影響。海牙會議制定了關於海戰的日內瓦協定原則案，通過了關於陸戰法規的協定案。通過會議上的各個宣言，主張禁止使用擴大炮彈和窒息性毒氣，禁止從氣球投下炸彈。最重要的成果在於，通過了關於和平解決國際紛爭的方法的協定案。這個會議不僅僅將現有的國際條約規定歸納、總結到一起，還提出了能夠鞏固和平的新手段。這些手段正與俄羅斯為會議提交的提案相一致。……會議宣佈，第三者的調停是解決國際紛爭的最佳手段。……將來大概會在海牙設立擁有常設事務機構的國際仲裁法院吧。……這些都是在海牙會議上，部分全場一致通過，部分被大多數國家代表通過的基本決定。」

通告文最後再次頌揚了「皇帝陛下高遠的創意」，表示期待將來一定會找到手段來實現會議上得到確認的原理。

海牙和平會議雖然是根據尼古拉二世、穆拉維約夫外相、庫羅帕特金陸相這些有問題的人的提案而召開的，但它提出了限制戰爭這個重要的問題，是人類歷史上的一次重要策劃。但在當時，對於隨著新世紀一同到來的世界大戰時代而言，這場會議的決定蒼白無力。

馬山問題

俄羅斯獲得旅順，使它終於在太平洋岸得到了不凍港。與此同時，俄羅斯也相當於放棄了朝鮮。從戰略上來看，這是最糟糕的領土獲得方式。這個位於中國領土滿洲南端的港口，只能依靠南滿洲鐵路和東清鐵路勉強與俄羅斯聯繫在一起。它與俄羅斯領有的太平洋岸港口符拉迪沃斯托克之間，需要迂迴朝鮮半島，有遙遠的上千海里的距離。如果俄羅斯的影響能使北部朝鮮安定，旅順的安全會得到相當程度的改善。然而，如果俄羅斯從朝鮮收手，日本勢力覆蓋了朝鮮，就很難確保旅順的安全了。而且最關鍵的是，將不凍港旅順作為俄羅斯海軍太平洋艦隊基地非常不合適。旅順港內狹窄，無法容納多艘艦船。如果艦隊在港外尋找停泊地，有遭到敵軍水雷攻擊而全軍覆沒的風險。但如果進入港內，由於港的出入口極度狹窄，若敵人進行封鎖作戰，灣內的艦隊就成了甕中之鱉。原本俄羅斯海軍一次也沒有提出過想要旅順。

因此，太平洋艦隊司令長官杜巴索夫在獲得旅順以後也沒有改變他的想法。一八九八年一月八日

（一八九七年一二月二七日），他向海軍大臣特爾托夫再次提交了有必要將注意力投向朝鮮東南岸的意見書。他再度表達了馬山浦條件理想的意見。[261]三月十四日（二日），他系統地論述了旅順的問題。[262]而後，他又於六月十八日（六日）提交意見書，說明旅順是有缺陷的軍港，應該在朝鮮的東南部進一步獲取軍港。因為海軍大臣也有同樣的想法，這次，他將杜巴索夫的意見書也拿給了外務大臣穆拉維約夫看。然而，外相理所當然擔心這樣的行動會引起日本激烈的反彈。如果做出這樣的事情，「有可能引發各種不測事態，包括與日本發生軍事衝突。」[263]

從俄羅斯海軍的便利來講，在馬山港擁有海軍基地是最佳選項。但是，這樣做很明顯就會陷入與日本的徹底對立。其實只要想想因租借旅順、大連而激憤起來的日本輿論，就會明白俄羅斯從朝鮮撤走軍事教官和財政顧問之後，海軍又盯上馬山愚蠢至極。當時還討論過元山，也許考慮過獲取元山這條路，但是，因元山冬季有可能結冰，[264]最終仍然執著於馬山，這是頗為愚蠢的判斷。

恰在一八九九年五月一日，韓國政府宣佈開放馬山浦港。該港規劃了各國公共租界，敦促在那裡開設公館。俄羅斯駐韓代理公使巴甫洛夫在確保租界內俄羅斯領事館用地的同時，受杜巴索夫之托開始著手在馬山港租界外獲取土地。五月二日，他向韓國政府申請，俄羅斯打算在馬山浦租界外獲得土地，希望得到援助。接著，他在三天後乘坐軍艦「滿洲里」號前往馬山。大約同一時間，太平洋艦隊司令長官杜巴索夫也於五月三日率領巡洋艦「俄羅斯」和「德米特里•頓斯科伊」從長崎出航前往馬山浦。二人打算在會合後，共同商定在馬山購買的土地。[265]

二人將目光投向了滋福浦地區一萬坪（一坪約等於三點三平方米）土地，嘗試購買這塊土地的交涉。他們名義上的說法是想獲得輪船公司的用地。但是交涉沒有成功。儘管如此，巴甫洛夫等人還是在看中的土地上打下了五百根樁子，掛上「俄國地界」的牌子，離開了馬山。這種旁若無人的舉動引起了馬山地區居民的強烈反感。[266]

釜山的日本代理領事中村巍迅速察覺到了這一動向。五月十二日，他給青木外相發去電報，推測俄羅斯方面在謀劃確保「俄國煤炭庫用地」。外相十三日回電，「俄國軍艦欲於馬山浦購買之土地，我方當火速著手買入。」[267]指示日本要先下手，控制住俄羅斯看中的土地。

雖然中村開始在當地努力展開行動，但收購並不容易。然而，這時候，一名日本商人——五百井商店釜山支店長迫間房太郎被推到了前面，據說推出他的是陸軍。迫間房太郎於五月下旬進入馬山，積極著手收購這片問題土地。他得知有一位朝鮮地主擁有這片土地中的三千五百坪後，就去勸說他不能賣給俄羅斯人，最終迫間房太郎的收購成功了。這是發生在六月初的事情。[268]

俄羅斯方面，五月十九日（七日），代理公使德米特里耶夫斯基向韓國外部大臣要求，因將派遣外交官收購土地，希望他命令馬山地區的官吏發出允許將租界地附近的土地賣予外國人的公示，並將此命令的抄本送到俄羅斯公使館。[269]

朴齊純外部大臣進行了抵抗，但再度接到要求後，不得不順從了。

俄羅斯公使館員施泰因在拿到韓國政府訓令的抄本後，於七月二日乘坐軍艦「高麗人」去了馬山。[270]施泰因在那裡得知了日本人迫間房太郎的工作成果，俄方計畫購買的土地中的核心部分已經被售出了。德米特里耶夫斯基接到報告後，於七月十一日再次向外部大臣要求，讓他進行斡旋，命令當地官員認定這筆交易非法，將該地塊出售給俄羅斯。[271]

俄羅斯欲向韓國政府施壓，從而獲得土地這一戰術，因日本商人搶先下手、迅速收購而完全失敗了。俄羅斯公使館最終來到日本公使館，控訴不當競爭，要求日本公使介入，但只從林權助公使處得到回答，「此乃日本人正當購買，只要該人自己不願放手，非常遺憾，本官亦無可奈何」。[272]

俄羅斯方面對日本方面說：巴甫洛夫公使曾經召集地主，得到了出售土地的口頭約定，故希望交出日本人購買土地的證書，俄方將會支付代價，這會成為「兩國真正友好關係的證明」。[273]然而，一切已不可挽回。雖然之後俄羅斯在馬山建立海軍據點的努力仍在繼續，但終究無可奈何。

俄羅斯雖然獲得了旅順，卻仍然在朝鮮南端尋求據點之事，讓日本政府感到很焦慮。這從山縣總理大臣一八九九年十月十一日撰寫的《對韓政策意見書》中可以窺探出來。山縣認為，儘管日本在日清戰爭後締結了日俄協約，一直在其框架內推進對韓政策，然而俄羅斯在佔領大連、旅順後，又做出了在朝鮮南部尋求軍艦停泊點的舉動，這種情況下，日本必須制訂「將來之方略」。由於朝鮮「自地形上而言」，「在我利益線範圍內」，因此「不可不維持、擴充帝國之利益」，但是，軍備擴張不是萬能的，存在財政上的困難。所以，當俄羅斯再度試圖在馬山浦等處建造軍艦停泊點時，「我方應對俄國諄諄細論我國與朝鮮間之利害關係及……歷史關係，且始終力求依照日俄協商條規圓滿解決」，「必須盡力忠告，以達我之目的」。如果俄羅斯拒絕這種勸說，就「必須決定是否採取放棄我方在朝鮮利益的政策」。這是重要問題，屆時必須請求召開御前會議，慎重決定政策。[274]

如果決定不允許俄羅斯確保馬山，那就要不惜發動戰爭，因此需要召開御前會議。山縣在這份意見書的註中添寫道，由於他與伊藤等人的對俄政策相對立，「最終，是和是戰的決定只能讓諸御前會議，並以其決定付諸閣議」。[275]

即便如此，山縣仍然採取了極其慎重的態度。

關東州的開端

一八九九年八月，俄羅斯確定了對旅順和大連的管理體制。命名所獲得的包括旅順、大連在內的區域為關東州，任命阿列克塞耶夫為其軍司令官兼太平洋艦隊司令長官。至此為止的太平洋艦隊司令長官杜巴索夫是實施了佔領旅順計畫的人，然而如前所述，他並不滿意將旅順作為海軍基地。可能即使要求他，他也不願意擔任這個地方的負責人吧。杜巴索夫被調任喀琅施塔得鎮守府司令官，杜巴索夫的上一任，曾擔任黑海艦隊代理司令官的阿列克塞耶夫被重新派到了這裡。

阿列克塞耶夫生於一八四三年，一八六三年從海軍軍官學校畢業後就職。一八七二年，他被任命為愛琴海艦隊司令官阿列克謝大公的助理（flag ofitser），從此他的幸運之門打開了。自一八七五年至一八七七年，阿列克謝大公乘坐他任艦長的護衛艦「斯維特萊那」參加了兩次耗時六個月的大西洋航海。[276]據說這期間，因某事件的緣故，阿列克塞耶夫與大公形成了特別的親密關係。在馬賽的某娼家，阿列克謝大公做了粗暴的事情，險些就要被追究刑事責任。然而翌日，阿列克塞耶夫卻代替大公到警局自首了，他交了罰金後被釋放出來。[277]

海軍元帥阿列克謝大公是亞歷山大二世的第四個兒子，他與皇后的女官、詩人茹科夫斯卡婭的女兒亞歷山德拉戀愛，近乎私奔一般於一八七一年在義大利結婚，當時阿列克謝十九歲，亞歷山德拉廿七歲。但是，這樁婚事沒有得到認可，兩人被拆散了。皇帝命令阿列克謝踏上訪問北美之旅。一八七一年秋，他作為俄羅斯皇族，首次對美國進行了友好訪問。其後，一八八一年亞歷山大二世被暗殺，阿列克謝受兄長、新皇帝之命，取代叔父康斯坦丁大公就任海軍元帥，自那之後，他已經在這個位子做了十八年，[278]但很難說他具備海軍元帥所應有的器量。因為先前的事件，他對阿列克塞耶夫很感恩，對其大力提拔也在情理之中。

實際上，關於阿列克塞耶夫的晉升還有一種傳言，說他是亞歷山大二世的私生子。這個傳言是從何時何地流傳開來的已不可考。一九六一年出版的《蘇聯歷史百科事典》中，阿列克塞耶夫的條目下就清楚記載著這一點。[279]不過筆者在研究洛里斯－梅利科夫改革的時候，很留意地進行了調查，然而並沒有找到與之相關的資料。我曾詢問過研究俄羅斯亞歷山大二世時代歷史的最高權威扎哈•羅娃女史，她也說從來沒有聽說過。阿列克塞耶夫的職務履歷書中沒有父親的名字，但在費多爾琴科編的《侍從將軍辭典》中，寫明阿列克塞耶夫生於塞瓦斯托波爾，是海軍中尉伊萬•M•阿列克塞耶夫之子。[280]

亞歷山大二世在一八四一年廿三歲時，與十七歲的女子結婚，翌年女兒亞歷山德拉出生，第三年，一八四三年九月皇太子尼古拉出生。很難想像他會在這個時期為未來製造麻煩，與情人搞出私生子。俄羅斯歷史學家中有人指出阿列克塞耶夫死後留下了巨額遺產，按照他正常的工作收入無論如何也無法獲得如此巨額的資產，基於此，只能認為他與皇帝有特殊的關係。但是，根據革命後擔任羅曼諾夫家族管理人的海軍軍官格拉夫的回憶，阿列克塞耶夫其實並沒有那麼巨大的資產。阿列克塞耶夫一生獨身，在臨死前才與法國女傭結婚。格拉夫在回憶錄中寫道，有人說這個女人曾聯繫過弗拉季米爾・安德列耶維奇大公，想將丈夫的遺產捐贈給羅曼諾夫家族，但這是無稽之談。[281]

關於阿列克塞耶夫的母親，柯洛斯托維茨有證言說她是亞美尼亞人，據說這點也影響到了他的容貌，這大概是正確的。阿列克塞耶夫晉升的秘密在於與海軍元帥阿列克謝大公關係密切，這樣理解較為妥當。[282]

阿列克塞耶夫的特點是沒有實戰經驗。雖然阿列克謝大公在俄土戰爭開始後，擔任多瑙河艦隊司令官，但阿列克塞耶夫僅乘坐小型護衛艦「博加特里」在大西洋方面活動。戰後的一八七八年十月，阿列克塞耶夫被任命為巡洋艦「阿芙利卡」艦長，一八八二年，他因在接收從美國購買的巡洋艦的航海中擔任代理艦長，在日本獲得了旭日三等勳章。

阿列克塞耶夫決定性地踏上晉升之途是在一八八三年被派遣為駐法國海軍武官時。三年後，他被任命為巡洋艦「科爾尼洛夫海軍上將」艦長。接著在一八九二年晉升為海軍少將，被任命為海軍軍令部長助理。軍令部長奧斯卡・克萊默爾不在時，阿列克塞耶夫屢屢擔任代理軍令部長。在一八九五年，他被任命為太平洋艦隊司令長官。

曾擔任阿列克塞耶夫的外交助理的柯洛斯托維茨這樣評價他：

「阿列克塞耶夫當時大約五十五歲左右。他身材矮小，體型較胖，頭很大，鷹鉤鼻，黑色的眼睛中露出犀利的目光。他蓄著小絡腮鬍子，頭髮開始變白了。他性格活潑，坐不住，要求部下也這樣。他待人接物總是彬彬有禮。……他務實、頭腦靈活，不太像常見的俄羅斯人做些形而上學式的總括或妄想。他主要的缺點，就我所見，是不夠果斷，對逢迎諂媚很受用，對他人的意見不夠寬容。他獲得了宮廷的眷寵，在王室擁有以皇帝為首的強有力的庇護者。從教育和知識視野的廣度來看，他比我國很多大官僚要卓越。阿列克塞耶夫對陸海軍問題，尤其是後者很感興趣。他或許能夠成為很優秀的海軍大臣。」[283]

關東州有旅順港和大連灣。清國在旅順港的陸地修建有要塞。阿列克塞耶夫將這裡作為了關東州的根據地。一八九九年五月三日（四月二一日），在他出發去關東州前夕，根據庫羅帕特金陸相的上奏報告，俄羅斯決定將從清國得到的舊的旅順要塞改建為正式要塞，這一決定是基於上一年被派遣到當地的科諾諾維奇・戈爾巴茨基中將的報告而做出的。[284]一八九九年中，俄羅斯派出維列奇科工兵上校指揮要塞的改建。十月，維列奇科提交的新要塞設計圖得到了皇帝的批准。維列奇科預計要塞的建設費用為七百五十萬盧布，同時還需要裝備同等金額的大炮等設施。[285]

阿列克塞耶夫雖然管理以旅順的要塞和港口為核心的關東州，但並不是管理關東州整個地區。商業港和鐵路終點城市達里尼（大連）由財相維特掌控的東清鐵路公司管轄。達里尼市是以巴黎為模型建設的歐式城市，以此為起點，經過滿洲的大城市奉天、長春，直達哈爾濱的南滿洲鐵路也開始建設了。這些全部由直屬財政部的東清鐵路公司管理，負責警備的軍隊也聽命於財政部。公司的負責人、總工程師尤戈維奇常駐哈爾濱，掌握著全權。[286]就這樣，財政部以哈爾濱和大連為雙核心的滿洲鐵路王國正式具備了的雛形。

駐日的陸海軍武官們

這裡，我們來看看俄羅斯派遣到日本的陸海軍武官們。

陸軍武官繼第一代沃加克之後，一八九六年下半年，第十三步兵師團參謀長揚茹爾到任，他是第一位專門負責日本的駐在武官。揚茹爾對日本軍的評價與沃加克相同。他在參觀了日本軍當年的大型演習後，發送了這樣的報告：「雖然僅憑三、四日的觀察，很難對軍隊的素質做出判斷，但我不得不說，第五、六師團的步兵部隊給我留下了最好的印象。在訓練（個人、中隊、大隊層面）、裝彈、移動方面，我敢說這些部隊不遜色於任何歐洲軍隊。」[287]

一八九八年六月，揚茹爾撰寫的關於進攻日本時的登陸地點、攻略目標的意見書落入了日本方面，甚至被呈交給明治天皇。[288]這份意見書的開頭寫道：「自銜命視察日本軍情以來，根據前任者之調查檔（指『沃加里』的調查）及日本有志者之密報檔（日本有志者指諸如尼古拉牧師及淺野惣一郎等常為俄國謀利之人），視察實況。」前任者「沃加里」即沃加克。另外，他列舉了正教尼古拉教堂的相關人士作為日本方面的協助者。淺野大概指的是淺野財閥的創始人——淺野總一郎吧，可以看出，他通過與俄羅斯的交易獲得了利益。

意見書分析研究了日本的軍備情況和地理條件，提出以中部地區的清水港作為登陸地點，在此登陸，控制靜岡全市，再進軍名古屋，即所謂的征服日本中心的戰略案。雖然無法確認這個方案的真實性，但或許揚茹爾曾被要求過思考與日本戰爭的可能性，從而提交的意見吧。

一八九八年至一八九九年，在揚茹爾臨時回國時，庫羅帕特金陸相將前任陸相的侄子格列布・瓦諾夫斯基中校派到日本擔任臨時代理。[289]揚茹爾一度返回了任職地，但又於一九〇〇年四月末被調離，他的後任是已成為上校的瓦諾夫斯基。瓦諾夫斯基從近侍學校畢業後，成為騎兵隊軍官，自一八九一年起一直在參謀本部工作。[290]他在赴任前寫下了最初的關於日本軍的意見書。

「根據與其國民文化性質全然不同的原則組建成的軍隊，必然要經歷內部的不適應狀態，日本軍還沒有完全擺脱這種狀態。日本軍隊只是出於純粹日本式的盲目正確，在形式上將這些原則當作了自己的東西，但完全沒有抓住原則的本質。同樣的現象在現代日本生活的其他所有方面都可以得到確認。」

「正因為如此，一方面，日本軍已經不再是古老的亞洲式軍團，而是按照西歐的模式認真地、學究氣十足地組建起來的，在一定程度上武裝得很好的軍隊；另一方面，又完全不是根據自己的文化所形成的原則而創建起來的真正的歐洲軍隊。」

「日本軍隊要想將所有決定了歐洲軍隊存在模式的精神原則內化為自己的東西，大概還需要數十年、數百年吧。」[291]

這種意見雖然是基於臨時派遣時的觀察得出的，但也與佩利坎《進步的日本》（一八九五年）等保守外交官的日本論述相通，認為日本人在模仿西歐，沒有形成真正的自己的力量，否定了迄今為止對在日清戰爭中展示出實力的日本軍印象深刻的沃加克等駐在武官們的看法。

庫羅帕特金很喜歡這種保守的意見。他在瓦諾夫斯基的意見書上批寫道：「已閱，見解清醒，已經不像以前的駐日武官們那樣熱衷於日本軍了。」[292]這明顯是一股逆流。

海軍武官方面，海軍軍令部軍官布季洛夫斯基作為施萬克的後任，於一八九五年上任。他是曾經出現在有關日本海軍宣傳手冊中的專家，他在橫濱設立了武官室，雇傭高橋門三九做翻譯。[293]可以說，他奠定了海軍武官室的基礎。

第三代是恰金，於一八九六年上任。恰金也是位有能力的軍官，對日本海軍做過深入研究。一八九八年，他在《海軍論集》上發表了有關日本海軍的歷史和現狀的論文。[294]一八九九年十月廿四日（一二日），在回國前夕，他還給軍令部發去了對日本海軍現有勢力的分析。他在結論中這樣寫道：

「所有這些再次為我們引導出以下的結論：在日本領海內和日本作戰是非常、非常困難的，甚至是不可能的。為了那樣的戰爭，進攻方必須擁有強大的海軍和陸軍，然而，在當前的東洋，沒有一個國家擁有那樣的力量。」[295]

從這個結論來說，與日本的戰爭是不可能的，也就是說，恰金認為揚茹爾提出的清水登陸方案等並不現實。

恰金回國後擔任了巡洋艦「俄羅斯」的副艦長。在一九〇二年冬海軍大學舉行的日俄戰爭兵棋推演中，他擔任日本方面的海軍軍令部長。日俄戰爭中，他作為巡洋艦「阿爾瑪茲」的艦長參加了日本海海戰，艱難抵達了符拉迪沃斯托克。戰後，他被選拔為皇帝的遊艇「斯丹達特」號的艦長，但於一九一二年自殺。據說，是因為查明他的情人是社會革命黨的恐怖份子，他為此承擔了責任。[296]

接替恰金於一八九九年十二月上任的是亞歷山大・魯辛中校，他後來擔任了俄羅斯帝國最後的海軍軍令部長，是一位卓越的人才。他直到日俄開戰之時一直在日本工作。魯辛生於一八六一年，此時三十八歲，他出生於聖職者家庭，並不是貴族。他於一八八一年從海軍軍官學校畢業，一八八八年結束尼古拉海軍大學的學習，作為巡洋艦「俄羅斯」的軍官工作了四年，得到了艦長多莫日羅夫的賞識。[297]

魯辛繼續任用了從恰金前任布季洛夫斯基時代起就一直為俄羅斯武官機構工作的翻譯高橋門三九。高橋是福島藩士之子，一八八〇年舉家接受洗禮。隨後，姐姐高橋五子進入東正教會女子學校學習，弟弟高橋門三九也進入東正教會神學校學習。據說他的俄語尤其好。他的姐姐畢業後擔任了母校的教師，而門三九則在九州做傳教士。據說也許有放蕩的原因，他的未婚妻被從俄羅斯歸來的神學校校長搶去了，導致他與教會斷絕關係，成為了俄羅斯駐在武官的翻譯。[298]高橋門三九不僅翻譯新聞記事、海軍資料，還為武官們尋找情報搜集員，進而還參與了情報搜集的相關工作。魯辛從英文報紙獲取資料，還不斷地視察橫須賀、吳港、佐世保等地。儘管可以從外部觀察海軍停泊在灣內的艦船，但魯辛還申請視察海軍工廠等軍事設施，很是盡責。

與前任恰金同樣，魯辛的行動受到日本員警的嚴密監視。日本外務省保存的監視魯辛的報告中，最早的是明治三十三年、一九〇〇年三月廿三日神奈川知事的報告。「俄國新任武官魯辛……到任以來尚未能獲得對本國有益之報告材料。與前任者恰金就職當時相比，報告之數甚少，有關當局評價頗低。其為之煞費苦心，起先親自去偵察各軍港，未料卻惹起他人注意，甚感不便，故讓前任者恰金所雇高橋門三九代為視察。

本日午前十一時十分高橋乘橫濱發火車，先向橫須賀軍港出發。」[299]
魯辛的報告書送到聖彼德堡的軍令部長處需要一個月的時間。電報經由旅順的參謀長維特格夫特送往海軍部，僅用數日即可到達聖彼德堡。

另一方面，日本駐俄羅斯的海軍武官中，有自一八九六年起駐俄兩年的八代六郎。為人所知的有自一八九七年起留學俄國的廣瀨武夫，他後來成為了軍令部諜報員，還有留學生加藤寬治等。島田謹二有關於廣瀨武夫的研究，辨明了廣瀨與俄羅斯海軍少將科瓦列夫斯基之女的戀愛。廣瀨一直在俄羅斯，直至一九〇〇年。[300]這些人搜集的情報是關於俄羅斯陸海軍的，但他們提交了什麼樣的報告則不得而知。
陸軍武官有田中義一，一八九九年，村田惇上任，駐留了四年。[301]

被朝鮮林業特許權吸引而來人們

在俄羅斯方面，這個時期出現的另一個動向是想利用朝鮮森林特許權做文章的那些人的活動。事情起源於一八九六年九月，符拉迪沃斯托克的商人尤•伊•布里涅爾以一萬五千盧布購得北部朝鮮的林業特許權。該特許權的開工期限為五年，有效期為二十年。這是高宗受俄羅斯公使館保護時發生的事情。推測其中有韋貝爾、士貝耶的仲介。布里涅爾是德意志裔的瑞士人，很早就在符拉迪沃斯托克取得了事業的成功，躋身名流。他的妻子是蒙古王公的女兒，美國明星尤伯連納是他的孫子。布里涅爾獲得的特許權包括從圖們江到鴨綠江沿岸以及擴展至鬱陵島的廣闊地區。由於開工期限為五年，因此必須在一九〇一年九月前著手開發。

一八九七年，布里涅爾考慮將特許權轉賣，遂前往首都。[302]

在對布里涅爾的特許權感興趣的人中，有即將作為代理公使去漢城赴任的馬邱寧。馬邱寧把特許權一事告訴了皇村中學的同級同學、退役上校翁利亞爾利亞爾利亞爾斯基。[303]

翁利亞爾利亞爾斯基生於一八五二年，從皇村中學畢業後，進入近衛騎兵聯隊，擔任尼古拉・尼古拉耶維奇大公的高級副官。錦繡前程似乎在向他招手，但當他要與去世的兄長之妻結婚時，不得不放棄作為近衛軍官的職業生涯。其後，他開始經營妻子在聖彼德堡擁有的棉業工廠，活躍於聖彼德堡的工廠主協會。一八九六年，他涉足烏拉爾的金礦經營，並探索在遠東開展事業的可能性。他從馬邱寧那裡聽說了朝鮮的林業特許權之事，很感興趣，兩人經過商量，制訂了作為國策公司，成立東亞洲公司的方案，並向穆拉維約夫外相陳情了。[304]

翁利亞爾利亞爾斯基把這件事情告訴了近衛騎兵聯隊時代的同事別佐勃拉佐夫。日俄戰爭前夕最大的話題人物亞歷山大・米哈伊洛維奇・別佐勃拉佐夫出身名門貴族，生於一八五五年。父親米哈伊爾做過侍從官，後來擔任聖彼德堡郡貴族團長。[305]因此兒子亞歷山大得以進入近侍學校，其後升入尼古拉騎兵軍官學校，然後進入近衛騎兵聯隊，與翁利亞爾利亞爾斯基成為同事和親密的朋友。[306]別佐勃拉佐夫與第二近衛師團長沃龍佐夫—達什科夫伯爵關係親近，是他的心腹。一八八一年，別佐勃拉佐夫作為秘密組織「神聖親衛隊」的創始成員，在打擊針對皇帝的恐怖行動的作戰中大顯身手。[307]

神聖親衛隊解散後，別佐勃拉佐夫以上校身份退役，在沃龍佐夫—達什科夫擔任長官的主馬寮（隸屬皇宮編制，主管馬匹、馬車、運輸）擔任了一段時間的官吏，他的庇護者沃龍佐夫—達什科夫伯爵任內務大臣後，他仍然在這裡工作，不過在一八八七至一八八九年，原近衛騎兵聯隊長阿列克謝•伊格納季耶夫升任伊爾庫茨克總督後，他被召去擔任特任官。伊格納季耶夫離開遠東後，他也隨之離去。從九〇年代初起，別佐勃拉佐夫以經營妻子位於坦波夫州的領地為生，[308]持續了將近十年，那時的他鬱鬱不得志。順便說一下，一九〇〇年，比他小兩歲的弟弟弗拉季米爾成為了陸軍少將、近衛騎兵聯隊長。[309]

別佐勃拉佐夫聽了翁利亞爾利亞爾斯基的話後，立即撲向了林業特許權。他馬上將此事告訴了剛剛辭去內務大臣職務的沃龍佐夫—達什科夫伯爵。翁利亞爾利亞爾斯基在他的報告書中寫道，別佐勃拉佐夫於一八九八年三月十四日（二日）呈交了上奏意見書，內容為強調鴨綠江和圖們江作為防衛線的意義，提議成立國策公司，請求向北部朝鮮派遣調查隊。還寫道，皇帝批准成立公司，並同意派遣調查隊。阿巴扎在一九〇六年的手記中也寫了大致相同的主張。希曼斯基根據翁利亞爾利亞爾斯基的報告書，對其過程進行了說明。[310]

但是，進入蘇聯時代，研究者羅曼諾夫最終並沒有在檔案館找到這份三月十四日的意見書。取而代之的是，他發現了一份日期標注為三月十日（二月二六日）的上奏意見書。盧科亞諾夫也一樣，筆者也確認過了。[311]推測三月十四日的意見書，恐怕是翁利亞爾利亞爾斯基想要說明一九〇三年的觀點很早就有而杜撰出來的吧。

現在我們來看一看一八九八年三月十日（二月二六日）的上奏意見書，這份意見書是由別佐勃拉佐夫起草，由沃龍佐夫—達什科夫提交給皇帝的，[312]宣稱是關於「收購將不容置疑的俄羅斯關注培植到朝鮮的肇始人——商人布里涅爾的森林特許權」的。開篇寫道，「最近一連串歷史性事件的結果將極其重要的朝鮮問題推到了前面」，在朝鮮內部，「民族派、親日派、親俄派、親美派」正在鬥爭，各個國家的人懷揣著一攫千金的夢想來到這裡。接著寫道，俄羅斯人獲得的特許權只有布里涅爾的這一個，如果這樣下去的話，朝鮮將會成為「最厚顏無恥的掠奪對象」。文章預測，精力旺盛的人們會從貿易入手，最終可能會掌握該國的指導權。這份意見書連文章都寫得不是很像樣。「難道俄羅斯現在不應該睜開眼睛，趁著為時未晚之際，麻痺我們狡猾的敵人，開始在朝鮮為我們的『純粹俄羅斯的』利害而鬥爭嗎？」

別佐勃拉佐夫認為，朝鮮的條件對俄羅斯人很有利，它與俄羅斯接壤，朝鮮國王信賴俄羅斯，請求其庇護，因此，他主張俄羅斯政府應該幫助想要進軍朝鮮的人們。應該在俄羅斯內部成立開發朝鮮和東亞天然資源的東亞公司。他列舉的公司業務包括：建設連結朝鮮城市和符拉迪沃斯托克的街道、建設公司的倉庫網、調查此地區的地理條件，在港灣尋找合適的地方，推進倉庫、驛舍的建設等。他主張，「公司的基本任務是和平地征服朝鮮」，「公司的代表人不久應該在朝鮮的國家統治中佔據相應的地位，一切對朝鮮整體事態運行所具有的影響力都應該集中在公司手中。」。

這是過於不切實際的朝鮮進軍方案，只能說是由完全不知道俄羅斯在朝鮮與日本激烈對立，現在已經不得已從那裡撤出這種狀況的人空想出來的方案。只是為了獲得對布里涅爾林業特許權的支持，而宣稱此舉將成為向朝鮮經濟進軍、政治進軍的突破口。給人的印象是為了套取皇帝的賞賜而寫的作文。

但問題在於，不得已選擇從朝鮮撤退的皇帝尼古拉二世對這份意見書做出了反應，他認可了購買布里涅爾的特許權。這大概是出於一種對從朝鮮完全收手感到遺憾，想通過這個方案去嘗試一下可能性的判斷吧，這種判斷是不負責任的。皇帝決定購買之事，從別佐勃拉佐夫說服亞歷山大・米哈伊洛維奇大公向皇帝提交的日期標注為五月十二日（四月三〇日）的新意見書中也可以窺探出來。這份意見書以「現在，皇帝陛下已命令從商人布里涅爾處取得朝鮮林業在法律上的壟斷權利，是陛下的所有物」為由，提議派遣調查隊，並且對於特許權的效用展開了如下幻想式的計畫：

「除此之外，在這個純商業性企業的旗號下，可以自由地開展與調查地區、聯絡路線、調配組織糧食、建設支援據點等相關的一切軍事活動。可以讓我們的先遣戰鬥部隊偽裝成林業工人、警備員、一般職員，在面積達五千平方俄裡以上的林業事業所前進。考慮到特許權規定的巡查義務，職員的人數能夠自由地增加到兩萬以上。這個力量可以伸展到整個北部朝鮮的任何方面。」313

五月廿三日（一一日），布里涅爾的代理人和內廷官員涅波羅日涅夫簽訂了轉讓森林特許權的草約。314

向北部朝鮮派遣調查隊

皇帝下令實行別佐勃拉佐夫提案中的派遣北部朝鮮調查隊一項。別佐勃拉佐夫和翁利亞爾利亞爾斯基被任命為負責人，宮內省官員涅波羅日涅夫也為處理特許權加入了探險隊。315

五到六月做出決定後，先後向北部朝鮮派遣了第一支和第二支調查隊。第一支調查隊以近衛騎兵聯隊中尉茲韋金采夫為隊長，記者瑟羅米亞特尼科夫等人也加入其中，而且還邀請了計畫環游世界的工程師、作家加林-米哈伊洛夫斯基（譯者註：俄國作家。原名尼古拉・格奧爾基耶維奇・米哈伊洛夫斯基，一八九九年出版《朝鮮、滿洲和遼東半島遊記》）同行。這一隊於七月廿一日（九日）從莫斯科出發，經符拉迪沃斯托克，於九月廿二日（一〇日）從新基輔卡到達俄韓邊境，從那裡進入韓國領內，挺進圖們江，經茂山，上白頭山，下鴨綠江，於十月廿九日（一七日）到達義州。加林—米哈伊洛夫斯基翌日離開了隊伍，[316]其他隊員們繼續進行調查。第二支隊伍由大尉科爾夫男爵擔任隊長，調查一直持續至一八九八年年末，於一八九九年提交了報告書。[317]後來，兩位隊長出版了著作《從軍事視角概觀北部朝鮮》。[318]書在日俄開戰後不久出版。

別佐勃拉佐夫的東亞公司

事業的推動者們試圖通過鼓吹這項事業在國策上的意義，鞏固皇帝的支持。一八九九年三月十八日（六日），亞歷山大・米哈伊洛維奇大公向皇帝呈遞了關於朝鮮的意見書。[319]他根據一八九八年北部朝鮮調查隊的報告，指出俄羅斯在此地「魅力極強」，認為俄羅斯佔領該地理所當然的氣氛既存在於庶民中，也存在於官僚中。在漢城，我們的影響力比較弱，那是因為我們放棄了積極政策，並且停止支援以前的親俄派的緣故。「在北部朝鮮，越來越有必要保住我們的影響力，不允許敵人將這一地區置於自己的影響力之下。」如果就這樣下去而不採取措施的話，大概在不久的將來，就連北部朝鮮也會進入日本、美國的商業利益圈。現在出手為時未晚。如果成立東亞公司，就可以控制北部朝鮮。為了順利地運作此事，俄羅斯有必要與日本締結分割朝鮮的協定，將南部朝鮮讓給日本，而北部朝鮮由俄羅斯掌控。但是，這不能成為「事實上的分割」，也就是說，兩國不能導入統治機構和軍隊。分割只是經濟活動區域、特許權的分割。兩國必須要支持韓國皇帝的權力，防止美國人的反帝政陰謀。必須使首都漢城和仁川港保持中立。俄羅斯和日本必須合作。[320]

這份意見書敘述的是日俄結盟以對抗英、美的提案。為此，向日本暗示佔領臺灣和膠州灣之間港口較好。「如果現在對朝鮮的事態放任不管，毫無疑問，我們在不遠的未來將會與日本發生戰爭。那個戰爭是我們極度不希望發生的，不僅出於財政上的考量，還出於日本無論是在陸上還是在海上，都比我們更早地做好了戰爭準備這種考慮。」[321]

可以說，這與山縣一八九六年在沙皇加冕儀式時提出的方案非常接近。但是，此時日俄已經失去了締結這種協定的條件。日本再次向著掌控朝鮮全土的方向前進了。

然而，別佐勃拉佐夫似乎並不贊成這樣的提案。根據盧科亞諾夫的研究，四月中，別佐勃拉佐夫寫信給沃龍佐夫—達什科夫，主張不能讓日本接近朝鮮，而且應該立即佔領鴨綠江和圖們江流域，這真是無知粗暴的言論。[322]別佐勃拉佐夫這個時候的想法荒唐至極。

理所當然地，財相維特開始警惕起鴨綠江木材事業及其推進者們，他主張此事應該以純粹民間企業的方式去做，因此反對國家援助這項事業。沒有了支持，亞歷山大・米哈伊洛維奇大公失去了幹勁。六月廿四日（一二日），他寫信給別佐勃拉佐夫：「我們的事業整體瓦解了。不幸的是，我們的結合可以說沒有產生出任何結果。現在，所有的事業收縮到獲得森林特許權的民間公司了。」[323]

另一方面，北部朝鮮調查隊的報告出來了，隨著調研的深入，布里涅爾特許權的價格下降了相當大的幅度。一八九九年五月二十日（八日），以涅波羅日涅夫寧的名義與布里涅爾的代理人涅拉托夫簽訂了以六萬五千盧布收購特許權的正式合同。[324]八月廿五日，馬邱寧和阿利貝爾特取代了涅波羅日涅夫。[325]此時，馬邱寧剛剛結束駐韓公使的任期回國，大概是想與友人翁利亞爾利亞爾斯基合作吧。阿利貝爾特曾是布奇洛夫工廠（譯者註：俄羅斯代表性的重型機械工廠，二十世紀初曾是俄羅斯最大的工廠）的高層管理者，他大概是翁利亞爾利亞爾斯基在首都工廠主協會認識的人吧。[326]涅波羅日涅夫以為政府想交涉以便在朝鮮獲得更多特許權。他向聖彼德堡通報，有獲得特許權的可能性，但聖彼德堡反對的意見很大。[327]

一八九九年十一月八日（一〇月二七日），馬邱寧給維特寫信，請求道：這個特許權「給予了我們與大韓帝國密切交流，不僅在漢城，而且在政治上極其渴望的方方面面，恢復我國主導性影響力的可能性。」由於朝鮮資源極其豐富，從企業業績、股價方面，都可以促進國內資本對朝鮮的投資。請務必理解並期待賜教。[328]十一月十三日（一日），他也寫了同一宗旨的意見書。[329]

對此，財政部堅持從朝鮮撤退的方針，對獲得在朝鮮的特許權持消極態度，自始至終都很冷淡。維特十一月十七日（五日）給皇帝送去了表明反對向北部朝鮮的礦山特許權投入國庫資金的信。皇帝表示同意，下令拒絕向馬邱寧陳情的事業投入國庫資金。[330]

一九〇〇年初，別佐勃拉佐夫回國，他謀劃著翻盤。當年春天，他使事情重新回到了導入皇帝的資金成立公司的軌道上。尼古拉二世在他的勸說下，同意成立新公司，命他與財政部重新交涉。[331]

別佐勃拉佐夫在日期標注為五月十二日（四月三〇日）的給財相的意見書中，講述了公司的目的：一，將滿洲與海洋隔離開，將朝鮮與大陸隔離開，製造出俄羅斯的勢力圈。二，對於當我們與日本發生衝突時，既有可能幫助我們，又有可能傷害我們的，這個地域唯一的戰鬥要員——馬賊，可以進行軍事上、文化上的拉攏。很難想像這是一個認真的構想。卻匆忙地連公司章程都準備好了。[332]

六月一日（五月二〇日），由四十五人、一百七十份股權構成的股東名簿製成。發起人為沃龍佐夫－達什科夫、翁利亞爾利亞爾斯基、尤蘇波夫公爵、根德里科夫伯爵、謝列布里亞科夫上校以及阿巴扎海軍上校六人。分配給皇帝辦公廳一百五十股。總計四百股，每股五千盧布，總資本金為二百萬盧布。[333]

從這個時候起，別佐勃拉佐夫的盟友阿巴扎登場了。阿列克謝・米哈伊洛維奇・阿巴扎生於一八五三年，父親是摩爾達維亞出身的貴族米哈伊爾・阿巴扎。父親是亞歷山大二世末期時任財相的亞歷山大・阿巴扎的弟弟。阿列克謝・阿巴扎沒有受過軍事教育，一八七三年作為海軍容克（譯者註：「容克」俄語作юнкер，源於德語音譯，原指以普魯士為代表的德意志東部地區的貴族地主，此處泛指貴族子弟）進入第四海兵團。一八七九年成為太平洋分艦隊司令官阿斯蘭別格夫的副官，從日本獲得了旭日五等勳章。在一八八二年任巡洋艦「阿芙利卡」的軍官，但不久就被調到西伯利亞海兵團。阿巴扎沒有特別引人注目的經歷，不過值得一提的是他於一八八四年十一月被任命為海軍元帥阿列克謝大公的副官。一八八七年，他成為阿列克謝大公的艦載短艇「普里鮑依」和「斯維特萊那」的管理者。從這之後，他順利地迅速升遷，一八九二年成為巡洋艦「亞細亞」艦長，一八九五年晉升為海軍上校，被任命為一等巡洋艦「斯維特萊那」艦長，接著，最終於一八九九年成為近衛海兵團司令官。[334]可以肯定地說，阿巴扎是從成為阿列克謝大公的副官，獲得他的信任後，得以平步青雲的。

可以推測，與軍務才能相比，阿巴扎更擅長於皇族周邊的政治。由於別佐勃拉佐夫屬於與阿列克謝大公水火不容的亞歷山大・米哈伊洛維奇大公系列，阿巴扎和別佐勃拉佐夫成為合作者大概是想視情況進退吧。

有一種解釋阿巴扎和別佐勃拉佐夫合作的說法是，他是別佐勃拉佐夫的從兄弟。由於兩人的父親不是兄弟，那麼只可能母親是姐妹了。但是，別佐勃拉佐夫的母親是奧爾加・諾斯奇茨，而阿巴扎的母親是亞歷山德拉・佐羅塔列娃，因此他們不可能是嚴格意義上的從兄弟，也許是比從兄弟關係更遠的親戚吧。[335]

六月十六日（四日），沃龍佐夫—達什科夫給皇帝寫信請求，由於股東們是「為了仕奉陛下和俄羅斯，在觀念上參與這項事業的」，如果「自己的旗幟」——皇帝不參與的話，那麼「大多數人大概會放棄這項事業」，「因此，為了使這項事業無論在觀念上還是在實務上扎扎實實地進行下去，陛下以那樣的股數……參與是極其必要的。」[336]

由於皇帝的心血來潮，這樣一個莫名其妙的國策公司成立了。這就是義和團事件爆發前夕俄羅斯的狀況。

穆拉維約夫的二十世紀外交方針

一九〇〇年一月意味著十九世紀最後一年的開始。外交大臣和陸軍大臣分別寫下了關於世紀轉換時期的重要方針的意見書。首先，外交大臣穆拉維約夫於一九〇〇年一月，就外交方針寫就長篇意見書提交皇帝，並給大臣們傳閱。

這份意見書[337]首先從波耳戰爭的爆發寫起，批判了英國的殖民政策，對波耳人表示同情，但俄羅斯沒有趁著這場戰爭，在任何地區謀求擴大自己權益的想法。俄羅斯「雖然不止一次對有著相同信仰的被壓迫民族拔刀相助，但這些不是在『機會主義』理論的指導下做出的，我們從來沒有為獲取那些並非燃眉之急的物質利益拿起過武器」。他指出，俄羅斯肩負著在博斯普魯斯沿岸獲得地位的歷史性使命，為了實現這一使命，有必要進行軍事方面的準備，以及讓德國承認俄羅斯的這項權利，進而有必要在波斯和阿富汗與英國對抗，擴大勢力。

最後是遠東。

「實際上，近年俄羅斯的一切志向都指向在遠東獲得合適的不凍港。這一志向因一八九八年與清國政府締結協定而得以順利實現。……在這片新獲得的領土上，強化軍港，加深、擴大海灣，用新造艦來強化我們的太平洋艦隊等一系列更為艱巨的任務正在等待著我們。自不待言，只有在事態和平發展，我們完全克制有可能引發某種政治紛爭的決定性行動的情況下才有可能實現這些任務。因此，在戰略意義上，俄羅斯應該從軍事政策綱領中去掉以優於旅順這種理由而佔領巨濟島的危險企圖。因為即使專注於非洲戰爭的大英帝國政府沒有餘暇阻礙我們實施計畫，而賦予巨濟島同樣戰略意義的日本從一切可能性來講，都不會坐視我們征服朝鮮諸島的企圖。

根據一八九八年協定，我們讓日本背負上了承認朝鮮完整和不可侵犯的義務，考慮到目前我們在太平洋岸的立場並不穩固，有可能會輕易失去為強化這個立場所做的犧牲和努力的果實，我們必須自問能否與日本陷入紛爭。對於這個問題，陸軍部已經有了明確的回答。以現有的條件，在朝鮮的一切軍事行動，對俄羅斯來講都是嚴重的、犧牲巨大的、幾乎一無所得的任務。通過牢牢穩固我們在旅順的立足點，用鐵路將其與俄羅斯連結，可以堅決展示出我們在遠東問題上的意志，如果有必要，可以利用武力來支援。」[338]

皇帝尼古拉於二月六日（一月二五日）對這份意見書做出了同意的答覆。[339]然而，海相特爾托夫仍然主張在遠東建立海軍據點應該選在朝鮮南部。[340]而陸相認為，二十世紀俄羅斯最重要的任務是軍事佔領博斯普魯斯海峽，至於波斯、阿富汗、遠東，則贊成外相的意見書。[341]財相維特表示「完全贊成意見書中的一般性見解」。不過對於增強遠東海軍實力、強化旅順兵力，他持否定態度，反問道，「待新的一批兩萬陸軍集結關東州，沿阿莫爾軍區的軍隊實力也得以增強之後，還需要進一步發展我軍在太平洋沿岸的戰鬥力嗎？」[342]

庫羅帕特金的長篇上奏報告

庫羅帕特金陸相在性格上更接近於學者、評論家。他確實是一個熱愛學習的人，頭腦也很聰明。他熱衷於寫文章。一九〇〇年三月廿七日（一四日）他提交了上奏報告，這是近一三八頁的鴻篇大作，他在世紀之交，總結了十八至十九世紀俄軍的成果，論述了二十世紀的軍隊任務。[343]

庫羅帕特金的觀點是，經過十八至十九世紀的努力，俄羅斯確保了安定的國土，沒有必要在此基礎上進一步擴大領土。如果這樣，「在二十世紀，不從我方發起新的攻擊性戰爭的可能性較高。」但是，存在著過去曾被我們奪去領土的鄰國，他們有可能打出奪回領土的旗號。「因此，對於我們來講，戰爭的危險仍然沒有消失。不過，這些戰爭大概是防衛性質的。」而且，俄羅斯帝國內有四千萬非俄羅斯裔，期待在二十世紀他們可以與俄羅斯住民進一步融合。[344]

庫羅帕特金順便講述了俄羅斯國境軍事戰略方面的概況。他認為無論對德國、奧地利，還是對俄羅斯來講，「很明顯，為了修正現有的國境而發動戰爭不是上策。」[345]

他認為即使在遠東，也應該將滿洲作為清國的一部分，力爭最大限度地在經濟上支配它。「雖然我們放棄合併滿洲，但我們應該盡一切可能為完全支配這個地區的經濟而努力。」[346]

關於朝鮮，雖然沒有必要合併，但他主張不能允許日本在此確立勢力。「對我們來說，在我們的保護國體制下的弱小、獨立的朝鮮是最佳狀態。」但是，現在我們不能扮演積極的角色。「就控制朝鮮市場的欲望（即使只是經濟、政治上的）而言，我們不可避免地會直接面臨來自日本方面的能量十足的反擊。與這個強國之間，如果不適時迴避這個問題，恐怕我們會在二十世紀初與它陷入軍事上的衝突。」[347]

由此可見，庫羅帕特金在這個時點上冷靜地捕捉到了與日本發生衝突的危險性。不過，他也寫了「防止在遠東流血鬥爭的唯一手段，是剝奪日本擁有海軍的權利」這種充滿幻想色彩的見解，他的想法是說服英、德，以歐洲聯合艦隊的力量迫使日本廢除海軍，這一點顯示出了他本質上的缺陷。[348]

庫羅帕特金的結論是，俄軍肩負著佔領博斯普魯斯海峽、確保通向地中海的出海口、獲取經波斯通向印度洋的出海口這些歷史性任務，但為了實現目標，將會與英、德、美、日等聯合勢力發生衝突，為了與之對抗，俄羅斯必須發展與法國以及巴爾幹諸國的同盟關係。然而俄軍尚未做好準備，還需要五、六年的時間。

但是，「世界迄今為止未曾有過的流血戰爭或許不用五、六年就會發生。」如果那樣，對俄軍來講，戰爭的開始階段將會面臨嚴峻的形勢。「俄羅斯的君主必須要具有鋼鐵般堅強的性格，即使在最初的戰役中敗北，無論戰爭初期的狀況——饑餓、疾病、諸事停滯以及大量的死傷者——如何嚴峻，也不應聽從各方面的建議，去承認俄羅斯的失敗而媾和。」[349]

這份長篇報告書的結論相當現實，很有預見性。

一九〇〇年春，海軍大學的兵棋推演

俄羅斯海軍軍令部的軍人們認真對待著戰爭的危機。一九〇〇年初，一月至二月，海軍大學首次舉行了與日本作戰的兵棋推演。俄軍總司令官為亞歷山大・米哈伊洛維奇大公，日本軍總司令官為軍令部軍事部長維列尼烏斯上校。演習總指揮官最初由海軍少將羅熱斯特文斯基擔任，但後半程改為由海軍少將斯克雷多洛夫擔任。參與講評意見的人有斯捷岑科海軍大將、比利列夫、費爾克扎姆兩位海軍中將、格拉馬奇科夫中校、庫拉德中尉、駐清國陸軍武官戴西諾和駐日本陸軍武官瓦諾夫斯基。[350]

戰爭開始前的兵力對比，日本方面佔有絕對優勢。日本海軍有一等艦二十艘，二等艦十五艘，陸軍若完全動員有二十萬人，如果留下四分之一作為戰略預備隊，能夠投入多達十五萬人積極作戰，最初八天能夠出動七萬七千人。與之相比，俄羅斯海軍有一等艦九艘（戰列艦「彼得羅巴甫洛夫斯克」、「納瓦林」、「西索伊・維利基」，一等巡洋艦「俄羅斯」、「留里克」、「弗拉季米爾・莫諾馬赫」、「德米特里・頓斯科伊」等），二等艦九艘（二等巡洋艦「科爾尼洛夫海軍上將」、「扎比亞克」等），陸軍兩周內能夠出動二萬六千人，六周後四萬人，十周後五萬六千人，好不容易到第十四周將近一百天時，只能出動八萬六千人。[351]

戰爭爆發於俄羅斯要求韓國政府將俄羅斯在馬山一度指定好的、卻被賣給了日本的土地再次轉讓給俄羅斯，韓國政府同意了這項要求之時。俄羅斯二月末向馬山派遣了巡洋艦「弗拉季米爾・莫諾馬赫」和「扎比亞克」，而日本派遣了五艘巡洋艦，三月一日，日本要求在十天內將有爭議的土地交還給日本。從這一瞬間起，日俄兩國開始進入準備戰鬥階段。韓國政府三月九日宣佈以往的合同全部取消，爭議土地為政府所有。其後，日本登陸釜山，發出通告：在馬山的土地沒有交還日本領有期間，將繼續佔領釜山。[352]

俄羅斯方面考慮到海軍處於劣勢，採取了迴避直接交戰，等待增援艦隊到來的方針。為了儘早會合，決定開戰前只在符拉迪沃斯托克、旅順、大連留下水雷艇，主力南下，在海上迎接增援艦隊。[353]

從三月一日起，俄方增援艦船開始回航遠東。遠東的主力艦隊於三月四日從旅順出航。其中，「俄羅斯」和「留里克」穿過津輕海峽，一三日進入符拉迪沃斯托克。三艘戰艦南下，駛向荷蘭領印度諸島之一的布頓島（Buton），於十五日抵達。

駛向符拉迪沃斯托克的二艦於三月廿一日出港，再度穿過宗谷海峽南下，於四月四日到達布頓島。俄羅斯陸軍開始動員，派遣監視部隊得到推進。

日本方面從三月一日起開始準備，用海軍力量護援陸軍登陸作戰。三月八日，第十二師團在釜山登陸，三月十二日，確認沒有俄羅斯艦隊後，六十艘運輸船出發，十五日在靠近平壤的海岸進行登陸作戰。

以三月十二日為期，雙方進入交戰狀態，日本於三月十四日發出了宣戰佈告。日本封鎖旅順的軍艦中，巡洋艦「橋立」遭到水雷攻擊而損傷。

三月廿三日，日本第二批船隊的八十五艘船駛向平壤，於廿六日抵達，開始登陸作戰。第一批、第二批加在一起，共有七萬人登陸。

俄羅斯海軍來自歐洲的增援船艦在紅海遭遇到了駛向日本的新造艦，四月二日、四日先後攻擊了這些軍艦，戰列艦「朝日」和巡洋艦「出雲」受損，而俄羅斯方面也有兩艘驅逐艦沉沒。日本第三批船隊由一百艘組成，於四月六日到達黃海，在關東州登陸。從四月十日開始進攻旅順，四月十八日進行了第二次進攻，但沒有攻下要塞。

來自歐洲的支援船艦於四月九日、十四日到達南部海域，四月廿五日組成聯合艦隊，北上駛向黃海。五月一日，俄羅斯聯合艦隊在大連灣拋錨。日軍預料到了這支艦隊的到達，解除了旅順的包圍，轉移到鴨綠江河口，於五月二、三日進攻大連的俄羅斯聯合艦隊。戰列艦「塞瓦斯托波爾」嚴重受損，但剩餘艦船對水雷攻擊有所準備，得以無事。五月四日，日本的艦隊再次駛向大連。俄羅斯陸軍還沒有調整好狀態。兵棋推演至此結束。[354]

這次兵棋推演令人饒有興味之處在於，日軍在發佈在宣戰公告前，就登陸朝鮮，開始戰鬥。還預想到了日軍的矛頭將會指向朝鮮和關東州，在早期就開始進攻旅順。儘管俄羅斯方面的應對方式完全不同，但如果只看日本方面的作戰，這次兵棋推演完全預想到了後來日俄戰爭的情形。

裁判官肯定了演習參加者共同認為日軍兵力佔優勢的觀點，批評陸軍中的一位代表嚴重低估了日軍的戰鬥能力，欠缺慎重。這是針對瓦諾夫斯基的批判。

雖然裁判官認為日本方面在沒有掌握俄羅斯艦隊位置的情況下就實施大規模的登陸作戰是一種冒險的行為，但也注意到日本方面無論如何要趕在俄軍集結之前佔領大陸戰略要地。而且還認為海軍方面，在與俄羅斯艦隊決戰前，採用水雷攻擊，企圖弱化敵人的作戰方式也是合理的。

裁判官指出俄羅斯方面沒有採取有效的對策阻止日本軍在平壤附近登陸，沒有支援向元山運輸軍需物資的體制，這些都是問題。關於陸軍，裁判官的觀點是，只有當來自西伯利亞、歐陸俄羅斯的增援軍到達之後，陸軍才有可能在朝鮮或中國做出決定性行動，因此，在這三、四個月間，日本大概會佔領朝鮮，並在此扎根。為了避免出現這種情況，必須要不斷地配備充足的陸軍力量。這方面比配備海軍力量省錢，能夠儘早實現。[355]

一九〇〇年的兵棋推演，海軍軍令部的意見中指出了遠東海軍基地所存在的問題：

「我國艦隊在符拉迪沃斯托克依舊只能確保不充分的安全，在旅順更是如此。……現階段，艦隊主力以符拉迪沃斯托克為根據地有利，巡洋艦隊以旅順為根據地較好。」[356]

陸軍方面的結論則指出：「關東州現在對我們來講不具備積極層面的戰略性意義。但是，否定性的意義相當重要。因為日本如果獲得了這裡，就能確保自己在朝鮮的地位，不能允許這樣的事態發生。」「無論如何，旅順的陷落會有巨大的政治上、精神上的意義。」[357]

無論從海軍還是從陸軍來講，旅順作為港口和要塞的戰略性意義都很低，以此為依託，與日本的戰爭可能無法順利打下去。這是陰鬱的預言。

第五章　義和團運動與俄清戰爭

義和團運動

十九世紀末，法國、日本、德國、俄羅斯、英國相繼侵略中國的領土，清朝皇帝統治的古老帝國可謂正直面著亡國的危機。這個時候，一九〇〇年，清國國內爆發了激烈的反抗運動，即敵視西洋人的宗教、文明的義和團起義。它的旗號是「扶清滅洋」，起義的核心是名為「義和拳」的武術團體。

對教會的襲擊，從一八九七年就已發生過殺害德國傳教士的山東省蔓延至北京周邊，逐漸頻繁起來。然而，一八九九年最後一天發生的殺害英國牧師卜克斯一事再次給了人們新的打擊。英國公使向清朝政府強烈抗議，要求懲處犯人。清朝政府於一月四日發出上諭（敕令），表達了對事件的遺憾之意，告誡不得排斥外國人。但是，一周之後，在清朝政府發出的第二道上諭中，因指示地方官要「一視同仁」，「只問其為匪與否，肇釁與否，不論其會不會，教不教也」，被解讀為政府反而站在了為義和團提供保護的立場上。外交使團對此深感不滿。[1]

關東州外交部長柯洛斯托維茨的回憶錄《俄國在遠東》清楚描述了義和團運動發生時俄羅斯方面的狀況。一九〇〇年三月（二月末），柯洛斯托維茨受阿列克塞耶夫司令官之命，為聯絡駐清公使吉爾斯去了北京。大刀會、義和團的動向已然成為北京的話題。不過，以吉爾斯公使為首，俄羅斯公使館的高層們都認為這是經常發生的事情，並沒有給予重視。[2]柯洛斯托維茨在返回的路上，於天津會見了駐在武官沃加克。駐在武官「與公使不同，認為整體形勢頗為嚴峻，預計將會在直隸省爆發排斥歐洲人的運動。」沃加克建議各國公使與清朝政府交涉時，必須表現出更加堅決的態度，卻被吉爾斯公使批評「言行不穩重，不沉著」。然而，就在柯洛斯托維茨尚在天津的四月份，義和團也開始在天津向中國基督教徒的家中縱火了。[3]

沃加克於三月十日（二月二六日）給參謀本部發去警告電報：「山東省的形勢仍舊讓人擔憂。秘密會社活動極其活躍。不知新任巡撫袁世凱是還沒有下決心公然取締，還是不願這樣做。德國人不得不中止了各處的鐵路建設工程。」[4]

與俄羅斯公使的慎重不同，英、美、法、德、義五國公使於三月十日聯合照會清朝政府，要求迅速鎮壓騷亂，若不如此，將會採取必要措施保護僑民。當月，各國派出軍艦前往直隸灣（渤海灣）。[5]俄羅斯公使沒有附和。

進入四月，事態急速惡化。俄羅斯公使館終於也開始商討調遣部隊到北京之事。沃加克對此相當慎重，他建議說，清朝政府「鬥志極其昂揚」，在直隸這個有五萬清國兵的地方，俄羅斯單獨出兵是否有效是個疑問，反而是，如果想向清朝政府施加壓力，向滿洲派去陸軍，比在直隸灣進行海軍示威更好。[6]

進入五月中旬（初），天津、北京地區的義和團騷亂正式拉開帷幕。五月下旬（中期），吉爾斯公使忍無可忍，請求向旅順派遣一百名士兵。五月廿九日（一六日），韋謝拉格海軍少將率領士兵乘戰列艦「偉大的西索伊」等六艦駛入大沽。前去迎接部隊的是沃加克。[7]

理所當然地，列國都已經開始行動。陸戰隊接連不斷地從各國的艦艇登陸，五月三十一日，美、英、法、日、俄、義軍的二十二名軍官、三三四名士兵組成第一派遣隊，從天津乘火車出發前往北京，翌日，部隊進入北京。[8]這只不過是象徵性的兵力。

進入六月，列國認為有必要正式派遣兵力了。基於北京公使和阿列克塞耶夫的電報，穆拉維約夫外相於六月七日（五月二五日）上奏：「為保護帝國公使館職員和北京基督教徒的生命財產」，並且「為避免以保衛為藉口招來日本以及其他外國軍隊的危險」，從旅順派去四千名俄羅斯陸戰隊「完全合乎時宜」。[9]這是打算俄羅斯單獨出兵。

最後，六月九日（五月二七日），吉爾斯的電報送達旅順，是SOS。「我確信，在北京，公使們的任務結束了，事情不得不轉交給提督們。只有強有力的部隊快速到達，才能拯救在北京的外國人。」[10]

於是，阿列克塞耶夫決定派遣由阿尼－西莫夫上校率領的第十二東西伯利亞聯隊。聯隊立即從旅順出發。[11]

六月九日，列國軍隊代表會議在大沽口的軍艦上召開。會上決定組建多國聯軍，西摩爾將軍任司令官。翌日，應天津領事會議請求，多國聯軍登陸，總人數達二〇五五人。部隊經天津向北京進發。面對這種大部隊的進軍，清朝政府雖然同意使用鐵路，但很明顯帶有強烈的抵制。然而，西摩爾部隊因義和團的阻礙，進路被阻斷，在北京附近的廊坊陷入進退維谷的狀態。[12]於是，六月十六日（三日），多國聯軍決定佔領大沽炮臺，以聯軍指揮官聯名的形式向清國守軍下達了最後通牒，要求讓出這一片區域。清國的炮臺指揮官總兵羅榮光拒不接受此要求，開始發炮，聯軍也開始進行攻擊，於十七日（四日）佔領了大沽炮臺。[13]

在此期間，阿列克塞耶夫於六月十八日（五日）從旅順增派了哥薩克中隊和斯特塞爾少將率領的第九東西伯利亞聯隊，這樣，俄羅斯派遣軍達到了四千人。[14]日本也不甘落後。山縣內閣於六月廿三日決定派遣三千四百人的步兵部隊，海軍則由東鄉平八郎中將率領十八艘軍艦進發。青木外相於當天通告各國公使，日本能夠再增派四千人，部隊正在廣島待命。可以推測，日本大概暗中持有「經列國委任而特地採取積極軍事行動的想法。」[15]

這個時候，誰任聯軍總司令官的問題再次被提起。俄羅斯外交部的考量是俄方不宜出任聯軍總司令官。六月十七日（四日），外相穆拉維約夫就此事向皇帝呈交上奏報告：俄羅斯與清國有長達八千俄里的國境相接壤，滿洲鐵路雇用了六萬清國人，在雙方維持了二百多年友好關係的基礎上，對清國採取敵對行動的軍隊指揮官，不應該由俄羅斯人擔任。「我認為我軍部隊沒有絲毫損害和其他歐洲諸國部隊一致的行動，沒有超出陛下規定的任務——保護公使館的安全，保護居住在清國北部的俄羅斯臣民的生命、財產，支持與革命集團鬥爭的合法政權這個範疇。」[16]

然而，就在這個上奏後的第三天，六月二十日（七日），穆拉維約夫外相猝死了。前一天晚上，他久違地拜訪了維特的宅邸，一人喝了近一瓶香檳後回去了。第二天早晨，他沒有起來，因腦溢血去世了。於是，外交次官弗拉季米爾・拉姆斯道夫被緊急提拔為外交大臣事務代理。[17]

大臣雖然變了，但穆拉維約夫的應該維持對清國友好態度的主張被原封不動地繼承了下來。六月廿四日，《官報》發表了說明俄羅斯出兵目的和佔領大沽理由的宣告書，強調俄羅斯對清國沒有任何要求，除救援公使館和僑民之外，沒有任何其它目的。[18]

然而，就在這時，北京的俄羅斯公使館、東正教宣教會卻遭到了襲擊。宣教會的建築被焚燒，六月十七日，一名中國正教徒被殺害，之後據說陸續被殺害的正教徒達到了九十人。[19]反過來，中國人對外國人的反抗愈加強烈，義和團得到了越來越多的支持。接著，根據西太后出席的御前會議的結論，清國政府最終於六月廿一日發出了「宣戰上諭」。憤怒的出發點是多國聯軍向大沽炮臺發去的要求投降的最後通牒。「彼自稱教化之國，乃無禮橫行。專肆兵堅器利，自取決裂如此乎。」「朕今涕淚以告先廟，慷慨以誓師徒，與其苟且圖存，貽羞萬古，孰若大張韃伐，一決雌雄。」「彼憑悍力，我恃人心。無論我國忠信甲冑、禮儀干櫓，人人敢死；即土地廣有二十餘省，人民多至四百餘兆，何難剪彼兇焰，張國之威。」[20]

在俄羅斯方面的資料中也有標為六月廿五日的清國皇帝的敕書。這份敕書宣告「朕開始與外國列強戰爭」，號召義和團團民、國民和清軍團結一致，奪取一系列對外國之敵的勝利。[21]清國對列強發出宣戰公告，對於遠隔大洋的列國來講並沒有太大的意義。但是，對唯一與清國國境相連的大國俄羅斯來講，宣戰公告意味著事態嚴重。俄清發生戰爭的可能性隨之而生。

到這個時候為止，陸相庫羅帕特金一直在休假。自五月廿二日（九日）起將近一個月的時間，他去了頓河地區。大臣不在期間，薩哈羅夫參謀總長擔任代理大臣。辦公廳廳長列季格爾回憶，義和團運動的第一份報告「真是名符其實的晴天霹靂」。代理大臣薩哈羅夫認為也許有必要佔領北京，從最初就做了大規模出兵的準備。六月廿三日（一〇日），他首先向阿莫爾軍區發出了動員令。[22]

天津的戰鬥

佔領大沽炮臺後，聯軍在天津開始了與清軍的戰鬥。六月十八日，俄羅斯進行了最初的正式戰鬥。戰鬥斷斷續續持續了將近一個月。這個時期，以俄羅斯為首，聯軍也出現了很多損傷。七月七日（六月二四日），阿列克塞耶夫乘坐「彼得羅巴甫洛夫斯克」號軍艦抵達大沽，指揮俄軍。[23]在天津，沃加克作為聯軍的聯絡員很活躍。[24]自七月九日起，日本軍衝到了前面，戰鬥激烈進行著。七月十四日，天津城陷落。死者達八百人，不過損失最嚴重的是日本軍。俄軍的損失大約是一百五十人。美國軍中，巴特勒將軍戰死。[25]

阿列克塞耶夫提議設置軍務部長一職作為被佔領的天津的行政管理者，他推舉沃加克擔任此職，但遭到日軍和英軍反對。於是，阿列克塞耶夫提出由日、英、俄三國派出委員共同治理，這一方案被接受了。沃加克被指定為俄羅斯方面的代表。這一體制是由阿列克塞耶夫及其手下柯洛斯托維茨以及沃加克推動的，於七月廿三日（一〇日）正式確立。不過，後來因沃加克罹患痢疾，去東京療養，由別的軍人代替了他。[26]

攻佔天津後，進攻北京的問題擺在了眼前。不過這個時候，阿列克塞耶夫返回了旅順。他將指揮俄軍之事委託給了利涅維奇將軍。關於阿列克塞耶夫當時的心境，柯洛斯托維茨記述了他如下的話：「我們的利害在滿洲，那裡有我們的政治中心。我們的一切努力應該指向確保我們在這個國家的地位。雖然我們根據需要來到了直隸地區，但越早從這裡離開越好。雖然公使們很可憐，然而不也是自作自受嗎？現在俄羅斯承擔的犧牲難道不是因他們的短視而造成的嗎？」[27]

阿列克塞耶夫理所當然會有這樣的想法，因為滿洲現在眼看就要成為火海了。

俄清戰爭開始

俄羅斯沒有料到義和團的騷亂會波及到滿洲的鐵路地帶，當初的想法太樂觀了。然而，五月中，俄羅斯的鐵路警備隊在三個地方遭到了馬賊的襲擊。義和團成員五月在營口發起了「滅洋」的示威運動。到了六月，這個運動擴展到了吉林以及其他城市。[28]儘管如此，哈爾濱本部的東清鐵路總工程師尤戈維奇即使到了七月四日（六月二一日）還在送交給沿阿莫爾州總督格羅傑科夫將軍的報告中寫道，鐵路的施工現場很平靜，和東三省三位將軍的關係也很良好。然而二天後，他向維特財相通告危機出現，奉天有三千名清國兵發起叛亂，殺害了天主教的神父等人，火燒驛舍，破壞鐵路。七月六日（六月二三日），尤戈維奇向沿阿莫爾州總督格羅傑科夫發去電報，請求出動軍隊。七月八日（六月二五日），維特向皇帝請求派遣軍隊保衛東清鐵路。翌日，皇帝下達命令，從哈巴羅夫斯克、烏蘇里斯克、關東州三個方面向滿洲派去軍隊。[29]維特這個時候相當緊張，他似乎提出過要盡可能多地向滿洲派兵。[30]

根據一八九六年六月三日簽署的《俄清秘密同盟條約》，俄羅斯有義務保護清國不受日本侵略，為此，清國允許它使用東清鐵路向必要的地方運送軍隊。根據《東清鐵路協定》，清朝政府有義務保護這條鐵路免遭襲擊。[31]因此，在道理上，只要清軍處於不能防止襲擊鐵路的狀態，俄羅斯就可以派自己的軍隊去保護鐵路。但是，清朝政府已於六月廿一日對列國發出了宣戰公告。這樣一來，如果俄軍進入滿洲，就自動進入了與清軍的戰爭狀態。這就是滿洲戰爭、俄清戰爭的開端。

自休假回來後，就進入這種軍事作戰氛圍中的庫羅帕特金陸相顯得格外的鬥志昂揚。[32]七月十二日（六月二九日），庫羅帕特金向皇帝奏陳，應該由俄羅斯人擔任聯軍總司令官一職，應該任命阿列克塞耶夫以及進攻北京。對此，穆拉維約夫外相去世後的代理外相拉姆斯道夫於七月十三日（六月三〇日）提交了完全相反的上奏報告，他主張庫羅帕特金的意見與前外相提出的、得到陛下許可的判斷「完全不一致」。[33]維特也反對庫羅帕特金的意見。

雖然庫羅帕特金提出意見很輕鬆，但真正向整個滿洲地區派去軍隊並不容易，出兵準備遲遲沒有進展。我們看看七月二十日（七日），維特寫給正在養病的西皮亞金內相的信，就能清楚地瞭解其困難。

清國的事態，萬事……依舊處於黑暗中。無論如何，毫無疑問會損失很多金錢和生命。主要的原因在於我們沒有準備。西伯利亞鐵路尚未完工，滿洲鐵路也完全沒有修好，而且我國沒有商船隊。因此雖然我們的力量無比強大，但我們在那邊的執行力很弱。我一直建議為了防備不測事態，要集中更多的軍隊。與失去權威相比，失去金錢稍微好一些。現在除阿莫爾軍區外，還在動員西伯利亞軍區的一部分。要從俄羅斯派去大約兩萬五千人。然而，運輸是個難題。斯列堅斯克的石勒喀河那裡就像狹窄的咽喉，只能一點一點通過。而如果用海路輸送兩萬五千人，大概需要到十月初才能全部運送完吧。因此，就會變成一小隊、一小隊的行動。[34]

從七月中旬到月末，俄軍好不容易從六個方面一齊侵入了滿洲。最初侵入的是來自東邊的薩哈羅夫少將率領的部隊，他們從哈巴羅夫斯克出發，七月十五日（二日）沿松花江逆流而上，前往哈爾濱。接著，奇恰戈夫少將率領部隊從烏蘇里斯克出發，七月十八日沿東清鐵路趨往哈爾濱。從西邊，奧爾洛夫少將率領外貝加爾軍區的部隊於七月廿六日離開滿洲里，在阿巴蓋圖伊越過國境，沿著東清鐵路奔赴齊齊哈爾。從東南方，艾庫斯托夫少將率領的部隊七月三十日從新基輔卡越過國境，進軍琿春要塞。最後，從遼東半島有霍魯仁科夫上校率領部隊從旅順出發，東布羅夫斯基上校率領部隊從大石橋出發，兩支部隊北上趕往奉天。[35]剩下從布拉戈維申斯克越過阿莫爾河的，是外貝加爾軍區的部隊。

布拉戈維申斯克的戰鬥和屠殺

最初的激烈戰鬥發生在布拉戈維申斯克（海蘭泡）。位於劃分國境的河流——阿莫爾河畔的布拉戈維申斯克是阿莫爾州的首府。一八九二年時這裡的人口約為兩萬人，有數千中國人居住在此。河的對岸是清國的黑河市，稍往下游是璦琿市。根據一八五八年締結的《璦琿條約》，承認在成為俄羅斯領地的阿莫爾河左岸殘存著清國的飛地。那裡即是「江東六十四屯（Zazeiskii man』chzhurskii raion）」。[36]據說十九世紀末大約有三萬五千名中國人居住在位於布拉戈維申斯克東部的這一地區。因此，當俄羅斯與清國開戰時，這裡成了衝突情勢最深刻之地。

滿洲方面的地方長官是黑龍江省將軍壽山。他精力旺盛、主動性強，對外國勢力、俄羅斯懷有很強的敵意。壽山打算忠實地執行清國皇帝六月廿一日的「宣戰上諭」。他掌握了六月廿九日沿阿莫爾軍區發佈動員令的情況。壽山考慮到俄軍馬上就要入侵，做好了與俄羅斯戰爭的準備。[37]

身在哈巴羅夫斯克的沿阿莫爾州總督格羅傑科夫於七月四日（六月二一日）已經向陸相彙報了黑龍江省將軍壽山要求阿莫爾州軍務部長格里布斯基禁止軍隊進入滿洲的消息。[38]

根據列森發現的追究屠殺慘案責任的預審資料彙編，自六月末起，布拉戈維申斯克市內就流傳著不安定的傳言，導致出現受到蠱惑的士兵們對中國人施以暴行的現象。據說，當時士兵們叫喊著：「畜生，就是因為你們，我們不得不去送死。」[39]

七月十四日（一日），從哈巴羅夫斯克前往布拉戈維申斯克的輪船「米哈伊爾」號牽引著五艘艀（譯者註：裝載重物航行的平底船），沿阿莫爾河逆流而上，艀中滿載著為守備隊準備的軍需物資。上午十點，輪船駛到瑷琿附近時，清國方面向該船開了炮。接著到了中午時分，任阿莫爾州國境全權委員的中校乘坐輪船「色楞格」前往布拉戈維申斯克途中，再次遭到來自清國方面的槍擊，與中校同行的四名哥薩克人受了傷。於是到了傍晚，阿莫爾州軍務部長格里布斯基率領兩艘輪船的俄羅斯兵，向瑷琿方面出動了討伐隊。[40]

恰好就在軍務部長和部隊出動之後，翌日七月十五日（二日）傍晚，從清國一側岸上開始了對布拉戈維申斯克的猛烈炮擊，據說炮擊持續了三個小時。這大概是遵照黑龍江省將軍壽山的命令開始的戰鬥行為吧。清軍這次炮擊點燃了滿洲戰爭、俄清戰爭的導火線。

布拉戈維申斯克市內流傳起清軍將要渡河攻打過來的謠言，恐懼籠罩著這裡。另一方面，居住在城內的中國人自然而然地出現逃往河對岸的動向。據說，在中國人居住區張貼著寫有「滅洋」口號的傳單。[41]

慘案發生當時，有數名結束刑期的原民粹派政治犯住在布拉戈維申斯克。其中一人名叫列夫•傑伊奇，他在革命後書寫的回憶錄《西伯利亞的十六年》中，這樣描寫了炮擊時城內的狀況：

難以言說的恐慌在城內蔓延開來。當時，到處都是宛如受驚的野獸般奔走的人們，他們對為尋求安全的避難場所而東奔西走的和平的中國人施以了殘酷的暴行。我也是生平第一次目擊一向平和的居民，突然間完全喪失了人的情感，做出類似野獸般的行動。42

地方當局也被這場恐慌控制，駛向了暴行。根據前面引用的預審資料彙編中的記述，屠殺是這樣發生的：

「七月三日（一六日），布拉戈維申斯克的警察署長B向軍務部長格里布斯基報告，有必要立即將所有的中國人從城內和州內驅逐到阿莫爾河對岸。軍務部長立即下達了這個命令。……當天，城內的中國人被集中起來，收容到結雅河畔的莫爾津的製材所院內。為了以迅猛的氣勢將他們集中起來，不僅是警官，就連當地的居民志願者也參與了進來。他們從店鋪、地下室拽出中國人，用隨手抓到的東西抽打他們，然後將他們交給員警。周邊地區（五十俄里以內）的中國人全部被這樣抓捕、帶走了。被抓捕的人們沒有做任何抵抗，全都按照說的去做。……翌日，七月四日（一七日），第一批人被押送去了位於布拉戈維申斯克到阿莫爾河上游的維爾夫涅—布拉戈維申斯克村。預審沒能確定其人數。據某位證人說，大約有八百人，但據另外的證人說，大約為四千人。由於推測中國人數目最大限度為五、六千人，因此這批人有三千到三千五百人應該是比較正確的數字吧。後來又有三百二十人加入這批人中。軍事當局讓八十名新兵押送這些『叛亂者』們。這些新兵沒有槍，是用斧頭武裝的。……從市內到維爾夫涅—布拉戈維申斯克的距離大約為七俄里。」「但是，很多人因酷暑和疲勞暈倒，或是嚴重落隊。對這些人採取了殘暴的措施。巡查長SH下令『用斧頭砍殺』所有落隊的人……慘案發生十個月後，預審法官在檢驗這條『悲慘的』道路時，發現路上以及路邊還散落著很多中國人夏季、冬季的衣服……鞋子以及其他物品。」

「一批中國人被強行送到維爾夫涅—布拉戈維申斯克村後，村裡的村長N說『為了幫助中國人渡到阿莫爾河對岸』，找來了數名持槍的哥薩克人。另外，別的村的村民也趕來圍觀。渡河地點選在了村子盡頭的上游、水面最狹窄的地方。話雖如此，這裡的河面寬度也超過了二百米，水深達四米半，水流湍急，而且當時還刮著相當大的風。場所選好後，決定就直接渡河，沒有任何渡河準備，就開始將中國人直接趕入水裡，命令他們游過去。前頭的一部分人進入水中，有人游了起來，但馬上就溺水了，剩下的人遲遲下不了入水的決心。於是哥薩克們開始用他們的鞭子驅趕，隨後，持槍的人開槍了。哥薩克、村民、老人、少年們都參與到其中。射擊持續了大約三十分鐘，結束後，岸邊出現了很多中國人的屍體，堆積如山。開槍之後，隊長拔出了佩刀，命令新兵們砍殺，用斧頭砍殺『不聽話的』中國人。一部分新兵下不了這樣的決心，很猶豫。於是，哥薩克威脅道，『你們會被當作叛徒砍頭的』。中國人哭泣著，有人『畫著十字』，哀求不要殺他，但無論說什麼都沒有用。」「第一批渡河的中國人中，大多數都死了。有人是溺死的，有人是被砍殺死的。游到對岸得以逃生的僅有一百人左右。正式報告中寫道，『從渡河目擊者的證言整體來看，可以確切地說這不是讓中國人渡河，而是殘殺、強制溺死。』」[43]

這是發生在一九〇〇年七月十七日的事情。這一天，第二批被押送來的八十四人也承受了同樣的命運。兩天和四天後，又有一百七十人和六十六人成為同樣暴行的施暴對象。[44]

原民粹派政治犯傑伊奇夜晚在河岸看到了漂流來的屍體。「我親眼看到了令人恐怖的場景。廣闊如鏡面般的阿莫爾河面上漂浮著無數的人的屍體。他們密密麻麻地擠滿了寬闊的河流表面，因此就連大概的數字都無法估計。」[45]他還寫道：「數日內連續強制溺死之事，是遵照那個前不久還向中國人保證他們絕對安全的格里布斯基將軍的命令去做的。一部分人試圖為這個終究無法被原諒的命令辯解，他們列舉出一些例外原因，諸如軍隊全部出城了，城中有數量龐大的敵對居民，俄羅斯人被恐慌控制了等等，想通過這些將此事正當化，或者說留下酌情原諒的餘地。但是，這種辯解幾乎經不起推敲，因為中國人沒有武器，沒有反抗能力，不具有任何危險性。」[46]

這就是廣為人知的「阿莫爾流血」屠殺的真相。人們因清軍將要炮擊、渡河攻打過來之類的謠言，以及「滅洋」的傳單而變得恐慌，因而對外國人施行了野蠻暴行。傑伊奇將這一暴行寫給了德國社民黨的機關報《新時代》（Neue Zeit）和俄羅斯社民黨的機關雜誌《曙光》，整個歐洲都知道了發生在遠東的這起暴行。同一年，阿莫爾河屠殺一事也在日本逐漸傳開，作為彰顯俄羅斯殘暴的事件，引起了人們的反感。《阿莫爾河的流血啊》等歌曲被創作出來就是其表徵。[47]

格里布斯基七月廿二日（九日）以聽說「一部分市民向居住在我們領地內的和平的滿洲族人及其他中國

人施加了種種暴力行為」為由，發出要嚴懲罪犯的告示。[48]他辯稱自己只是下令讓中國人渡河，沒有命令強制溺死他們。但這只不過是做做樣子。

同種的作戰仍在繼續。格里布斯基果斷進行了肅清江東六十四屯的軍事作戰。清軍也渡河前來保護這個地區的中國人。七月十七日、十九日，俄羅斯與越境而來的清國部隊交戰，清國部隊被擊退，至七月廿三日（一〇日），江東六十四屯的中國人被清掃一空。[49]接下來的軍事作戰轉為跨過阿莫爾河，進攻對岸的璦琿和薩哈林村。八月三日（七月二一日），對璦琿的決定性戰鬥打響了，清軍最終撤退。璦琿的街巷除了留下的兵營外，遭到完全破壞。格里布斯基後來在八月發出的給滿洲居民的佈告中這樣寫道：

一個月前，諸君做出攻擊布拉戈維申斯克和俄羅斯居民的暴行，簡直是喪心病狂。諸君大概忘記了偉大的俄羅斯皇帝陛下……是多麼令人恐懼、多麼強大了吧。因為這些行為，諸君受到了可怕的懲罰。攻擊過俄羅斯人的璦琿的街巷和阿莫爾沿岸的村莊遭到焚燒，諸君的軍隊毀滅了。阿莫爾河被大量滿人的屍體污染。滿洲的居民大概沒有勇氣返回阿莫爾沿岸的村莊了吧。不過，沒有將武器指向我們俄羅斯人的城鎮和村莊的居民不用恐懼。聽著，俄軍馬上就要前往你們所有的城鎮和村莊了。但是，我在這裡保證，如果你們不攻擊我們，不對我們的軍隊和建設鐵路的和平的勞動者們加以傷害的話，我們也不會動你們一根手指。你們完全可以像以前那樣，在你們的田野中和平地生活。但是，如果在某個村莊出現了某人襲擊或刺殺俄羅斯人的暴行，災難就會降臨。那樣的村莊和街巷會被大火燒成廢墟，任何一個人都無法逃生。[50]

這之後，倫南坎普夫少將率領外貝加爾軍區的部隊到達布拉戈維申斯克，接管了以後的作戰。[51]

庫羅帕特金與拉姆斯道夫

在此期間，俄羅斯政府內部的對立並沒有緩和。俄羅斯軍隊的活躍達到了無以復加的程度，庫羅帕特金陸相強勢起來，他和認為應該採取慎重姿態的維特財相、拉姆斯道夫外相的爭鬥變得越發激烈。

維特七月廿七日（一四日）給內相寫信，抱怨庫羅帕特金陸相目空一切。庫羅帕特金自己開始與外交官交涉，動員了多達十五萬人的兵力，「他想要解除清軍武裝，排除日軍，獲取北京，還打算趁著混亂一鼓作氣進入朝鮮」。拉姆斯道夫對此很不贊成，做了抵抗，但沒有效果。佔領天津後，是否去北京成了一個問題，贊成去的陸相和不贊成去的代理外相爭執不下。維特記下了自己對庫羅帕特金說過的話：

你是陸軍大臣，既不是外相，也不是財相。所以，或者你讓我們辭職，任命將軍來取代我們，或者你就不要越出自己的職務範圍，你應該在這兩者中選擇一種。

維特對庫羅帕特金感到極不痛快。「他的這種狂熱會將俄羅斯引向新的災難。中國這些事上會花費很多的金錢，付出很多的犧牲，暫且不論這些，最重要的是，我們如果不儘快從這些事情中脫身出來，就會削弱俄羅斯的力量。歐洲無疑會利用這一點，給我們最為意想不到的打擊。」[52]

代理外相拉姆斯道夫遭到了庫羅帕特金的無視，體會到了艱難。庫羅帕特金曾正面碰撞過拉姆斯道夫的慎重論，他強烈反對拉姆斯道夫就任外相。維特對此非常重視，給皇帝做了工作。皇帝最終沒有聽取庫羅帕特金的意見，於八月七日（七月二五日）正式任命拉姆斯道夫為外相。

拉姆斯道夫的祖父是祖籍威斯特法倫（Westfalen）的德意志人，曾在葉卡捷琳娜女王時代作為將軍效力於俄羅斯，擔任過庫爾蘭州的首任州長，他在亞歷山大一世時代被授予伯爵爵位，改姓為拉姆布斯道夫，他最後成為皇太子時代的尼古拉一世的待衛官。[53]拉姆斯道夫父親的履歷較為樸素，但也擔任過國有財產部的局長。他們家族大概從祖父那代起成為了正教徒。拉姆斯道夫生於一八四四年，幼年被選為宮廷侍童，從一八五二年起在侍從學校學習，一八六二年出來，四年後進入外交部，其後在這裡工作了三、四年。他的特點在於，不僅沒有公使的工作經驗，而且也沒有在其他地方工作過，一直呆在外交部本部。他自一八七八年起作為大臣秘書官為戈爾恰科夫外相服務，一八八二年起擔任吉爾斯外相的辦公廳廳長，一八八六年晉升為審議官，一八九七年被任命為新外相米哈伊爾・穆拉維約夫的次官。後來，駐日本公使羅森在回憶錄中這樣描寫拉姆斯道夫：

他生平的關心都集中在其負責的部門上，對外部世界只限於簡單地瞭解情況，從根本上就是一個官僚。他靦腆到幾乎歇斯底里的程度，無論何時都是一個人，他在外交部中的住所和他負責的部門都被檔包圍著，他就像苦行僧一樣生活。他確實是一個有能力、勤奮、忍耐力強的下屬。……但是，他缺乏智慧，心胸狹窄，對於外部世界的人和事，只具備通過書本得來的知識，因此，他擔負不起在國家的歷史性危機時刻必須要盡的職責。皇帝自然會選擇他。陛下知道他對君主絕對忠實，富有獻身精神，是徹徹底底的紳士。……他認為自己不過是君主意志的道具。陛下對他這種謙恭的態度很是滿意。[54]

羅森另一方面強調，拉姆斯道夫還是被維特捏在手中的「謙恭的道具」。

維特在回憶錄中寫的出任外務次官時的拉姆斯道夫，內容上沒有什麼太大的不同。「拉姆斯道夫伯爵什麼時候都在工作。因此，他一進入外交部，就成為了幾代大臣最親近的助手之一。……拉姆斯道夫伯爵是知曉外交部所有極秘事項的活字典。作為外務次官，這些是不可估量的財富。因此，穆拉維約夫伯爵……任用拉姆斯道夫伯爵為次官是理所當然的。」[55]維特也在暗示，這個人物具有做次官的能力，但並不適合做大臣。而敏銳的觀察家波洛夫采夫說得更加辛辣：「他具有無可挑剔的誠實，克勤克儉、一心一意，然而卻是一個光輝而無能、平庸的人。」[56]

這樣的一個人成為了日俄戰爭時期俄羅斯的外相。

俄清戰爭繼續

俄軍進入滿洲後繼續進攻，清軍在各地應戰。從滿洲里進入清國的奧爾洛夫軍隊於八月二日（七月二〇日）接近海拉爾，在長時間作戰後，於八月三日（七月二一日）佔領了這裡。一部分清軍撤向了齊齊哈爾方面，剩下的撤往了哈拉哈河方向。八月十四日（一日），清國的保全將軍在牙克石驛集結了兩千士兵抵擋俄軍。但清軍大敗，保全將軍戰死。

奧爾洛夫將軍接著進行了突擊興安嶺的作戰。八月廿四日（一一日），戰鬥打響。清軍前夜發起進攻，但遭到了嚴重的打擊。當天早晨，俄軍展開攻勢後，清軍無力支撐而後退。八月廿八日（一五日），札蘭屯驛被佔領。黑龍江省將軍壽山請求停戰，但奧爾洛夫要求其投降。[57]齊齊哈爾攻略戰由從瑷琿來的倫南坎普夫軍承擔，戰鬥從八月廿八日（一五日）開始，廿九日（一六日），將軍府所在的齊齊哈爾陷落，整個黑龍江地區（清朝於光緒三十三年始設黑龍江省）落入俄軍手中。[58]黑龍江將軍壽山投降，給部下留下遺書之後服毒自盡。[59]

鎮壓營口與佔領北京

這期間，俄軍開始在遼東灣方面獨自行動。遼東灣深處的港口營口位於遼河河口，是貿易、交通的要衝，於一八五八年開港，外國人在這裡建立了租界，駐有各國領事。俄羅斯方面，由米西琴科將軍率領的哥薩克部隊駐屯於此。這裡也可見義和團的滲透，城內的牆上張貼著盛京將軍增祺號召打敗外國人的告示。七月下旬，俄羅斯開始攻擊這裡，雙方一度陷入膠著，自八月四日（七月二二日）起，俄羅斯軍艦開始炮擊。清軍在城內築起路障，同樣開炮了。翌日，俄軍輕易制服了清軍。阿列克塞耶夫登陸，在海關的建築物上升起了俄羅斯國旗。阿列克塞耶夫任命領事奧斯特羅韋爾霍夫為營口市長官。俄羅斯開始了佔領統治。[60]

此舉引起了其他列國的強烈不滿。日、英、美三國領事立即照會俄方，認為俄軍的措施是「根據軍事方面的必要而採取的臨時措施」，牛莊「屬於列國，是由民政官管理的城市與條約港」。[61]

這時正是多國聯軍進攻北京的前夕，俄羅斯陸相庫羅帕特金希望俄羅斯率先進攻，但阿列克塞耶夫則希望與清朝政府交涉，認為俄羅斯不應該參與北京進攻戰。這還關係到由誰來擔任聯軍總司令官這個問題。庫羅帕特金要求阿列克塞耶夫設法獲得這個職位，但就像前文曾談及的，不僅外交部對此反對，當地軍隊也不贊成。不過，最終俄軍還是參加了北京攻擊戰，但沒有擔任總司令官一職。[62]

德國皇帝八月六日給尼古拉寫信，推薦本國的瓦德西將軍，尼古拉表示他個人並不反對，由此，瓦德西成為了總司令官。[63]不過，這位將軍是在北京攻擊戰之後才抵達當地的，實際指揮作戰的是俄軍的利涅維奇將軍。[64]

八月六日（七月二四日），聯軍開始進攻北京。總兵力一萬三千五百人中，有日軍六千五百人，俄軍四千五百人，英軍一千五百人，美軍一千人。[65]

八月十九日（六日），聯軍最終控制了北京。西太后與宮廷一同逃往西安。聯軍進入北京後，極盡所能地掠奪了一番，這一點廣為人知。俄軍也有很多可被譴責之處。三天後，阿列克塞耶夫進入北京視察。[66]

雖然對聯軍來講，征服北京是最終目標，但俄羅斯現在正處於滿洲戰爭、俄清戰爭的高潮，就要面臨如何收拾這一局面的問題。俄羅斯有必要與清朝單獨交涉。由於清朝政府離開北京後，任命兩廣總督李鴻章為直隸總督，因此，俄羅斯強化了通過與親俄派的李鴻章交涉來收拾局面的想法。在這一點上，阿列克塞耶夫與外交部的方針似乎是一致的。

俄羅斯政府的決斷

但是，在俄羅斯政府內部，庫羅帕特金和拉姆斯道夫的對立依然沒有得以克服。八月廿三日（一〇日），維特又一次毫不隱諱地給西皮亞金寫信道：

「這邊所有事情都不順利。……儘管我們公開且正式地保證過我們只要求恢復秩序，但突然之間格羅傑科夫就宣稱阿莫爾河右岸是我們的。陛下竟然很感謝，宣佈了此事。然後我們佔領了極其重要的營口港，升起了俄羅斯國旗，設立了管理機關。還在哈爾濱做了同樣的事情。所有這些都會挑起中國人對我們的憤怒和不信任、歐洲的嫉妒和看熱鬧的心態，還有日本的不安。庫羅帕特金每天都將駐外國的武官叫到自己那邊，他恐怕會對他們說，我們要戰鬥，我們打算佔據整個北方，我們不能容忍日本進入朝鮮，大概會和日本作戰吧。最終，英國人開始就牛莊之事展開抗議，日本也說，你們取得了滿洲，那麼我們就要朝鮮。對此，陛下的裁決就是『那樣的話就向朝鮮前進』。出於這樣的原因，昨天我決心再次給陛下寫信，訴說庫羅帕特金會將陛下引向災難，『陛下不能一邊對外交大臣這麼說，一面做著別的事情。我們也不能追求任何利己性的目的。我們只要在我們的區域中建立起秩序，然後就退出。如果用劍與火將清國粉碎，我們就會在那裡樹立下永遠的敵人。』最後我懇求陛下，希望能夠命令陸軍部不要帶有功名心的企圖，要坦誠地實施陛下的計畫、最初設定的計畫，不要讓我們所有人都捲入巨大紛爭中。……我前天傍晚發出了信。恐怕因為我的信，陛下當晚會命令拉姆斯道夫第二天早晨去他那裡。拉姆斯道夫伯爵也會講述同樣的對庫羅帕特金的不滿。……然後，庫羅帕特金會就所有的中國問題寫出長篇的關於原因和結果的意見書提交給陛下，其中會講有必要佔領北滿洲。意見書一氣呵成，如行雲流水，讀起來會很順暢，但以我的意見，這正顯示了他完全不瞭解事態。我寫了回應，打算明天交給陛下。如你所知，沒有一件事情讓人舒心。」[67]

維特於八月廿四日（一一日）向皇帝提交了與這封信主旨大致相同的意見書。[68]由於維特和拉姆斯道夫一致表示反對庫羅帕特金，皇帝駁斥了庫羅帕特金的主張。八月廿五日（一二日），在尼古拉御前舉行了三位大臣的協商會，會議決意貫徹「完全無私、重建秩序、迅速撤兵、不屈服於任何誘惑」的既定路線。庫羅帕特金聽從了皇帝的意見，在所有問題上都做了讓步，但維特對西皮亞金說，「我非常不信任他」。[69]

八月廿五日（一二日），拉姆斯道夫給駐列國的公使發去電報，告知將落實這一決定。表明首先，俄羅斯政府的目的在於以下兩點：一，確保駐北京公使館和俄羅斯僑民的安全；二，援助北京政府鎮壓叛亂，恢復合法秩序。關於派遣多國聯軍，有四點主張：一，列國達成共識；二，維持清朝政府；三，避免分割清國；四，恢復北京合法政府。俄羅斯政府不會追求除此之外的任務，只是由於營口叛亂份子的攻擊，以及「在國境發生敵對行動，比如沒有任何理由就發生了布拉戈維申斯克的炮擊」，俄軍才佔領營口，進軍滿洲，這不過是臨時的緊急應對措施。如果滿洲的秩序得以恢復，通過與清朝政府達成協定得以確保鐵路安全時，「必定會讓俄軍從鄰國領土撤退」，並且列國在營口以及鐵路上的權利是有保障的。

在此基礎上，還表明了如下方針：雖然通過佔領北京，解救了外國人，但由於清朝政府離開了北京，作為俄羅斯，沒有理由將公使館留在北京，因此將令公使和公使館員撤往天津，並讓已經失去目標的軍隊隨同撤退。這份電報於九月一日（八月一九日）在《官報》上發表。[70]

俄羅斯的這項方針於八月末得到落實，吉爾斯撤到了天津。利涅維奇起初似乎不願遵從這個命令，不過後來他的軍隊還是離開了北京。[71]

俄清戰爭的最終局面

然而，俄軍在滿洲的攻勢仍在繼續。庫羅帕特金陸相按照九月三日（八月二一日）上奏報告的精神，給格羅傑科夫和阿列克塞耶夫發去了重要電報。「俄羅斯在滿洲的主要任務是繼續和完成現在我們正在建設的鐵路。閣下和閣下率領的官員應該努力使這項工程順利再次啟動，之後應該轉向戒護已實施的工程。俄羅斯不應該在佔領地實施行政。不要在滿洲留下任何戰鬥武器和部隊，如果清朝當局恢復了行政，為了員警活動，有必要授予他們擁有騎馬警備隊和普通警備隊的權利。」[72]這個方針與拉姆斯道夫的電報相矛盾，可以推測，陸相雖然在一般性方針上表現出了屈服，但想在滿洲推行自己的想法。但是，當前這個方針還沒有成為現實。

九月，俄清戰爭進入了尾聲。在吉林，將軍長順試圖通過交涉使俄軍不去佔領吉林城，但格羅傑科夫要求全面投降，交涉破裂。九月廿三日（一〇日），倫南坎普夫軍到達吉林城，經過戰鬥佔領了這裡。由此，俄軍佔領了整個北滿洲，將清軍和義和團軍從所有的幹線道路和東清鐵路上一掃而空。[73]

倫南坎普夫軍接著向奉天進軍。但清軍的抵抗也很激烈。蘇鮑季奇將軍的部隊從南邊的遼東半島進攻而上，逼近奉天。在這個階段，由於北京方面的戰鬥已經結束，李鴻章九月二十日（七日）向阿列克塞耶夫請求打消佔領清朝龍興之地盛京的想法。但是，阿列克塞耶夫回答，我們要佔領，不過只要遵從我們的要求，就不會使用武力。其實，阿列克塞耶夫本人並不想佔領奉天。對奉天的攻擊開始於九月廿三日（一〇日）。九月二八日（一五日），遼陽陷落。十月二日（九月一九日），蘇鮑季奇中將率領的部隊終於佔領了奉天。盛京將軍增祺逃亡。[74]

就這樣，現在滿洲全境都進入了十七萬三千名俄軍的控制之下。

義和團運動和朝鮮、日本

義和團運動爆發後，高宗警惕起清國的事態會波及韓國，因為他擔心列國可能會以此事為契機向韓國提出要求。受日本公使館員示意，一九〇〇年六月廿五日，高宗在王宮賜見駐漢城的各國公使。高宗對外國人在清國被殺害、各國公使館陷入危機表示同情，「痛悼清國政府無鎮壓之力」，並且就今日的事態徵求了公使們的意見。根據日本公使林權助的報告，林首先發言，多國聯軍正從天津向北京進軍，他強調「列國皆採取共同一致之行動」，說韓國應該考慮的是國內的治安。[75]然而，根據俄羅斯公使巴甫洛夫的報告，林公使講了在清國的統一行動後，接著說道：「無疑，列國在韓國也會採取同樣的共同行動吧。」林公使的這番話使韓國皇帝和高官們「鬱鬱不樂」。[76]由於林公使沒有必要專門說這種威嚇式的話，我們不能原封不動地相信巴甫洛夫的報告，但不管怎麼說，兩人的報告明顯有著不一致。在此之後，韓國政府向靠近清國國境的北部諸道派遣了部隊。[77]

林公使在七月五日給青木外相的提案中明確表達了他的意見。他斷言「分割清國近在眼前」，「長城以北滿洲之地，名實同歸俄國，此事殆不容疑。」因而，他主張日本所應該獲得的「分配」是朝鮮半島。他提出有限制地獲得朝鮮半島方案，「可根據情況，以平壤、元山以北不駐屯兵士為條件，向俄國提議」。具體的方案是：在仁川常駐數艘軍艦作為「兵站根據地」，「京城以南自然歸我勢力範圍。」[78]控制南部朝鮮，不在北部朝鮮部署軍隊，但要讓俄羅斯承認這裡是日本的勢力範圍。

自五月起，擔任駐俄羅斯公使的前外務次官小村壽太郎在觀察了俄軍進入滿洲的趨勢後，七月二日，向青木外相提交了重要的意見書。他認為俄羅斯對日本採取合作的態度是有原因的。因為俄羅斯在遠東的立場較弱，從而要採取姿態，消除與日本衝突的根源。因此，「朝鮮問題有可能在日俄間解決。」另一方面，俄羅斯佔領滿洲，「不管怎麼說，是既成事實」，如果這樣發展下去，會防礙日本在朝鮮的經濟活動。「可追求的最佳途徑是提議劃定勢力範圍。也就是說，日本和俄羅斯各自在朝鮮和滿洲擁有自由裁量權（free hand），在各自的勢力範圍保證相互的商業自由。」[79]

角田順將這一方案稱為「滿韓勢力範圍協定論」，千葉功認為「這相當於滿韓交換論」。[80]這是俄軍佔領滿洲後，日本出現的新主張。

《東京朝日新聞》於七月廿六日發表了社論《我日本與朝鮮半島》，社論宣稱，朝鮮半島「舉七道（譯者

註：朝鮮當時行政區共分十三道，此指南部七道。）為事實上的勢力範圍，不容他爭」。「以三十一年（一八九八年）《西・羅森議定書》第三條，吾人相信俄國承認此事實。」顯得很樂觀。對於俄羅斯輕易撤出馬山浦也很滿意，寫道：「此次續訂日俄協商一事，別無困難之點。」

面對俄羅斯因義和團運動向滿洲出兵之事，日本起初的反應很樂觀，認為可以因此讓俄羅斯承認日本對朝鮮的控制。

然而，在輿論界，有人既反對敵視俄羅斯論，也反對滿韓交換論。他就是每日新聞社社長島田三郎。島田三郎加入了大隈重信的立憲改進黨，從第一屆議會起一直擔任議員，自一八九四年起，任每日新聞社的社長兼主筆，作為信仰基督教的自由主義者而聞名。他以去年——一八九九年四月一篇題為《促國民沉思》的文章為開篇，將為《每日新聞》撰寫的十篇左右的文章以及本年六月以後寫的《日俄兩國互去誤解》等五篇文章彙集起來，於九月出版了《日本與俄羅斯》一書。島田在書中寫道：

「吾人斷言，日本若煽起中世以上之蠻風，掠朝鮮，取支那，以樹旭旗於大陸中央為我國民理想，日俄之利害勢必將於東洋海陸衝突。然與此情形相伴，不僅俄國以我為敵，歐之諸國皆以我為敵，反對日本。吾人確信，無論如何未脫野蠻遺風，明治三十二年我國民亦當不為此狂躁非計之事。」

「我日本患恐俄病，妄自畏怖俄國，自有冷靜頭腦者見之，殆不可不評價為常識以外之判斷。」[81]

「而俄人遠觀之，疑日本有絕大之野心，為之增西伯利亞戍兵，患無用之恐日病，亦不可不謂應憫者。」

「吾人斷言，俄於東洋求不凍港乃自然之情。」「我國人恐俄人經略西伯利亞，怖其鋪設鐵路，竟何事哉。患俄人渡海襲日本乎？抑或日本欲經略大陸，而憤俄人妨之乎？發出如此嚴肅之問，彼恐俄病夫不能與一認真回答。」[82]

這是理性的聲音。這本書於十月增補後再版，隔年一九〇一年出了第三版。

俄羅斯看待朝鮮的目光

俄羅斯方面也感覺到了日本迫切的目光。自六月二十日（七日）起，伊茲沃利斯基取代羅森任俄羅斯駐東京公使。新公使生於一八五六年，以金獎從皇村中學畢業，一八七五年進入外交部。在擔任美國公使館一等書記官之後，自一八九〇年代初任宮中侍從，其後歷任梵蒂岡公使、塞爾維亞公使、巴伐利亞公使，之後於一八九九年十一月被任命為日本公使。但不知為什麼，他推遲了上任，至一九〇〇年六月十九日才來到東京。日本外務省得到消息說，俄羅斯皇帝希望伊茲沃利斯基擔任外相，但俄外交部的氣氛不允許他這樣做，[83]這種說法令人難以置信。

七月十四日（一日），尚為代理外相的拉姆斯道夫發電報告知東京的新公使伊茲沃利斯基，倫敦有傳聞說日本想在朝鮮謀取利益，以此作為出兵鎮壓義和團的補償。要求伊茲沃利斯基嚴密監視此事，不能允許日本在清國獲取領土上的補償，「更（pache）」不能允許在朝鮮獲得補償。電報中還附上了一八九八年協定，其中規定俄羅斯、日本共同出兵。[84]但僅過了一天，外相的想法就發生了變化。翌日，七月十五日（二日），拉姆斯道夫給駐日公使發去電報，以「為確保毗連俄羅斯的朝鮮北部的治安，在必要的情況下，考慮向半島領域內派遣俄軍是我們無條件必要的事情」，指示他與日本政府交涉，為「在各自一定的區域，設定完全分開、相互獨立的行動圈達成一致」。[85]可以推測，這一天拉姆斯道夫大概給漢城的巴甫洛夫公使也發去了同樣趣旨的電報。[86]

七月十九日，日本駐韓國公使林權助向青木外相報告，俄羅斯駐韓公使巴甫洛夫受本國政府的「諮問」，前來密談。巴甫洛夫的意見是，如果韓國騷亂蔓延，「日俄兩國劃分範圍，各自採取責任保全其範圍內秩序。」巴甫洛夫還說，可以在東京簽訂協定。[87]

伊茲沃利斯基駐日公使立即拜見青木外相，慎重地試探了一下。青木回答說，如果有必要向朝鮮出兵，會根據現行協定立即與俄羅斯協商，「一定會提出劃分俄羅斯部隊和日本部隊行動地區的提案。」伊茲沃利斯基於七月廿一日（八日）報告了此事，還附言看不出日本想在朝鮮獲得領土的徵兆。[88]青木外相其後給林權助發去電報，告知伊茲沃利斯基就這一問題前來商談了，但「關於此事因見地有異，未到締結某種協議之地步」。[89]

然而，在此之後，日本軍艦「常磐」和「高砂」進入仁川，隨艦而來的東鄉平八郎中將拜謁了高宗，此事讓俄羅斯的公使們不安起來。伊茲沃利斯基擔心日本有可能在朝鮮採取「決定性的行動」，就此事詢問了青木外相。青木表明日本政府絲毫沒有那樣的想法，會「嚴格遵守」與俄羅斯簽訂的關於朝鮮的協定。伊茲沃利斯基八月十二日（七月三〇日）向俄羅斯外交部報告，因俄羅斯在滿洲所採取的行動，當地（日本）的輿論愈發興奮，他擔憂輿論會要求在朝鮮採取積極政策，給政府施加「強大的壓力」。[90]他在同一天將這一擔憂也傳達給了漢城的巴甫洛夫。巴甫洛夫在這一點上更加擔心，他於翌日發電報給旅順的阿列克塞耶夫，稱如果要實現「大多數日本人隱秘的夢想」——統治並軍事佔領朝鮮的話，「大概很難再期待比現在更為有利的時機了。」因此，即使日本在不久的將來著手軍事佔領半島，也並不令人驚訝。而且雖然沒有考慮到如何對抗此舉，但從俄羅斯的「利害」來看，無論如何都有必要獲得巨濟島和馬山港及其周邊。巴甫洛夫這樣寫道。他追問阿列克塞耶夫怎麼想，希望他支持自己的立場。[91]由此可知，伊茲沃利斯基和巴甫洛夫有著很大的不同。

其後，在八月十五日，駐俄羅斯的小村公使發回電報說，從拉姆斯道夫外相處聽說青木外相回覆了伊茲沃利斯基，希望告訴他是如何答覆的。青木外相回覆道，在回答遵守現行協定規定的基礎上，「非正式地，秘密地」指出日本比俄羅斯在朝鮮擁有「遠為更重要的利害」，日本將半島作為勢力範圍有「絕對的正當性」。[92]

不過，日本方面也有意見對俄羅斯的方案懷有好感。反俄陣營中流傳著伊茲沃利斯基公使拜見伊藤博文和山縣首相時，二人對其方案表明了「贊同的意向」之類的傳聞。[93]不過，僅看伊茲沃利斯基的報告，此時他們還沒有進行這樣的接觸。但山縣首相在這時候，寫下了日期標為八月二十日、題為《北清事變善後策》的意見書。其中有如下段落：

「世上論北方經營者，欲以此次北清事變為契機，舉朝鮮全部移入我之勢力區域，或欲與俄約定，以不礙俄之滿洲經營，諾我之朝鮮經營。是北方經營之策，實捨此無他。」

「彼之良機，亦我處置朝鮮之良機。縱令一時不能佔朝鮮全土，亦可西以大同江為限，東以元山港為界，依山河劃定區域，永避日俄之爭，得以保全北方經營之目的。」[94]

但是，眼下俄羅斯很「狡猾」，「公開宣言不分割」，卻派去大軍，其後顯示出「欲獨佔大利之野心」，由於滿洲之事還沒有解決，與俄羅斯的交涉很困難。因此，山縣的結論是，應先推進「南方經營」，將福建和浙江納入勢力圈。[95]由此可見，伊茲沃利斯基的話與山縣的構想恰好是一致的，所以聽到此話後，山縣首相也許動了心。不過，山縣與俄羅斯公使沒有交涉。伊茲沃利斯基在七月廿六日（一三日）的電報中，只報告日本的報紙和輿論要求對朝鮮採取行動以對抗俄羅斯進入滿洲，而內閣表現得很克制。[96]

日韓攻防同盟案

實際上這個時候，侍從玄映運受高宗之命，以考察宮內省制度的名義來到了東京。他對東亞同文會的幹部國友重章說，皇帝認為為維持獨立，只能依靠日、俄兩國中的某一方，自己是為「觀望勢力」而來的。國友是參與過暗殺閔妃的人。理所當然地，他勸說玄映運依靠日本。七月十九日，國友告訴東亞同文會會長近衛篤麿玄映運來日一事。國友建議，為了讓韓國皇帝安心，將流亡日本的人送到美國去，再將韓國皇帝厭惡的林權助公使召回，在此基礎上，從日本派去一個旅團的兵，這樣一來「韓國既如在掌中矣」。[97]兩天之後，國友又告訴近衛，伊茲沃利斯基提出了韓國出兵分割論，伊藤和山縣很有興趣。而無論是近衛還是國友對此都強烈抵觸。近衛考慮「應該發起運動，促使內閣成員中有影響力的人物傾向於拒絕論」，於是主動出擊了。[98]

近衛篤麿出身於五攝家（譯者註：鎌倉時代出自藤原氏嫡系的五個家族，為近衛家、九條家、二條家、一條家、鷹司家。）之一、出自公家（譯者註：日本侍奉朝廷的貴族、高級官員的總稱。），一八九六年成為貴族院議長，他提倡東洋門羅主義，推進了日清同盟論。近衛在一八九八年、三十七歲時成立了東亞同文會。近衛文麿是他的兒子。在義和團運動中，他的思想也發生了變化。七月廿五日，近衛與同文會幹部、退役軍人根津一就「對俄政策」進行了對話。兩人一致認為「此際應製造出讓俄國以外諸國承認對俄開戰乃不得已之事的理由」。[99]

為此，他們想到利用玄映運的活動。他們向玄映運鼓吹日韓攻防同盟的構想，讓他將這套方案帶給外務省的杉村濬。杉村濬是閔妃暗殺事件的核心人物，這個時候，他成為了外務省的通商局長。玄映運向杉村提出，「若日本承諾處置亡命者」，韓國將與日本締結攻防同盟，當韓國發生內亂時，允許「日本派兵鎮定之」，當日本與他國戰爭時，「允許於韓國內作戰，或讓軍隊採取行動」。然而杉村卻說「雖然確實希望如此……然而此事終究無實現之望」，沒有表示出興趣。接著，三天後，玄映運再次拜訪杉村時，又被澆了一頭冷水。杉村說：「閣下之使命全繫嚴貴人（妃）一派所謀劃，為庶出皇子據未來之皇位，欲使妨害其事之亡命者，特別是義和君、李埈鎔二人遠離。」玄映運說這是誤解，杉村斬釘截鐵地說如果是那樣，你就應該儘早歸國，鞏固政府的議論。[100]杉村果真看穿了他們的計謀。

在漢城，巴甫洛夫七月二三日謁見了皇帝高宗。他以俄羅斯皇帝的名義奉告：因滿洲騷亂之故，俄軍有可能進入韓國領土，當清國暴徒或士兵越境入侵時，俄韓兩國兵將予以鎮壓，「俄國會派遣與日本國同數之兵員至京城」。高宗回答，對俄羅斯士兵越境一事「無異議」，不過將會以韓國的力量鎮壓清國暴徒，而對俄羅斯向京城派送與日本同數兵員之事，「不認為有派遣之必要。」[101]

結果，因為高宗的這一意見，分割進駐方案消失了。俄羅斯方面遭到韓國皇帝如此乾脆的拒絕，也就無法進一步推進方案了。

日本方面，七月廿七日，近衛召開了朝鮮事件同志者的聚會，就迫使內閣接受日韓攻防同盟案達成一致，決定「若內閣無決心，我等當斷然施行，讓玄歸國，經林公使進一步提出要求」。[102]

韓國中立國方案登場

在這樣的狀況中，高宗更為憂慮了，為了維護韓國獨立，他想出以「列強共同保障下的韓國中立化」為目標的方案。當時，韓國內務部、宮內府雇傭的外國礦山工程師中有一位法國人，托列姆列（Tremoulet）。[103]希曼斯基指出，啟發皇帝中立國方案的是「法國的冒險主義者托列姆列」。[104]無從知曉托列姆列的動機是什麼。高宗一八九六年拒絕了日本的干涉，一八九八年又讓俄羅斯顧問、教官撤回，一直在維持自立，因此，他或許認為應該鞏固中立國的地位吧。無論如何，高宗將新任公使趙秉式派往了日本，命令他向日本政府試探中立國的方案。

八月廿五日，趙秉式到達日本，四天後，他拜訪了青木外相，試探中立國案。青木並沒有認真理會。九月十四日，林公使詢問青木外相是否有過「以韓國為列國保障下的中立國」的交涉，青木回答，曾經有過那種旨趣的事情，但「本大臣根本不重視這一提案」。[105]其實作為一直窺伺韓國的青木，應該大幅地加強了警惕，哪裡會不重視呢。

同一天，八月廿五日，趙秉式也會見了正在運作成立國民同盟會的近衛篤麿。他向近衛說明，希望「由日本向列國提議將朝鮮作為中立國」。近衛說，如果要成為中立國，必須具備「自衛的能力」，而且，如果周邊國家侵犯中立，其他國家必須以實力遏制。然而，朝鮮的情況是，利害關係國只有俄羅斯和日本，即使日本知道俄羅斯有野心，如果有中立國的約定，也無法出手，這樣無論對朝鮮還是對日本都沒有好處。趙秉式詢問，「那該如何是好？」近衛說，可以仍然維持獨立國，但與日本秘密締結攻守同盟。趙說，「明白你的意思」，但他是受皇帝之命為試探中立國方案而來的，「難以獨自決斷」，從而避開了這一話題。[106]

實際上，八月初，近衛篤麿的秘書大內暢三帶著使命去了韓國。他到達之後才知道菊池謙讓已經在策劃。菊池在《國民新聞》擔任記者的時候，參與了殺害閔妃一事，後來，他又擔任了《漢城新報》的記者，居住在韓國。不清楚大內和菊池究竟在多大程度上進行了深入交談。據說，大內在外部大臣的引薦下見到了皇帝，他敦促皇帝派遣新的公使。高宗表示將派遣趙秉式，大內表示歡迎。然後，大內與新公使同船返回了日本。[107]近衛等人瞭解這些情況後，原本打算讓趙秉式向日本政府提出日韓攻防同盟案，而當趙秉式說出中立國方案的時候，他們大概也吃了一驚吧。

伊茲沃利斯基彙報趙秉式的動向是進入九月之後，他於九月十四日（一日）向俄羅斯外交部報告：

日本政府正切實地努力與韓國新任公使趙秉式進行重要交涉。日本政府不斷地威脅他，想盡力說服他：朝鮮問題與清國現在的情況有所關聯，不可避免地會被提起。向他鼓吹由於俄羅斯最終將在滿洲扎根，其結果將無法避免日本軍事干涉韓國，在那裡確立日本的保護國。這一切都和伊藤侯爵的計畫緊密相關，……目的在於讓韓國自發地、迅速地尋求日本的保護。韓國政府很明顯受到了日本人的嚴重威脅，因而委任公使詢問在日俄衝突之際，在列國共同保障基礎上實施韓國中立化是否可行。據趙秉式所言，日本政府現在正設法使漢城的朝鮮人對這一計畫採取否定的態度。我努力勸說趙秉式不要屈服於日本的懷柔，要對韓國目前危機的結果安心。[108]

伊茲沃利斯基就趙秉式的提案試探了青木外相的意見。九月十七日（四日），他在給本部的報告中寫道，「已確認，青木對韓國公使請求協助韓國中立的計畫做了曖昧的回答。」[109]

接著，伊茲沃利斯基報告了趙公使其後的動向。九月廿七日（一四日），趙公使對法國公使說，「為了達到讓韓國尋求成為日本保護國的目的，當地向他施加了極大的壓力。」伊茲沃利斯基告訴本部，「趙秉式頑強地抵抗著這個執拗的主張，正在考慮離開東京數日。」[110]十月一日，趙公使就中立化問題向美國公使請求援助。美國公使拒絕介入此事，回答如果有必要，希望在華盛頓與政府交涉。[111]

國民同盟會與六教授建議書

俄軍佔領了奉天，現在整個滿洲都被俄羅斯佔領了，這一情況極度刺激了日本輿論。俄羅斯支配了整個滿洲，下一步會不會試圖合併滿洲的猜測盛行起來，激昂狀態異常高漲。一九〇〇（明治三十三）年九月十一日，近衛篤麿、犬養毅、頭山滿、神鞭知常、陸羯南、黑岩週六（淚香）、根津一、國友重章、柴四朗等人出於對俄羅斯出兵滿洲的反對，結成了國民同盟會並發表宣言「保全支那、擁護朝鮮不獨為自衛我國權國利，吾人既已自覺保東亞和平、助宇內文運乃我日本國民之天職，故於此立開國之宏謨，定進取之大計」。[112]

整個九月，近衛等人數次邀請戶水寬人等大學教授聚會，討論並達成一致意見，陸羯南（日本新聞社長）將這些意見匯總為六教授建議書。九月廿八日，四位教授拿著建議書拜訪了首相山縣有朋。[113]六位教授分別是東京帝國大學法學部教授戶水寬人、富井政章、寺尾亨、金井延、松崎藏之助，學習院大學教授中村進午。建議書列舉「俄國於滿洲之舉動」，與德國派遣大軍一樣，都屬於不安定因素，面對「支那分割論」、「欲割取支那大陸壤地之國」的動向，日本有必要「斷然抗拒之」。也就是說，有必要採取對抗俄羅斯的行動。然後，建議書指出關心的焦點「佔領滿洲及遼東」「非帝國所能同意」，「加之，不可不從速解決東洋禍亂之動機——朝鮮問題」。由於日本「派遣軍隊最多，所立戰功最大」，其主張應會受到重視，故「不可錯失此良機。開啟帝國雄飛之端洵在今日。」結論是，希望「謙讓之德」過多的外交當局者能夠「與帝國利害一致之國相互支持，銳意從事。」[114]

「利害一致之國」指的是英國。這份意見書主張日英結為同盟，與俄羅斯對決，只不過用了曖昧的表達方式。由於這是大學教授們最開始表達的意見，故而看上去相當謹慎，從中也可以看出原案起草者陸羯南的穩健之處。

山縣接到建議書，直截了當地說：「日俄戰爭終不可避，然於今不能決行。他日日本必有決行之良機。況且目下內閣將更迭，余會告知後繼者貴意之所在。」進而，六人中的一人詢問日英同盟論是否可行，山縣回答「日英同盟乃日本之所望，然疑英國果應日本之所望乎」[115]，讓人感覺在含糊其辭地應付大學教授們。之後，九月末，山縣內閣總辭職，十月，伊藤博文第四次出任總理。十一月廿五日戶水拜訪新外相加藤高明，遞交了建議書。這兩次拜訪以及提交建議書都是隱密進行的。[116]

可以推測，教授們在提交建議書的同時，還表達了各自的意見。十月，他們刊發了非賣品《諸大家對外意見筆記》，是速記員記錄下的每個人的談話。

韓國代表的進一步努力

千葉功認為，這個時候，玄映運在近衛篤麿的鼓動下回國後，以日韓攻守同盟案勸說了高宗及政府相關人員。玄映運的工作使得韓國政府於九月十七日決定締結日韓攻守同盟，作為處置流亡者的交換。海野福壽基本接受千葉的觀點，並補充趙公使在這件事上沒有與日本政府進行交涉的形跡。[117]

千葉的根據是林權助給伊藤博文標註日期為九月十七日的信函，其中有：「此回韓國皇帝向駐日公使趙秉式下達密訓，『對日廷提議亡命措置之事因得確成後，交鄰親睦防禦同盟約從以議定事。』外部大臣朴齊純秘奏，將此密旨授於本邦人……菊池謙讓，委託其赴東京傳達趙公使。」[118]這段話非常值得懷疑。

在八月廿五日這個階段，林權助向青木外相報告了玄映運回國後從他那裡聽到的話，當時玄映運介紹說，「爾來屢屢入謁皇帝陛下，覆命滯留日本期間目擊之情況……主要建議鑒於東洋現下形勢，日韓協作乃屬韓國生存上必要之旨，皇帝雖未不同意，但亦無立即實行之決心。」[119]也就是皇帝不贊成。然而，在九月十七日給青木的電報中，話鋒就完全變了。「玄映運自日本歸來……懷抱日韓防禦密約論，……致使韓帝表示同意，最終韓帝向外部大臣朴齊純下達內密諭旨，有意命日韓間嘗試交涉」。這個報告完全是根據「與朴齊純關係親密」的菊池謙讓「私下洩露」。關於皇帝的「密訓」，菊池說「外相趁機秘奏，與韓國官吏相比，機密之事寧可託付菊池」。[120]可以推測林公使被菊池欺騙了。

菊池九月底回到日本。九月廿七日、十月一日拜訪了近衛。近衛的日記中完全沒有提到當時二人談了些什麼。[121]十月五日，菊池向近衛如下彙報：當天，他拜見了青木外相，給外相看了「攜來之朝鮮王親筆信」。青木說，親筆信中的「放逐亡命者，日韓國防同盟之事」要由趙公使提出請求。於是，菊池之後徑直去見了趙公使。首先勸說他向日本政府提出日韓國防同盟一事，趙公使表示拒絕。「其時，菊池出示韓王之親筆信，趙語塞，回答既如此，應向外務省提議。」[122]然而，閱讀近衛後來的日記就可以明白，趙秉式既沒有相信親筆信，也沒有向外務省提議的意思。

十月九日，近衛招待了趙秉式公使，「詰問韓王密勅一事，何故迄今不向我政府提議。」趙秉式回答「此乃大事，非一度歸國熟議，難以提議。」近衛說，在回國前，總有時間先做「大體之提議」吧，「不是與菊池約定立即提議了嗎？」得到詔敕卻什麼也不做，「違勅之罪難免」，如不完成使命就回國，「君歸國後必失地位」，使勁威脅了一番。然而，趙秉式很頑固，不肯改變態度。近衛心想，「此老狐狸難以一般手段對付」，於是擺出酒肴，閒談了一陣。之後，再次回到了原來的話題，近衛逼迫說，韓國地位很危險，「內地之改良」、「國之防備」是必要的，只靠貴國自身的力量恐怕不能整備防衛吧。因此，「貴皇帝」不也下達了「密敕」嗎？近衛這樣表述後，趙秉式承認，「不可不借貴國之力」，但說由於回國迫在眼前，無法向日本政府提出方案。可笑的是，面對近衛反覆追問為什麼著急回國，趙秉式乾脆地回答日本冬天寒冷，「韓國屋中有火炕，日本屋中沒有。」所以必須趕在冬天前回國。對此近衛頗為氣憤，以至說出「日本也有老人，防寒之具齊備。」「國之元勳，在國外公幹，卻因寒暑懈怠重要公務，若在我國，人皆謂之國賊。」

趙秉式如果屈服於近衛的這種威脅，大概就真的成為「國賊」了吧。趙秉式鎮靜地聽著近衛的話，不以為意，堅持說要回國與皇帝、外部大臣以及菊池商量。最後，近衛不得不放棄，詢問他，「君尚不廢中立國之論乎？」趙直言，「余雖不好議論，然仍希望中立國」。近衛最後的感想是「終難成事」。[123]

菊池攜來的高宗尋求日韓國防同盟的密敕大概是菊池與某些人捏造出來的偽敕之類吧。如果玄映運與嚴妃有干係，無疑在宮廷和在政府內部都會有支援、推進他們這條線的人，但是高宗不可能做出這樣的決定。[124]

不過無論怎樣，很明顯，趙公使的使命——使韓國成為中立國的目標以失敗而告終。暫且不說近衛等民間人士的舉動，此時日本政府、外務省的立場已經變成了滿韓勢域協定論，不再接受日俄圍繞韓國劃分影響力的協定了。趙秉式大概是滿懷失望回國的吧。

另外，九月廿四日，林公使向外務省報告，俄羅斯駐韓公使巴甫洛夫拜謁高宗時說，趙秉式關於「韓國中立問題」的交涉「恐屬徒勞」，「如此，反而不如儘早撤回問題」。[125]這個事情也出現在了美國公使艾倫的報告中。艾倫在報告中敘述了巴甫洛夫從伊茲沃利斯基處得知趙秉式的活動後，向本國外交部彙報，得到訓令，讓他向韓國政府傳達沙皇的話：這種事項應該首先與俄羅斯商量，韓國真正的朋友只有俄羅斯，無論日本還是美國，都沒有為韓國考慮。[126]但這一報告意在強調俄羅斯反對中立化方案，不能相信。從這些日本和美國的史料來推斷俄羅斯公使的態度是危險的。[127]

俄羅斯政府的方針與小村公使

在一九〇〇年秋，義和團起義被外國軍隊鎮壓了，事態趨於平靜。十月一日（九月一八日），維特在給西皮亞金的信中寫道：「中國問題如報紙的報導，進展順利，至少尖銳激烈的時期結束了。」但是，還有令人擔憂的事情。「有問題點留下來，就是日本。我擔心這個國家會入侵朝鮮。雖然陛下說即使出現那種情況，俄羅斯也要按兵不動，但無論如何，還是會不愉快吧。……我建議提出韓國中立化的方案。」[128]

雖說維特寫下了這些言辭，但從前文的講述中可以清楚地知道，他並非「韓國中立化」方案的首創者。[129]可以推測維特是從拉姆斯道夫處聽說韓國希望採取中立國的方案，從而表示了贊成。

維特此時身在克里米亞半島的利瓦吉亞。由於皇帝從秋天伊始就來到了這裡的離宮，所以重要的大臣們也都聚集到了這裡。庫羅帕特金陸相也於九月廿七日（一四日）來到這裡，一直停留到當年年底。[130]

十月二日，維特與到訪的日本公使小村壽太郎進行了會談。[131]小村講述了他主張的滿韓勢力範圍分割論：

日俄關於清韓之關係，有種種錯綜複雜的歷史。確定今後之關係，不可不顧及歷史。……眼下日本於韓國有最大之利益，負有充分保護之義務。俄國近來於滿洲亦設定非常大之利益，同有保護之必要。然此兩地政治基礎皆非鞏固，不免時時發生騷亂，而兩地統治者皆不能以自力平定之，故日俄兩國應謀劃締結以彼此為保護各自重大利益，能夠自由行動為基礎的協約，以取代以往之協議。

對此說法，維特非常反對：

余之所見在於應始終維持韓國的獨立及領土完整，欲相互避免一切有傷害傾向之事。凡帶有妨礙韓國獨立及領土完整性質之協約，俄國概難同意。

小村連忙辯解道：

余私意所在絕非妨礙韓國的獨立，只在於現在為保護兩國於韓國及滿洲現有的重大利益，可自由行動之意。

維特再次強調：

雖云自由行動，未必需要單獨進行。若韓國有內亂，政府力量不能鎮撫，恰如此次清國事件之實行辦法，兩國各自出兵盡力協同鎮撫足矣。余之私意在於放任韓國為獨立國。不害此意，則俄國絲毫不欲妨礙日本擴張發達實業上之利益，反欲優遇。俄國商業經營不幸不及日本，余坦白承認之。……關於滿洲，俄國不得已派遣大軍，……現約二十萬之兵。故俄國若欲佔領滿洲，何時不可，取或不取全憑吾國意欲。本來為保護東清鐵路鋪設的安全不得已而發兵，此際雖無佔領該地之意，但若形勢所迫，發生合併滿洲入俄國之事，日本亦不應相對提出佔領韓國。相信此道理站得住。若滿洲成為俄國領土，則俄國較日本地緣更接近於韓國，其關係亦更為重大，故日本若有妨害韓國獨立之事，俄國不能同意。

小村被維特有條不紊的議論壓倒了。辯解道「取或不取土地等議論，非此場合之論點。」「因閣下有言要進一步鞏固現有之協約，明確兩國之關係，余方才僅對此陳述私見。」於是，維特表示他認為在現有協約以外，也「決非沒有應協議之事」，如下說道：

試述應重新協議的要領：第一，日俄兩國約定維持清國及韓國的獨立及領土完整；第二，日俄兩國避免傷害清國及韓國的獨立及領土完整，如有派兵等情況，應事先互相交涉，協同進行等，應重新規定這些事項。

這裡小村做了回擊：

果如閣下所言，兩國協約若有連清國都欲涉及之意，亦是一有趣之見解。閣下所謂清國領土完整（integrity）之語，予認為應解釋為清國整體領土之完整，即包含滿洲在內，敢請說明。

維特沉思了一會兒後，稍微放低了聲音，答道：

當然是包含滿洲之意。維持清韓兩國的獨立和領土完整，是俄國希望之要點，望日本亦同此希望。總之，兩國意見同一，互相鞏固配合，始終同一行動，東洋長久和平可期，其他列國之行動不足深慮。此為我意見之大旨。不過上述意見完全與我的職務無關，僅是作為個人之「維特」坦露心聲，……公開之交涉，閣下之對手為拉姆斯道夫伯爵。

會談到此結束。

對於小村的滿韓勢力範圍分割論，維特始終強調應該尊重韓國的獨立。後來日俄爭執的核心就在這裡。

不管怎麼說，這個時候，小村和維特沒有達成共識，日俄戰爭爆發後，在戰後的媾和會議上，兩人將作為日俄兩國的全權代表再次相會。

締結俄清密約

俄羅斯全面佔領了滿洲，隨之而來的問題是該如何管理這裡。直面這個難題的是當地的指揮官。清朝的盛京將軍和阿列克塞耶夫開始了接觸。

奉天的盛京將軍增祺是一個想努力維持與俄羅斯友好關係的人物。九月中，他還曾聯繫營口的俄羅斯領事，希望結束與俄軍的交戰狀態。他以在北京已經開始交涉為由，向阿列克塞耶夫請求停戰。然而，俄羅斯皇帝在阿列克塞耶夫彙報此事的電報上批示：「我們不能中途停止，我軍必須要從北到南穿過滿洲。想想過去發生的所有事情，清國人的保證不足為憑。」[132]由此，俄軍沒有停下來，最終於十月一日（九月一八日），蘇鮑季奇的軍隊佔領了奉天。

十月十八日（五日）阿列克塞耶夫和格羅傑科夫得到指令，命他們與地方當局交涉，將行政權交還清國。[133]指令的前提是九月初庫羅帕特金在電報中的指示。

逃出奉天的增祺返回了新民鎮，向阿列克塞耶夫請求交涉。阿列克塞耶夫也認為應該在佔領地區留下清國人的行政組織。雖然軍人們提出了實行俄羅斯軍政或實施類似突厥斯坦、布哈拉那樣的合併方案，但阿列克塞耶夫認為那樣做很危險。他的立場是，這是臨時佔領，俄羅斯不應該考慮合併清國領土。不過他也有首尾不一致的地方。他一邊屢屢說應以英國統治印度為範本，一邊又說自己這裡缺少能夠這樣操作的文化。

十一月三日（一〇月二一日），增祺的三名代表來到旅順，與柯洛斯托維茨以及蒂德曼（譯者註：東清鐵路公司和財政部代表）開始交涉。這次交涉俄方以強硬的態度逼迫清國方面原封不動地接受庫羅帕特金電報中提出的苛刻條件。蒂德曼對俄方的要求「缺乏道義性」感到憤怒，對清國方面拒絕接受有所同情。柯洛斯托維茨也部分贊成蒂德曼的意見，但因「不想引起大的不愉快」，他們遵從了阿列克塞耶夫的指示。[134]

俄羅斯政府得到報告，已不得不制訂出明確的方針來。十一月十三日（一〇月三一日），財相、外相、陸相三人在雅爾達進行協商，制訂了《俄國政府監理滿洲原則》。原案由庫羅帕特金起草。二十日，該文件獲得了皇帝的批准。十一月廿四日，庫羅帕特金下達給了格羅傑科夫和阿列克塞耶夫。[135]其內容如下：

滿洲仍為清國的領土，應該按照清國的行政秩序統治；但為了使清國政府完全履行維護治安、盡到對東清鐵路建設的協作義務，一部分俄軍要繼續臨時佔領。清國政府不在滿洲部署軍隊。將軍和副都統只承擔行政責任。為維持鐵路沿線以外的秩序，在將軍和副都統之下可組建武裝警備隊。其人數，黑龍江和吉林由沿阿莫爾軍區司令官決定，奉天由關東州軍司令官決定。奉天省將軍和副都統的活動須接受關東州長官監理，其他省須接受沿阿莫爾州總督監理。由監理負責人任命的軍事全權委員和外交代表指導各將軍工作。滿洲的將軍和副都統的任命由清國政府和俄羅斯公使協商決定。滿洲的將軍沒有直接與俄羅斯當局就政治問題進行交涉的權利。[136]

儘管眾所周知，拉姆斯道夫對在滿洲排除清國軍隊這條路線表示出了猶豫，但實際上阿列克塞耶夫已經事先與奉天當局締結了基本包含這些內容的協定。

十一月九日（一〇月二七日），柯洛斯托維茨和清國道台周冕分別代表阿列克塞耶夫和增祺，草簽了秘密協定（譯者註：指《奉天交地暫且章程》）。其內容如下：

一，盛京將軍歸任後，負有維持省內秩序和穩定，以及保證東清鐵路建設工程順利進行及鐵路安全的責任。

二，為確保在建鐵路的安全和盛京省、奉天及其他據點的秩序，俄羅斯軍將駐留。將軍府必須對俄羅斯軍表示完全的敬意，在宿營和採買糧料等方面給予必要的支援。

三，留在滿洲各省的清軍，凡參與了叛亂和破壞鐵路，應由將軍親自解除其武裝，予以解散，對不抵抗即履行此命令者，不追究任何責任。尚未被俄羅斯軍接收的軍械庫，所存各槍炮、武器、一切軍用倉庫、備戰物資等，統交俄羅斯軍當局管理。

四，在沒有俄羅斯守備隊的地點，各種防禦用具（炮臺、要塞及其他）應該在俄羅斯軍當局代表人列席的情況下，由清國當局下令破壞。俄羅斯軍當局不用的彈藥庫應該同樣破壞。

五，在施行俄羅斯軍政的營口等城市，與清國當局的交接需等到省內秩序真正恢復後，根據俄羅斯帝國政府的判斷進行。

六，為直接監視省內各城市的秩序，將軍擁有設立騎兵、步兵警備隊的權利。……

七，為便於與關東州長官交涉，在將軍治下設置俄羅斯全權委員，所有事態和將軍的命令必須告知該全權委員。

八，當將軍組建的員警不足於用時，無論是為保持海陸的國境安全，還是為維持國內秩序，將軍需通過上述全權委員向俄羅斯帝國軍司令官提出申請。137

（譯者註：以上是譯文。下面附上中文版原文，以供參考。）

第一條　增將軍回任後，應任包圍地方安靜，務使興修鐵路，毫無攔阻損壞。

第二條　奉天省城等處，現留俄軍駐防，一為保護鐵路，二為安堵地方。將軍及地方官等，應與俄官以禮相待，並隨時盡力幫同，譬如住宿處所及採買糧料等事。

第三條　奉省軍隊聯絡叛逆、拆毀鐵路，應由奉天將軍將所有軍隊一律撤散，收繳軍械，如不抗繳，前罪免究。至俄隊未得之軍器庫所存各軍裝、槍炮，統行轉交俄武官經理。

第四條　奉天各處，俄軍未經駐紮炮臺、營壘，由華員偕俄官前往當面一併拆毀，若俄員不用火藥庫，亦照前法辦理。

第五條　營口等處，俄官暫為經理，俟俄廷查得奉省確實太平，再許調換華員。

第六條　奉天通省城鎮，應聽將軍設立巡捕馬、步各隊，保護商民，其餘屯堡，亦一律照辦，統歸將軍主政。人數多寡，攜帶槍械，另行酌定。

第七條　瀋陽應設俄總管一員，以便辦理豐田將軍、遼東總理大臣往來交涉事件。凡將軍所辦要件，該總管應當明晰。

第八條　將來將軍設立奉天各處巡捕馬、步各隊，倘遇地方有事，不足於用，無論水陸、邊界腹地，可由將軍就近知會俄總管，轉請俄帶兵官，盡力幫同辦理。

不讓清軍進入滿洲意味著俄羅斯軍將繼續駐留。這個協定一旦為外部世界所知，會立即成為一顆炸彈。

皇帝罹患傷寒

十一月一四日，在雅爾達離宮，皇帝因流感而臥倒在病床上，當天他被診斷患上了傷寒，氣氛頓時緊張起來。內相西皮亞金召集宮內大臣弗雷德里克斯、維特、拉姆斯道夫、國家議會主席米哈伊爾•尼古拉耶維奇大公等人就皇帝發生不測事態時，皇位繼承的問題交換了意見。這個時候，陸相已經返回了首都。一八九九年七月，尼古拉的大弟弟格奧爾基去世時，皇位繼承者被指定為他下面的弟弟米哈伊爾。維特的意見是，由已經指定的米哈伊爾繼承即可。

然而，這個時候皇后正在妊娠中，有可能生產皇子，這就成為了問題。皇后亞歷山德拉•費奧多羅夫娜自一八九四年結婚後，以隔一年產一子的頻率接連生產。一八九五年生長女奧爾加，一八九七年生次女塔季揚娜，一八九九年生三女瑪麗亞，全是女兒。她想生下皇太子的願望越來越強烈。一九〇〇年，她第四次懷孕。

雖然有人提到了這個問題，但維特不以為然。他認為在當下這個時間點上，不要有其它的想法，就這樣，大家達成了一致意見。由於維特是米哈伊爾的老師，與他的關係一目了然，宮廷內產生了抵觸維特意見的動向。特別是皇后，她似乎認為維特的理論是形式上的。

不過值得慶幸的是，到十二月十一日（一一月二八日），尼古拉的傷寒痊癒了。[138]

簽署英德協定

在義和團事件的混亂之中，德國與英國接觸了，英國內部也出現了與德國結盟在戰略上有利的觀點，最終，兩國在一九〇〇年十月十二日簽署了《英德協定》。其內容為：第一，將清國的河流和沿海諸港置於對所有國家的經濟活動自由開放的狀態。第二，不以獲得清國版圖內任何領土為目標。第三，第三國表現出想要獲得清國內領土的動向時，兩國就採取何種措施進行協商。第四，將此協定內容告知奧匈、法、義、日、俄、美各國，勸說他們承認本協定的精神。[139]

日本政府於十月結束了山縣內閣，成立了伊藤博文第四次內閣，加藤高明取代青木擔任外相。新外相加藤得知《英德協定》的內容後，詢問英、德政府日本能否加入該協定，接著，日本於十月廿九日迅速發出了加盟的通牒。很明顯，日本政府認為這一協定具有牽制俄羅斯的意義，因此表示強烈歡迎。

德國方面對此有些在意，德國首相比洛在簽約前，對俄羅斯公使奧斯登—薩肯進行了辯解。第一項與中國北方無關。第二項只是再次確認迄今為止兩國所表明的立場。第三項的意義在於英德兩國相互束縛行動。

第四項，希望俄羅斯也加入。對此，俄羅斯政府於十月十五日對英德公使做出答覆。第一項俄羅斯也有同感。第二項與俄羅斯已表明的方針一致。第三項，俄羅斯也會針對這樣的事態改變態度吧。對第四項不予置評。[140]

英德協定並沒有像日本所期待的那樣成為反俄協定。

奏天交地暫且章程

新民屯的將軍增祺也對阿列克塞耶夫和周冕草簽的協定進行了抵抗，但旅順的阿列克塞耶夫採取的態度是，如果不接受這份協定，就不允許將軍回到奉天。為此，將軍只得接受，於十一月廿六日（一三日）簽名。但是，當協約的內容傳到北京後，將軍被作為叛國者召回，予以免職。李鴻章也強烈反對。[141]

北京的官員將簽訂協約的消息透露給了駐北京的英國記者莫里森，一九〇一年一月三日，《泰晤士報》將此事作為重大特訊爆出。該報對條文的介紹有所誇張。第三項寫為「必須解除清軍武裝，予以解散」。第七項寫為「擁有一般管理許可權的俄羅斯政治性 resident 駐在奉天。將軍必須將所有有關重要措施的資訊提供給他」，很明顯進行了歪曲。resident 是指印度式的駐留官。莫里森記者還寫道：「給予俄羅斯 resident 的許可權，與俄羅斯在布哈拉的 resident 或英國在印度定居州的 resident 的許可權相同。繼此協定之後，必定會緊跟著關於其它二省的同樣協定吧。到那時，滿洲將在事實上成為俄羅斯的保護領。」恰恰揭露了俄羅斯欲將滿洲變成保護領或者殖民地的企圖。[142]通過這篇報導，全世界知道了俄清密約，對俄羅斯的責難之聲也隨之高漲起來。

正在北京與清朝政府交涉義和團運動善後事宜的聯軍各國將這一密約作為俄羅斯開始單獨交涉的明確證據，表示強烈反對。而日本政府則把事態理解得更加嚴重。一九〇〇年十二月三十日，駐北京公使將俄清密約〔奏天交地暫且章程〕報告給了加藤外相。[143]一九〇一年一月七日，加藤外相會見清國公使，追問其真偽，並強硬地提出若果真如報導所說的那樣，「與將滿洲讓渡俄國無異」，不簽訂這樣的協約，「維持原樣不可乎」。[144]

一九〇一年一月十一日左右，俄清密約一事開始出現在日本的報端。《東京朝日新聞》該日在頭版頭條以大號鉛字寫道「俄清密約中包括東三省民政由清俄兩國官吏聯合設施，以及……募集滿洲壯丁，由俄國軍官訓練，以完成該地防務這兩條。」十六日，《俄清之間的奉天密約》這篇記事中提到了莫里森的報導。十七日，該報發表了第一篇社論《滿洲的一片怪雲》，文中寫道，「我國不能對此密約付之不問。隨著此密約實行的同時，滿洲有可能立即成為俄羅斯的版圖。」

伊茲沃利斯基推進韓國中立化方案

在此期間，伊茲沃利斯基嘗試就朝鮮問題與日本方面接觸對話。一九〇〇年十一月一日，他與新外相加藤進行了會談。伊茲沃利斯基首先會見了前任外相青木，向他詢問日俄協約中諸如向韓國出兵須為兩國協同出兵是否現在還有效，得到了肯定的回答，又在會見加藤外相時詢問他的意見是否相同。加藤說，希望屆時以書面形式提出問題，以便對照給出回答。伊茲沃利斯基於是提出了文書，之後於十一月十五日再次進行會談。加藤回答說，他與青木也商談過，「可明言於此的是協約所有點日本政府皆遵守，恰如俄國政府遵守同樣。」[145]

伊茲沃利斯基慎重探索著日本方面的氣氛。大概在此期間形成過報告吧。拉姆斯道夫十二月一日（一一月一八日）回覆伊茲沃利斯基的第二次報告。其內容為：要全面探討韓國中立化問題，根據當地的狀況得出結論，但是不能進入交涉。[146]拉姆斯道夫在同一天也給漢城的巴甫洛夫發去了電報，說想聽聽「從當地的觀點來看，最切實的關於保全朝鮮領土的防衛手段的結論」。拉姆斯道夫被伊茲沃利斯基說服了。針對俄羅斯佔領滿洲，日本要求進行補償，因此有必要尋求「保護朝鮮免遭日本奪取的政治配套措施」。認為「朝鮮皇帝首先向鄰國俄羅斯，其次向其他列國公然提出朝鮮成為中立國的請願」可以起到那樣的作用。希望巴甫洛夫向朝鮮皇帝及其親信做工作，向那個方向引導。[147]

巴甫洛夫於十二月五日（一一月二二日）答覆外相，向那個方向引導並不困難。他自己為了讓〔韓國〕皇帝的親信示意能否由俄羅斯首先宣導韓國中立化，經常慎重地和他們交換意見。「我一直努力讓他們理解，帝國政府本身很關心這件事，但事先必須要打好基礎，不然只是提起問題就有可能給韓國帶來危險。對此事進行全面研究後，我確信要俐落地解決中立化問題，進行若干內政改革，在財政和軍事問題上確立某種形式的外國管控是必要的。」如果沒有這些條件，就無法讓日本加入中立化協定。在這裡，巴甫洛夫解釋了管控方案是日俄分擔各個行政部門，共同進行管控。管控是在列國認定韓國沒有外國干涉，也能夠獨立存續下去之前的臨時措施。這個「臨時的日俄共同管控」可以是包括列國在內的大協定，也可以是日俄兩國之間的協定。[148]

伊茲沃利斯基十二月八日（一一月二五日）再次向外相拉姆斯道夫報告。從日方對趙秉式所做答覆來看，日本對韓國中立化「不太感興趣」。如果韓國向列國公然提出請求，由於列國中也許會有對韓國內政持批判態度的國家，日本大概會立即跳出來表示贊同。因此「趁著我們在韓國的鄰國佔據強力的、戰略上有利的軍事形勢期間，我們直接和東京內閣之間進行預備性的友好交涉」可能會是解決問題的辦法。為此，必須在推進過程中嚴守秘密。我打算回應伊藤首相的立場，但需要得到訓令。[149]

十二月九日（一一月二六日），拉姆斯道夫對這份電報做出了答覆，再次說明了十二月一日電報的本意，如下寫道：

只有從閣下和巴甫洛夫處得到所有必要的資料後，才有可能決定交涉問題。可以想見，最初恐怕不是與日本那種利害相關國，而是和與俄羅斯同樣重視維持遠東和平與安寧的一部分大國，或美國等進行交涉。[150]

十二月十四日（一日），伊茲沃利斯基在電報中寫下了關於韓國中立化方案的交涉方式。列國共同保障朝鮮中立化的計畫很難使日本同意，反而是日俄直接締結協定，有可能實現「日俄二重管控制度」，可以用這種方式推進預備的交涉，在列國中，美國可以扮演中間人的角色。[151]之所以判斷日俄有直接交涉的可能性，是因為感覺伊藤總理「可能傾向於在一定條件下，贊成韓國中立化計畫」。不過並不明確「一定條件」

是什麼，而伊茲沃利斯基推測大概是「韓國國內形勢的合理化和確保日本通商上的利益」。

由於伊茲沃利斯基已經獲知了駐韓公使巴甫洛夫的意見，因此他在十二月廿八日（一五日）的電報中指出，如果日俄締結協定的話，贊成巴甫洛夫的意見，「日俄分別臨時管控一定的、被嚴格區分的韓國行政部門。」屆時，此舉就是積極地發展了《西—羅森協定》的第二條，「現在，我們在朝鮮的鄰國佔有強有力的軍事立場，可謂恰逢其時」，希望迅速與日本展開交涉。[152]

在此期間，十二月二十日，駐日公使伊茲沃利斯基與加藤外相進行了會談。這一天日本方面正面拋出了主張。加藤說：「日本臣民或疑俄國對韓國有異圖。」伊茲沃利斯基辯解說：「俄國對韓國沒有野心，前幾年按自己意願主動從韓國退出即為明證。」加藤在這裡直率地說出了日本想說的話：

雖曰按自己意願退出，實因當時俄國欲得旅順及大連而已。從前日清戰役之際，遼東之地將為日本領有，俄國等以有害東洋和平而反對之。言猶在耳，俄國已佔取旅順、大連，欺日本太甚，故施以butter morsel（黃油塊）。俄國實只以此為補償，一時從韓國收手罷了，即consideration（補償），決非任意。

關於伊茲沃利斯基的反應，日方的記錄員如下寫道：

俄公使遂辭屈，雖承認其事實，亦辯解非一時之退卻，而為永久。

加藤接著列舉了滿洲問題，逼迫道：「部分日本人擔心，若俄國領有滿洲，則韓國之獨立亦將陷於危殆。」伊茲沃利斯基反擊說：「俄國自當如屢次宣告那樣撤兵。但因有鐵路，須與清國商議保護方法。有關滿洲問題，若導致擔憂韓國之獨立，則衷心希望將韓國問題置於大家更加滿意的基礎之上。」他接著說，俄羅斯政府內部有一種意見，為了幫助指導韓國政府，俄羅斯與日本劃定部門分管，詢問加藤如何看這個構想。

加藤質問，日俄兩國監督是在考慮 dual control（雙重管控）嗎。伊茲沃利斯基回答是的，於是，加藤直接以「史無成功之例」表示反對。伊茲沃利斯基用平靜的語氣說「歷史未必重複」。加藤質問「俄國之提案意在此乎」，伊茲沃利斯基答「雖不敢言定案，亦其中一案」。

這裡，伊茲沃利斯基詢問怎麼看待前任韓國公使提出的韓國中立化方案，加藤回答：「不知韓人果知中立而為此議乎？尚未研究本問題。」伊茲沃利斯基反駁說：「縱令韓人不知之，閣下與本使共知之。故不得以之為案乎？」加藤總結說：「貴國有案，又閣下有案，政府之意亦存其中，今聞之，當慎重審議。」[153]

這番問答很清楚地顯示出日俄外交當局者的見解是相當對立的，不過，伊茲沃利斯基並沒有放棄希望。

另一方面，拉姆斯道夫正逐漸被伊茲沃利斯基和巴甫洛夫說服。十二月十六日（三日）外相給伊茲沃利斯基寫道，如果說日本政府要人的志向在於廣泛的政治性計畫，那麼就「證明朝鮮問題有調整的必要」，日本希望與俄羅斯就朝鮮問題「直接協定」，如果「預備交涉」能夠達成目的，請說明應該採取什麼樣的「協定形式」、何時開始預備交涉為好。[154]

最終，外相拉姆斯道夫得到皇帝批准，以韓國中立化方案與日本交涉。十二月三十日（一七日），拉姆斯道夫給東京的伊茲沃利斯基發去了電報。

「我想閣下十二月十五日（二八日）電報中所講述的判斷是有根據的。經陛下批准，委任閣下慎重著手與伊藤公爵交涉有關韓國中立化的條件。現在，俄羅斯政治、軍事的立場為達成期待的目標提供了很大的便利。」[155]

伊茲沃利斯基想打探伊藤博文總理的意見，他首先通過波克列夫斯基—克塞爾一等書記官去打探都筑馨六和井上馨的意見，得到了積極的支持。[156]於是，一九〇一年一月七日（一九〇〇年一二月二五日），伊茲沃利斯基訪問加藤高明外相，出示了提案。日本外務省的記錄中這樣記載著公使的提案：

俄國政府認為，提議在列國共同保證下使韓國中立的計畫是上策。然而關於此事項，在採取某種做法之前，並且鑒於日本在韓國的利害關係及日俄兩國間現存的協約，於茲提出秘密且友好地與日本政府協商實行上述計畫的條件。[157]

一月九日（一二月二七日），伊茲沃利斯基給聖彼得堡發電報：韓國中立化問題的交涉以「慎重的形式」開始了，但由於伊藤因病離開東京，大概「只能極其緩慢地」推進。由於奉天密約的消息給日本民眾留下了深刻的印象，輿論反應強烈，可能會對這方面的交涉產生不好的影響。[158]

日本政府方面強烈抵觸這樣的提案。加藤外相將此提案告知了駐外的公使們。北京的小村壽太郎公使一月十一日回覆了明確的意見。小村寫道，這個提案「會產生重大障害」，他列舉了兩點理由：一，「日本國現在在韓國的位置多少可抑制俄國在滿洲的行動，此提案會導致失去這一位置」；二，一般認為「欲於韓國保持政治上以及商業上的最大利益」是日本的「決心及能力之所在」，如果放棄，將會影響「日本國之威信」。接著，小村從「如不與滿洲問題相關聯，韓國問題無法滿意解決」的觀點出發，主張只要俄羅斯不同意將滿洲作為中立地區，日本「於任何場合」都不要贊成俄羅斯的提案，「若於斯不能」，他建議只能分割勢力圈，韓國納入日本，滿洲納入俄羅斯。[159]

小村的主張與前年七月相比，明顯發生了變化，表現為他對滿洲的關心，參與滿洲問題的欲望增強，對韓國，則採取嚴厲拒絕俄羅斯介入的態度。「若」之後的文言，意思應該是如果對滿洲問題的積極介入進展不順利的情況吧。這不是簡單的滿韓不可分論或滿韓交換論，應該是滿洲問題重視論。

加藤高明外相於一月十七日將日本政府答覆的普通照會送給了聖彼得堡的珍田捨巳公使。這份普通照會於廿三日遞交給了外相拉姆斯道夫。加藤外相在其中指出「俄國現下於滿洲之態度」，「讓他國起不安之念」，日俄間一八九八年四月廿五日的議定書（《西—羅森協定》）「今尚有效」，「適應現下事宜」，因此，「帝國政府相信，與其宣行中立……不若恢復從前之狀態……延期本項商議至可自由遂行交涉為止較好。」[160]

同一天，加藤外相請來伊茲沃利斯基公使，對普通照會做了說明。伊茲沃利斯基說俄羅斯政府本著「充分友誼之精神」提出了方案，得到的回答卻甚至牽扯到「滿洲問題」，他感到很遺憾。加藤回擊說，由於俄羅斯宣佈了滿洲撤兵，「相信不久即能實行，故思考韓國中立之事，待貴國施行有關滿洲的宣告之後，再議不遲。」加藤還說，「相信不能分開看待」滿洲問題和韓國中立論。[161]伊茲沃利斯基沒有回答，因為他沒有觸及滿洲事務的權力。

拉姆斯道夫方面得到普通照會，經過研究後，一月廿四日對日本公使表示對此答覆滿意，俄羅斯也滿意《西—羅森協定》。只是由於日本看上去似乎不滿，因此才提議交換意見的。中立論並不是作為俄羅斯的希望提出的，只是作為俄羅斯給與的讓步提出的而已。無論如何，如果日本希望交涉，俄羅斯任何時候都會回應。[162]不得不說，外相的態度是官僚主義式、得過且過的。這樣一來等於否定了伊茲沃利斯基的交涉。

一月廿八日，珍田公使回顧在此期間的交鋒，向本省送去了長篇分析：「北清事件以來，儘管俄國在東洋地位有非常之變動，然而其對韓之策依舊不失從來之方針。將滿韓問題分別獨立，力避其關聯，先於滿洲完成各種經營，然後徐徐尋求朝鮮問題之解決，蓋俄國此間處理之大體方針。」

珍田認為俄羅斯方面這次的舉動也許是試探在滿洲做某種動作的「伏筆」，也許是因其在滿洲的行動使日本輿論愈發強硬，「驚覺迴避與日本衝突之必要」。他接著寫道，作為俄羅斯，「或給予日本於朝鮮行動之自由乎，或容列國之干涉，維持朝鮮之中立乎」，當直面此二者選一的情況時，「俄國斷然……有選擇後者之決心，由此次之舉措可充分斷定之。」雖說是選擇後者，並不是說俄羅斯「拋棄了對朝鮮的欲望」。珍田在這裡分析了俄羅斯的內部狀況：

據所聞，兼併朝鮮乃俄國軍人社會一般之輿論，不少人毫不懷疑其必成。此外，以現政府實力派稱者，如現任財政大臣，亦對朝鮮問題抱有頗為強硬意見，曾言滿洲若逐漸歸入俄國版圖，則俄韓二國成為直接接壤之鄰邦，朝鮮問題對俄國將具更加重要之意味。若武功文治兩派意見如斯，可極易推知，俄國對朝鮮之野心絕非一朝一夕可以撼動。……俄國所謂朝鮮中立論不過為一時敷衍之策。總而言之，可以認為俄國此舉目的在於保留實現其宿望之餘地。163

伊茲沃利斯基方面於二月廿二日（九日）給外相發去了他試探失敗的總結。伊茲沃利斯基首先提請注意日本迅速加入英德同盟一事。他認為此舉是日本謀求在解決遠東危機時，避免處於不利立場的保證。但是，無論是英國還是德國，都沒有為了對抗俄羅斯在清國佔據地位而投入地展開行動。日本「恐怕要直面俄羅斯勢力圈顯著擴大的既成事實。」於是，日本政府奮起，「想預先準備好在某處獲得相應補償的途徑」。這「只能在朝鮮獲得」。日本政府雖聲稱遵守關於朝鮮的現行協定，但「這只不過證明了他們認為在這個問題上，通過新的交易來束縛自己不僅不合時宜，而且對自己無益」。日本想要對俄羅斯製造出日清戰爭後三國干涉時那種國際性的「結合」。但如果不能得逞，就會依靠自己的力量行動吧。

伊茲沃利斯基寫道：「日本政府在其自身內部發現了充分的勇氣向第二條道路前進，我無法預言他們在與俄羅斯發生衝突的危險面前會不會停下來。」他接著寫道，既有財政狀況的原因，也因為政府上層的賢明，不認為他們會有意朝這個方向邁進。但是「有必要銘記，輿論有突然爆發的可能性」。他指出伊藤和加藤等少壯派大臣之間的不一致正變得日益顯著。如果因意想不到的契機出現煽動，政府被逼上採取決定性行動的道路，「危機有可能以異常迅猛的速度到來」。「無論從日本的地理位置來說，還是特別從其陸海軍兵力的組織來說，它在任何時候都有可能做到在沒有顯著的事前準備的情況下，以迅猛的速度向身邊的朝鮮沿岸運送相當數量的軍隊。」

這封信連篇都是陰鬱的觀察和警告，結尾處伊茲沃利斯基寫道，「請理解，我所講述的一切都是出自沉重地壓在我身上的責任感。我認為毫不隱瞞在當地觀察到的不安徵兆是我道德上的義務。」[164]

俄清交涉

從年初起，日本國內譴責奉天密約的聲音就一直很猛烈，不久，俄羅斯和清國在聖彼得堡開始正式交涉的消息傳入，國內輿論變得更加憤激。

一九〇一年一月四日（一九〇〇年一二月二二日），交涉在清國公使楊儒和拉姆斯道夫外相之間展開。對俄羅斯來講，交涉的立場是去年十一月決定的《俄國政府監理滿洲之原則》。[165]經過數次大臣協商，二月十日（一月二八日），俄羅斯擬定了方案：第一條，滿洲是清國領土，決定恢復清國行政。第二條，由於鐵路警備隊不能保證東清鐵路的建設安全，俄羅斯政府贊成軍隊在一定期間內留在滿洲。第三條，如有必要，俄軍將在維持秩序方面向清國當局提供援助。第四條，在東清鐵路完成建設、實現全面運行之前，清國有義務不讓軍隊進入滿洲。第五條，清朝政府更迭將軍等高級行政官員時要向俄羅斯政府呈報。第六條，約定不為北滿洲的陸海軍聘請外國教官。第七條，廢止金州的自治權。第八條，清朝政府約定，在沒有徵得俄羅斯政府同意的情況下，不將毗鄰俄羅斯的地區，即滿洲、蒙古、新疆地區的利權給予外國人。第九條，支付對這次戰爭的賠償。第十條，支付對東清鐵路所蒙受損害的賠償。第十一條，由清國和鐵路公司商定鐵路及鐵路人員的損失、誤工補貼，清國以他項利益作抵。第十二條，給予東清鐵路建設通往北京方向直至萬里長城的鐵路線的利權。二月十六日（三日），拉姆斯道夫外相將這份方案交付給了清國公使。[166]

這些內容傳到了諸國。英國駐北京公使薩道義（Ernest Mason Satow）於二月廿七日給蘭斯敦（5th Marquess of Landown）外相送去了俄羅斯方案十二項條款的要旨。日本的小村公使於三月一日向加藤外相報告了俄羅斯方案。[167]雖然英國、德國都對俄羅斯的行動持批判態度，但沒有做出抑制它的舉動，只有日本怒不可遏。[168]加藤外相於三月二日給上海的小田切萬壽之助總領事代理發去了電報，三月四日，加藤將電文內容也直接傳達給了清國駐日本公使。加藤威脅清國公使：「俄國的要求是暗中佔領滿洲，清國若拒絕……至少有可使俄國無法避免侵略者之名的利處」「而清國若允許，必導致其他列國對滿洲以外之地提出同樣的要求，清國將陷於不堪之境。」[169]

駐俄羅斯的楊儒公使得到清朝政府的訓令後，於三月六日（二月二日）向拉姆斯道夫遞交了特別備忘錄。其中提出，清朝政府不能接受第六條、第十二條、第七條，希望將第四條修改為清軍不進入靠近東清鐵路的地區。第八條也因列國不滿，有必要進行修改。[170]俄羅斯政府迅速行動。五天後，外相與財相、陸相協商擬定的新方案得到了尼古拉二世的批准。第四條修改為清國可以在滿洲部署軍隊，但其規模要與俄羅斯商量。保留第五條。刪除第六條。刪除第七條中的「金州」。第八條，對給予外國人利權的限制只限於滿洲。第十二條，從「通往北京方向的鐵路線」這種表達方式中去掉「北京」，改為「至滿洲和直隸交界處的長城為止的鐵路線」。俄羅斯政府感覺做出了相當大的讓步，試圖以這個方案定局，指定對新方案的回答期限為兩周。三月十四日（一日），這個新方案送交給了清國方面。李鴻章、慶親王都認為可以接受這個方案。[171]

但是，三月十七日將這份修正案由小村公使報告給加藤外相後，加藤將這份方案通報給了英、德政府，並請英、德政府共同勸告清朝政府不要簽署該方案，促使俄羅斯撤回。[172]然後，他讓上海的小田切總領事代理將日本徹底反對簽署這一協定的宗旨傳達給了清朝政府內部的反對派劉坤一（時任兩江總督兼南洋通商大臣）和張之洞（時任湖廣總督）。[173]

經加藤外相提議，日本政府在三月十二日的內閣會議中討論了日本可採取的策略，加藤認為有三策：

第一，嘗試向俄國公然抗議，若不達目的，直接以干戈決勝敗。……因俄國於滿洲之立腳地已相當鞏固，欲奏掃蕩之功甚為困難，且當下不僅需要莫大的費用，還須有佔領該地永久結怨於俄國的精神準備。

第二，向俄國宣告，我帝國將從平衡與自衛的立場出發採取適宜手段，關於韓國，俄國不要做出無視日俄協約之行為。韓國早晚會喪失其獨立的命運。若俄國佔據該半島，很明顯帝國安全將恒常處於其脅迫之下。尤其無論從實利上還是從國民感情上來看，帝國皆不能放棄韓國。故於此際，或佔領該國，或使其為保護國，或以其他適宜方式置該國於我勢力之下。此為第二策。

第三，對俄國之行為姑且止於保留抗議等權利，俟日後根據情況臨機處置。[174]

內閣會議經過長時間的討論，最終決定採取第三策。日本加強了對清朝政府的壓力。也許是這種壓力的緣故，清朝政府內部又提出了若干修正意見。三月二十日（七日），楊儒公使將這些意見遞交給了拉姆斯道夫外相。但是外相拒絕了再修正的要求，他要求清國方面原封不動地接受十四日的方案。[175]

清國駐日公使三月廿三日上午拜訪了加藤外相，請求各國代替清國向俄羅斯提出延期簽約。加藤說延期簽約沒有任何好處，應該拒絕簽約，讓俄羅斯撤回。他拒絕了公使的請求。廿三日晚，清國公使再次請求會面，質問加藤道，如果清國與俄羅斯決裂，發生戰爭時，各國是否會以兵相助。加藤威脅道，俄羅斯即使憤怒，大概也不會動用武力，無論如何，清國如果答應了俄羅斯的要求，各國或許都會提出同樣的要求。[176]

同一天，小村公使拜見李鴻章，傳達了日本的警告。李鴻章說，修正案「不存在任何可非議條款」，由於俄羅斯的態度是最後通牒式的，如果不簽約，恐怕會發生戰爭，「無論列國有無聲援，當前尚無脫離危險之途」。[177]可見駐日公使的意見就是李鴻章的意見。

加藤最終於廿四日向珍田公使下達訓令，因清朝政府請求「友好的調停」，令他向俄羅斯政府照會，將此事提交給北京的列國代表會議協商。[178]也就是說，清朝政府並沒有提出調停請求，這是杜撰的。

三月廿五日，珍田與拉姆斯道夫會面，遵照加藤外相的訓令提出了照會。拉姆斯道夫表示，對於俄清交涉過程中的問題，「不得不拒絕」「公然接受」此類通牒，但為了日俄兩國政府疏通意見，他這樣講道：

> 只要不為其他列國阻礙，俄國自滿洲撤退之決心至今尚未有絲毫減少。而俄清締結約定，俄國唯一目的在於尋求實行滿洲撤退之手段。而且該約定屬暫時性質，絲毫不存在侵蝕清國主權或侵害其他列國權利及利益之條款。
>
> 滿洲問題全然為俄國專屬案件，將其交付北京會議的提議與俄國從來遵循的一般原則不相容。[179]

加藤對這樣的回答很不滿意，認為「難以就此默止」，他向伊藤首相提出希望公開表明「總體上不滿意」的意見。但伊藤以「與俄國爭戰很難辦」，沒有同意，據說，在四月一日的聚會上，山本權兵衛海相支持伊藤，而兒玉源太郎陸相則是中立的。之後，伊藤和加藤之間的爭論仍在繼續。[180]

反俄羅斯論高漲

俄清密約曝光後的數月間，是日本國內反俄羅斯熱潮急劇高漲的時期。

事情的開端為二月一日大隈重信告訴近衛篤麿俄羅斯政府做出了答覆，為如下三項：「滿洲對西伯利亞經營而言屬必要之地」，「俄清秘密條約是否存在並不僅限於回答。」「朝鮮應該作為列國的共同保護國」。[181]在二月四日國民同盟會的同志座談會上，國友重章面向兩百名聽眾含糊其辭地講了這三條。翌日，《二六新報》刊登了這三條內容。[182]

國民同盟會由此展開了聲勢浩大的宣傳活動。二月廿四日，在佐世保的旭座召開了國民同盟大會，有上千人參加。廿五日，在長崎召開了座談會。[183]其後轉向遊說中國地區。（譯者註：中國地方區為日本明治後期劃分的八個地區之一，位於本州西部，由鳥取、島根、岡山、廣島、山口五縣構成。）三月四日，在岩國召開大會，聚集了一千五百名聽眾。[184]

在東日本的茨城縣舉辦了巡迴講演，三月一日，在古河町公會堂舉行了大型演講會，有一千五百人參加。二日，在下館町小嶋座舉行了與青年國民黨的聯合政談演講大會，有三千人參加。三日，在太田町二木樓舉行了大型座談會。四日，在水戶市劇場舉行了大型演講會。[185]

三月十日，國民同盟會第三次政談演講會在神田東京座召開，有四千二、三百人參加。九名演講者慷慨陳辭，最後，安倍井磐根朗讀了總結詞，其第二項為「若俄國不聽警告，亦不應忠告，斷然實行滿洲條約時，要做好下最後決心的精神準備。」第三項為「我國必須有徹底的、即使單獨行動亦要貫徹此目的之決心」。每讀完一項，聽眾就熱烈鼓掌，內部報告如此記載到，「地動山搖，群情激昂，可見人心逐漸傾注到滿洲問題上。」[186]

同一天，長野市國民同盟大會在千歲座召開，會議聚集了三千餘人。五人從〔國民同盟會〕本部趕來參加演講，其中一人是中江篤介（兆民）。報告寫道，「各位熱心述說保全支那之必要。……滿堂鼓掌，有熱淚盈眶者」。[187]

接著，東京方面於三月十三日在錦輝館也召開了國民同盟會在京成員大會，神鞭知常、武市庫太、根津一做了講演。根津詳細對比分析了日俄兵力後，說道，「且不論海軍優勢，即使陸軍亦有五個師團之優勢，可期必勝」、「於俄國的滿洲經營成就之際」，將其逆轉，「我國遂能無所不至」。在這個會上通過了決議：

> 夫滿洲將歸俄國之手乎，保全支那的方針於茲遭破壞，維護朝鮮復無望，東洋和平永被擾亂，我帝國的利益及國防將陷於危險之地，此非吾國人民旁觀坐視之秋也。
>
> 獨我國利害關係至重至大，宜率先挺進，成為列國協同之主動力，毋寧訴諸最後之手段，亦必貫徹此決心。[188]

至此，要與俄羅斯爭戰這種認識被公然講了出來。

在山口縣，三月九日，田佈施的同盟大會聚集了五百人，十三日，在高森的演講會有一千人參加，十四日，柳井津町的演講會有二千多人。[189]無論在何處，國民同盟會的集會都聚集了許多人。

在二月黑龍會也成立了。幹事為佃信夫、內田甲（良平）、葛生玄晫（能久）三人。成立宗旨書中寫道：「西伯利亞及滿洲、朝鮮百年來於我有緊密之關係不待復論」，我等「皆多年黑龍江畔露宿，長白山下風餐」、「視察風俗人情」，「重點在展示其觀察結果，促世人警醒」，表達得比較克制。[190]然而其後這個團體也迅速展現出了攻擊性的論調。

俄羅斯政府放棄締結俄清協定

俄清交涉的報導在日本掀起的憤激令俄羅斯公使和駐在武官感到擔憂。伊茲沃利斯基於三月十四日（一日）在發給外相的電報中敲響了最初的警鐘：

所有這些再次成為了喚起一系列議會中的質詢、充滿火藥味的社論、集會等等的契機。所謂國民同盟會再次開始了鬥志昂揚的宣傳。這次不僅是東京，地方諸城市也紛紛跟進，幾乎每天都有關於集會、決議、遊行等等的電報傳來。

伊茲沃利斯基斷言，「日本海軍完全做好了戰鬥準備，毫無疑問，他們在可能的軍事作戰的戰場關係上處於最有利的地位。」在此基礎上，伊茲沃利斯基指出，日本政府的最高層中，只要伊藤博文在位，「可以期待他不會屈服於極端份子的煽風點火」，但是，他的影響力正在下降，如果他離開，「遠遠不夠穩健的份子可能會接近權力。」狀況與日清戰爭前夕頗為相似，不同的是，伊藤當時是與眾議院衝突，而現在是與「貴族院遠為有勢力的份子」衝突。[191]

結果，在日本國內這種反俄意識高漲的背景下，因日本政府對清國的推動，迫使俄羅斯方面打消了締結協定的念頭。三月三十一日（一八日），清國政府給駐東京和倫敦的清國公使發去訓令，令他們通知日本和英國政府，清國決定不與俄羅斯簽署協定。俄羅斯政府不得不接受了此事。四月三日（三月二一日），俄羅斯政府給在外公使館發去通知電報，表明放棄與清國締結兩國間協定的想法，「靜待今後事態進展」。[192] 五天後，伊茲沃利斯基拜訪加藤外相，口頭傳達了這個宗旨並且遞交了通牒，上面寫道，「鑒於目前情勢……締結協定，不能成為彰顯俄國在清國利害上擁有的友好意志的手段，卻難免使鄰邦蒙受各種困難之故」，對中止交涉的原因進行了說明。[193]

日本方面在此期間，內閣會議、元帥會議等討論了對於先前拉姆斯道夫的發言該做何種表態，到了四月五日，終於決定保留發表意見，只在口頭上回覆對拉姆斯道夫的意見「雖感遺憾，但能同意」。因為擔心像加藤外相主張的那樣從正面表態反對會導致開戰。[194]

四月六日，珍田公使將這一決定傳達給了拉姆斯道夫外相。據說，拉姆斯道夫以個人立場表達看法，以往一直提議承認俄羅斯在滿洲行動自由的宗旨的日本，「意外地極其重視滿洲問題，令人不得不為之驚訝。」

四月八日，清國公使李盛鐸與加藤外相會談，席上，加藤提出「若將來再生難局，希望無保留地與日英兩國協商」。[195]十天後，盛宣懷送來感謝狀，上寫「自後俄若復有他議，固望兩國互為照會，共相維持，以全東方之大局。」[196]

俄羅斯與清國發生戰爭之後，原本應該締結媾和條約，但是，可以說日本徹底妨礙了此事。這也許可以算日本對三國干涉的報復吧。結果在這一時間點，俄清間就俄軍的撤退沒有達成任何諒解。

戰雲依然密佈

日本國內，俄清交涉受挫的消息報導後，國民同盟會運動的勢頭迅速緩和下來。與此相對，俄羅斯人感受到的戰爭威脅卻依然極大。四月六日（三月二四日），駐日本海軍武官魯辛給海軍省發去了重大的警告通訊。日本國內盛傳著有關俄羅斯在滿洲計畫的謠言，極端反俄的、戰鬥性的氣氛從年初起一直都很高昂。如果俄羅斯放棄與清國簽訂密約的消息晚來一步，日本或許會公然採取對俄羅斯的軍事行動。這股反俄熱潮由強有力的反俄黨支持，在日本國內的影響力日益增長。因此，稍有一點火苗，日本就有可能開始軍事行動。[197]

駐日陸軍武官瓦諾夫斯基也在四月十日（三月二八日）的報告中寫道：「輿論因滿洲問題而高漲起來，帶有戰鬥的性格。」「對我們很敵視的陸軍省始終很沉著，繼續保持著理性的態度。」但是，「海軍省的氣氛通過大量收購無煙煤表現了出來」。[198]

公使伊茲沃利斯基也於四月五日（三月二三日）給外相發去電報：因俄清密約的報導，不僅眾多有「排外主義」傾向的小報，重要報刊、包括代言政府立場的報刊在內都加入了煽動的行列，甚至眾多如大隈重信那樣的大政治家都用「最具戰鬥式的口吻進行公眾演講」。加藤外相「屬於年輕、有野心的大臣集團」，將「一直沉著、穩健的伊藤侯爵」推到後面成了背景。這裡伊茲沃利斯基說「最危險、最激情的閣僚」是山本海相，這是非常嚴重的錯誤認識。元帥府的人、小松公爵、山縣元帥、西鄉提督以及伊藤是理性的，這樣說比較妥當。俄清密約事件「給了日本的清國的朋友與擁護者它是俄羅斯企圖威脅滿洲口實」。[199]

這些電報首先送到了旅順的阿列克塞耶夫處，他做出了反應。四月十日（三月二八日），阿列克塞耶夫發電報給陸軍大臣庫羅帕特金，呼籲增強兵力。「根據公使的通報，日本國內對我們不懷好意的氣氛正在強化，整體狀況頗為嚴峻。考慮到日本的陸軍和海軍一直在做巨大的戰鬥準備，因此如果日本展開積極行動，不需要大張旗鼓的準備措施。日本的積極行動有很大可能是突然襲擊。基於這種情況，雖然我並不瞭解國內一般的政治情況，但我認為為了防衛，有必要採取若干鞏固旅順防備的措施。為此為使炮兵隊具有最為快速的行動能力，需要改變現在的作業方式。懇請閣下為此類因改變作業方式而產生的追加費用做出指示。」[200]

對此，參謀總長薩哈羅夫於四月十三日（三月三一日）向阿列克塞耶夫傳達了陸相的回覆：「由於遠東的政治形勢整體相當不穩定，不知何時會發生何種衝突事態，因此陸軍大臣希望盡可能保持慎重的態度，不要因我們的行動刺激日本的情緒，……不要採取為時尚早的決定性措施。」[201]

庫羅帕特金只想到了已經決定好的將第三狙擊兵旅團集中到旅順以強化旅順的對策，以及加緊向旅順運送必要補給物資等措施。

然而，這個時候看上去緊張的氣氛似乎稍微緩和了。四月十五日（二日），伊茲沃利斯基報告了俄羅斯政府放棄俄清協定一事公佈後日本方面的態度變化。加藤外相表示滿意俄羅斯政府的決定，報紙的論調也「從極度戰鬥式的，變成穩健、理性的了」。伊藤最近在《東京日日新聞》上發表文章，「對俄羅斯政府的賢明和熱愛和平之心」深有共鳴。但是，伊藤等人的權威受到很大打擊，「時代的英雄是加藤氏，排外主義立場的報紙都在異口同聲地讚揚他」，同時「少壯派集團」的力量隨之壯大。接著，伊茲沃利斯基指出：「可以得出這樣的結論，我們一點都不用懷疑，不僅是海軍，陸軍也在初秋做好了立即行動的準備。」他警告道，「可以想像，不論因為何事，如果滿洲問題再次被提起，事態會再度尖銳起來，好戰派會再次嘗試與俄羅斯決裂。」面對這種危險，我們有必要事先做好準備。[202]

結論是防範是必要的。基於這種情況，六月四日（五月二二日），外相拉姆斯道夫破例引用魯辛的警告，給陸相送去了質詢書。由於此事得到了皇帝的批准，可以想見皇帝大概也擔心了吧。質詢書的抄寫本還送給了財相、海相。質詢的核心內容如下：

即使不談日本主流的氣氛，只是為了努力實現我們在遠東根據新的、大膽的計畫而制定的任務，我想我們也有必要為此靜靜地做準備。你認為現在俄羅斯的陸海軍兵力做好充分準備了嗎？[203]

庫羅帕特金陸相對這份質詢書回覆道，「陸軍部從來沒有追求過向清國挺進這種目標。」佔領旅順也是為了建立海軍基地。雖然現在暫時佔領了滿洲，但負擔過於沉重。因為如果用歐洲的軍隊增強遠東的兵力，不僅運輸困難，而且還會分散西邊的兵力。因此，擺脫這種狀態較為理想。庫羅帕特金寫道，外相似乎在追求「新的、大膽的計畫」，但由於不知道究竟是什麼，所以即使被質問兵力是否充足也沒有辦法回答。「但是，我想可以非常明確地說的是，作為陸軍，由於我方在遠東的兵力較少，必須讓軍隊移動，我們沒有做好與日本戰鬥的準備。特別是如果在朝鮮領土內戰鬥，更是如此。」[204]

庫羅帕特金直言不諱地承認在現在的情況下，俄羅斯兵力處於劣勢，而且無法採取進一步增強兵力的措施。當然，言外之意就是不要刺激日本。

維特於六月六日（五月二四日）和十日（五月二八日）回覆了拉姆斯道夫。佔領滿洲會引起或促使與日本的決裂，其結果需要花費「莫大的費用」，「將會成為俄羅斯臣民沉重的負擔」。因此，在中斷與清朝政府交涉的現在，「為了填補損失，應該竭力維護我們在物質方面的利害。」現在唯一的任務是「排除與日本的戰爭」。當然，不能採納滿洲放棄論，「無論是東清鐵路的南部支線，還是旅順、大連，我們都不能放棄，也不應該放棄，不過也不應該在此基礎上前進。」防止戰爭「最佳的方法是將東清鐵路作為民間公司的事業，限定俄羅斯在滿洲的任務只是保護該企業」，「廢除我們的軍政」，打消「政治上征服滿洲」的念頭。

以上是維特第一封信的內容。在第二封信中，維特寫道，如果日本要求獲得朝鮮，就將朝鮮獨立的問題拿到國際場合，如果即使那樣日本還要佔領朝鮮，他主張也不要將此視為 casus belli（開戰的理由）。[205]

總之，無論陸相還是財相都處於束手無策的狀態，沒能給出讓拉姆斯道夫滿意的答案。

桂內閣成立

另一方面，在日本，事態有了決定性的進展。一九〇一年六月二日，伊藤博文終於辭去首相之後，桂太郎成為了繼任的總理大臣。桂與伊藤、山縣同樣，是長州人，生於一八四七年，比伊藤年輕六歲。他只是勉強趕上了戊辰戰爭（譯者註：自一八六八戊辰年開始的、維新政府和舊幕府之間的內戰，歷時十六個月多。），作為一名軍官參與了戰爭。他比陸奧宗光、青木周藏也年輕三歲。在明治政府確立後不久，他自費留學德國，回國後進入陸軍，任駐德國武官。之後歷任參謀本部局長、陸軍省總務局長、次官。日清戰爭時他作為第三師團長參戰，戰後擔任臺灣總督，於一八九八年成為伊藤內閣的陸軍大臣，直至一九〇〇年；最終出任總理大臣。起初桂太郎堅決推辭了很久，但在井上、山縣、松方、伊藤的一致推舉下接受了總理一職。隨著這任內閣的上臺，明治維新的元勳們全部退出了政治第一線。

桂太朗希望駐清公使小村壽太郎擔任外務大臣，但由於小村需要處理義和團運動的善後事宜，無法立即歸國，外務大臣暫時由曾禰荒助藏相兼任。到了九月九日小村終於離開北京，在視察韓國南岸後回到了東京，就任外相。在桂、小村這對「少壯」派首相、外相組合的領導下，日本朝著與俄羅斯戰爭的方向前進了。

小村壽太郎出身於宮崎的小藩，一八五五年生，是維新後的第一代，曾留學於哈佛大學的高材生。日清戰爭後不久，他作為駐朝鮮公使處理了暗殺閔妃的善後工作。之後，返回外務省擔任次官，一八九八年任駐美國公使，一九〇〇年成為駐俄羅斯公使。義和團運動爆發後，他於十一月被任命為駐清國公使。在東北亞局勢激烈動盪的這個時期，歷任了所有相關國家的駐在公使後成為外務大臣，這是沒有先例的。在這個意義上，可以說近代日本外交史上的王牌出場了。

小村成為大臣的同時，原駐俄羅斯公使珍田捨巳擔任了相當於次官的總務長官，山座圓次擔任政務局長。電信科長為石井菊次郎，秘書官為本多熊太郎，這些全都是忠實地按照小村方針行動的部下。[206]

參謀總長薩哈羅夫的造次

俄羅斯可能並沒有立即明白桂內閣的誕生意味著什麼，但是也感覺到了事態重大。因而迸發出了新的對庫羅帕特金方針的不滿和不安。不是別人，正是參謀總長薩哈羅夫推進了此事。無論是東京還是旅順都對庫羅帕特金毫無根據的樂觀和無為而治的做法感到不滿，當地的軍官們也持批判的態度。

六月廿六日（一三日），在庫羅帕特金外出期間，參謀總長薩哈羅夫以代理陸相的名義，將因義和團運動出兵歸來的參謀本部阿加佩耶夫上校的意見書送交外相，同時還附上長信闡述如下主張：俄羅斯與日本的關係「在不遠的將來，不可避免決裂和武力衝突」。因此，他認為有必要告知外相日本擁有什麼程度的兵力，我方擁有什麼程度的兵力。薩哈羅夫寫道，日本在開戰一個月後，能夠在平壤或遼東半島集結七十二個大隊，而俄羅斯卻沒有增援部隊，必須以滿洲的二十四個大隊應戰。他得出如下結論：

像這樣從整體狀況出發進行戰鬥條件的比較後，我想閣下應該已經明白，如果軍事行動開啓，我方只以現在阿莫爾軍區的部隊應戰，將處於極度困難的狀況。考慮到明顯的困難和運送增援部隊所需的時間，我們有必要得到閣下的判斷，與日本決裂的擔憂有多麼嚴重，或者有多大可能決裂，以及陸軍部是否應該採取強化阿莫爾軍區現狀的措施。[207]

這是沒有先例的提問。同樣的，送交阿加佩耶夫的報告書也是沒有先例的。阿加佩耶夫在東京與公使伊茲沃利斯基會談後，公使希望他將自己的意見傳達給聖彼得堡。公使說：日本視俄羅斯放棄俄清密約為日本的勝利，狂熱的「年輕、不辭戰爭的激情人士的政黨」因此佔據優勢，而穩健的長老派則退至後臺。雖然現在輿論稍微冷靜了一些，但不久大概又會提出俄軍應該從滿洲撤退這種新要求來，「戰爭不可避免。如果與日本發生戰爭，我們無法給予日本重大打擊。由於島國這種自然條件和強有力的海軍，使得日本在某種程度上是難以攻破的。另一方面，日本則可以通過登陸滿洲，孤立和包圍旅順、破壞東清鐵路，對我們施以相當沉重的打擊。」

「現在朝鮮對我們而言還不是必要的，我們的燃眉之急是在滿洲紮下根，將旅順與俄羅斯的領土連接起來。為了這項最重要的利益，可以暫時犧牲朝鮮。」「最終『必須毀滅迦太基』。遲早必須奪去構成日本力量的要因——陸海軍。」「雖然日本現在還沒有完成軍事準備，但大概今年秋季就將完成裝備更新。整個陸海軍實行的改革大概到一九〇二年末就會結束。因此，我們必須到那個時候進入完全的戰鬥狀態，必須創造出比現在更為有利的戰鬥條件，對敵人強有力的反擊做好準備。」[208]

雖然外相自己都曾質詢過陸相的看法，但對參謀總長這封信以及阿加佩耶夫的意見書，他卻認為呈報的都是不合理的意見，以官僚式的方式應付了。外相於七月一日（六月一八日）給薩哈羅夫答覆，不知阿加佩耶夫的意見書「在多大程度上準確」傳達了伊茲沃利斯基公使的意見，字裡行間夾雜著不愉快。外相再次囉哩囉嗦地論述了外交部的立場。當前，外交部沒有期待與清國締結滿洲問題協定。較好的方式是待混亂結束後，在滿洲獲得戰略上必要的特殊待遇和特權。……俄清密約的報導已經在日本引起了軒然大波，在這種情況下，俄羅斯不得不「維持現狀」打消單獨對清交涉的念頭。如果日俄關係因此變得令人滿意，作為外交部不擔心日俄的友好關係遭到破壞。

拉姆斯道夫在進行如上論述後寫道，如果遠東俄軍的兵力比日本薄弱，「雖然讓阿莫爾軍區的軍隊徐徐地、慎重地採取進入戰鬥準備態勢的措施完全符合目的，但是不要忘記，屆時採取強化我們立場的一切對策都不可避免地會促使日本採取相應的對策增強陸海軍實力，或者成為促使它立即做出公然的敵對行動的契機。」可以將這段話看作拉姆斯道夫領會了庫羅帕特金的觀點並加以重複。外相得出結論，「擺脫現在困境的最佳方法，或許是盡可能迅速地著手準備履行陛下的從滿洲完全撤退的意志吧。」[209]

拉姆斯道夫雖然如此駁斥了薩哈羅夫提出的問題，但在七月，他自己再一次主動向公使和大臣們諮詢了根本問題。首先，七月三十日（一七日），他給東京和北京的公使發去電報，其中寫道，俄羅斯迄今為止一直在表明「如果沒有列國和清國自身的妨害行動，待清國恢復正常秩序後就會立即從滿洲撤兵的意圖」，因此，如果條件不具備，也有可能不撤退。無論如何，在做出最終決定前，他想知道如果俄羅斯表明合併滿洲的意圖，會有什麼樣的後果。[210]

接著，拉姆斯道夫於八月一日（七月一九日）給維特和庫羅帕特金送去了內容相同的信。現在我們面臨著這樣一個問題，「我們需要做出最終的、且不可逆轉的決定，從俄羅斯的國家利益出發，是繼續全面掌控我軍佔領的滿洲部分較為理想，還是只掌控其中一省較為理想。」雖然合併現在的佔領地很有誘惑力，但必須要考慮「在現有的政治狀況下，這是否可能」。撕毀俄羅斯迄今為止一直向列國保證的不合併清國領土這個公約的做法並不妥當。日本正處於「極度戰鬥性的反俄羅斯氣氛」中，如果俄羅斯侵犯了清國的領土完整，日本甚至會不惜以武力相見。如果那樣，一切就可歸結於如下的問題：「俄羅斯以現有的兵力條件，能夠沒有一切風險地迎接日本的挑戰嗎？獲得滿洲所具有的軍事、戰略、財政上的重要利益足以抵消為此所冒的危險嗎？」

「唯一有能力」回答這個問題的「陸軍部和財政部」如果做出YES的回答，那麼連南滿洲鐵路也不應該歸還。如果是NO，則應該在歸還這條鐵路後，立即著手逐步撤出整個滿洲。外相請求就這件事情聽取「閣下最終的結論」。[211]

對於外相的諮詢，北京的吉爾斯公使於八月四日（七月二二日）率先做了回答。他寫道，雖然清國有很多人接受滿洲成為俄羅斯領土的想法，但「南方正在進行轟轟烈烈的、得到日本支持的反俄運動」。李鴻章將這一動向聯繫起來，試圖將列國引入滿洲問題的討論中。因此，作為俄羅斯，「在從滿洲撤兵之前，有必要切實地得到清國承認我國在滿洲完全例外的地位和盡可能在一切領域的影響力的正式文書。如果不這樣做，我們的退場將會在當地製造出對我們最為不利的印象，我們在這個國家整體、特別是在該勢力圈的地位會遭到毀滅性的打擊。」[212]

東京的公使（伊茲沃利斯基）於八月七日（七月二五日）做出回答。如果發表合併滿洲的正式聲明，將會引起日本「強烈的輿論騷動」，「戰鬥派」會要求對俄斷交吧。只有穩健派會用「在朝鮮積極行動」的對抗方式來忍耐。雖然不知道哪一方會獲勝，但日本絕不會停留於做一名「俄羅斯正式合併滿洲的安靜觀眾」。伊茲沃利斯基在這裡提出次優的行動方案：「我國繼續佔領滿洲，不基於任何正式文書，這樣反而可以期待日本會一點點地妥協於既成事實。」當然，這樣做不時會迸發出帶有戰鬥氣息的火花，日本政府大概會努力組織國際性抗議吧。但也許只能採取這種辦法。至此，伊茲沃利斯基已束手無策。他在文章最後對小村從北京返回東京擔任外相後會做什麼進行了透徹分析。[213]

那麼，陸相和財相是怎樣回答拉姆斯道夫提出的問題的呢？維特財相認為有必要從滿洲逐步地、全面地撤退。俄羅斯佔領了因三國干涉而迫使日本放棄的遼東半島南部，現在如果更進一步要合併滿洲，會被視為對日本的直接挑釁。雖說現在俄羅斯對重大軍事衝突的準備比過去任何時候都要充分，但與日本的決裂大概還是會帶來毀滅性的後果。相反，即使不佔領滿洲，保護東清鐵路也是可能的。維特沒有直接回答外相提出的問題。[214]

另一方面，庫羅帕特金在八月十二日（七月三〇日）的回覆中，闡述了他對滿洲令人震驚的提案。庫羅帕特金寫道，「儘管我衷心希望將滿洲歸還清國，但我們同時不能放棄確保俄羅斯通過滿洲將符拉迪沃斯托克以及旅順等地緊密聯繫起來的念頭。」在滿洲南部一直維持兵力會很困難。雖然關東州作為陸軍根據地頗有實力，但旅順作為海軍基地並不充分。「我們在遠東創造的地位要求犧牲巨額的資金，這會弱化我國在西方主戰場的地位。為創建強有力的太平洋艦隊而向海軍投入的巨額資金，是以停止眾多強化我陸軍的必要策略為前提的。」

在這種狀況下，庫羅帕特金既駁斥了放棄滿洲的方案，也駁斥了合併滿洲的方案。他提出唯一的出路是「以某種形式將滿洲北部併入俄羅斯」，以使東清鐵路掌握在俄羅斯手中。可將滿洲北部作為像布哈拉汗國那樣的、處於俄羅斯影響力之下的從屬地域。另一方面，在與日本發生戰爭時，在關東州部署陸海軍不僅不會強化俄羅斯的地位，反而會弱化。「我想表達的意見是，對於我們來講，與其繼續擁有遼東半島的基地，不如將它讓出。」他構想的方案是，當年從奉天西南部撤退，並交還山海關至新民鎮的鐵路。一九〇二年完全撤出奉天，一九〇三年撤出吉林南部。[215]

放棄關東州、合併北滿洲這樣的提案完全是不負責任的主意。庫羅帕特金雖然提出了這樣的建議，但八月廿五日（一二日），他又寫信給外相，「雖然我們不會挑起對日本的戰爭，但因日本自身的行動，或許會不得不打這樣一戰」。「只要日本與我們發生武力鬥爭的危險存在，為了保護俄羅斯一億三千萬人民的神聖利益，確保阿莫爾州和整個俄羅斯的聯繫，我們必須要在滿洲維持能夠容易地支援關東州軍隊的前進基地。」[216]本來身為陸相應該回答外相的問題是，現在的兵力是否夠用，但陸相這次也沒有做出回答。

不得不說，最終，對於拉姆斯道夫提出的問題，公使們、大臣們都沒有給出明確的回答。

但是，作為陸軍部必須要制訂新的對日作戰方針。八月廿七日（一四日），參謀本部在與阿莫爾軍區、關東州軍參謀部協商並達成一致的基礎上，制定了對日作戰方針《關於對日行動的一般原則》，[217]設想了兩種對日作戰的情況。第一，日本佔領朝鮮，不攻擊俄羅斯的情況。第二，佔領朝鮮，攻擊俄羅斯的情況，可以從滿洲、旅順、符拉迪沃斯托克三個方向考慮。在第二種情況下，由於日本陸海軍兵力佔有優勢，動員運輸迅速，因而俄方在敵對行動開始時會被迫打防衛戰，應指示俄軍集結到奉天、遼陽、海城一線，徐徐地向哈爾濱方向撤退。開戰伊始，阿莫爾軍區和關東州有六萬四千人的兵力，從沿阿莫爾軍區和西伯利亞軍區前去增援的七萬一千人抵達後，總兵力將達到十三萬五千人。但是增援部隊抵達需要時間，三個月之後將達到九萬一千人，其中遼陽至海城有兩萬六千五百人左右。然而，在這方面，日本大概會派去十萬人。剩下的增援部隊需要四個月以上才能到達，最終大概需要六個半月吧。海軍方面只能將全部艦船集結在旅順作戰，這樣一來，日軍不可能從遼東半島登陸。大概會有六個師團在朝鮮登陸，然後進入滿洲。日軍主力可能不會進攻符拉迪沃斯托克，而是向南滿洲進軍。新方針不過是再度確認了薩哈羅夫參謀總長送交外相的意見書所論述的現狀而已。

另一方面，一九〇一年九月七日，清朝代表慶親王和十一國代表在北京簽署了收拾義和團事件的和約。列國獲得四億五千萬兩白銀的賠償金，並且為確保北京公使館區域、開放港口的安全，還獲得了駐軍的權利。然而，俄清戰爭在沒有終結協定的狀況下，俄軍繼續駐留在滿洲。

皇女的誕生與菲力浦先生

就在俄羅斯政府內部圍繞滿洲和遠東局勢展開嚴肅討論的時候，皇帝的關注點卻在另外的世界，就好像生活在完全不同的星球上似的。

皇后亞歷山德拉・費奧多羅夫娜於一九〇一年六月十八日（五日）生下了第四個孩子，依然是女兒，取名為阿那斯塔西婭。沒能生下兒子，皇后的絕望是深刻的。因為按照俄羅斯的皇位繼承法，只有男性才可以繼承皇位。

皇后和黑山公主、彼得・尼古拉耶維奇大公之妃米利莎以及她的妹妹阿納斯塔西婭建立了親密的關係。癡迷於世紀末神秘學的這對姊妹於一九〇〇年遇到了法國人菲力浦，對他很是崇拜。關於菲力浦這個人，雖然駐巴黎的秘密警察代表報告他曾數次進監獄，是一個江湖騙子，不過也有人認為他是神秘學的大家。[218]菲力浦受邀於一九〇一年初來到俄羅斯。他一度返回了法國，不清楚他後來有沒有再來俄羅斯。菲力浦被介紹給了連續生產了四位女兒、正處於消沉的皇后。

尼古拉在一九〇一年七月廿三日（一〇日）的日記中寫道：

> 夜晚是在列涅爾列度過的。我們與菲力浦暢談，他教導了我們。這是一段多麼神奇的時光啊！[219]

從第二天起，連續十天，每一天，菲力浦都以「我們的朋友」這個稱呼出現在皇帝的日記中。七月廿四日，菲力浦坐在皇后的房間聊天。皇后向他介紹了女兒們，他們一同在寢宮祈禱。廿五日，皇帝獨自前往聖彼得堡的彼得大公邸（茲納緬卡），與菲力浦兩人一直呆到下午五點。廿六日，皇帝、皇后與菲力浦一起在彼得大公邸的庭院直至傍晚。廿七日，菲力浦一同出席了皇族的祈禱會。廿八日，皇帝和皇后去夜劇場觀看完第二幕後離去，拜訪了菲力浦的住所，直到淩晨兩點半。二九日也拜訪了菲力浦處，度過了很長一段時間。三十日，皇帝檢閱軍隊。菲力浦也到了檢閱的地方，之後從那裡前往彼得大公邸，與皇帝和皇后一直呆在一起，直到深夜。三十一日晚，皇帝和皇后又去彼得大公邸和「我們的朋友」做了「重要談話」。八月一日，午餐後去彼得大公邸，雖然米利莎王妃生病了，但直到深夜，皇帝和皇后一直在聽菲力浦談話。八月二日是最後一天，皇帝在日記中這樣寫道：

「奇跡般的一天。……阿利克斯來到我所在的費爾馬。不久茲納緬卡的人和『我們的朋友』一同到了那裡。我們飲茶，在公園散步。六點三十分返回宮殿。洗過海水浴，吃完飯後，去了茲納緬卡，與『我們的朋友』度過了最後一晚。我們總是在一起祈禱。」[220]

八月三日是戰列艦「亞歷山大三世」號舉行入水儀式的日子。儀式結束後，皇帝前往菲力浦處。「與他的離別很令人傷感。五點，他出發前往里昂。」[221]

毫無疑問，菲力浦向皇帝和皇后建議了如何才能生皇子。除此之外，也許還講了自己對政治各方面的看法以及對未來的預言。像這樣，就在大臣們為與日本的戰爭而苦惱的時候，皇帝與預言家一同度過了一段無比幸福的時光。

別佐勃拉佐夫的身影

就在皇帝興致勃勃地傾聽著偶遇的外國預言家的建議時，大臣們卻在疑惑他是不是在傾聽別的建議者的聲音。到了一九〇一年年中，別佐勃拉佐夫的身影逐漸變得高大起來。

義和團運動爆發後，別佐勃拉佐夫等人似乎也不知所措。一九〇〇年七月七日（六月二四日），別佐勃拉佐夫給皇帝寫信，請求支援他的新公司，但沒有得到回應。[222]七月廿八日（一五日）他給亞歷山大・米哈伊洛維奇大公寫信：「我遵從陛下的命令，正頑強地忍耐著現狀，默默地繼續等待著。」信中，別佐勃拉佐夫批判人們的注意力全都投向了佔領滿洲和修復被破壞的鐵路，卻遺忘了導致俄羅斯在遠東遭遇困難的原因在於維特的政策的失敗。在結尾處，他感歎自己「沒有權力，也沒有地位，身邊無法聚集起有幹勁的人們──在戰場上，一個人無法成為戰士」。他的結論是「大概不久將不得不退出這項事業吧」，很是悲觀。[223]

在一個月後的八月五日（七月二三日）的備忘錄的記述中，別佐勃拉佐夫顯得稍微有了些精神，他表達了為俄軍在滿洲和華北的成功感到高興，論述了俄羅斯要「趁熱打鐵」，單獨行使在滿洲和華北的影響力的構想。同時還論述了俄羅斯應該締結只排除了英國的「歐洲大陸協定」，順便還應該爭取與日本、美國單獨締結協定。這一切不過是即興發言而已。[224]三天後的八月八日（七月二六日），別佐勃拉佐夫頗為焦慮地向皇帝提出，是選擇為計畫中的公司組建政府組織，還是清算整個事業？他斷言，「如果長期拖延成立公司，那麼改為清算此項事業較為理想」。[225]很明顯，在一九〇〇年財政部完全壓制了別佐勃拉佐夫即興想到的事業方案。

然而到了一九〇一年，大臣們的口吻變了。維特在七月二十日（七日）給西皮亞金的信中寫道，「我們這裡全都在談論別佐勃拉佐夫的事。」[226]五天後，他又寫道：「我們這裡諸事平靜，只是別佐勃拉佐夫想要攪起什麼事情來」。別佐勃拉佐夫每週謁見皇帝兩次以上，每次幾個小時，「他給皇帝講所有荒謬的事情，所有不著邊際的計畫。」維特對此很警惕。[227]然而皇帝的日記中沒有這樣的記述，皇帝在為菲力浦而熱狂。

別佐勃拉佐夫所做的籌畫依然不過是鏡花水月。這一年年初，他向皇帝呈交了強調朝鮮北部意義的意見書，指出朝鮮北部「是我們的戰略性前哨所在地」。他主張滿洲的困難可以「通過迂迴的，進入朝鮮北部的方式消除」，「讓俄羅斯的影響像圓環一樣包圍滿洲，通過這種方式，即使不直接佔領這裡，也可以在事實上使其順從。」[228]四月八日（三月二十六日），別佐勃拉佐夫給維特也送去了強調朝鮮北部意義的意見書，寫道，如果從滿洲撤退，那麼旅順也應該還給清國，作為做出這種讓步的回報，即使不合併領土，也有必要獲得管理滿洲的特別條件。這種情況下，如果在北部朝鮮沒有勢力是很危險的。[229]接著，他於七月十九日（六日）提交了意見書《形勢評估》，其中陳述了向北部朝鮮派遣五千名騎兵和山炮隊，展開游擊戰的構想。[230]

以賣弄這種不負責任的言論的人物為核心成立的公司，因朝鮮特許權註明的開發期限一九〇一年九月近在眼前，皇帝介入，壓制住了維特，七月十二日（六月二十九日），東亞產業公司章程獲得大臣委員會的批准。發起人為純粹的民間人士馮•克魯澤和阿利貝爾特二人。股東由四十五人增加到九十人。[231]由於在開發期限內無法開工，經過交涉，期限延長至一九〇四年一月十四日（一日）。[232]

危機顯露的帝國

十九世紀的最後一年、一九〇〇年，俄羅斯長期以來由維特財相政策帶動的經濟高速增長停滯了。在經濟蕭條中，社會各階層的不滿高漲起來，致使運動爆發了。近代俄羅斯社會的矛盾仿佛一舉暴露了出來。

走在最前頭的是學生。學生們厭倦了專制權力的束縛。一八九九年三月，聖彼得堡帝國大學發生學生示威，前來管制的警官隊對學生施以了暴行。學生在憤怒之下從三月七日（二月二三日）起開始罷課，翌日罷課規模擴大到首都十七所高校，進而波及到全國。對此，政府於八月十日（七月二九日）制訂了臨時規章，對參加學生運動而被開除學籍的學生進行懲罰性徵兵。這項懲罰規則適用於一九〇〇年末基輔帝國大學的抗議運動，一九〇一年一月廿四日（一一日），該校懲罰性徵兵的一百八十三名學生名單公佈。聖彼得堡和哈爾科夫的學生奮起反抗，全國性的罷課運動隨之爆發。在此期間的二月廿七日（一四日）發生了文部大臣博戈列波夫被狙擊致死的事件。這是從德國留學歸國的學生所為，是自一八八〇年以來不曾間斷的政治性恐怖主義的復蘇。尼古拉任命前陸軍大臣瓦諾夫斯基擔任繼任文相。

學生運動是場無關政治的運動。政治黨派的活動反而落在後面，最初行動的是社會民主主義者。一八九八年，俄羅斯社會民主勞動黨宣佈召開成立大會，卻只留下了由「合法馬克思主義」者司徒盧威起草的著名宣言，相關人士全部遭到逮捕。到了一九〇一年初，普列漢諾夫、列寧、瑪律托夫等流亡者終於開始刊發非法報紙《火星報》〔Nckpa，取星火燎原之意〕，潛送國內。民粹主義派於一九〇一年末成立了俄國社會革命黨，開始刊行機關報《革命俄羅斯》。該黨的特徵在於承認恐怖主義，追求農民社會主義。然而，成為黨幹部的阿澤夫是保安部的特工。自由主義者們更加落後，一九〇二年六月，司徒盧威等人在德國的斯圖加特創辦雜誌《解放》，舉起了激進自由主義的旗幟。

一九〇一年，運動進一步發展。二月廿四日（一一日），正教院宣佈開除托爾斯泰教籍，翌日，數千名學生在莫斯科舉行抗議遊行，群眾對外出的托爾斯泰高呼「祝賀」。最終，三月十七日（四日），在首都涅夫斯基大街的喀山教堂前爆發了學生、知識份子抗議審判文相狙擊犯的示威遊行。哥薩克部隊出動，驅散了遊行隊伍。四人被殺，上千人被捕。衝擊頗大。

繼學生之後，芬蘭人奮起反抗自治權受到侵害。一九〇一年七月十二日（六月二九日）制訂了由博布里科夫總督推行的新兵役法，芬蘭人認為這項法規違反了承認芬蘭自治的芬蘭大公國憲法，於是抗爭起來。九月三十日，芬蘭人遞交了要求撤回兵役法的請願書，上面有四十七萬三千三百六十三人簽名，相當於芬蘭總人口的五分之一。

俄羅斯帝國的危機確實在不斷地顯露。

日本方面的俄羅斯觀

這個時代的日本對俄羅斯國情有著怎樣的認知呢？一九〇一年，日本出版了數種關於俄羅斯的書。

首先，東京專門學校（自一九〇二年起更名為早稻田大學）出版部於二月推出了由博文館刊行的歷史叢書第一部——《俄羅斯史》，由山本利喜雄著。山本可能是東京專門學校的教授。這本書主要參考法國歷史學家阿爾弗列道・蘭保的 *A Popular History of Russia* 而寫成。原著於一九〇一年用法語出版，被翻譯成多國語言。在《俄羅斯史》的序言中，山本寫道：「東洋風雲逐日告急」，「俄羅斯對東亞關係，例如俄清關係」等「志士最應研究」，但他認為這些部分適合另外編纂一書，因此只簡單地一帶而過。該書的著力點始終放在解說俄羅斯的歷史進程。[233]

全書從俄羅斯的地理、人種寫起，敘述了自留里克建國的歷史。作者用了三章的筆墨寫彼得大帝改革，對其進行了詳細說明。尼古拉一世時代佔三章篇幅，亞歷山大二世時代佔四章篇幅。書中對亞歷山大二世暗殺的記述尤為詳細，僅引用實施暗殺的「虛無黨」（無政府主義者）的聲明就用了一頁以上。[234]該書給人的印象是俄羅斯歷史孕育著革命。作者對此寄予了同情。

全書的最後部分是關於西伯利亞鐵路的記述。這裡的說明並沒有俄羅斯威脅論的影子。

「此諸線路不僅對俄國策劃經營遠東之天地有至大的便利，對全世界產業亦有莫大的影響，其抵達太平洋之日，……與歐洲諸國的貿易必將有一大變動，對支那、朝鮮、日本而言，猶如蘇伊士運河及巴拿馬運河開鑿對全世界人類波及的影響。」[235]

接著，東京專門學校出版部又在六月推出了安納多爾・勒華─博立約（Leroy-Beaulieu, Anatole）的《俄羅斯帝國》（*L'Empire des Tsar et le Russes*），由博文館發售，林毅陸翻譯。這是早稻田叢書中的一本，有賀長雄名列編委會中。林毅陸是慶應義塾的教授。該書是編委之一鎌田榮吉到俄羅斯，從日本公使館介紹的數本書中挑選出他認為最重要的幾本，由林毅陸抄譯而行成的。鐮田榮吉撰寫了序言：

雖當今國人注目北鄰國狀者不少，然其所見頗為粗糙，一方有侮蔑不以為然者，另一方又有恐怖戰慄不知所措者。二者皆不得其正鵠，如此皆終究不審其國狀之故。尤其僅以比較彼我軍艦、兵勇之多寡，即妄說強弱，喜之憂之，誠不過皮相之淺見。有林君此抄譯，聊養國人之見識，促其反省，其庶幾乎。[236]

值得關注的是，本書的另一篇序言由駐英公使林董撰寫。林董於一九〇〇年去英國赴任前寫下了這一篇序文，文中寫道：「俄羅斯乃世界一大強國，與我日本帝國有緊密關係，雖甚有必要瞭解其國情，然其真相未明於我國人之間，反而比比皆然有所誤解。故而給國際交往帶來很大障礙，此乃予最感遺憾之處。」林董認為，作為瞭解俄羅斯「公平正確之良書」，他比較認可瓦列斯的書和博立約的書，特別是後者，「忠實解剖描寫俄羅斯社會國家及人民，殆無餘蘊」，「余談及俄羅斯亦必常以此書為薦。」[237]

勒華—博立約的俄羅斯論的核心在於將俄羅斯看作「兩面神雅努斯（Janus）」這種見解。該書第一卷《俄羅斯之國及民》的第三章有如下一節：

俄羅斯猶如二面女神，一面向西一面對東，一面為衰邁老人形容枯槁，一面為紅顏少年稚氣未脫。此矛盾、對立足以說明其政治上之制度並國民之性情，為吾人最應注意之處。蓋此二面乃覆蓋俄羅斯萬事之大特色的矛盾及悖論之源，古來各種事情皆養成助長此特色。或雲介於歐亞間地理上的位置，或雲異民族的雜居，或云……其立於東西二側面的競爭間，其所煩惱的過去歷史，皆是生成此結果的原因。[238]

這是說，如果俄羅斯國民性具有兩面性、二元性，那麼單純認為俄羅斯是侵略性國家就是只看到了其外表。這部書份量厚重，出版人的意圖大概在於希望人們思考這一點吧。

一九〇二年出版的煙山專太郎的《近世無政府主義》，是煙山閱讀外國書籍後寫就的書。這本書也是由東京專門學校出版部出版。[239]煙山是東京帝國大學哲學系的學生。該書雖是學生寫的書，但得到了國際法學者有賀長雄的高度評價而出版。書的前半部概括性地論述了俄羅斯革命性的民粹主義運動。也就是說，該書在認識上受到俄羅斯孕育革命這種觀點的引導。幸德秋水等明治時期的社會主義者都熟讀過此書。不過，煙山後來成為了早稻田大學的外交史教授，他的關注點在於分析俄羅斯帝國的國內政治。

一九〇一年出版的另外一本重要的書是內田良平的《俄羅斯亡國論》。日清戰爭後，因三國干涉，高掛臥薪嚐膽的標語，俄羅斯被意識到是日本正面的敵人的時候，滿懷志士豪情的青年們過著白天在習武館練習柔道，鍛煉身體，夜晚在語言學校學習俄語的生活。內田良平是那些青年效仿的榜樣。他會俄語。日清戰爭前夕加入天佑俠（譯者註：一八九四年東學黨之亂時，以支援東學黨的名義，由僑居釜山的日本人結成的壯士集團。），在朝鮮工作的內田於一八九七年前往俄羅斯，橫穿西伯利亞，一直抵達了聖彼得堡。[240]前文已經講過，內田良平於一九〇一年結成了黑龍會。

內田於一九〇一年九月出版的《俄羅斯亡國論》在出版當日就被禁止銷售。於是內田對該書做了修改，更名為《俄羅斯論》，在當年十一月由黑龍會本部出版。內田在書中強調了俄羅斯的侵略主義，通過分析俄羅斯的陸海軍，認為日本在與俄羅斯的戰爭中能夠獲勝。不僅如此，他還在第三章《俄羅斯帝國的命運》中斷言「虛榮浮誇如彼，徒為虛榮，精力今已殆盡」，「故彼之亡國與彼之革命，無論其以何等手段方法達成此命運，吾人不可不舉大杯共為天下祝之也。」[241]就俄羅斯內部動向而言，他在學生運動中看到了活力。他認為俄羅斯有必要進行革命，日本應該在這一點上幫助俄羅斯。他將西伯利亞鐵路作為運輸日本援軍的工具來認識：

「西伯利亞鐵路即斯拉夫出迎君子民族援兵之物」、「吾人於此文明國中，為博首屈一指之名，同時為成全強國之實，乃不得不擔當開導俄羅斯之至難大業」、「吾人為達開導俄羅斯之目的，有時亦不得不訴諸戰爭」、「不得不堂堂正正以人道行大陸一帶之大掃除也。」[242]

由此可見，身處俄羅斯佔領滿洲、日本因與俄羅斯的開戰論而沸騰的這一時期的日本精英們，他們對俄羅斯的意識，不是對俄羅斯的恐懼感、受威脅感，反而是基於俄羅斯瀕臨革命、俄羅斯已經落伍這種認識上的優越感。

駐俄羅斯公使栗野的人事安排

由於駐俄公使珍田捨巳被提拔為外務次官，他的繼任者成為了一個問題。這裡，橄欖枝拋向了原駐美公使栗野慎一郎。栗野自一八九七年起任駐法公使，一九〇〇年末起賜假歸朝。他出身於黑田藩〔福岡藩〕，生於一八五一年，比小村大臣還年長四歲，比成為次官的珍田年長七歲。與小村同樣，他也曾經在哈佛大學留學，但比小村晚一年。不過，與回國後暫時進入司法省的小村不同，栗野早兩年就進入了外務省。栗野是英國防範論、俄羅斯協作論的主要宣導者。他與伊藤、井上深厚的關係也廣為人知。一九〇〇年七月十七日，栗野從巴黎給伊藤寫私信道，英國「稱揚煽動」日本行動的「真意」「不過在於利用本邦為其爪牙」，對日英接近提出了質疑。[243]從這個意義上講，相對於小村的反俄路線，栗野是外務省內明確的親俄路線的代表。

在小村上任前，桂首相曾要求栗野回法國就任。對此，栗野要求改變對法政策，並未答應。小村就任外相後，於翌日向栗野提出，希望他作為珍田的繼任者擔任俄羅斯公使。無從得知小村到底是想將親俄派放逐出東京本部，還是想利用親俄派與俄羅斯進行嚴厲的交涉，但無論如何，都可以推想這是一次有意的人事安排。雖然不清楚栗野在多大程度上覺察到了小村的意圖，但他見到井上，受到鼓勵，十月十六日，他向桂和小村提交了長篇意見書，表明自己的立場，表示如果贊成這些意見，他就去俄羅斯。[244]意見書的主要內容是主張必須迴避日俄戰爭，應該致力於日俄協商。

栗野認為日俄間的「猜疑嫉惡」很大程度上由「誤解」而產生，他指出，雖然世人一說到俄羅斯的政策，就「單純認定彼為進略主義、膨脹主義」，但「此未免為皮相之見」。俄羅斯擁有「廣大無邊之土地」，但偏於北方，「被堅冰和他國封鎖」，不能發達，「故不得已採取膨脹之策，以獲得適當的不凍海口，圖謀發展其通商，是全為本國繁榮之目的，此意甚明」。如果要獲得不凍港，雖然可以考慮地中海或希臘灣，但由於與英、德關係複雜，沒有可能性。於是，遼東半島作為「抵抗力較少」的地點浮現出來。「俄欲經滿洲獲不凍港，自彼之地位而言，毋寧為不得已之希望，不可單云啟動膨脹政策。」

栗野認為日俄兩國應該積極締結條約，協調雙方的利益，他主張日俄進行協商。他認為日本以韓國、俄羅斯以滿洲為保護國的路線，即滿韓交換論，違反了日本一直宣佈的「帝國之政策」，也無法獲得俄羅斯的同意，因而不能採取此路線。日俄兩國應各自分別以韓國、滿洲為「勢力範圍」，在不損害其獨立的限度內，「承認有自由行動的權利」，兩國只能以這種方式進行協商。日本將韓國作為「勢力範圍」是完全可能的。若俄羅斯執意想在韓國南端獲得軍港，此事雖然不能協商，但日本可以約定不在韓國沿岸建立軍港，不妨害朝鮮海峽的自由航行，如果俄仍執前念，他指出「以（俄國）不建設炮臺及其他防禦工事為條件，承諾與俄一軍港，或尚優於不協商乎。」栗野在結尾寫道，「若有幸如余之所見進行抉擇，余亦可奮而赴任」。[245]

栗野在其它文章中寫道，在數次交談的基礎上，他與小村取得了一致意見，「（小村）告余，桂首相與余等二人意見亦相同」。[246]他們的意見不可能相同。很明顯，桂和小村欺騙了栗野。或許他們的佈局是，他們想向國內外顯示，儘管有栗野這種親俄派公使的努力，但還是發展到了戰爭的局面。這是了不起的政治上的深謀遠慮。

俄羅斯方面理所當然歡迎栗野公使。東京的伊茲沃利斯基公使寫信給外相說，他認為栗野屬於支持「日俄緊密接近」的「伊藤、井上等慎重外交政策支持者派別」的人，他被選為俄羅斯公使，「顯示日本政府希望在聖彼得堡安排對我們完全懷有好意的代表」。[247]

一九〇一年秋末，栗野出發前往俄羅斯。他打算先順路到以前的任職地巴黎，再進入俄羅斯。比栗野提前很多，在初秋的九月十八日，伊藤博文因被耶魯大學授予了名譽博士稱號前往美國。在井上馨的強烈建議下，伊藤決定也去一趟俄羅斯，會見政府當局者，試探日俄協商的可能性。伊藤與井上的心腹都筑馨六同行。這完全是私人旅行，伊藤沒有被委派任何任務。伊藤從美國抵達法國，十一月十四日，與盧貝（Émile Loubet）總統和德爾卡塞（Théophile Delcassé）外相進行了會談。德爾卡塞支持伊藤去俄羅斯締結新協定的想法。[248]

然而翌日，駐英公使林董從倫敦趕來，向伊藤傳達了令人震驚的消息。

日英展開同盟交涉

恰好在這個時候，日英開始了同盟交涉。推進此事的林董公使是來向伊藤說明情況的。

尋求日英同盟的意向一方面產生於英國本身。在東亞，因三國干涉，迫使取得戰爭勝利的日本放棄了戰利品，在這個過程中，英國沒有扮演任何角色，它對此做了深刻的反省。儘管英國表現出了接近多年的敵對國俄羅斯的想法，但馬上打消了這個念頭，選擇了接近日本的方向。可以說這是理所當然的趨勢。一九〇一年六月十九日，蘭斯敦在給內閣會議傳閱的文件中提及「在遠東與日本保持良好關係極度重要」。[249]之後，英國開始向日本靠近。

另一方面，在日本，出生於明治維新之後的一代人中，最先於一九〇〇年成為外務大臣的加藤高明

（一八六〇年生）為了對抗俄羅斯，很早就提倡日英同盟，此事廣為人知。對此，經驗豐富的外交官林董（一八五〇年生）雖然認為日俄協定很重要，但他同時也認為日英接近符合日本的國家利益。繼加藤之後成為外務大臣的小村壽太郎（一八五五年生）雖然一直參與了與俄羅斯訂立協定之事，但可以推測，他在這一時間點向加藤式的日英同盟論傾斜了。[250]

七月十五日，賜假歸國的英國駐日公使麥克唐納拜訪了駐英公使林董。他直率地表示，英國希望日英結為同盟。這是一種攻守同盟的提案。林董認為應該抓住這個機會，當天，他就向本國提出了建議。[251]十七日，曾禰外相下達了進一步認真確認英國想法的訓令。[252]林董在進一步和麥克唐納會談的基礎上，於七月三十一日面見了蘭斯敦外相。林董針對外相的問題回答說，日本在滿洲只擁有間接的利益，但如果俄羅斯奪去了滿洲，也許進而還會吞併朝鮮。日本想要防止這樣的局面出現，因此希望英國「第一，盡可能地阻止俄國進入滿洲；第二，在不得已與俄國開戰的時候，阻止第三國幫助俄國。」對此，蘭斯敦說，英國不希望朝鮮落入俄羅斯之手，由於日英的目的一致，他認為應該講求相互防衛之策。接著，他又叮問道，雖然俄羅斯曾經提議過韓國中立化，但日本拒絕了吧。林董說：「中立保障在朝鮮是無效的。朝鮮人是不知道治理自己國家的國民。」林董慎重地將這次會談的內容報告給了本國。[253]

雖然當時小村外相還沒有上任，但首相桂太郎向伊藤、山縣等元老說了此事，得到了推進交涉的許可，八月八日，推進交涉的訓令發出。[254]這一訓令指示要以如下宗旨進行交涉：「不讓韓國蒙受他邦蠶食政略的後果是日本一貫的根本主張，此主張是日本政府必排除萬難極力固守之處。」「若俄國在滿洲超越現存約定的規定範圍，擴張其統治權，將危及韓國之獨立，因此為日本不安之因。」[255]

交涉就這樣開始了。英國巧妙地採取了不喜日俄開戰的態度，打算迴避承認日本對朝鮮權益的主張。十一月六日，英國拿出了自己的提案，其內容為，維持「東亞現狀」與「全域和平」，維持「韓國不被任何外國吞併」、「清國之獨立及領土完整」以及享受在清國工商業上「各國均等之企業權」，當日英兩國中的一方為「保護上述利益」與別國發生戰爭時，另一方「嚴守中立」，防止他國加入戰爭，當他國參與戰爭時，則動員其它同盟國參戰。另外，還明文規定了海軍在平時的協作。[256]

對於這個方案，林公使認為有必要要求明確「英國承認日本在韓國的卓越利益，且日本為保護其利益，採取適宜的措施，英國全部允諾之」。[257]

恰在此時，伊藤抵達了巴黎。已就任外相的小村要求林董去巴黎向伊藤彙報，聽取他的意見。[258]林董立即於十四日奔赴巴黎，與伊藤商量。伊藤對局勢與自己從日本出發時相比大為不同感到困惑，表示「余自此將立即前往俄都……關於本問題將從俄都……通信，希望給英國政府的最終回答延展至彼時」。林董立即將此事發電報告訴了東京。[259]林董和伊藤會談了整整四天。林董勸說伊藤，英國甚至已經拿出了同盟條約方案，在這種情況下，日本政府已「不能收手」。進而，在林董「反覆論辨」之後，伊藤似乎終於接受了「大體同意日英結為同盟一事」。雖然伊藤仍然希望等他同俄羅斯聯絡之後，再回答英國，但他已經在很大程度上開始放棄了。[260]

然而，同行的都筑卻始終希望與俄羅斯簽訂協定，反對日英同盟。他說，栗野就任俄羅斯公使時，提出的條件是以實現與俄羅斯的協定為目標。林董說，若果真如此，那他與英國正在進行交涉就變成了欺騙英國，他在彙報與伊藤的談話的時候，向小村詢問了栗野就任的條件。[261]

此後，林董返回倫敦，伊藤和都筑一同去了聖彼得堡。小村對倫敦的林董做了虛假的解釋，說「栗野的任命沒有條件」。[262]在此基礎上，小村給林董發電報，表示讓日英交涉先行，待「與英國締結同盟之後」再考慮與俄羅斯的協定。[263]接著，小村給俄羅斯的代理公使發去電報，伊藤與俄羅斯交涉「未帶允可之任」，「全……以個人責任為之」。[264]進而，桂首相也給伊藤發電報，因日英交涉「不能遷延之情勢」，希望與俄羅斯的事情「止於談話上的意見交換」。[265]對於伊藤、井上來講，桂、小村的做法幾乎接近政變，但伊藤也不得不採取順從的態度。廿八日，他給一直宣稱應先與俄羅斯交涉的井上馨發去電報。「情勢如此，鄙人雖知來此地之目的已與當初全然相反，但除適從政府之希望外，別無他策。」[266]

伊藤博文在聖彼得堡

伊藤經由柏林，於十一月廿五日（一二日）抵達聖彼得堡。[267]他首先於十一月廿八日拜謁了皇帝尼古拉。二人曾於大津事件之後在京都見過面，伊藤侍奉著尚是皇太子的尼古拉一直到達神戶。尼古拉說，訪問日本「唯有愉快之紀念」，俄日「兩國之協作」並非不可能，他強調「兩國互相協作……不僅為兩國最上策」，「亦可維持東洋之和平」。伊藤說天皇也有同樣的想法。尼古拉的話給伊藤留下了很好的印象，不過尼古拉在日記中只寫道，「接見了日本有名的政治家伊藤」。[268]

十二月二日（一一月一九日），伊藤和拉姆斯道夫進行了會談。伊藤一開場就表明他完全不是受正式委任而來，但他滿富熱情講述了意見。兩國間不和的唯一根源在於朝鮮問題，日本人形成了一種觀念，俄羅斯想要佔有朝鮮半島。如果事實如此，就會威脅日本的獨立。這種擔憂也是日清戰爭爆發的原因。俄羅斯如果能在這個方面令日本安心，就沒有妨礙兩國確立緊密友好關係的障礙了。本著這一宗旨，有必要修改現行的協定。

拉姆斯道夫指出，現行協定的基礎就是尊重朝鮮獨立這個原則，因此，沒有必要那樣擔憂，近年，俄羅斯方面提出了朝鮮中立化方案，但日本方面不是表示追加協定是不必要的，對此持否定態度嗎。伊藤說，只要滿洲危機持續，東京政府就會對這個問題持否定態度，現在可以說將來也會是這樣。雖然對日本來講，朝鮮獨立比什麼都重要，但朝鮮實在太過孱弱，無法獨立，日本希望與俄羅斯事先約定，日本可向漢城政府提供建議、援助，排除別的大國的影響力波及朝鮮。

拉姆斯道夫說，以這樣的條件，不可能保持朝鮮獨立。伊藤回答說，如果朝鮮向兩邊的大國都尋求援助，日本和俄羅斯之間有可能因為這件事引起衝突，因此，較為理想的是永久消除引發這種衝突的可能性。

拉姆斯道夫進而說，儘管我不想否定朝鮮對日本的意義，但俄羅斯也不能完全放棄對鄰國的關心。現在，俄羅斯可以駐留與日本同等數量的軍隊。如果日本要求排他性的軍事干涉權利，事態就變了，日本有可能會建立戰略性陣地。俄羅斯不能允許這樣的事態。因為這樣一來，符拉迪沃斯托克和南部港灣的航道就暴露在危險之中。

對此，伊藤乾脆地說，日本可以立下神聖的誓言，不在南部朝鮮的港口建造堡壘，也不威脅海上航道。

拉姆斯道夫說，俄羅斯什麼也不怕，只是想與日本建立對兩國都有利的友好關係。伊藤說，他在擔任首相的時候，接受三國的建議，放棄了因日清戰爭而獲得的土地，為此遭到了國民的憤恨。而俄羅斯卻從那場戰爭中獲得利益，修建了東清鐵路。拉姆斯道夫說，鐵路大概對日本也有益吧。伊藤也同意這種說法。

在會談結束的時候，拉姆斯道夫提出，由於想準確理解這次談話的宗旨，能否寫成文書送給他。[269]

伊藤翌日與維特進行了會談。這些內容都引自都筑的記錄。維特說，雖然俄羅斯沒有必要佔領朝鮮，但不能旁觀貴國佔領。他認為有必要消除兩國都擔心對方是否會佔領的疑慮。維特的意見是，尊重現行協定能夠出動同等數量軍隊這個公平的基礎，再達成詳細的協定較好。當伊藤提出，尊重獨立、不用於戰略上的目的、不修建沿岸軍事設施三個條件後，維特說，那樣沒有問題，「處置得頗為周全」。[270]

伊藤應拉姆斯道夫的請求，於十二月四日在舉行回國前的第二次會談時，以文書形式遞交了他所構想的協定案：

一，相互保證朝鮮的獨立。

二，相互負有不以敵對的戰略目的使用朝鮮領土任何部分的義務。

三，相互負有不在朝鮮沿岸設置一切軍事設施，避免使朝鮮海峽的自由航行暴露於危險中的義務。

四，俄羅斯承認日本在朝鮮擁有政治、工商業方面的行動自由，擁有為使朝鮮政府履行真正政府的一切義務，提供建議和援助的排他性權利。包括為鎮壓叛亂以及可能破壞日韓和平關係的其他一切騷擾提供必要限度的軍事援助。

五，本協定取代以往一切協定。[271]

拉姆斯道夫看了這個內容後指出：「這不是共識的基礎，這只不過是日本為了自身的利益，希望獲得更廣泛特權的清單而已。」伊藤辯解說，促使日本輿論沉靜對兩國利益有很大好處。他解釋說，由於兩國之間沒有確定性的協定，日本國民因懷疑俄羅斯對朝鮮是否懷有「隱密的計畫」而不斷處於激動狀態中。拉姆斯道夫說，伊藤氏所提議的協定雖然可使日本輿論趨於平靜，但在俄羅斯卻會帶來完全相反的效果。「因為這個方案相當於沒有任何對等的代價，就將朝鮮完全置於日本的指揮之下，獨立實際上是一句空話。鑒於俄羅斯毗鄰朝鮮半島，我帝國政府不能同意這種提議。」

根據至此為止的協定，俄羅斯可以和日本一樣向朝鮮提供建議和援助。但是，這裡卻要求俄羅斯放棄一切發言權。雖然伊藤沒有提及滿洲，但這的確是伊藤考量的滿韓交換論。只不過伊藤從日本完全統治朝鮮退了一步，保留了不用於軍事目的和不在沿岸設置軍事設施這兩個條件。也就是說，這是希望俄羅斯承認日本有條件地統治朝鮮的方案。但是，拉姆斯道夫認為那樣等於承認日本對朝鮮的完全統治權，故表示反對。

伊藤提出「既然如此，希望俄羅斯提出自己的方案。拉姆斯道夫一度拒絕了這個請求，他說，考慮到會談是私人性質的，如果提出文書，就必須要向皇帝上奏。伊藤說，自己雖然沒有任何官職，但與天皇有信件往來，東京想知道有關他這次旅行的成果。由於他暫時會在柏林待一段時間，希望俄方將提案送到那裡。

拉姆斯道夫最終答應給出俄羅斯方面的提案。[272]伊藤當天離開了聖彼得堡。

邁向締結日英同盟

十一月廿八日，日本內閣會議確定了日本對英國方案的修正案，不過只修改了很小一部分，在前文提到的與韓國關聯的文字「維持韓國不被任何外國吞併」一處，加入「防止佔領其領土的一部分」，這樣做是為了能夠將俄羅斯的舉動視為企圖入侵、佔領韓國，使對俄開戰成為可能。至於讓英國承認日本在此之上的權益則暫且作罷。在此基礎上，決定於十二月七日召集元老會議，爭取使這份修正案獲得承認。[273]伊藤的動向一直被加以提防。

伊藤在十二月六日的電報中，彙報了與俄羅斯皇帝、拉姆斯道夫外相以及維特財相談話的結果。

感覺對方衷心希望與日本達成某種協定，我敦促對方承諾：彼我雙方相互保障韓國的獨立；且相互均不將韓國領土任何一部分用於戰略目的；相互約定不在韓國海岸築構炮臺等，不做危害該國海峽航行自由之事。對方承認日本在韓國工業、商業、政治及軍事上之事項（不過軍事性行動限於鎮壓叛亂及類似騷亂）獨佔的自由行動的權利。

伊藤寫道：「我相信與在韓國唯一有利益的國家——俄國達成協定，今日是最好的機會」、「我認為將締結日英同盟一事延遲至確認能否與俄國達成協定之後較為妥當」。[274]伊藤雖然寫下了這一決定性的意見。但是，這封電報送達東京的時間是十二月八日，元老會議已於一天前結束了。

十二月七日，小村外相在桂邸的元老會議中提交了著名的意見書，擁護日英同盟。

「俄在滿洲地位日益穩固，縱令此次撤兵，彼尚有鐵路，在護衛名義下，有駐兵之權。故若任時勢推移，滿洲終將在事實上歸俄佔領，此事不容置疑。滿洲既為俄有，韓國亦難自全。故我邦於今速求處置之途當屬極其緊要。

「欲使俄如我所望答應解決韓國問題，已非純然外交談判之所能。為之方法唯二。即一、為貫徹我國所望，示以不辭交戰之決心；二、與第三國結盟，依其結果，使俄不得已容忍我國之所望。然與俄國交戰，不僅要極力避免，而且彼關於滿洲之要求，從大局穩定和平原則出發，亦無顯示最後決心之正當口實。」

因此，小村認為採取第二種方法是上策。

小村列舉出與俄羅斯的協定的四點問題：「一，維持東洋之和平僅止一時」；「二，經濟上利益少」；「三，傷害清國人之感情，導致損我諸多利益」；「四，產生與英海軍力量保持平衡之必要」。其中，關於第一點，他寫道「俄之侵略主義終究不滿足於此，期進一步置支那全國於其勢力下，故與俄國之協約原本不足保證永久維持和局。」

相對於此，小村列舉了與英國結盟的有利之處：「一，可比較恒久地維持東洋之和平」；「二，無需擔心受列國非難，且與帝國之主義相貫通」；「三，增進我邦在清國之勢力」；「四，有利於韓國問題之解決」；「五，可得財政上之方便利益」；「六，通商方面有諸多利益」；「七，可保持與俄國海軍力量之平衡。」[275]

由於井上也順從了多數意見，元老會議認可了小村的意見，決定邁向日英同盟。[276]

恰好，栗野在此時抵達了巴黎。伊藤離開俄羅斯，去過倫敦後，又再次來到了巴黎。栗野從伊藤那裡聽說簽署日英同盟條約迫在眼前。他在震驚的同時，感到頗為氣憤。「搞這樣的伎倆，現在我到俄國赴任，什麼事也做不了。我期待的特別任務全部被廢棄了，我決心不去俄國，直接從巴黎返回日本。」他明白受到了小村的欺騙。栗野給本省發電報，表示希望回國，對伊藤也坦言了這種想法。但是，伊藤勸慰道。

君攜有陛下之親任狀，就此持歸併不妥當。無論如何，先一度赴任，萬事在此之上再論如何。若愈欲歸朝，吾輩亦當盡力。

伊藤自身也是桂和小村的手下敗將。由此，栗野默默地前往聖彼得堡。栗野晚年回憶自己的心境，「當時胸中實沸反盈天。」[277]

林董公使在報告書中寫道，小村外相以伊藤、井上這些「最有勢力之人」為對手，「不顧井上，不恐伊藤，視兩人如等閒，斷行己之所見而不動搖，乃最應感佩之人物」。的確，小村在極限之處制服了伊藤、井上，貫徹了自己的路線。不過，林董對栗野充滿了同情，雖然他想要實行自己相信的事情，採取了「正當之手段」，卻變成了這樣的結果，「只能說可憫」。[278]小村承認欺騙了栗野。

十二月六日，日本向英國政府出示了自己的方案。

拉姆斯道夫制訂答覆方案

從結果上來講，由於伊藤的訪問，俄羅斯政府或許反而對日本方面的態度放下了心，做夢也沒有想到日本政府會做出邁向締結日英同盟的決斷，拉姆斯道夫加緊了制訂針對伊藤案的方案。十二月五日（一一月二二日），外相將制訂好的方案呈交給皇帝。方案如下：

一，相互保證朝鮮的獨立；

二，相互負有義務，不以戰略目的使用朝鮮領土任何部分（或者日本的義務）；

三，相互負有不在朝鮮沿岸講求任何有可能使朝鮮海峽的自由航行暴露於危險的軍事措施的義務（或日本的義務）；

四，俄羅斯承認日本在朝鮮擁有工商業方面的行動自由，在與俄羅斯進行事先協定的基礎上，擁有為使朝鮮政府履行真正政府的義務，提供援助、建議的優越權利。包括為鎮壓叛亂以及有可能破壞日韓和平關係的其他一切騷擾，提供必要限度的軍事援助。

五，在前項所提及的場合中，日本負有只向朝鮮派遣嚴格的必要數量的軍隊，且在履行任務後立即召回的義務。屆時，其條件為在俄羅斯國境附近嚴格劃定的地區無論發生任何事情，日本軍都不得入內。

六，日本方面承認在清帝國毗鄰俄羅斯諸州的一切事務，俄羅斯擁有優越權利，日本負有決不妨害俄羅斯在這些州的行動自由的義務。

七，本協定取代一切先行協定。[279]

尼古拉在拉姆斯道夫十二月五日（一一月二三日）呈交的信件上批示道，「贊成。俄羅斯無論如何也不應該放棄在朝鮮保持與日本同等數量軍隊的權利。」[280]這條批示的前後句相互矛盾。拉姆斯道夫方案的前三項與伊藤方案一致。伊藤方案的第四項是「排他性權利」，拉姆斯道夫方案改為了「優越權利」，沒有完全否定俄羅斯的介入權，所以說尼古拉的主張也是置若罔聞了。加上了日本軍不能進入國境地區這樣的主張，進一步限制了日本的統治權。然後，要求日本承認俄羅斯在滿洲的優越權。

經皇帝批准，拉姆斯道夫方案與伊藤方案一同送交財政、陸、海軍三大臣閱看。財政大臣維特認為與日本的協定具有第一級的意義，強烈贊成。「通過放棄朝鮮，我們消除了與日本不斷發生紛爭的根源，將日本從永遠有進攻擔憂的敵國，轉變為時刻擔心辛苦獲得的領土是否會再度失去，因而即使並非同盟國，也要努力與我們的鄰居維持睦鄰關係。」[281]

庫羅帕特金提出了自己的修正案。庫羅帕特金認為，日本沒有與俄羅斯戰爭的口實，與俄羅斯戰爭會給日本帶來危險，沒有好處。就算讓北滿洲在一定程度上從屬俄羅斯，也可以避免與日本的衝突。「因此，我們不應支付過高的代價去換取與日本的新協定。放棄朝鮮和將其讓給日本確實是過高的代價。」庫羅帕特金認為，如果日本軍進入朝鮮，應該阻止其「常駐」，且日本軍不得進入朝鮮北部。還有一個海峽問題，不能讓日本在朝鮮南部海岸修建要塞設施。第三，有必要保護俄羅斯在滿洲的行動自由。庫羅帕特金從這種觀點出發考慮了修正案，不過只在第二項強調了日本不能以軍事目的利用朝鮮來針對俄羅斯，除此之外，他大致接受了拉姆斯道夫方案。[282]

在海軍大臣還沒有做出回覆時，拉姆斯道夫就以要將方案送交伊藤為由，得到了皇帝的批准。然而，在拉姆斯道夫還未及發出給伊藤的信時，海軍大臣特爾托夫就送來了原則上反對的意見。「俄羅斯在朝鮮南部獲得港口必須是這個協定的主要條件之一。」十二月十四日，拉姆斯道夫將此事報告給皇帝，皇帝於當日做出指示，「以朕批准過的形式送出」。[283]無視了海相的反對。

伊藤收到拉姆斯道夫的信後，於十二月廿三日（一〇日）從布魯塞爾寄去回信，他寫道，「雖然我充分相信貴國掌握權柄之士的合作意願，但這個方案本身距離兩國間容易地達成實際的、永久的共識仍然有著遙遠的路程。」伊藤首先批判了第六項，俄羅斯在清國諸州擁有優越的權利這一規定太過曖昧，不過，他關注的核心說到底還是第四項，「我認為在朝鮮排他性的自由行動權（exclusive free hand of Japan in Korea）是唯一能夠真正理解的基礎。」[284]他對拉姆斯道夫方案去掉「排他性權利」這一規定表示反對。他還提及了第五項限制日本行動範圍的規定。即使在伊藤看來，日本也不會接受這個方案。伊藤也無力阻止奔向日英同盟的歷史洪流了。

簽署日英同盟條約

過完年，日英繼續進行交涉。一九〇二年一月十四日，英國提出了對應方案，十八日，日本提出第二次方案，接著，廿四日英國也提出第二次方案，交涉有條不紊地展開著。終於，在一月廿八日，雙方對最終案達成了一致。[285]問題最大的關於韓國條款的表述為「鑒於日本國……在韓國政治上並商業上具有特別程度之利益……承認當因他國之侵略行動……我之利益受到侵迫時，可為維護利益採取必要的措施」。對英國來說，保護其在清國的利益的措施得到了承認。

為了保護上述利益，當條約締結國的一方與他國發生戰爭時，其餘的條約締結國要保持中立，並行使影響力，使別的國家不對同盟國採取敵對行為。如果別國加入敵對行為時，條約締結國要去支援同盟國，並肩作戰。一九〇二年一月三十日，日英兩國簽署了這個《日英同盟條約》。[286]也就是說，當日本與俄羅斯圍繞在朝鮮的權益發生戰爭時，英國要保持中立，但如果第三國，比如說法國、德國加入俄方戰鬥時，英國要站在日本一方作戰。

俄法宣言

栗野公使將《日英同盟》的正文遞交給了俄羅斯外相。栗野說，他對締結這種「不太合乎目的」的協定感到震驚，他熱切希望不要中止因伊藤的訪問而開啟的日俄協定的交涉。[287]但是，公使的話沒能寬慰拉姆斯道夫外相，他因日英結為同盟而受到了沉重打擊。很明顯，日英同盟針對的是俄羅斯。作為俄羅斯，有必要找尋中和日英同盟影響的對策。

二月廿四日（一一日），拉姆斯道夫質問栗野，日本政府真心希望日俄兩國在遠東擁有和平的關係、友好的協作嗎？不抵觸日英條約的第四條，與俄羅斯締結另外的條約可能嗎？小村外相得到栗野的報告後，於三月十二日發去指示，日方就韓國問題一直在尋求日俄協作，但開始協定交涉需要時機，現在由於俄羅斯政府內部有對立，正在關注事態的發展。[288]這是當然的反應。

此時，拉姆斯道夫外相採取了果斷舉措。三月十九日（六日），俄羅斯與同盟國法國一同發表了關於日英同盟的宣言。宣言稱，日英同盟再次確認了維持遠東現狀和全面和平、清韓兩國獨立和領土完整、對列國工商業活動開放等原則是構成兩國政策的基礎，俄法兩政府對此感到滿意。這些原則也是俄法兩國的原則。「俄法兩政府鑒於被迫要留意其他列國的敵對行動、清國可能再度發生騷亂等事項，因而不得不考慮在發生這樣的情況時，為保護相關利益採取應有的措施。」

俄羅斯政府同時還單獨發表了聲明。俄羅斯政府的原則相較義和團運動發生時沒有變化。俄羅斯尋求「友好國清國和韓國的獨立與領土完整」，希望維持遠東的現狀與和平。西伯利亞鐵路建設將對世界工商業向這個地區擴展做出貢獻。儘管有一部分政治圈的謠言、報紙評論，但俄羅斯對英日兩國表明的原則「只是由衷地感到共鳴」。[289]

或許有人認為這樣做巧妙地避開了尋蹤而至的爭吵，有君子之風，然而，只在語言上表現出高姿態，無助於化解現實中的緊張和危機，可以說這是糊塗的做法。俄羅斯實際感受到的衝擊並不會因為這項策略而消解。

俄羅斯締結滿洲撤兵協定

實質性行動在滿洲問題上表現出來了。去年一九〇一年夏秋時期，俄羅斯和清國雙方都萌發了再次展開交涉的願望，俄羅斯方面提出了關於撤兵的條約方案。據該年十月，日本掌握的資訊，方案如下：

一，關於滿洲問題，廢止從前一切提議，在新方案基礎上協商本問題。
二，俄國將東三省整體（包括營口港）歸還清國，且於本年中（清曆）歸還山海關營口之間的鐵路。
三，俄國於本年中（清曆）自奉天悉數撤退其軍隊。
四，自本問題協定之日起，俄國軍隊於二年內漸次從黑龍江地方及吉林撤退。
五，關於新編清國軍隊之事，在與俄國軍事官商談基礎上，由盛京將軍決定。但以禁止清國軍隊使用大炮為條件[290]

對此，日本反覆提出修改要求，如果行不通，則要求俄清推遲交涉。[291]十一月七日，清國方面積極推動與俄羅斯簽署協定的李鴻章去世，也有這個原因，[292]交涉推遲了。十二月，交涉再開，清國方面照會希望將撤退期限從三年縮短為一年。俄羅斯方面不同意。無論維特還是庫羅帕特金都表示反對。[293]

然而，日英同盟的締結給俄羅斯外交部、俄羅斯政府帶來了衝擊。恰在這個時候，清朝政府向俄羅斯政府提出了關於滿洲撤兵協定的新方案。一九〇二年二月廿五日，慶親王送信給雷薩爾公使，希望俄方原封不動地接受去年十二月遞交的修正提案。九天後，清方提出新的妥協方案，將撤退時間由一年改為十八個月。拉姆斯道夫認為應該接受，因為「滿洲問題的解決可以給迄今為止的不確定狀態畫上句號，使帝國政府今後的行動模式不再遭受任何非難」。[294]財相維特和陸相庫羅帕特金也都認為可以接受，[295]這大概還是與受到日英同盟的打擊有關吧。

一九〇二年四月八日（三月二六日），俄羅斯和清國終於簽訂了滿洲撤兵協定。其第二條約定俄羅斯在六個月內撤走盛京西南部遼河地區的軍隊，將鐵路歸還清國，在接下來的六個月內，撤走盛京的剩餘部隊以及吉林的軍隊，然後再用六個月撤退在黑龍江的軍隊。[296]

日英同盟的成立和俄清撤兵條約的簽訂讓日本的反俄論者感覺獲得了勝利。四月廿五日，國民同盟會召開解散大會，近衛篤麿做了如下演講：「前些時候，吾人再度促使第二次俄清條約廢棄，進而又締結日英協約，明確約定保全清韓兩國的獨立，即現在終於見到滿洲問題的完全解決。」「雖然吾人亦不敢安心以為俄國會照此條約，永久拋棄其從來之政策，不再入兵，然而作為為世界輿論宣導保全支那者……相信於此暫且告一段落最為適當。」大會宣言的開頭如下：

日英同盟茲已成立，滿洲問題既已解決，今吾人基於當初向天下公眾誓言之約款，解散同志會盟之時已然到來。[297]

伊茲沃利斯基最後的韓國中立化方案

日英同盟成立的衝擊在別的地方也表現了出來。一九〇二年八月二日（七月二〇日），駐日公使伊茲沃利斯基重新向外相提交了關於韓國中立化構想的意見書。[298]「朝鮮問題是遠東政治局勢最為不安定的要素，在此基礎上，我國和日本之間有可能發生危險的紛爭。」為此，以往俄羅斯和日本簽訂了數次協定，努力防範危險。但是，現在協定的缺陷暴露了出來。由於協定規定了種種不能做的事情，帶有「否定的性格」，兩國不能分別向朝鮮派遣軍隊。然而，「由於韓國國內統治完全解體，缺少有能力和公心的政府，這個國家如果沒有外國援助，絕對不能合理地處理自己的國事。」、「由於限制了給韓國政府提供應有的援助，俄羅斯和日本有可能一方面促進了危機的發展，另一方面又為只以搾取韓國為目的而來的國際實業家們打開了這個國家的門戶。」[299]

這種狀況對日本是有利的，但對俄羅斯就不同了。「日本將在經濟面成為韓國完全的主人，反過來這又為日本提供了加強在政治上對該國進行要求的基礎……。」日本「將會不斷製造陰謀，威脅性格軟弱的韓國皇帝，讓他放棄努力，甘心成為日本的保護國」。日英同盟締結後，日本外交高調起來，陰謀會進一步加強。如果任其發展，「數年後，我們大概就會面臨這樣一種兩難處境：是承認日本在韓國政治上、經濟上的影響力完全得以確立這種既成事實，還是因這個國家的事情而與日本發生武力衝突。」伊茲沃利斯基因而得出結論：「現行的俄日協定在朝鮮問題上無法成為將來俄日關係的堅實基礎。」[300]

那麼，有別的道路嗎？日本政府將一八九八年協定視為俄羅斯佔領關東州的結果。因此，日本認為如果俄羅斯再進入滿洲，就應該認可日本進一步進入朝鮮。因一九〇〇年的事態，日本輿論沸騰了。當俄羅斯方面提出韓國中立化構想後，雖然伊藤首相表示贊成，但加藤外相很抵觸。即使去年的拉姆斯道夫－伊藤會談也顯示了一八九八年西德二郎外相的主張。[301]即便如此，到日英同盟簽署為止，俄羅斯能夠與日本就朝鮮問題締結協定這種議論仍然成立。對俄羅斯來說，一九〇〇年的事態是預想之外的。滿洲遲早會進入俄羅斯的影響下，但用軍隊佔領遭到了日本的強烈反對。日本有做出行動的可能性，但「鑒於西伯利亞鐵路尚未完工，我國的太平洋海軍力量還處於過渡期這種狀況，不是與日本衝突的有利時期。能夠推遲這一時期，解決最為燃眉之急的滿洲問題的配套措施無論是什麼樣的都值得期待。」因此，在朝鮮問題上向日本讓步的主張被提了出來。讓步是暫時的，最終勝利的將是俄羅斯的朝鮮政策。如果日本獲取了朝鮮，反而會在財政上、力量上變得很艱難，會被反日運動折磨。日本會出現「危險的國內危機」，喪失軍事力的優勢，最終會從朝鮮收手。所以說，當時締結日俄協定是可能的。[302]

然而，日英同盟成立了，因此「想要與日本直接協定的判斷已經變得蒼白無力」。因為日俄的一切交涉都會受到英國的牽制，無法成為「強有力的『modus vivendi（妥協）』」。所以我們最終必須捨棄與日本締結兩國間協定的想法。如果這樣，我們的目標應該是保障俄羅斯利益和遠東和平的「新配套」，即通過加入美國的三國協定來實現「韓國中立化」。雖然美國傳統上一直採取不介入政策，但如果它看到日英同盟使得日本政策變得活躍，增加了這個地區的不安定性，有可能從傳統的政策中走出來。[303]

伊茲沃利斯基的方案思考得比較透徹，也考慮到了韓國皇帝的性格。

栗野的日俄協商方案

栗野公使到俄羅斯赴任後沒有事情可做。庫羅帕特金在日記裡記下了栗野帶著駐在武官村田惇拜訪他時的情形：

栗野公使單刀直入地將話題切入到令人煩惱的主題上。他說他在法國時認識了德爾卡塞，談了話。他確信法國希望與日本保持和平關係，對此他感到高興。他說德爾卡塞數次指出，對日本來講，與俄羅斯和平共處是必要的。他自己對這個意見深有同感。他知道沒有理由來妨礙實現日俄和平共處。他認為日本商業活動的擴展無論對俄羅斯，還是對其他國民，都不會造成不安。基於他的這種說法，我插口道，日本應該不是所有人都這麼看的吧。公使回答，報紙和一部分狂熱的人確實對俄羅斯有敵對情緒，但政府和擁有健全判斷力的人全都理解與俄羅斯保持和平關係的必要性。駐在武官也附和說，對日本來講，與俄羅斯發生戰爭是不幸的。我說，雖然這方面的事情歸拉姆斯道夫負責，但我作為一名戰士，戰爭對我們來講也是災難，這一點我和駐在武官閣下的意見相同。不過，由於我國比日本強大，如果發生戰爭，固然要不斷付出犧牲，但最終我們將會獲得勝利吧。我對日本新任駐俄公使理解日本真正的立場感到很欣喜，但我認為你們應該考慮到日本快速的成功和成長造就了其他諸國不信任的局面。列強都對日本的力量表示擔憂，會為削弱這種力量而高興。而俄羅斯的成長則使得這些列強更加不安，視俄羅斯力量更為危險，對這些列強而言，如果俄羅斯的力量耗盡，他們擔憂的根源減小，他們會更加高興吧。我這樣表達後，公使主動說，那些列強指的是英國和美國吧。[304]

兩人通過這番對話，確認了如果日俄對立、發生戰爭而互相消耗，英國將會獲利這種令人不愉快的觀點。栗野聽了庫羅帕特金的話，大概強化了仍然應該追求日俄協作路線的想法吧。庫羅帕特金拍著胸脯說如果發生戰爭，俄羅斯將會勝利，這雖然有點滑稽，但或許是受到了一九〇一年末日本軍演習觀察報告的影響。

一九〇一年末，駐日武官瓦諾夫斯基參觀了在仙台近郊舉行的的日本軍大型演習後，發回了報告。「步兵的戰術訓練較弱，這三年幾乎沒有任何進步。」「炮兵的組織本身不充分。隨處可見不會使用炮，特別是不會使用速射炮的情形。」其結論是，「以這樣的軍隊為對手，只要讓強勁的、擁有炮的騎兵部隊展開稍微急速的、猛烈的遊擊行動，就會確實地取得決定性的勝利。」[305]同去參觀的第一西伯利亞軍團參謀長伊萬諾夫少將尖刻地評論道：「與中國作戰所取得的勝利沒有教給他們任何東西，他們的軍事技術觀一步也沒有前進。」日軍的司令官們「從歐洲的觀點來看，必須歸於不勝任的一類。」日本軍只是紙上的數字，只存在於新聞廣告中，稱之為「嬰兒軍(armii mladentsev)」很恰當。[306]如果這樣妄自尊大的評價對陸相產生了影響，是很嚴重的問題。

另一方面，俄羅斯國內的危機正在逐漸深化。一九〇二年三月，在南俄羅斯的哈爾科夫、波爾塔瓦兩州，農民打破了持續四十年的沉默，爆發了攻擊地主領地的騷亂。皇帝將要分發土地的謠言又一次復蘇。遭到襲擊的地主領地多達八十個，一〇九二位農民受到審判，其中八三六人被判有罪。接著，四月十五日（二日），西皮亞金內相在辦公室被偽裝成軍人的學生射殺。翌日，社會革命黨戰鬥團宣稱對此事負責。數日後，普列韋被任命為繼任者。維特失去了政權內的朋友，得到了敵人。之後，在維特財相和普列韋內相爭奪主導權的鬥爭中，改革方案的審議也停滯了。

在這時，一九〇二年七月七日，小村外相給栗野公使發去訓令，命令他「擔負起公使本身的責任，絕對秘密地」打探，發表俄法宣言後，俄羅斯是否改變了對日俄協商的想法，協商的條件是否有變等。[307]俄羅斯人都認為栗野屬於日俄協商派，或許小村覺得這一點最有助於搜集情報吧。七月廿三日，栗野與拉姆斯道夫進行了會談，拉姆斯道夫回答說，俄羅斯方面的態度是積極的，去年伊藤的意見以及他的答覆方案有成為「協商的基礎」的可能性。栗野欣喜之下開始了行動。八月四日，栗野沒有請示外務省的指令，就根據自己的判斷向俄方提出了日俄協商案。其內容如下：[308]

一，相互保證清韓兩帝國的獨立並領土完整。

二，相互保證不將韓國領土的任何部分用於戰略或軍事目的。

三，俄國承認日本國在韓國的優越利益，保證不干涉韓國事務以及日本國在該國與和平利益相關的行動，承認日本國在韓帝國有以下權利：

甲，為增強商業及工業上的利益的行動自由；

乙，為使韓國完全履行善良政府的義務，給予其建議及援助；

丙，當出現叛亂或其他國內紛擾，侵迫韓國對日本國的和平關係時，可根據需要派遣兵員，但該兵員完成任務後，應立即撤退。

丁，為守備隊和保護電信線路及鐵路，維持既有的員警隊。

四，日本國承認一八九八年俄國向日本政府通告的租借旅順口及大連灣，且承認俄國在滿洲為保護俄國權利及利益的行動自由。

五，日俄兩國間現存關於韓國一切約定於茲終止，失去效力。

將這個提案與拉姆斯道夫對伊藤提案做的答覆案相比較，最初二項相同。對於將日本給予韓國建議和援助的權利稱為「優越」也相同。這份方案雖然沒有禁止日本軍進入國境地帶的條款，但承認俄羅斯在滿洲的利益、行動權。俄羅斯外交部的調查書《一八九五年以來與日本就朝鮮問題交涉概觀》（一九〇六年）評價栗野的這份提案，「對伊藤侯爵的提案做了若干實質性的發展」。拉姆斯道夫大概認為，它雖然比伊藤提案稍好，但還是不能接受吧。[309]

不能否認，這份提案作為在日英締結同盟之後赴任的日本公使所作，有些不合時宜。栗野的意見不是和東京本省（外務省）、政府協商的結果，這一點也立即被俄羅斯方面看穿了。沒有找到拉姆斯道夫的答覆，或許他沒有答覆。

羅森和巴甫洛夫的意見

實際上，伊茲沃利斯基因家庭原因請求調整任職地，此時已經確定在秋季將他調任為丹麥公使。日本公使的橄欖枝伸向了一八九九年離開東京，擔任塞爾維亞公使的羅森。於是，俄羅斯方面將伊茲沃利斯基的意見書、栗野的提案都轉給羅森，徵求他的意見。羅森於一九〇一年九月廿五日（一二日）寫成了長篇意見書。根據希曼斯基的概括，其內容如下：

羅森首先指出，這次日本方面的要求比一八九八年的要求更進了一步。「現在栗野的提案超過了一八九八年三月，日本人在我的斡旋下所提出的最初方案中想要獲取的東西，如果接受栗野的提案意味著我方在讓步的道路上又前進了一步，這恐怕不是理想的事情吧。那個時候，我們剛剛佔領旅順，而且只用了很有限的兵力，如果當時英、日艦隊示威，僅憑此舉，我們就不得不退卻。」羅森想說的是，現在俄羅斯已經佔領了滿洲。

日本增加部署在朝鮮的軍隊，而俄羅斯則失去根據以往的協定可以部署軍隊的權利，這違反了俄羅斯的利益。反過來，俄羅斯所得到的，只是日本承認俄羅斯根據與清國的協定獲得的租借遼東半島，這並沒有必要。而且，無論是一八九八年，還是伊藤訪俄的一九〇一年，日本都是「潛在的友邦」，有成為友邦的可能性，而現在它締結了日英同盟，成為了敵對的協約加盟國。並且，日本不在滿洲採取反對俄羅斯的行動也構不成有價值的「回報」。

現在，日本作為英國的同盟國，對它來說，滿洲變得必要起來。因此，在考慮對日本做進一步讓步的時候，我們有必要先搞清楚「作為日英同盟盟主的英國打算在多大程度上支持自己的同盟國對朝鮮的欲望，又打算在多大程度上反對我們對滿洲的意圖」。

羅森的看法是與日本達成共識已沒有可能。即使與日本締結了協定，戰爭的危險也不會消失。因為日本絕不會放棄征服朝鮮半島的欲望。讓日本停止用戰爭的危險來威脅俄羅斯，只有俄羅斯毀滅日本，或保證遠東的陸海軍兵力可以壓倒日本。在這樣有必要憑藉軍事力量壓倒日本的情況下，俄羅斯不能從滿洲撤兵。[310]

此時的羅森否定了探尋與日本達成協定的途徑。

這個時期的駐韓國公使巴甫洛夫的意見也廣為人知。在日本，人們普遍認為一九〇二年的韓國中立化案是伊茲沃利斯基和巴甫洛夫共同提出的，實際上，巴甫洛夫沒有參與此事，他是反對的。這一年的九月，巴甫洛夫在返回本國休假的途中，順道去東京，與伊茲沃利斯基進行了會談。當時，他詢問了由日、俄、美共同保障韓國中立化的構想。其後，巴甫洛夫去法國，與曾經的上司、原駐清國公使、現任法國公使喀希尼相見後，返回了俄羅斯。巴甫洛夫返回俄羅斯後，於九月廿三日（一〇日）寫下以反對伊茲沃利斯基意見為主旨的意見書呈交皇帝。[311]

巴甫洛夫開篇說明，他無意探討美國是否會對這個方案表示贊同，日本對這個方案會感到多大程度的魅力，他想要探討的是，韓國中立化方案「從我國在遠東的利害這一角度來看具有什麼樣的意義」。[312]

首先，只要這個方案不能令日本滿足，日本就會認為這是「外交上的失敗」，結果會導致滿洲問題再度尖銳起來。如果日本提出滿洲中立化的要求，一旦英、美表示贊同，俄羅斯就會處於離開滿洲的壓力之下。

「儘管在積極的意義上，韓國中立化問題獲得了解決，但毫無懸念，我們會置身於愈發尖銳的關係和武力衝突的威脅中。」

值得關注的是巴甫洛夫對與日本發生戰爭的威脅的見解。「原本，我個人即使在日本反俄輿論最為激烈、高漲的時候，也完全不認為與日本發生武力衝突的危險彷彿近在眼前，就像日本以及外國的報紙雜誌所渲染的那樣。而且，我有充分的信心說，無論多麼有過激傾向的日本政治家，在最後的瞬間，相較於做出讓日本投入與俄羅斯武力戰鬥的決斷，更有做出面向一切妥協和讓步的準備。然而儘管如此，我們還是應該設想發生戰爭的可能性。」[313]

如果朝鮮出現問題，俄羅斯只對日本向朝鮮出兵提出抗議，觀望情形是可能的。但是，如果締結了韓國中立化的國際協定，與日本發生戰爭是不利的。因為在和談的時候，我們不能從朝鮮獲得任何好處。巴甫洛夫的結論是，「實現韓國中立化方案本來就伴隨著極其嚴重的實際困難，從任何方面對我們來說都是不理想的。」[314]

皇帝在意見書上批道：「我反而傾向於贊成巴甫洛夫的意見。」[315]

進而，巴甫洛夫於兩天後針對遠東形勢寫下了更加全面的意見書。在這份意見書中，巴甫洛夫寫道，俄羅斯向太平洋地區進軍的最終目的在於在朝鮮半島完全確立俄羅斯的地位，他指出其前提是統治滿洲。他認為，為了統治滿洲有必要設法從決定撤兵的春季條約中解放出來，還有必要針對日本進行安全保障。日本不會輕易順從俄羅斯的想法。英國等國大概也會支持日本。因此，有必要與日本締結協定。由於日本的任何一位領導人都不敢冒然做出與俄羅斯戰爭或武力征服朝鮮的決斷，因此締結協定是可能的。這份協定應該是以往協定的補充。

在這一點上，我們在絲毫不損害我國實質性的國家利益，不妨害朝鮮問題最終解決的前提下，可以承認日本政府極其廣泛的自由，允許日本參與朝鮮內政所有部門的組織和管理，包括財政和軍事部門，允許日本確保在鐵路、郵政、電信的設置和利用專一的特權。

作為回報，必須要日本秘密約定完全不介入我們在滿洲的事業，要承擔兩國在朝鮮的相互關係上的明確的義務。這個義務必須足以將俄羅斯的讓步正當化。與日本訂立的協定，是俄羅斯實現在滿洲的任務期間暫時性的產物。[316]

巴甫洛夫的主張是，由於日本統治朝鮮不會長久，當前先以滿韓交換論與日本締結協定，俄羅斯先將注意力集中於滿洲。不過，要對日本的朝鮮統治權加以限制。將來，等到日本統治朝鮮碰壁之時，俄羅斯可再統治朝鮮。

巴甫洛夫雖然反對韓國中立化方案，但贊成以日俄協定作為目標。伊茲沃利斯基認為日俄協定沒有意義，由此，他提出加入第三國的中立化方案。而羅森既反對中立化方案，也認為日俄協定沒有意義。可謂三人三種意見。

可以推測，巴甫洛夫對韓國政權安定性的認識是形成其想法的基礎。他與美國公使艾倫經常交換意見。艾倫在當年五月三十一日送交美國外交部的報告中寫道，[317]高宗起初對日英同盟和俄法宣言抱有非常的恐懼之心，但不久冷靜下來後，注意到韓國與清國一同受到極大的關注，變得開始認為現在有可能實現韓國中立化了。「巴甫洛夫公使也對我說，我法同盟的聲明在這樣一個時點強化了皇帝錯誤的安全保障觀，是錯誤的。」[318]

艾倫報告了韓國國內極其糟糕的形勢。「事實上，漢城沒有政府。無論是大臣還是局長，如果沒有皇帝的命令，任何人什麼事都做不了。外務大臣因在俄羅斯國境架設電信線路之事，與俄羅斯公使發生對立，最近辭職了。雖然任命了其他人為代理大臣，但那個人也馬上『因病休假』了，儘管他還擔任著宮中的職務。一個迄今為止一直擔任翻譯的年輕人被任命為臨時代理大臣，他甚至沒有像樣的能力……。現在無法直接與外務部共事。就算皇帝有能力和意願，但他也不可能參與國事所有的細節。」

「最近我從美國回到這裡後，對現狀徹底失望了。……因去年糧食歉收，引發了饑饉，數千人掙扎在饑餓線上，然而，雖然已經有數百人死亡，皇帝卻依舊奢靡，把錢浪費在沒有效益的地方。同時，他在所有方面都在謀劃著獲得外國的貸款。為慶祝本年十月皇帝即位將滿四十周年，……為了招待外國使節，正在緊臨我公使館的地方修建兩棟大型西式建築。……為了這個即將到來的慶祝會，還在修建一個特別寬敞的會議場地。……王宮常年雇傭的專職舞伎多達八十人」、「民眾處於眼看就要爆發叛亂的臨界狀態。地方的動亂時有發生。不過尚沒有引導叛亂爆發的協作行動。但是，欠缺的只是領導人的登場而已」、「官職買賣成為了詛咒，仍然能見到一些令人震驚的買賣，價格確實在上漲。……皇帝一人對所有這一切都負有責任。」

在敘述了這些後，艾倫寫了他的韓國對外關係認識，語言極度悲觀、帶有諷刺。一八九四年時，日本迫使韓國皇帝發誓進行改革。「現在這個誓言完全被無視。」、「在韓國，日本和俄羅斯看上去似乎正在分享影響力。皇帝一直扮演著讓兩者爭鬥的角色。」一八九八年春，俄羅斯完全退出後，日俄協定抑制了雙方中的任何一方介入韓國。於是，韓國嘗試進行自我治理（self government）。然而，五年的經驗表明，這個國家完全沒有做好這種準備。

「現在的混沌狀態遲早會因外部的介入而終結吧。那時大概會給予韓國非常必要的指導之手吧。」

這就是不折不扣的大國美國的看法。那麼，美國打算怎麼做呢？艾倫寫道：「美國的利益由巨大的金山所代表。」美國沒有參與韓國事務的想法。沒有加入中立保障、幫助這個國家的願望，當前的關注只集中在獲取資源上。

艾倫就韓國國內危機報告了與巴甫洛夫大致相同的意見。巴甫洛夫在六月二十日的報告中寫了如下展望：「預計糧食收成將有所改善，因此這個國家現在的狀態大概能夠再維持一年。到那個時候為止，政府賣官鬻爵的貪欲會嚇跑潛在的買家，即使仍有買賣，也會變少。那樣的話，宮廷的權貴們就會失去收入，而被過度徵稅的民眾到那時大概就不得不掀起叛亂來吧。」[319]

最後介入這場朝鮮政策論爭的人是維特。維特從遠東視察歸來後，於一九〇三年一月十日（一九〇二年一二月二八日）提交了長篇意見書，對巴甫洛夫和羅森的意見書做出了回應。維特贊成羅森的與日本發生衝突不可避免的意見，不過他反對採取積極的對日政策，「無論從俄羅斯國內還是從國際關係的角度來說，以現在一般的狀態」，有必要至少將衝突推遲十年左右。而關於與日本訂立協定之事，維特贊同巴甫洛夫的意見，留下最終解決問題的可能性，當前先謀求妥協。[320]也就是說，維特認為戰爭能夠推遲十年左右，因此，當前進行交涉、協定是可能的。

結果，外交部給前往日本赴任的羅森公使下達訓令，指示他就朝鮮問題再度進行交涉，要盡一切努力迴避與日本的所有衝突，並提示交涉的原則是：必須以朝鮮獨立和領土完整為基礎；雖然向日本做出了讓步，但日方不應該「預先決定朝鮮問題」；不允許介入滿洲問題。[321]

日本對韓國中立化方案的反應

然而，以紙上談兵告終的伊茲沃利斯基的韓國中立化方案卻使日本政府動搖了。伊茲沃利斯基曾對美國駐日公使巴克說過，巴甫洛夫訪問日本的時候，自己與他協商過韓國中立化方案。伊茲沃利斯基大概是為了打探美國的意向而這麼說的吧，但巴克公使誤認為這個方案是巴甫洛夫提出的，他將事情想像為巴甫洛夫和伊茲沃利斯基達成了一致意見，他們將在與巴黎的喀希尼公使商談後，作為三公使的共同意見進行提案。美國公使將這件事傳達給了小村外相，外相於九月十九日給聖彼得堡的栗野公使發去電報，令他探查事態。[322]翌日，外相又將這份電報轉發給了駐法國和駐美國公使。駐韓國的林權助公使於九月廿二日得知了這件事，[323]恰在這個時候，韋貝爾正在訪問韓國，林權助更加擔心起來。

上述韋貝爾之來韓或與此問題相關亦未可知，若然，因曩日曾有由韓國首先向我提出永久中立之議，韓廷部分人員今尚處夢想中，韋貝爾之來韓，難測不使本問題複燃。[324]

然而，也有巴甫洛夫休假離開了漢城的緣故，韋貝爾不過是為了參加慶祝高宗即位四十周年的紀念活動，從聖彼得堡趕來而已。[325]

那個時候，其實伊茲沃利斯基方案已經在俄羅斯政府內部遭到了駁斥。然而，日本政府直到這年秋天的十一月末，一直被韓國中立化案的陰影困擾著。[326]

對此，小村外相於十一月一日將答覆案送給了栗野，可以推測內容是如下的對俄交涉五原則：一，維持清韓兩國的獨立、領土完整。二，日俄兩國互相承認在滿、韓擁有的利益。三，承認為保護利益的出兵權。「四，俄國承認日本擁有對韓國內政改革進行建議及援助（包括軍事援助）的專權。」五，俄羅斯不妨害韓國鐵路和東清鐵路的連接。[327]答覆案粗暴地拋棄了甚至就連栗野私案都提到的不將韓國領土用於戰略目的的限制，而針對俄羅斯的韓國中立化方案，悍然提出了要求日本統治韓國的「專權」，這就是小村的決心。

另外，一九〇二年八月，俄羅斯駐在武官瓦諾夫斯基離開了日本，取而代之的是弗拉季米爾・薩莫伊洛夫。他與瓦諾夫斯基不同，能夠正當地評價日本軍的實力。[328]

維特視察遠東

這個時候，財政大臣維特做了一趟遠東旅行。這年九月皇帝前往利瓦吉亞後，維特就出發了。維特訪問了旅順、大連、符拉迪沃斯托克。日本政府得知他的遠東之行後，想讓他訪問東京，做了一些工作，外相拉姆斯道夫也推進了此事，但不知為什麼，訪日許可沒有適時送達，維特直接返回去了。[329]十月，維特赴利瓦吉亞向皇帝做了彙報，之後提交了長篇報告書。

格林斯基幾乎全文發表了維特的報告書。[330]維特在報告書的開頭再次寫道，西伯利亞鐵路是連接歐洲和亞洲的動脈，掌握這條鐵路的俄羅斯能夠享受作為兩個世界的「中間人」的利益。然後他對西伯利亞移民的狀況做了長篇論述。但是，報告的重點當然放在了滿洲問題和日本問題上。

維特指出，政府各部門派駐當地的代表們對於俄羅斯的滿洲撤退問題，與清國、日本的關係等問題缺乏根本上的一致性，這是很嚴重的問題。陸軍擔憂中國人發起新的暴動，海軍擔憂與日本發生戰爭。鐵路技師們的關注點全都集中在鐵路上。見解上的不一致導致「行動模式欠缺統一」。[331]客觀而言，因俄羅斯佔領旅順、鋪設南滿洲鐵路，南滿洲局勢變得動盪不安，為此不得不不斷擔憂在遠東發生突發事件的可能性。到了這時候，維特也不得不承認自己所推動的大連和南滿洲鐵路建設變成了危險的存在。由點和線構成的南滿洲鐵路王國——維特領導下的財政部繪製的藍圖現在正飄搖於風雨中。

正因為如此，維特主張，俄羅斯必須要遵守春季簽訂的條約，從滿洲撤軍。維特指出由於締結了這份條約，俄軍能夠行使的權力受到了限制，有些軍官不能理解這一點。雖然現在俄羅斯軍隱藏了暴力行為的蹤影，但畢竟過去曾經有很多，當地居民的不滿仍然留存著。俄軍徵發物資也是導致不滿的原因。根據春季的條約，俄羅斯負有解除軍政的義務，但部分軍隊指導部門仍在介入清朝的行政。清朝行政也有問題。但是，俄羅斯應該根據協定盡到義務，姑且先撤兵，這樣才能在與清國的關係中恢復俄羅斯正確的政治性位置。[332]「對日本來說，它想在滿洲和朝鮮佔有優勢，至少想在朝鮮佔有優勢，這一點最近成為了最為至關重要的問題之一」、「它似乎無論如何也要維持在這裡的優勢，並且做好了訴諸任何極端手段的精神準備。」、「但是，由於俄羅斯也關心在朝鮮的利害」，一直進行著各種努力，因此對立就加深了。「只要我們不暫時明確地放棄對朝鮮半島的要求，日本從自我保護的情感出發，大概會成為對我們不僅是在朝鮮，而且是在整個遠東一切企圖的不變的反對者吧。」[333]

維特寫道，很多人的意見是俄羅斯在朝鮮問題上不應該讓步，因為與日本的戰爭不可避免，最好由俄羅斯發出宣戰公告，但我不贊成這一點。如果向前走，東清鐵路在工商業方面將會推進俄日協作，而且，即使不能如此，以目前的狀況也是將對立暫時拖延下去為好。

維特強調，「在近期與日本發生軍事鬥爭對我們來講將是巨大的災難」，雖然俄羅斯無疑會勝利，但會付出過於巨大的犧牲，如果要戰爭，就必須要做好準備，到戰爭發生為止，至少應該完成東清鐵路的建設。[334]「或者與日本發生武力衝突，或者將朝鮮完全讓給日本，在這兩害之中，對於近期的俄羅斯來講，害處較小的是後者。日本也許會因較小的讓步就感到滿足，「但搞不好的話，我們甚至有可能暫時將朝鮮完全讓出去。」在這裡維特做出結論，通過交涉消除朝鮮問題的對立是「俄羅斯遠東政策第一等的最重要任務之一。」[335]

維特對鐵路守備隊也做了探討，已派遣的阿莫爾軍區的士兵大致上足夠了，不過如果將俄羅斯人遷入鐵路地帶的話，安全將會更加有保障。接著，維特彙報了財政部所掌控的哈爾濱和大連的發展情形。哈爾濱人口已經達到兩萬人，「正在逐步成為位於滿洲心臟部的俄羅斯大都市」。大連將在一年後完成基礎設施的建設，為了使它成為「富有活力的國際貿易中心」，有必要促進商人的移居，還應該允許外國商人取得不動產、推進城市自治體的組織建設。對於大連會損害符拉迪沃斯托克的商業利益這種議論，維特是維護大連的。[336]

由於這篇報告面面俱到，觸及到了各個方面，因而沒有明確的結論。這樣一來，維特的遠東視察及其長篇報告並沒有成為重新審視俄羅斯遠東政策的報告而受到重視。

維特從遠東返回後，大臣們議論的熱點是漢人向滿洲和蒙古移民的動向。遷移至滿洲的移民集中在東清鐵路沿線地區。[337]庫羅帕特金在十一月三日（一〇月二一日）的上奏中寫道，「漢人移居蒙古……是對蒙古自治原則的直接性侵害。漢人的這個新措施將來無疑也會指向俄羅斯。」移至東清鐵路沿線的移民，「根據阿莫爾軍區司令官的意見，這是漢人威脅鐵路的新步伐，是為了妨礙鐵路周邊地帶的擴大和俄羅斯人的移住，圖謀將鐵路限制在狹窄的框架中」，庫羅帕特金對此非常抵觸。皇帝於十一月五日（一〇月二三日）在陸相的上奏書中批示道，「有必要積極地解決俄羅斯人移居鐵路地帶的問題。」[338]

雖然外交部和北京公使反對將漢人移居問題視為危險並採取對策，但皇帝指示要向清朝政府提出抗議，因此駐北京公使進行了抗議。財政部感到這樣的移民政策有問題。[339]

十一月九日（一〇月二七日）在雅爾達舉行了四相會議，大臣之間進行溝通協商。出席會議的是財相、陸相、外相、內相。陸相繼續表明反對之意，他認為，如果漢人移居至鐵路沿線，鐵路的防衛就會變得很困難。對此財相維特表示，移民多的鐵路地區與移民少的鐵路地區相比，雖然防衛困難，但移民少的地區鐵路收入也少，會增加俄羅斯人的負擔。然後，他指出，雖然南滿洲支線與旅順的連接具有重要意義，但這條線路原本就是經過眾多中國人居住的地區，因此，有必要與當地居民建立良好的關係。總之，維特的意見是模棱兩可的。與會者全都贊同，如果想使俄羅斯人遷往鐵路地帶，必須使得這片地區或者成為俄羅斯的領土，或者至少從屬於俄羅斯，否則是行不通的。因此最後得出的結論是，只要是這樣，將來或者將滿洲併入俄羅斯，或者使其完全從屬於俄羅斯。然而這種事情是不可能實現的。維特盡最大努力，也只能有所保留地說，這個過程「不可急，要順其自然。」[340]

繼馬婁澤莫夫之後，盧科亞諾夫也注意到了這場會議。他對維特這番話的解讀是，維特主張就連在滿洲，俄羅斯也不要表現出任何的積極性。維特變成了完全的消極論者。「完全放棄在中國的龐大的經濟擴張計畫，對尼古拉二世而言是沉重的打擊。」[341]

皇帝得到這次協商會的報告後，裁斷贊成陸相的意見，「必須要阻止漢人向滿洲移民」，然而實現這個目標的現實性對策並不存在。

別佐勃拉佐夫被派往遠東

就在維特視察遠東期間，政府內定將商船部門從財政部的管轄中剝離出去，成立新的中央商船商港管理局，局長由亞歷山大・米哈伊洛維奇大公擔任，海軍少將阿列克謝・米哈伊洛維奇・阿巴扎被任命為其助理。維特回到首都後，十一月二十日（七日）、廿三日（一〇日），命令頒佈了。[342]由於阿巴扎是別佐勃拉佐夫最為親密的合作者，這項人事安排顯示出別佐勃拉佐夫對皇帝的影響力在增強。

面對遠東政策陷入的僵局，皇帝想到了別佐勃拉佐夫。別佐勃拉佐夫被召喚到利瓦吉亞宮，皇帝決定派他去遠東。十二月十四日（一日），返回首都後的別佐勃拉佐夫開始了行動。庫羅帕特金在當天的日記中記錄了與別佐勃拉佐夫會面時的情形，這似乎是二人第一次會面。

> 今天，遠東問題的一名編外顧問、四等文官別佐勃拉佐夫來拜訪我。他是從利瓦吉亞直接趕來的，說遵照陛下指示找我有事，要求面見。他過分親暱得令人吃驚。在他那屢屢曖昧的說明中，不時迸出「我和陛下」這個表述。「我的名字（庫羅帕特金）、維特、拉姆斯道夫」等詞語都是在指責這些大臣們時使用。大家都在混亂之中，什麼都不懂，只有他自己、別佐勃拉佐夫能夠拯救俄羅斯的事業。按別佐勃拉佐夫所說，現在陛下派遣他到旅順，讓他從那裡指導朝鮮和滿洲的特許權。他還說，他將給阿列克塞耶夫帶去特別委任狀，令他在南滿洲以違反我們約定的秘密方式開展行動。

庫羅帕特金詢問這個「秘密方式」是什麼，別佐勃拉佐夫說是將南滿洲開放給外國資本，然後利用馬賊讓外國企業破產。庫羅帕特金說，如果做出那樣的事會成為俄羅斯的恥辱。他還指出，不太應該讓俄羅斯人在朝鮮定居，如果俄羅斯人被殺害，要求出兵，說不定會與日本發生戰爭。[343]

庫羅帕特金描述的別佐勃拉佐夫被極度戲劇化了。但實際上，別佐勃拉佐夫從皇帝那裡得到了什麼樣的委任並不明確。此外，庫羅帕特金還和阿巴扎談過話。這點從十二月三十日（一七日）庫羅帕特金的上奏中可知。庫羅帕特金對皇帝說，他與別佐勃拉佐夫和阿巴扎就俄羅斯在朝鮮的事業談過話，並講述了對此的意見。庫羅帕特金說，別佐勃拉佐夫為了莫名其妙的事業，向他請求派遣參謀本部的馬德里托夫中校，但馬德里托夫中校不能聽命於別佐勃拉佐夫，他打算派馬德里托夫中校去做阿列克塞耶夫的部下。庫羅帕特金還說，他對別佐勃拉佐夫說了如下的話：那種試圖以在朝鮮的特許權為基礎，為劃分俄日勢力圈而在清韓國境處修建無人地帶的想法，在他看來就是勉為其難。他認為眼下重要的是儘量不製造與日本發生衝突的契機。皇帝批准了對馬德里托夫這件事的處理辦法，對於別佐勃拉佐夫的事業也說，「這項事業絕對不能給我們製造麻煩。」[344]從這番對話的情形來看，此時別佐勃拉佐夫似乎尚未出發。據希曼斯基的研究，別佐勃拉佐夫是年底從首都出發的。[345]

進軍遠東的負責人維特視察遠東歸來後，也沒能確定下任何一個明確的遠東政策。這個時候，問題人物別佐勃拉佐夫又被皇帝派遣去了遠東。在顯然穩固了陣勢的日本面前，俄羅斯仍然搖擺不定。

【略稱一覽】

機構名稱

AVPRI	Arkhiv vneshnei politikiRossiiskoi imperii [俄羅斯帝國對外政策檔案館（莫斯科）]俄語原文：АрхиввнешнейполитикиРоссийскойимперии
AVPR, MID	Arkhiv vneshnei politiki Rossii, Ministerstvo inostrannykh del SSSR [俄羅斯聯邦對外政策檔案館，原蘇聯外交部檔案館（莫斯科）]俄語原文：АрхиввнешнейполитикиРоссийскойФедерации(сокр.АВП РФ, бывшийАрхив МИД СССР)
GARF	Gosudarstvennyi arkhiv Rossiiskoi Federatsii [俄羅斯聯邦國立檔案館（莫斯科）]俄語原文：ГосударственныйархивРоссийскойФедерации
IKMGSh	Istoricheskaia komissiia po opisaniiu deistvii flota v voinu 1904-1905 gg. Pri Morskom General'nom Shtabe[海軍總司令部1904—1905年戰爭海軍行動紀事歷史委員會] 俄語原文：Историческойкомиссиипоописаниюдействийфлотавойну1904-1905гг. приМорскомГенеральномштабе.
OPIGIM	Otdel pis'mennykh istochnikov Gosudarstvennogo istoricheskogo muzeia[國家歷史博物館文書部（莫斯科）] 俄語原文：Отдел письменных источников государственного историческогомузея
RGAVMF	Rossiiskii gosudarstvennyi arkhiv voenno-morskogo flota [俄羅斯國立海軍檔案館（聖彼德堡）] 俄語原文：Российский государственный архив военно-морскогофлота
RGVIA	Rossiiskii gosudarstvennyi voenno-istoricheskii arkhiv [俄羅斯國立軍事歷史檔案館（莫斯科）] 俄語原文：Российский государственный военно-исторический архив
RGIA	Rossiiskii gosudarstvennyi istoricheskii arkhiv [俄羅斯國立歷史檔案館（聖彼德堡）] 俄語原文：Российский государственный исторический архив
TsGIAM	Tsentral'nyi gosudarstvennyi istoricheskii arkhiv Moskvy[中央莫斯科國立歷史檔案館]

俄語原文：Центральный государственный исторический архив Москвы

VIK Voenno-istoricheskaia komissiia po opisaniiu Russko-Iaponskoi voiny General’nogo Shtaba [參謀總部日俄戰爭紀事戰史委員會]
俄語原文：Военно-историческая комиссия по описанию русско-японской войны генерального штаба

書名

DKPIa *Dokumenty kasaiushchiesia peregovorov s Iaponiei v 1903-1904 godakh, khraniashchiesia v kantseliarii Osobogo Komiteta Dal’nego Vostoka,* [Sankt-Peterburg], 1905

DMAIaR Doneseniia morskogo agenta v Iaponii A. I. Rusina (1902-1904 gg.), *Russkoe proshloe,* 6, 1996

KA *Krasnyi arkhiv*

RIaV *Russko-Iaponskaia voina. Iz dnevnikov A. N. Kuropatkina i N. P. Linevicha*, Leningrad, 1925

RJWGP *The Russo-Japanese War in Global Perspective: World War Zero*

SGTSMA *Sbornik geograficheskikh, topograficheskikh i statisticheskikh materialov po Azii*

SMVMV Domozhilov(ed.), *Sbornik materialov po voenno-morskim voprosam. Vol. I. Iaponsko-kitaiskaia voina*, Sankt-Peterburg, 1896

註　釋

註：檔案館的未公開文書皆按照以下原則記載。1）作者在檔案館首次發現、使用的，只記述文書內容、檔案館以及其文書編號。2）作者在檔案館閱覽、使用了先行研究已經利用過的文書時，在記述文書內容、檔案館、文書編號之後，會說明先行研究的相關處。3）再次引用被先行研究引用過的文書時，首先敘述先行研究的相關之處，再記述文書內容。

檔案館名稱全部使用《略稱一覽表》中所列略稱。著作名稱的略稱也見《略稱一覽表》，另外，還列舉了首次出處。敬請參照書末附錄的文獻目錄。

第一章　日俄戰爭為何發生

1. 司馬遼太郎《坂上之雲》1，文藝春秋，1969年，316頁；文春文庫（新裝版），8，1999年，310頁。
2. 同上，1，317-318頁，文庫版8，312頁。
3. 同上，2，1969年，274-275頁；文庫版8，321-322頁。
4. 同上，文庫版2，1999年，48-49頁。
5. 同上，353-354頁。
6. 同上，360頁。
7. 同上，文庫版3，1999年，66頁。
8. 同上，176頁。
9. 同上，173頁。
10. 同上，173頁。
11. 同上，文庫版2，50頁。
12. 同上，401頁。
13. 同上，402-403頁。
14. 同上，文庫版3，94頁。
15. 同上，177頁。
16. 同上，文庫版2，405頁。
17. 同上，文庫版3，98頁。
18. 同上，95頁。
19. 同上，96-97頁。
20. 同上，176頁。
21. 同上，178頁。
22. 同上，180頁。
23. 同上，182頁。
24. 各個相應的部分，見外務省編《小村外交史》復刻，原書房，1966年，315-316，318頁。谷壽夫《機密日俄戰史》，原書房，1966年，31-32，34頁。
25. 谷，上述書，31頁；《小村外交史》315頁的文章大致相同。
26. 《小村外交史》316頁，谷，上述書，32頁有同樣的話。

27. 《小村外交史》358頁，谷，上述書，34頁。
28. 《日俄戰史編纂史料》第23卷藏於福島縣立圖書館佐藤文庫。
29. S. Iu. Vitte, *Vospominaniia*, Vol. 1-3, Berlin, 1922-23. 馬上出了蘇聯版。S. Iu. Vitte, *Vospominaniia*, Vol. 1-3, Petrograd-Moscow, 1923-1924. 英譯版反而是最早出版的。*The Memoirs of Count Witte,* Translated from the original Russian manuscript and edited by Abram Yarmolinsky, London, 1921. 日語版為大竹博吉監修《維特伯爵回憶錄日俄戰爭和俄羅斯革命》上中下，俄羅斯問題研究所，1930年。1960年，蘇聯出了按時間順序整理的新版。S. Iu. Vitte, *Vospominaniia,* Vol. 1-3, Moscow, 1960. 在ペレストロイカ之後，還出了口述筆記版。*Izarkhiva S. Iu. Vitte.Vospominaniia,* Vol. 1, *Rasskazy v stenograficheskoizapisi*, part 1-2, Sankt-Peterburg, 2003; Vol. 2, *Rukopisnyezametki,* Sankt-Peterburg, 2003.
30. B. V. Anan'ich, R. Sh. Ganelin, *SergeiIul'evichVittei ego vremia*, Sankt-Peterburg, 1999, pp. 355-357.
31. *Dokumentykasaiushchiesiaperegovorov s Iaponiei v 1903——1904 godakh, khraniashchiesia v kantseliariiOsobogoKomitetaDal'negoVostoka*[hereafter DKPIa][Sankt-Peterburg], 1905. 這份資料在散發後被收回，據說，散發出大約60冊。P. Simanskii, DnevnikgeneralaKuropatkina(Izmoikhvospominanii), *Na chuzhoistorone*, XI, Praga, 1925, p. 73. 這部書因封面顏色而被稱為《紅書（Malinovaiakniga）》。到了1910年，流亡者布林采夫以《日俄戰爭的責任者們》為題，在柏林與拉姆斯道夫的意見書一同編輯出版了這部《紅書》。V. I. Burtsev, *Tsar' ivneshneishaiapolitika: vinovnikiRussko-iaponskoivoinypotainymdokumentam. Zapiski gr. LamsdorfaiMalinovoiknigi*, Berlin, 1910.
32. Ministerstvo Inostrannykh Del,*Z apiskapopovoduisdannogo Osobym Komitetom Dal'nego Vostoka Sbornikadokumentovpoperegovoram s Iaponiei 1903-1904 gg.*Sankt-Peterburg., 1905.這篇文章於1907年由雜誌轉載。L. Slonimskii,GrafLamsdorfi「Kpasnaiakniga」,*VestnikEvropy*, 1907, No. 4, pp. 816-825.
33. A. M. Abaza, Russkiepredpriiatiia v Koree v sviazi s nasheipolitikoinaDal'nemVostoke 1898-1904. December 1905, GARF, F. 601, Op. 1, D. 529, pp. 1-145.
34. *Obzorsnoshenii s Iaponieipo* к о *reiskimdelam s 1895 goda*. Sankt-Peterburg, 1906. GARF, F. 568, Op. 1, D. 211, pp. 1-91.
35. A. N. Kuropatkin, *Otchet gen.-ad. Kuropatkina,* Vol. I-IV, Sankt-Peterburg-Warsaw, 1906-1907.
36. A. N. Kuropatkin, *Russko-iaponskaiavoina 1904-1905 gg. Itogivoiny*. Sankt-Peterburg, 2002, p. 177.
37. Ibid., pp. 190, 192-193.
38. Ibid., pp. 129-131.
39. Ibid., pp. 174-175.維特第四項批判補充自其它地方（pp.156-157）。
40. Ibid., p. 176.
41. AleksandrRediger, *Istoiriamoeizhizni. Vospominaiiavoennogoministra*. Vol. 2, Moscow, 1999, p. 19.

42. S. Iu. Vitte, VozniknovenieRussko-Iaponskoivoiny, TsGIAM, F. 540, D. 299, 340. S. Iu. Vitte, *Vospominaniia*, Vol. 2, Moscow, 1960, p. 596 (Kommentarii 36).
43. *Vynuzhdennyiaraz'iasneniiagrafaVittepopovoduotcheta gen.-ad'iut.Kuropatkina o voine c Iaponiei.*Sankt-Peterburg., 1909, pp. 9, 11.
44. Ibid., pp. 36-39.
45. Ibid., pp. 42-46.
46. Ibid., pp. 46-47.
47. Ibid., pp. 47-69.
48. Ibid., pp.70-77.
49. Ibid., pp. 77-83.
50. B. B. Glinskii, Prolog Russko-iaponskoivoiny(Arhivnyematerialy), *Istoricheskiizhurnal,* 1914, No. 1-12. 單行本*Prolog Russko-iaponskoivoiny: Materialyizarkhivagrafa S. Iu. Vitte* . S predisloviemi pod redaktsiei B. B. Glinskogo, Petrograd., 1916. 關於出版的經過，參見Anan'ich, Ganelin, op. cit., p. 354.
51. Vitte, *Vospominaniia,* Vol. 2, Moscow, 1960, pp. 291-292. 有無數個引用例子。《普列韋傳》的作者Judge避免將其直接當作普列韋的話引用，只寫道「據聞這樣說道(allegedly made his remark)」（Edward H. Judge, *Plehve: Repression and Reform in Imperial Russia 1902-1904*, Syracuse University Press, 1983, p. 172），1994年我否定了這一說法，普列韋沒有理由這樣說話。（《俄羅斯史2》山川出版社，1994年，333頁）。
52. 軍事法庭於1907年12月10日（11月27日）至1908年2月20日（7日）進行了旅順要塞歸還事件的審判。斯特塞爾的死刑判決被減為10年監禁。記錄見 *Delo o sdachekreposti Port-Arturiaponskimvoiskam v 1904 g. Otchet.*Sostavil pod.red. V. A. Apushkina, Sankt-Peterburg, 1908.因日本海海戰的關係，這兩起事件分別被提交到1906年7月4日（6月21日）和11月的軍事法庭。V. Iu. Gribovskii, V. P. Poznakhirev, *Vitse-admiral Z. P. Rozhestvenskii,* Sankt-Peterburg, 1999, pp. 268-271.
53. E. I. Martynov, *Izpechal'nogoopytaRussko-Iaponskoivoiny*, Sankt-Peterburg, 1906, p. 14.
54. Ibid., p. 27.
55. Ibid., p. 52.
56. Ibid., p. 64.
57. Ibid., p. 156.
58. Ibid., p. 157.
59. A. Svechin, *Russko-Iaponskaiavoina 1904-1905 gg. podokumental'nymdannym trudaVoenno-istoricheskoikomissiiidrugimistochnikam*, Oranienbaum, 1910, pp. 86-387. 關於本書內容的討論，可參見 Yokote Shinji, Between Two Japanese-Russian Wars: Strategic Learning Re-appraised, *The Russo-Japanese War in Global Perspective* [hereafter RJWGP], Vol. II, Brill, Leiden, 2007, pp. 113-115.
60. *Russko-Iaponskaiavoina 1904-1905 g.g.* RabotaVoenno-istoricheskoikomissiip oopisaniiuRussko-IaponskoivoinyGeneral'nogoShtaba, Vol. I-IX, Sankt-Peterburg, 1910 [hereafter VIK, *Russko-Iaponskaiavoina*]

61. 希曼斯基的簡歷，見PosluzhnySpisok P. N. Simanskogo, RGVIA, F. 409, Op. 1, D. 175323. 他的著作 *Iaponsko-kitaiskaiavoina 1894-1895*. Per. s nem., Sankt-Peterburg, 1896; *Suvorov. Kratkiiocherkzhizniideiatel'nostietogoznamenitogovo zdiarusskikhvoisk.Lektsii*, Moscow, 1899; *Voina 1877-8 gg.PadeniePlevny.* Sankt-Peterburg, 1903.
62. P. N. Simanskii, *SobytiianaDal'nemVostoke, predshestvovavshieRussko-Iaponskoivoine(1891-1903 g.g.)* Part I. *Bor'baRossii s Iaponiei v Koree,* Part II. *Bor'baRossii s Iaponiei v Kitae*, Part III.*Poslednii god,* Sankt-Peterburg, 1910. 關於這部著作的執筆過程，希曼斯基在回憶錄中有所記述。P. N. Simanskii, DnevnikgeneralaKuropatkina(Izmoikhvospominanii), *Ha chuzhoistorone*, XI, Praha, 1925, pp. 61-99.
63. 關於這個經過，見 Simanskii, Dnevnik …, p. 64. 以及V. A. Avdeev, "Sekrety" Russko-Iaponskoivoiny(Organizatsiiaizucheniiaistoriirusso-iaponskoivoiny 1904-1905 gg. General'nymshtabomRossii), *Voenno-istoricheskiizhurnal,* 1993, No. 9, pp. 83-89.
64. *Russko-Iaponskaiavoina 1904-1905 g.g.* RabotaIstoricheskoikomissiipoopisaniiudeistviiflota v voinu 1904-1905 gg.priMorskomgeneral'nomShtabe, Vol. 1-4, 6-7, Sankt-Peterburg, 1912-1917. [hereafter IKMGSh, *Russko-Iaponskaiavoina*]。日譯，俄國海軍軍令部編纂《千九百四五年俄日海戰史》海軍軍令部，第1卷上下，2，3，4，6，7卷，1915年。復刻，上下，芙蓉書房出版，2004年。
65. *Russko-Iaponskaiavoina 1904-1905 g.g. Deistviiaflota.Dokumenty.* IzdanieIstoricheskoikomissiipoopisaniiudeistviiflota v voinu 1904-1905 gg.priMorskomgeneral'nomShtabe, Section I-IV, Sankt-Peterburg, 1907-1914 .
66. 外山三郎《日俄海戰史的研究》上，教育出版中心，1985年，98-99頁。
67. 《明治三十七八年日俄戰史編纂綱領》藏於福島縣立圖書館佐藤文庫。關於這份史料，見井口和起《日俄戰爭的時代》，吉川弘文館，1998年，163-166頁。
68. 這些資料也全部藏於福島縣立圖書館佐藤文庫。
69. 外山，同前書，上，98頁。
70. 相澤淳《是「決意奇襲」還是「威力偵察」？——圍繞旅順口奇襲作戰的對立》，軍事史學會編《日俄戰爭（2）》錦正社，2005年，71頁。Julian S. Corbett, *Maritime Operations in the Russko-Japanese War; 1904-1905*, 2 Vols, Anapolis, 1994.《極秘明治三十七八年海戰史》一書現在可於防衛省防衛研究所圖書館閱覽。
71. Yokote,op.cit., pp. 113-115.稿本藏於福島縣立圖書館佐藤文庫。
72. 大江志乃夫《作為世界史的日俄戰爭》立風書房，2001年，358-360頁。
73. 參謀本部編《明治三十七・八年秘密日俄戰史》全3卷，巖南堂書店，1977年。
74. Dnevnik A. N. Kuropatkina, *Krasnyiarkhiv*[hereafter KA], 1922, kn. 2, pp. 3-117.
75. Simanskii, Dnevnik …, p. 61.
76. A. N. Kuropatkin, Prolog manchzhurskoitragedii. *Russko-Iaponskaiavoina. Izdnevnikov A. N. Kuropatkinai N. P. Linevicha*[hereafter RIaV], Leningrad, 1925,

pp. 3-53.日譯本為：庫羅派特金《滿洲悲劇的序曲》，大竹博吉監輯《德帝與俄帝往來書翰》，俄羅斯問題研究所，1929年，287-390頁。

77. 羅曼諾夫的經歷，見V. M. Paneiakh, *Tvorchestvoisud'baistorika: Boris Aleksandrovich Romanov*, Sankt-Peterburg, 2000.

78. B. A. Romanov, *Rossiia v Man'chzhurii(1892-1906)*, Leningrad, 1928.日譯，山下義雄譯《俄國於滿洲的利權外交史》，鴨右堂書房，1934年。復刻，原書房，1973年。原文寫得就不清楚，翻譯幾乎難以讓人理解，品質很糟糕。

79. Romanov, op. cit., pp. IX-X.

80. 他的經歷，請參見兩份職務履歷書。A. A. Svechin, *Predrassudkiiboevaiadeis tvitel'nost'*, Moscow, 2003, pp. 319-326.

81. Ibid., pp. 247-248.

82. Ibid., pp. 132-133.

83. *Pravda*, 3 September 1945, p. 1.

84. B. A. Romanov, *OcherkidiplomaticheskoiistoriiRussko-Iaponskoivoiny. 1895-1907*, Moscow - Leningrad, 1955, p. 14.

85. A. L. Narochnitskii, *Kolonial'naiapolitikakapitatlisticheskikhderzhavnaDal'nem Vostoke 1860-1895*, Moscow, 1956.

86. I. I. Rostunov(ed.), *IstoriiaRussko-iaponskoivoiny 1904-1905 gg*. Moscow, 1977. 日譯本為：《從蘇聯看的日俄戰爭》及川朝雄譯，原書房，1980年。

87. Boris D. Pak, *RossiiaiKoreia*, Moscow, 1979; 2nd edition, Moscow, 2004.

88. Bella B. Pak, *RossiiskaiadiplomatiiaiKoreia,* Vol. I. 1860-1888, Moscow, 1998; Vol. II, 1888-1897, Moscow, 2004.

89. Pak Chon Khio, *Russko-iaponskaiavoina 1904-1905 gg. iKoreia*, Moscow, 1997.

90. I. V. Lukoianov, Bezobrazovtsy: put' Rossii k russko-iaponskoivoine 1904-1905 gg. A Paper presented to the symposium "Russia, East Asia, and Japan at the Dawn of 20th Century: The Russo-Japanese War Reexamined", 29-31 January 2003, Slavic Research Center, Hokkaido University; The Bezobrazovtsy, RJWGP, Vol. I, Brill, Leiden, 2005, pp. 65-86.後者的日文抄譯可見盧科亞諾夫《別佐勃拉佐夫一派——俄羅斯走向日俄戰爭的道路》，日俄戰爭研究會編《日俄戰爭研究的新視點》，成文社，2005年，63-72頁。

91. Lukoianov, TheBezobrazovtsy, p. 86.

92. V. A. Zolotarev(ed.), *RossiiaiIaponiianazare XX stoletiia. Analiticheskiematerial yotechestvennoivoennoiorientalistiki*, Arbizo, Moscow, 1994.

93. I. V. Lukoianov, Poslednierussko-iaponskieperegovoryperedvoinoi 1904-1905 gg. (vzgliadizRossii), *ActaSlavicaIaponica*, Tomus XXIII, 2006, pp. 1-36.

94. I. V. Lukoianov, 「*Ne otstat' otderzhav...*」*:RossiianaDal'nemVostoke v kontse XIX – nachale XX vv.* Sankt-Peterburg, 2008.

95. A. V. Remnev, *RossiiaDal'negoVostoka: Imperskaiageografiiavlasti XIX——nachala XX vekov*. Omsk, 2004.

96. I. S. Rybachenok, *RossiiaiPervaiakonferentsiiamira 1899 goda v Gaage*.Moscow , 2005.

97. Andrew Malozemoff, *Russian Far Eastern Policy, 1881-1904: With Special*

*Emphasis on the Causes of the Russo-Japanese War.*Berkeley, 1958. Reprint New York, 1977.

98. Ibid., pp. 222-223.
99. David MacLaren McDonald, *United Government and Foreign Policy in Russia 1900-1914*, Harvard University Press, 1992, p. 74.
100. 《俄羅斯史2》，332-333頁，和田春樹《對俄羅斯來講的滿洲》，中見立夫等編《滿洲是什麼？》，藤原書店，2004年，387頁。
101. John Albert White, *The Diplomacy of the Russo-Japanese War,* Princeton University Press, 1964.
102. George A. Lensen, *Balance of Intrigue: International Rivalry in Korea and Manchuria 1884-99.* Vol.1-2, Tallahassee, 1982.*The Russo-Chinese War*, Tallahassee, 1967.
103. Ian Nish, *The Origins of the Russo-Japanese War*, London, 1985.
104. David Schimmelpenninck van der Oye, *Toward the Rising Sun: Russian Ideologies of Empire and the Path to War with Japan,* Northern Illinois University Press, 2001.
105. Bruce W. Menning, Miscalculating One's Enemies: Russian Intelligence Prepares for War, RJWGP, Vol. II, pp. 45-80.
106. S. K. Synn, *The Russo-Japanese Rivalry Over Korea, 1876-1904*, Seoul, 1981.
107. 朴鐘涍編譯《俄羅斯國立文書保管所藏韓國關聯文書要約集》（韓文），韓國國際交流財團，2002年。
108. 玄光浩《大韓帝國和俄羅斯以及日本》（韓文），先人社，首爾，2007年。
109. 崔德封《帝政俄羅斯的韓半島政策1891-1907》（韓文），景仁文化社，首爾，2008年。俄語的書，見Choi Dokkiu, *RossiiaiKoreia, 1893-1905*, Sankt-Peterburg, 1997.
110. 田保橋潔《近代日鮮關係研究》上下，朝鮮總督府，1940年。復刻，上下，文化資料調查會，1963-64年，新版，原書房，1973年。
111. 角田順《滿洲問題和國防方針》原書房，1967年。
112. 佐佐木揚《俄羅斯遠東政策和日清開戰》，《佐賀大學教育學部研究論文集》第30集第1號，1982年，《1880年代俄朝關係——以1885年的「第1次俄朝密約」為中心》，《韓》106號，1987年等，是其代表性成果。
113. 森山茂德《近代日韓關係史研究——朝鮮殖民地化和國際關係》，東京大學出版會，1987年。
114. 高橋秀直《通往日清戰爭之路》，東京創元社，1995年。
115. 同上，6頁。
116. 同上，518頁。
117. 千葉功《日俄交涉——日俄開戰原因的再探討》，近代日本研究會編《年報近代日本研究18》山川出版社，1996年，317頁。論文於2008年收入其著作《舊外交的形成——日本外交1900-1919》（勁草書房）時，留下了這裡引用過的前半部，刪除了後半部（146頁）。但文章主旨沒有改變。
118. 《俄國秘密文集書（1）—（9）》，《大阪每日新聞》1907年1月10-18日。
119. 千葉功《滿韓不可分論=滿韓交換論的形成和多角的同盟・協商網的摸索》，《史學雜誌》第105編第7號，1996年7月，40-41頁，千葉，上述書，

64-65頁。

120. 井口，上述書，67-69頁。原田敬一《日清・日俄戰爭》，岩波新書，2007年，208頁曾提到，「日俄戰爭對兩國來講，是可以不打起來的戰爭。」之語。
121. 海野福壽《韓國合併史研究》，岩波書店，2000年，98頁。
122. 伊藤之雄《立憲國家和日俄戰爭》，木鐸社，2000年，204頁。
123. 稻葉千晴《揭露開戰的真相——日俄戰爭》，東洋書店，2002年，63頁。
124. 廣野好彥《日俄交涉（1903-1904）再考》，《大阪學院大學國際學論集》第3卷第2號，1992年12月，32頁。
125. 橫手慎二《日俄戰爭史》中公新書，2005年，22-26，103，112頁。
126. 山室信一《日俄戰爭的世紀——從連鎖視點看日本和世界》，岩波新書，2005年。
127. 和田春樹《尼古拉・羅素——越過國境的民粹主義者》上下，中央公論社，1973年。
128. 和田春樹《日本人的俄羅斯觀——老師・敵人・共苦者》，藤原彰編《俄羅斯和日本——日蘇歷史學研討會》，彩流社，1985年，11-32頁。
129. 和田春樹《日本人如何看待日俄戰爭》，《山梨學院創立60周年紀念志日俄戰爭和朴茨茅斯和議》，山梨學院大學，2006年，17-31頁。
130. Wada Haruki, Study Your Enemy: Russian Military and Naval Attaches in Japan, RJWGP , Vol. II, pp. 13-43.
131. 和田春樹《日俄戰爭——至開戰的俄羅斯的動向》，《俄羅斯史研究》第78號，2006年。
132. 加納格《俄羅斯帝國和通往日俄戰爭之路——以自1903年至開戰前夜為中心》，《法政大學文學部紀要》第53號，2006年10月。

第二章　近代初期的日本與俄羅斯

1. [V. M. Golovnin], *ZapiskiflotakapitanaGolovnina o prikliucheniiakh ego v plenu u iapontsev v 1811, 1812 i 1813 gg.* Part 1-9, Sankt-Peterburg, 1816.之後，此書於1819，51，64，91年出了新版。日譯本為井上滿譯，《日本幽囚記》，岩波文庫，上中下，1943-46年。I. A. Goncharov, *FregatPallada. Ocherkiputeshestvii Ivana Goncharova,* Vol. 1-2, Sankt-Peterburg, 1858.之後，此書於1862，86，95年再版5次。日譯，井上滿譯《日本渡航記》，岩波文庫，1941年，高野明、島田陽譯，雄松堂書店，1969年。
2. 關於這個過程，請參照和田春樹《日本人的俄羅斯觀——老師・敵人・共苦者》，藤原彰編《俄羅斯與日本——日蘇歷史學研討會》，彩流社，1985年；同氏《開國——日俄國境交涉》，日本放送出版協會，1991年，同氏《北方領土問題——歷史和未來》，朝日新聞社，1999年。
3. 原暉之《符拉迪沃斯托克物語》，三省堂，1998年；另外，請參照IuKheDzhon, Evropeiskiigorod v Azii Vladivostok, *Rossiiai ATR*, No. 1(27), March 2000, pp. 44-57.在1874年這一階段，據日本的駐俄公使報告，符拉迪沃斯托克的人口為」海軍水夫、海兵」2,500人，商人4,000餘人。榎本武揚給寺島外務卿的信，1874年10月12日，《日本外交文書》第8卷，170頁。據

原暉之上述書101頁，1878年該市人口為8,393人。
4. 《大日本古文書》幕末外國關係文書，第48卷，9-24頁。
DnevnikVelikogoKniaz'ia Konstantina Nikolaevicha, Moscow, 1994, p. 259.伊藤一哉《俄羅斯人看到的幕末日本》，吉川弘文館，2009年，157-160頁，以上研究根據未公開文書所進行。
5. 保田孝一編著《文久元年對俄外交和西博爾德》，吉備洋學資料研究會，1995年，9-23頁。麓慎一《關於波薩多尼克號事件》，《東京大學史料編纂所研究紀要》第15號，2005年3月，189-197頁。伊藤，上述書，170-199頁。
6. 宮地正人《明治維新的變革性》，第7回韓・日歷史學家會議報告書，2007年。
7. 梅契尼科夫（渡邊雅司譯）《流亡俄羅斯人看到的明治維新》，講談社學術文庫，1982年，25頁。
8. 久米邦武《米歐回覽實記（4）》岩波文庫，1980年，106、109頁。
9. Nikolai ieromonakh, Iaponiia s tochkizreniiakhristianskikhmissii, *Russkiivestnik,* 1869, No. 9.日譯：尼古拉（中村健之介譯）《尼古拉看到的幕末日本》，講談社學術文庫，1979年。M. Veniukov, *OcherkIaponii,* Sankt-Peterburg. 1869. L. Mechnikov, Era prosveshcheniiaIaponii. (Mei-Dzi), *Delo,* 1876, No. 1-2.日譯：梅契尼科夫（渡邊雅司譯）《流亡俄羅斯人看到的明治維新》，講談社學術文庫，1982年。
10. 真鍋重忠《日俄關係史 1697-1875》，吉川弘文館，1978年，312-318頁。
11. 秋月俊幸《日俄關係和薩哈林島——幕末明治初年的領土問題》，築摩書房，1994年，197-198頁，提及了黑田清隆1870（明治3）年10月的建議，1873（明治6）年2月的《樺太事奏議》可參見加茂儀一《榎本武揚》中央公論社，1960年，181-183，210頁。
12. 秋月，上述書，199-203頁。
13. Bella B. Pak, *RossiiskaiadiplomatiiaiKoreia,* Vol. I, 1860-1888, Moscow, 1998, pp. 40-41.
14. 秋月，上述書，206-213頁。
15. 日俄大使館員姓名、就任期間全部根據 George A. Lensen, *Russian Representatives in East Asia,* Tokyo, Voyagers' Press, 1968，以及George A. Lensen, *Japanese Representatives in Russia,* Tokyo, Voyagers' Press, 1968。
16. 加茂，上述書，211-213頁。
17. 榎本公使給寺島外務卿的信，1875年1月3、11日。《日本外交文書》第8卷，168、172頁。
18. 榎本給寺島的信，1875年1月11、15日，同上，175、179頁。
19. 二葉亭四迷《余半生之懺悔》，《二葉亭四迷全集》第10卷，岩波書店，1953年，35頁。
20. 契訶夫（原卓也譯）《薩哈林島》，《契訶夫全集》13，中央公論社，1977年，285-286頁。
21. Struve to Terashima, 13/25 July 1875，《日本外交文書》第8卷，243-244頁。
22. Roman Rosen, *Forty Years of Diplomacy,* Vol. 1, London, 1922, pp. 17-28.
23. Struve to Terashima, 27 August 1875，《日本外交文書》第8卷，266-267頁為

時任理事官受理千島的手續書，1875年10月12日，同上，277頁。

24. 《稻佐和俄羅斯人》（長崎縣立圖書館藏），以及澤田和彥《志賀親朋略傳》，《共同研究日本和俄羅斯》第1集，1987年，40、48頁。
25. V. Ia. Kostylev, *OcherkistoriiIaponii*, Sankt-Peterburg., 1888.
26. 參照田保橋潔《近代日鮮關係研究》上，原書房，1973年，149-182頁。
27. 《日本外交文書》第3卷，134頁。
28. 同上，142頁。
29. 《日本外交文書》第7卷，391-392頁。這點我受到了2009年2月5日第一屆斯拉夫—歐亞研究東亞會議上，麓慎一報告（Fumoto Shinichi, Japan's East Asia Policies During the Early Meiji Era: Changes in Relations with Korea）的啟發。
30. 榎本給寺島的信，1875年1月11日，《日本外交文書》第8卷，173-174頁。芝原拓自《對外觀和民族主義》指出了這份資料的意義，《對外觀（日本近代思想大系12）》，岩波書店，1988年，475頁。
31. 田保橋，上述書，見上，393-395頁。
32. 關於這一事件，「雲揚」號井上良馨艦長的報告書（1875年10月8日）廣為人知。近年，日本史學家鈴木淳發現了修改之前的9月29日的報告書並進行了發表。這裡依據的是這份報告書和鈴木的分析。鈴木淳《「雲揚」艦長井上良馨明治8年9月29日的江華島事件報告書》，《史學雜誌》第111編第12號，2002年12月，64-67頁。關於這份報告書的意義，請參照中塚明《現代日本的歷史認識》，高文研，2007年，146-181頁。
33. Bella Pak, op. cit., Vol. I, pp. 42, 43.
34. S. Anosov, *Koreitsy v Ussuriiskomkrae,* Khabarovsk, 1928, pp. 5-6。和田春樹《俄羅斯領遠東的朝鮮人 1863-1937》，《社會科學研究》第40卷第6號，1989年3月，238-239頁。
35. 和田春樹《自由民權運動和民粹主義者）》，《歷史公論》1976年1月號，63-67頁。
36. 和田春樹《恐怖政治和改革——亞歷山大二世暗殺前後》，山川出版社，2005年。
37. 俄羅斯大臣的履歷全部依據D. N. Shilov, *GosudarstvennyedeiateliPossiiskoiI mperii 1802-1917. Biobibliograficheskiispravochnik*, Sankt-Peterburg, 2001，此處省略個別注釋。
38. Bella Pak, op. cit., Vol. I, pp. 72-73.在日本的工作經歷依據了列森的相關著述。
39. Ibid., p. 75.
40. 田保橋，上述書，上，770-786頁。關於李容翊，參加《韓國人名大事典》，新丘文化社，1995年，686頁，以及角田房子《閔妃暗殺》，新潮文庫，1993年，154-155頁。
41. Bella Pak, op. cit., Vol. I, p. 85.
42. Ibid., p. 104.
43. 《對外之觀（日本近代思想大系12）》53頁。
44. 長谷川直子《壬午軍亂後的日本的朝鮮中立化構想》，《朝鮮史研究會論文集》第32集，1994年10月，143-150，155頁。
45. 高橋秀直《通向日清戰爭之路》，東京創元社，1995年，65-70頁。
46. 田保橋，上述書，上，946-990頁。

47. 《福澤諭吉選集》第7卷，岩波書店，1981年，223-224頁。
48. 福田英子《妾的半生》，岩波文庫，1958年，22-26頁，42頁。
49. 高橋，上述書，163-167頁。
50. 《日本外交文書》第18卷，309頁。田保橋，上述書，上，1097-1125頁。
51. 李泰鎮《高宗時代的再照明》（韓文），太學社，2000年，95-134頁。同氏（鳥海豐譯）《給東大學生講韓國史》，明石書店，2006年，61-67頁。
52. Bella Pak, op. cit., Vol. I,pp. 95-96. 田保橋，上述書，下，6頁寫道，國王派遣了前營領官權東壽、金鏞元等四人。佐佐木揚《1880年代俄朝關係——以1885年的」第一次俄朝密約」為中心》，《韓》第106號，1987年，11頁。
53. Bella Pak, op. cit., Vol. I, pp. 110-112. 史料為Shneur's report, 20(8) August 1884,RGVIA. 佐佐木，上述論文，13頁。
54. A. L. Narochnitskii, *Kolonial'naiapolitikakapitalisticheskikhderzhavnaDal'nem Vostoke 1860-1895*, Moscow, 1956, pp. 370-371. 史料為Kloun'stelegramm, 20(8) September 1884, RGAVMF. 佐佐木，上述論文，13-14頁。
55. Narochnitskii, op. cit., p. 371. 史料為Girs to Davydov, 19 September/1 October 1884, AVPRI.佐佐木，上述論文，14頁。
56. Boris D. Pak, *Rossiiai Koreia*,2ndedition,Moscow, 2004, p. 82. 史料為Davydov to Girs, 2/14 December 1884, AVPRI.岡本隆司《屬國和自主之間——近代清韓關係和東亞命運》，名古屋大學出版會，2004年，160頁關注到了這一記述，指出穆麟德的構想到這時才變成俄羅斯單獨」保護」朝鮮。
57. Boris Pak, *RossiiaiKoreia*, pp. 82-83. 史料為Girs to Aleksandr III, 16/28 December 1884, AVPRI. Girs to Shestakov, 16/28 December 1884 and Shestakov to Girs, 17/29 December 1884, RGAVMF.佐佐木，上述論文，15頁。
58. Bella Pak, op. cit., Vol. I, p. 118. 佐佐木，上述論文，16頁。
59. 和田春樹《尼古拉・羅素——越過國境的民粹主義者》上，中央公論社，1973年，156-157頁。
60. Bella Pak, op. cit.,Vol. I, p.121. 佐佐木，上述論文，16-17頁。
61. 《日本外交文書》第18卷，351-358頁。佐佐木，上述論文，18頁。
62. Bella Pak, op.cit., Vol. I, pp. 125-126. Boris Pak, *RossiiaiKoreia*, 2nd editiion, pp. 149-150.史料為Girs to Aleksandr III, 8/20 January 1885, AVPRI. 佐佐木，上述論文，18-19頁。
63. Bella Pak, op. cit., Vol. I, p. 127. 史料為Korf's telegram, 3/15 February 1885, AVPRI. 佐佐木，上述論文，19-20頁也有引用，不過這裡依據的是Boris Pak, *RossiiaiKoreia*, Moscow, 1979, p. 86。
64. Narochnitskii, op. cit., pp. 372-373. 佐佐木，上述論文，21頁和岡本，上述書，161頁也引用了這裡，但翻譯混淆了。
65. Bella Pak, op. cit., Vol. I, pp. 129-130.
66. Ibid., p. 131.
67. Ibid., p. 131. Girs to Aleksandr III, 10/ 22May 1885, AVPRI.
68. Ibid., pp. 132-133. Instruction to Shpeier, 19/31 May 1885, AVPRI.
69. Ibid., pp. 133-139. 佐佐木，上述論文，27-31頁也參考了中國方面的資料，大致講述了同樣的過程。
70. 月腳達彥《朝鮮開化思想和民族主義——近代朝鮮的形成》，東京大學出

版會，2009年，37-40頁。

71. 會談記錄見《日本外交文書》明治年間增補第1冊，1963年，352-356頁。佐佐木在上述論文49頁只略微提及這一史料，高橋在上述書190-191頁才首次正式提出該史料。
72. 《日本外交文書》明治年間增補第1冊，354頁。
73. 田保橋，上述書，下，19頁，自《光緒中日交涉史料》卷8引用了井上和徐公使的會談記錄，但只寫道「開陳應該改革朝鮮國內政，滅絕將來禍根的意見」。高橋，上述書，191頁同樣使用《日本外交文書》明治年間增補第1冊，只簡單說明」近藤出示了上述報告，說明介入朝鮮政治……的必要」，絲毫沒有深入探討井上對高宗的感情。佐佐木，上述論文，49頁，沒有觸及面談的基本內容。
74. 井上外務卿給榎本公使的信，1885年6月10日，《日本外交文書》明治年間增補第1冊，356-361頁。8條，359-360頁。高橋，上述書，191頁首次使用了這份資料。
75. 榎本給井上的信，《日本外交文書》明治年間增補第1冊，380頁。
76. 井上給榎本的信，1885年6月10日，同上，360頁。榎本的想法曾在5月建議時講述過。這也是德國、英國公使們的意見，為了對抗俄羅斯，有必要共同保護日清，發展至天津條約，就導致了這樣的結果。如果不共同予以保護使之自立，就不能成為類似瑞士、比利時那樣的中立國。榎本給井上的信，1885年5月6日，同上，349-351頁。
77. 榎本給井上的信，1885年5月6日，同上，379，381-383頁。
78. 井上給榎本的信，1885年7月15日，同上，384頁。高橋，上述書，194頁根據這份資料，提出井上主張」放任政策」。但是，這並不正確。因為高橋自己也指出，阻止朝鮮接近俄羅斯是日本對朝鮮政策的第一目標。崔碩莞《通往日清戰爭的道路》，吉川弘文館，1997年，137頁主張，井上的這段話只是在後悔判斷清國態度的錯誤，並不意味著放棄對朝鮮政策，這樣的評價更為貼切。
79. Instruction to Veber, 25 April 1885, *RossiiaiKoreia: Nekotoryestranitsyistorii (konets XIX veka)*, Moscow, 2004, pp. 38-39.
80. Ibid., pp. 40-42.
81. 雖然穆麟德一直等到了韋貝爾上任，但由於沒有得到支援，只好去了天津。Bella Pak, op. cit., Vol. I, p. 161. 後來他擔任寧波稅關長，似乎還與高宗保有聯繫，並為之提過建議。《駐韓日本公使館記錄》12，101頁。關於大院君回國，參見佐佐木，上述論文，35-36頁。
82. Bella Pak, op. cit., Vol. I, p. 154. 佐佐木，上述論文，34頁。
83. 所據有分歧。Narochnitskii, op. cit., p. 390 依據Veber to Girs, 21 October/2 November 1885。Bella Pak, op. cit., Vol. I, p. 157 依據Veber to Girs, 17/24 October 1885。佐佐本，上述論文，36頁。
84. Bella Pak, op. cit., Vol. I, pp. 157-158.
85. Ibid., p. 159.
86. Ibid., pp. 159-160.
87. Ibid., p. 162.
88. Ibid., p. 163. 這個史料Veber to Girs, 6/18 August 1886, AVPRI,

89. 「密啟者，敝邦偏在一隅，雖獨立自主，而終未免受轄他國，我大君主深為恥悶，今欲力加振興，悉改前制，永不受他國轄制，惟不免有所憂忌，敝邦與貴國，睦誼尤篤，有唇齒之勢，與他自別，深望貴大臣，稟告貴政府，協力默允，竭力保護，永遠勿違，我大君主與天下各國一律平行，或他國有所未葉，望貴國派兵艦相助……。」田保橋，上述書，下，36頁。
90. 《高宗時代史》（韓文），第2卷，國史編纂委員會，1970年，860-862頁。
91. 佐佐木揚《圍繞日清戰爭前的朝鮮的俄清關係——以1886年的俄清天津交涉為中心》，《佐賀大學教育學部研究論文集》第28卷第1號，1980年。Bella Pak, op. cit., Vol. I, pp. 166-175.
92. Bella Pak, op. cit., Vol. I, p. 176.
93. Ibid., pp.177-178.
94. Ibid., pp. 178-179.
95. 岡本，上述書，170-171頁。
96. Bella Pak, op. cit., Vol. I, p. 183.
97. ZhurnalOsobogosoveshchaniia, 26 April 1888, KA, 1932, kn. 3(52), p. 55.在公開文本中，「同樣對該國有企圖的日本」寫為「……英國」。文中，英國並不是作為對朝鮮有企圖的國家而出現的，故筆者判斷公開文本中的「英國」為「日本」的誤記。貝拉・朴雖使用了公開文本，但將該處寫為「日本」。Bella Pak, op. cit., Vol. I, p. 186. 佐佐木揚沒有對公開文本提出質疑，將其解釋為重視英國因素。佐佐木揚《從英國・俄羅斯角度看日清戰爭》，《黑船和日清戰爭》，未來社，1996年，171頁。
98. KA, 1932, kn. 3, pp.55-57.
99. Ibid., pp. 57-60.
100. Bella Pak, op. cit., Vol. I, p. 185.
101. KA, 1932, kn. 3、pp. 60-61.
102. 請參照日本俄羅斯文學會編《日本人和俄羅斯語》，納烏卡，2000年。
103. 《官報局時代的工作》，《二葉亭四迷全集》第10卷，岩波書店，1953年，191-222頁。
104. 原，上述書，218-229頁。
105. Narochnitskii, op. cit., p. 552.
106. *Dnevnik V. N. Lamsdorfa (1886-1890)*, Moscow, 1926, p. 159.
107. 保田孝一《大津事件和被害者尼古拉》，《作為危機的大津事件》，關西大學法學研究所，1992年，107頁。保田的主張基於他對俄羅斯外交部文書的研究。
108. 和田春樹《恐怖政治和改革》，320頁。
109. *Russkaiamysl'*, 1890, IV, pp. 244-245.
110. Ibid., 1890, VIII, pp. 159-160. 關於索洛維約夫的這篇論文，可參見VasiliiMolodiakov, *ObrazIaponi v EvropeiRossiivtoroipoloviny XIX——nachale XX veka*. Moscow-Tokyo, 1996, pp. 116-117.
111. 參照以下材料：和田春樹《謝爾蓋・尤・維特》，《歷史學研究》第253號，1961年5月。Theodore H. Von Laue, *Sergei Vitte and the Industrialization of Russia*, Columbia University Press, 1963.1963年（菅原崇光譯《謝爾蓋・維特和俄羅斯的工業化》，勁草書房，1977年）。B. V. Anan'ich, R. Sh. Ganelin,

*Sergei Iul'evichVittei ego vremia.*Sankt-Peterburg, 1999.

112. I. V. Lukoianov, Sibirskaiazheleznaiadoroga, *S. Iu. Vitte, Sobraniesochinenii,* Vol. 1, kn. 2, part 1, Moscow, 2004, pp. 123-125.
113. B. A. Romanov, *Rossiia v Man'chzhurii (1892-1906),* Leningrad, 1928, pp. 51-53.
114. B. B. Glinskii, *Prolog Russko-iaponskoivoiny: Materialyizarkhivagrafa S. Iu. Vitte* . Petrograd, 1916, XXXV, January 1914, p. 8.
115. 《對外之觀（日本近代思想大系12）》242-248頁。
116. 從日本方面的資料可知喬治生於 1869 年，比尼古拉小一歲。《俄國皇太子御遭難之始末》，《大津事件關係史料集》上，山梨學院大學社會科學研究所，1995 年，155 頁。
117. AleksandrBokhanov, *Imperator Nikolai II.* Moscow, 1998, pp. 57-58.
118. *Imperator Aleksandr III iImperatoritsaMariiaFedorovna.Perepiska*, Moscow, 2001, p. 190.
119. A. A. Cherevkova, *OcherkisovremennoiIaponii*, Sankt-Peterburg, 1898, p. 143. 這個事件可參見山室信一《日俄戰爭世紀》，岩波新書，2005年，35-36頁。
120. Ibid., pp. 144-146.
121. 這個事件可參見《東京朝日新聞》1890年11月30日。關於釋放逮捕者，同上，同年12月2日。
122. Narochnitskii, op. cit., p. 553.
123. V. N. Lamsdorf, *Dnevnik 1891-1892*, Moscow-Leningrad, 1934, p. 7.
124. 青木外相給岡部外務次官的信，1891年5月12日，《日本外交文書》第24卷，133頁。Shevich to Aoki, 12 May 1891，同上主旨相同，131頁也有。
125. 以下與大津事件相關的俄羅斯外交部資料由保田孝一發現並獲得，他去世後將資料捐贈給了東京大學史料編纂所。
126. 青木給謝維奇公使的信（公文），1891年2月6日。AVPRI, Missiia v Tokio, Op. 529, 1891 g., D. 397, L. 30. 保田文書。
127. Shevich to Girs, 9/21 January 1891, AVPRI, Missiia v Tokio, Op. 529, D. 42, L. 13-14.
128. 青木給謝維奇公使的信（極秘），1891年1月20日。Ibid., L. 21-23. 同上。
129. Shevich to Girs, 9/21 January 1891, Ibid., L. 14ob.
130. 這個似乎是1891年1月23日（11日）的信。Shevich to Girs, 27 January/8 February 1891, Ibid., L. 14. 同上。
131. 青木給謝維奇公使的信，1891年1月31日。AVPRI, Missiia v Tokio, Op. 529, 1891 g., D. 397, L. 20-23. 法語翻譯 Ibid., L. 16-19. 同上。基於這一史料，保田在上述論文105頁首次明確了青木外相約定在日本刑法中增加侮辱外國貴賓罪一事。
132. Shevich to Girs, 27 January/8 February 1891, Ibid., L. 13-13ob. 同上
133. 青木給謝維奇的信，1891年2月6日。Ibid., L. 30-32. 同上。
134. Shevich to Girs, 27 January/8 February 1891, Ibid., L. 14ob. 同上
135. 保田，上述論文，105頁將刑法改正案視為針對尼古拉訪日的警戒案，這種認識並不正確。
136. Russkaiamysl', 1890, XII, p.229-230.
137. Nikolai II's Diary, 8-12 March 1891, GARF, F. 601, Op. 1, D. 225, pp. 92-107.《東

南亞洲史1》山川出版社，1999年，414頁。

138. 關於烏赫托姆斯基的亞洲觀，見Schimmelpenninck van der Oye, *Toward the Rising Sun: Russian Ideologies of Empire and the Path to War with Japan,* Northern Illinois University Press, 2001, pp. 42-60.
139. Nikolai II's Diary, 15 April 1891, GARF, F. 601, Op. 1, D. 225, pp. 160-161. 保田孝一《最後的俄羅斯皇帝尼古拉二世的日記》增補，朝日新聞社，1990年，20頁。
140. Ibid., p. 162. 保田，上述書，21頁。
141. Ibid., 16 April 1891, Ibid., pp. 163-164. 保田，上述書，23-24頁。
142. 山室在上述書37-38頁中指出了這一點。
143. Nikolai II's Diary, 29 April 1891, GARF, F. 601, Op. 1, D. 225, pp. 190-191. 保田，上述書，11-12頁。
144. Nikolai II's Diary, 18 May 1891, Ibid., D. 226, p. 3.
145. 保田，上述書，16頁。
146. Nikolai's Diary, 1 May 1891, Ibid., D. 225, p. 195. 保田，上述書，48頁。
147. Ibid., p. 192.
148. Ibid., p. 193. 保田，上述書，12頁。
149. Shevich to Girs, 29 April 1891, AVPRI, F. 133, Op. 470, 1891 g., D. 94, L. 20.
150. 《大津事件相關史料集》上，301，337-338頁。
151. Nikolai II's Diary, 1 May 1891, GARF, F. 601, Op. 1, D. 225, p. 196.在保田上述書49頁中有這一記載，但所說「由於過於勞心，臉色憔悴，看上去很醜」屬於虛構。
152. Aleksandr III's resolution, Shevich to Girs, 30 April/12 May 1891, AVPRI, F. 133, Op. 470, 1891 g., D. 94, L. 25.Girs to Shevich, 13 May 1891,《日本外交文書》第24卷，145-146頁。
153. Shevich to Girs, 2/14 May 1891, AVPRI, F. 133, Op. 470, 1891 g., D. 94, L. 35-35ob.
154. Aleksandr III's resolution, Ibid., L. 35.
155. 皇太子的電報，《日本外交文書》第24卷，144-145頁。《大津事件相關史料集》上，202-203頁。
156. Nikolai II's Diary, 7 May 1891, GARF, F. 601, Op. 1, D. 225, p. 205.
157. Ibid., p. 205. 保田，上述書，58頁。
158. 《大津事件關係史料集》上，128-132頁。
159. 《兒島惟謙大津事件手記》，關西大學出版部，2003年，30頁。
160. 曾任外務次官的林董記述道，青木和謝維奇的感情對立就連彼此的夫人都捲入了進來。「公使與外務大臣相互嫉惡之事，余早已知之。」（林董《憶昔錄》，平凡社，1970 年，246 頁）。青木也留下了敘述謝維奇妄自尊大情形的記述，其中未掩飾對他的反感。《青木周藏自傳》平凡社，1970 年，247 頁。
161. 《青木周藏自傳》251頁。
162. Shevich to Enomoto, 5 June 1891,《日本外交文書》第24卷，186頁。
163. Girs to Shevich, 22 May 1891, AVPRI, F. 133, Op. 470, 1891 g., D. 94, L. 55.
164. Shevich to Enomoto, 5 June 1891,《日本外交文書》第24卷，186-187頁。
165. Shevich to Girs, 25 May/6 June 1891, AVPRI, F. 133, Op. 470, 1891 g., D. 94, L. 62-

62ob.榎本新外相請求從謝維奇遞交的文書中刪除對日本屈辱性的言辭，公使在得到本國許可後照做了，這件事情並沒有在日本的外交文書中出現。保田，上述論文，111-112頁基於俄羅斯史料判明了此事。

166. 《大津事件相關史料集》上，111-113頁。北海道廳長官給榎本外相的信。1891年10月6日，《日本外交文書》第24卷，199頁。
167. Nikolai II's Diary, 18 May 1891, GARF, F. 601, Op. 1, D. 226, p. 1.
168. Ibid., pp. 3-4.
169. Vitte' s report 」O poriadkeisposobakhsooruzheniiaVelikogoSibirskogozheleznodorozhnogoputi, 13 November 1892, *S. Iu. Vitte, Sobraniesochinenii*, Vol. 1, kn. 2, part 1, Moscow, 2004, pp. 184-185.
170. Ibid., pp.203-204
171. Ibid., pp. 207-209.
172. Ibid., p. 214.
173. Ibid., p.216.
174. *Sibirskiepereseleniia.* Vyp.2. *KomitetSibirkoizheleznoidorogikakorganizatorpereselenii.Sbornikdokumentov.* Novosibirsk, 2006, pp. 72-74, 84-86.
175. 關於巴德馬耶夫，可參考Boris Gusev, MoidedZhamsaranBadmaev. Izsemeinogoarkhiva, *Novyi Mir*, 1989, No. 11, pp. 199-206.
176. Badmaev's memorandum, 13 February 1893, *Zakulisamitsarizma (Arkhivtibetskogovrachabadmaeva),* Leningrad, 1925, pp. 49-75.
177. Vitte's memorandum, Ibid., pp. 77-81.
178. Aleksandr III's resolution, Ibid. p. 81.
179. 稻垣滿次郎《西比利亞鐵道論 完》，哲學書院，1891年8月。《再版 西比利亞鐵道論》1891年12月。
180. 稻垣滿次郎《東方策》第1篇，活世界社，1891年，58，59頁。
181. 《西比利亞鐵道論完》189頁。
182. 同上，197頁。山室上述書43-45頁關注了稻垣對西伯利亞鐵道的論述，但未必正確把握住了稻垣的主張。
183. 《山縣有朋意見書》，原書房，1966年，197頁。
184. 同上，198-199頁。
185. 高橋，上述書，238頁也寫道，「外交政略論也主張干涉朝鮮內政」。其中指出，所謂中立化，是對接近俄羅斯的朝鮮國王施加壓力。可以推測，1885年井上對高宗的否定意見也為山縣共有。
186. 青木周藏《東亞細亞列國之權衡》，《日本外交文書》第23卷，539-540頁。以往的研究者沒有關注到這一意見書。
187. 同上，541頁。
188. 同上，543頁。
189. 《青木周藏自傳》109-110頁。《東京朝日新聞》主筆池邊三山在1903年5月14日的日記中論及」青木子之大陸經略說」。《文學者的日記3 池邊三山（3）》博文館新社，2003年，145頁。
190. A. Z. Manfred, *ObrazovanieRussko-Frantsuzskogosoiuza.* Moscow, 1975, p. 235.
191. Ibid., pp. 226-227.
192. Ibid., pp. 228-231.

193. Ibid., pp. 228, 312-313.
194. Ibid., p. 324.
195. Ibid., pp. 329-330.

第三章　甲午戰爭與戰後日本、朝鮮、俄羅斯的關係

1. RGVIA, F. 409, Op. 1, D. 183718中有沃加克的職務履歷書 Posluzhnyi spisok。最先發現這一材料，並介紹其經歷的是V. B. Kashirin, "Russkii Mol'tke" smotrit na vostok, *Russko-Iaponskaia voina 1904-1905: vzgliad cherez stoletie*, Moscow, 2004, pp. 152-162. 以及E. V. Dobychina, Russkaia agenturnaia razvetka na Dal'nem Vostoke v 1895-1897 godakh, *Otechestvennaia istoriia*, 2000, No. 4, pp. 161-162.
2. KA, 1922, kn. 2, p.114.
3. *Sbornik geograficheskikh, topograficheskikh i statisticheskikh materialov po Azii* [hereafter SGTSMA].Vyp.LX, LXI, Sankt-Peterburg, 1895.
4. Vogak's report, 16/28 May 1893, SGTSMA, Vyp.LX, pp.1-2.
5. Ibid., p. 10.
6. 杉村給陸奧的信，1893年6月1日，《日本外交文書》第27卷第2冊，152-153頁。陸奧宗光《蹇蹇錄》，岩波文庫，1941年，15-16頁。閣議決定的全文引自中塚明《日清戰爭研究》，青木書店，1968年，115頁。
7. 高橋秀直《走向日清戰爭之路》，東京創元社，1995年，319頁中寫道，從閣議決定的字面意思來看，「不是對抗出兵，日本是獨自先於清國即時先行出兵的」，在30日陸奧的訓令中才變為了「對抗出兵方針」，筆者不理解這種分析的意思。
8. 林董《憶昔錄》，平凡社，1970年，75頁。中塚，上述書，121頁有對林的回憶證言上的價值的考證。筆者支持其判斷。
9. Vogak's report, 23 May/4 June 1894, SGTSMA, Vyp. LX, pp. 23-24.
10. Ibid., p. 27.
11. Ibid., p. 28.
12. 關於兵員數額，原田敬一《日清戰爭》，吉川弘文館，2008年，24-25頁。中塚上述書，127-128頁。
13. 高崎哲郎《大鳥圭介評傳——威而不猛》，鹿島出版會，2008年。杉村濬《明治廿七八年在韓苦心錄》1932年，14頁。
14. Vogak's report, 2/14 June 1894, SGTSMA, Vyp. LX, pp. 35-36. 納羅奇尼茨基將沃加克、韋貝爾等的意見簡單地理解為表現了對清國統治朝鮮的防範心。A. L. Narochnitskii, *Kolonial'naia politika kapitalisticheskikh derzhav na Dal'nem Vostoke 1860-1895*, Moscow, 1956, p. 606. 根據納羅奇尼茨基，佐佐木揚《俄羅斯遠東政策和日清開戰》，《佐賀大學教育學部研究論文集》第30集第1號，1982年，59頁也有相同的記述。
15. 李泰鎮《1894年6月清軍出兵過程的真相——批判自進請兵說》（韓文），收錄於《韓國文化》24，1999年12月，《高宗時代的再照明》，首爾，太學社，2000年。
16. Vogak's report, 2/14 June 1894, SGTSMA, Vyp. LX, p. 37.

17. 《日本外交文書》第27卷第2冊，206，207頁。陸奧，上述書，36-37頁。高橋，上述書，356頁指出這一決定意味著「伊藤內閣確定了對清開戰方針」。
18. 《日本外交文書》第27卷第2冊，235-237頁。陸奧，上述書，42頁。
19. Khitorovo to Girs, 27 May/8 June 1894, KA, 1932, kn. 1-2, p. 12.
20. Kassini to Girs, 10/22 June 1894, Ibid., p. 16.
21. Kassini to Girs, 12/24 June 1894, Ibid., p. 17.
22. Vogak's report, 14/26 June 1894, SGTSMA, Vyp. LX, pp. 41-42, 47-48.
23. Khitorovo to Girs, 13/25 June 1894, AVPRI, F. 133, Op. 470, 1894 g., D. 96, L. 23-23ob. KA, 1932, kn. 1-2, p. 18.
24. Khitorovo to Girs, 13/25 June 1894, AVPRI, F. 133, Op. 470, 1894 g., D. 96, L. 29-31. KA, 1932, kn. 1-2, pp. 18-19. 陸奧，上述書，61-62頁。
25. Kerberg to Girs, 13/25 June 1894, KA, 1932, kn. 1-2, p. 19.
26. Girs to Aleksandr III, 16/28 June 1894, Ibid., pp. 19-20.
27. 《日本外交文書》第27卷第2冊，284-285頁。
28. 原田，上述書，24-25頁。
29. 陸奧給加藤增雄的信，1894年6月23日，以及陸奧給大鳥公使的信，同日，《日本外交文書》第27卷第1冊，558-559頁。
30. 杉村，上述書，24頁。
31. 大鳥給陸奧的信，1894年6月26日，《日本外交文書》第27卷第1冊，561-562頁。
32. 同上書，569-570頁。陸奧，上述書，52-53頁。
33. 同上書，573-576頁。陸奧，上述書，54-55頁。
34. 大鳥給陸奧的信，1894年6月29日，《日本外交文書》第27卷第1冊，582-583頁。杉村，上述書，27-28頁。田保橋潔《近代日鮮關係研究》下，原書房，1973年，364-365頁。
35. Mutsu to Otori, 28 June 1894,《日本外交文書》第27卷第1冊，577-578頁。
36. Mutsu to Otori, 30 June 1894, 同上，583頁。
37. 陸奧，上述書，62-63頁。
38. Khitrovo to Girs, 19 June/1 July 1894, KA, 1932, kn. 1-2, pp. 22-23.
39. Kassini to Girs, 19 June/1 July 1894, Ibid., p. 22.
40. Kassini to Girs, 19 June/1 July 1894, Ibid., p. 25.
41. 陸奧，上述書，64-65頁。
42. 大鳥給陸奧的信，1894年7月9日，《日本外交文書》第27卷第1冊，586-588頁。
43. Vogak's report, 24 June/6 July 1894, SGTSMA, Vyp.LX, pp. 58, 60.
44. KA, 1932, kn. 1-2, p. 25.
45. Vannovskii to Girs, 19 June/1 July 1894, Ibid., pp. 25-26.
46. Khitorovo to Girs, 24 June/6 July 1894, Ibid., pp. 28-29.
47. Kassini to Girs, 25 June/7 July 1894, Ibid., pp. 29-30.
48. Girs to Kassini, 25 June/7 July 1894, Ibid., p. 29. Girs to Kassini, 28 June/10 July 1894, Ibid., p. 32.
49. Girs to Khitorovo, 27 June/9 July 1894, Ibid., pp. 31-32. 這一宗旨於該日由亞洲

局長傳達給了西德二郎公使。西德二郎當天給東京發出電報。高橋，上述書，407-408頁。

50. Khitorovo to Girs, 3/15 July 1894, AVPRI, F. 133, Op. 470, 1994 g., D. 96, L. 63ob. 《日本外交文書》第27卷第2冊，300-302頁。
51. 佐佐木揚《英國遠東政策和日清開戰》，《佐賀大學教育學部研究論文集》第29集第1號，1981年，31-32頁。
52. 杉村，上述書，32頁。
53. 大鳥給陸奧的信，1894年7月10日，《日本外交文書》第27卷第1冊，592-593頁。這封機密信於7月17日送達外務省。
54. 陸奧，上述書，57頁。
55. Mutsu to Otori, 11 July 1894,《日本外交文書》第27卷第1冊，595頁。
56. Mutsu to Otori, 12 July 1894, 同上書，596頁，陸奧，上述書，57頁。
57. Mutsu to Otori, 12 July 1894, 同上書，596-597頁。
58. 大鳥給陸奧的信，1894年7月18日，同上書，606-607頁。
59. Otori to Mutsu, 20 July 1894, 同上書，615-616頁。
60. 陸奧給大鳥的信，1894年7月19日，同上，612頁。
61. Vogak's report, 3/15 July 1894, SGTSMA, Vyp.LX, pp. 67-68, 71.
62. Veber to Girs, 6/18 July 1894, KA, 1932, kn. 1-2, p. 41.
63. Kassini to Girs, 9/21 July 1894, Ibid., pp. 43-44.
64. 陸奧，上述書，58　。
65. 中塚明《從〈日清戰史〉消失的朝鮮王 佔領事件——發現參謀本部的〈戰史草案〉》，《みすず（三鈴）》第399号，1994年6月，43-58頁發表了在福島縣立圖書館佐藤文庫發現的《明治二十七八年日清戰史第二 決定草案》的第11章全文。《糾正歷史的偽造》，高文研，1997年，以及《現代日本的歷史認識》，高文研，2007年中有相關分析。
66. 《明治二十七八年日清戰史第二冊決定草案》（福島縣立圖書館佐藤文庫藏），14，16-17頁。中塚明的發表，48，49頁。
67. 《日清戰史第二冊決定草案》17頁，中塚明的發表，49頁。
68. 杉村，上述書，46-48頁。
69. 《日清戰史第二冊決定草案》22-29頁。中塚明的發表，51-53頁。
70. 杉村，上述書，49頁。
71. 同上書，50頁。
72. 《日清戰史第二冊決定草案》30-34頁。中塚明的發表，54-56頁。
73. 檜山幸夫《7・23京城事件和日韓外交》，《韓》第115號，1990年6月，81-84頁。原田，上述書，36-38頁。
74. 杉村，上述書，51-54頁。
75. 大鳥給陸奧的信，1894年7月23、25日，《日本外交文書》第27卷第1冊，618-619頁，622頁。
76. Domozhilov(ed.), *Sbornik materialov po voenno-morskim voprosam. Vol. 1. Iaponsko- kitaiskaia voina* [hereafter SMVMV], Sankt-Peterburg, 1896, p. 77.
77. Bella B. Pak, *Rosiiskaia diplomatiia i Koreia*, Vol. II, Moscow, 2004, p. 83. Veber to Girs, 1/13 August 1894, AVPRI.
78. SMVMV, Vol. 1, pp. 87-88.

79. Ibid., pp. 86、88.
80. 杉村，上述書，55-56頁。
81. 同上書，56-57頁，61-65頁。
82. 田保橋，上述書，下，446-449頁。
83. 陸奧，上述書，108頁。
84. 原田，上述書，51-60頁。
85. 《日清戰史第二冊決定草案》84-88頁。
86. 原田，上述書，81-85頁。
87. 同上書，90-94頁。
88. 《東京朝日新聞》附錄，1894年8月3日號。
89. 檜山，上述論文，117-118頁。原田，上述書，95頁。
90. 《日清戰爭實記》，博文館，1895年，40頁。
91. 陸奧，上述書，127-128頁。
92. 《日本外交文書》第27卷第1冊，633-634頁。
93. 同上書，640-641頁。
94. 同上書，646頁。
95. 陸奧給大鳥的信，1894年8月23日，同上書，650-652頁。
96. 同上書，646-649頁。
97. 陸奧，上述書，130頁。
98. 《日本外交文書》第27卷第1冊，653-654頁。檜山幸夫將這份暫定合同條款的簽訂視為「日朝戰爭」的終結。檜山，上述論文，123頁。
99. 大鳥給陸奧的信，1894年8月31日，同上書，657-658頁。
100. 中塚明《日清戰爭研究》177-178頁。
101. 杉村，上述書，63-74頁。
102. 同上，86-87頁。
103. Narochnitskii, op. cit., pp. 609-610. 資料為Girs to Aleksandr III, 26 July/7 August 1894 g., AVPR, MID, kitaiskii stol, Vsepoddanneishie doklady, No. 12, L. 152-155. 雖然伯里斯・朴在其著作的改訂版中引用了幾乎同一資料，但他認為是8月8日（7月27日）的上奏意見書。Boris D. Pak, *Rossiia i Koreia*, Moscow , 1979; 2nd edition, Moscow , 2004, p. 210, 453. 關於這一點，可參見佐佐木揚《俄羅斯遠東政策和日清開戰》66-67，72　。
104. Zhurnal Osobogo soveshchaniia, 9 August 1894, KA, 1932, kn. 3, pp. 62 -67.
105. Ibid., p. 64. 佐佐木揚，上述論文，68頁中關於吉爾斯的演說的說明並不正確。
106. Ibid., p. 65.
107. Ibid., p. 66.
108. Ienish's report, 27 July 1894, SMVMV, Vol. 1, p. 97.
109. Vogak's report, 2/14 October 1894, SGTSMA, vyp. LX, p. 87.
110. Vogak's report, 29 August/10 September 1894, Ibid., p. 76.
111. Narochnitskii, op. cit., p. 662. Vogak to Kassini, 3/15 September 1894, AVPRI.
112. Vogak's report, 3/15 November 1894, SGTSMA, vyp. LX, p. 132.
113. I. Rzhevuskii, Iaponsko-kitaiskaia voina 1894-1895 gg., Sankt-Peterburg, 1896, pp. 32-35.

114. 《日清戰爭實記》第4編，82頁。司馬遼太郎《坂上之雲》文春文庫（新裝版），2，1999年，124頁也引用了其中的二句。
115. 田山花袋《東京的三十年》，岩波文庫，1981年，58頁。原著刊於1917年。
116. Vogak's report, 22 September/4 October 1894, SGTSMA, Vyp. LX, pp. 80-81.
117. Ibid., p. 83.
118. Ibid., pp. 84-85.
119. Khitorovo to Girs, 5/17 October 1894, AVPRI, F. 133, Op. 470, 1894 g., D. 96, L. 164.納羅奇尼茨基引用這封信，批評希特羅渥因日本方面的好意而變得得意忘形，這種說法言過其實。Narochnitskii, op. cit., p. 663.
120. Vogak's report, 2/14 October 1894, SGTSMA, Vyp. LX, p. 90.
121. Vogak's report, 6/18 October 1894, Ibid., p. 109.
122. Vogak's report, 14/26 October 1894, Ibid., p. 112.
123. Ibid., p. 114.
124. Ibid., p. 116.
125. Vogak's report, 30 October/11 November 1894, Ibid., pp. 118-120.
126. Vogak' s report, 3/15 November 1894, Ibid., p.147.
127. Vogak's report, 30 October/11 November 1894, Ibid., p. 120.
128. 趙景達《異端的民眾反亂——東學和甲午農民戰爭》，岩波書店，1998年，303-317頁。
129. 井上公使、金允植大臣的談話報告，1894年10月27日，《日本外交文書》第27卷第2冊，7-11頁。
130. 井上公使謁見高宗報告，1894年10月28日，同上書，15-21頁。
131. 井上公使、大院君的談話報告，1894年10月29日，同上書，25-34頁。
132. 井上公使、金弘集總理大臣的談話報告，1894年11月2日，同上書，35-43頁。
133. 井上公使內謁見高宗的報告，1894年11月4日，同上書，46-47頁。
134. 同上書，50頁。
135. 杉村，上述書，90-95頁。
136. 《日本外交文書》第27卷第2冊，77頁。
137. 同上書，91-99頁。
138. 同上書，100-107頁。
139. 杉村，上述書，105-109頁。
140. Inoue to Mutsu, 10 December 1894,《日本外交文書》第27卷第2冊，119-120頁。
141. 同上書，121-122頁。
142. 關於尼古拉的不成熟和經驗不足，見Andrew M. Verner, The Crisis of Russian Autocracy: Nicholas II and the 1905 Revolution. Princeton University, 1990, pp. 37-38; Dominic Lieven, Nicholas II:Emperor of all the Russias. London, 1993, pp. 39, 42.（小泉摩耶譯《尼古拉二世——帝政俄羅斯崩潰的真相》，日本經濟新聞社，1993年，73、77頁。）
143. *Dnevniki Imperatora Nikolaia II*. Berlin, 1923. 2e ed. Paris, 1980, p. 83.
144. K. N. Uspenskii, *Ocherk tsarstvovaniia Nikolaia II, Nikolai II. Materialy kharakteristiki lichnosti i tsarstvovaniia*. Moscow, 1917, p. 6.

145. S. Iu.Vitte, *Vospominaniia*, Vol. 2, Moscow, 1960, p. 29.
146. *Dnevnik gosudastvennogo sekretaria A. A. Polovtsova*, Vol. 2, Moscow, 1966, p. 50.
147. Ibid., Vol. 1, p. 187. Vol. 2, p. 441.
148. Ibid., Vol. 2, pp. 230. 393.
149. Ibid., Vol. 1, p. 99.
150. Ibid., Vol. 2, p. 53.
151. Narochnitskii, op. cit., pp. 646-647.
152. 陸奧，上述書，168-171頁。
153. Mutsu to Trench, 23 October 1894,《日本外交文書》第27卷第2冊，485頁。
154. Nishi to Mutsu, 12 November 1894, 同上書，498頁。
155. Nishi to Mutsu, 1 December 1894, 同上書，510-512頁。
156. 陸奧給西公使的信，1894年12月23日，同上書，519-520頁。
157. Khitrovo to Girs, 11/23 December 1894, AVPRI, F. 133, Op. 470, 1894 g., D. 96, L. 209-209ob.
158. Khitrovo to Girs, 22 January/3 February 1895, Ibid., Op. 470, 1895 g., D. 108, L. 6.
159. Vogak's report, 16/28 March 1895, SGTSMA, Vyp. LXI, 1895, pp. 46-49.
160. Vogak's report, 16/28 February 1895, Ibid., pp. 107-108.
161. 金文子《朝鮮王妃殺害與日本人》，高文研，2009年，53，91-92頁關注了這些條約案。陸奧於1月17日、21日的電報收錄於《駐韓日本公使館記錄》5，國史編纂委員會，1990年，413-417頁。
162. 《駐韓日本公使館記錄》5，419-420頁。雖然原文所標日期為3月1日，但從陸奧後面的回覆可知發於2月25日。
163. 陸奧給井上的信，1895年3月1日，同上書，422頁。
164. 井上給陸奧的信，1895年3月24日，同上書，425-427頁。
165. Khitrovo to Shishkin, 18 February/ 2 March 1895, AVPRI, F. 133, Op. 470, 1895 g., D. 108, L. 20.
166. Inoue to Mutsu, 8 January 1895,《日本外交文書》第28卷第1冊，315-316頁。
167. Mutsu to Inoue, 10 January 1895, 同上書，316頁。
168. 井上給陸奧的信，1895年1月12日，同上書，317-318頁。
169. 陸奧給井上的信，1895年2月3日，同上書，328頁。
170. 杉村，上述書，120-122頁。
171. 內謁見記錄，1895年2月12日，《日本外交文書》第28卷第1冊，390-395頁。
172. 陸奧給井上的信，1895年2月22日，同上書，343頁。井上給伊藤、陸奧的信，1895年3月31日，同上書，352-353頁。
173. 井上給陸奧的信，1895年4月8日，同上書，396-398頁。
174. Zhurnal Osobogo soveshchaniia, 20 January 1895, KA, 52, 1932, kn. 3, pp. 67-74.
175. Ibid., pp. 67-70. 羅曼諾夫寫道，外交部提議佔領巨濟島，這是錯誤的。另外，他寫道卡普尼斯特贊成維特的英國協作論，事實也與此相反。B. A. Romanov, *Rossia v Man'chzhurii (1892-1906),* Leningrad, 1928, p. 68.
176. Zhurnal Osobogo soveshchaniia, pp. 70-73.
177. Ibid., pp. 73-74. 羅曼諾夫認為是軍人反對維特和卡普尼斯特的意見，而不認為是海軍省和陸軍省的意見有分歧。Romanov, op. cit., p. 68.

178. Vogak's report, 21 March/ 2 April 1895, SGTSMA, Vyp. LXI, p. 52.
179. 《日本外交文書》第28卷第2冊，331-334頁。
180. 陸奧，上述書，183-184頁。
181. 《日本外交文書》第28卷第2 冊，339-341頁。
182. 這是第1份上奏書。Lobanov-Rostovskii to Nikolai II, 25 March 1895, KA, 1932, kn. 3, pp. 74-75.
183. 這是第2份上奏書。Ibid., pp. 75-76. Nikolai II's comment, Ibid., p. 76.
184. Lobanov-Rostovskii to Nikolai II, 2 April 1895, Ibid., p. 77.
185. Nikolai II's comment, Ibid., p. 71.
186. 《日本外交文書》第28卷第2冊，350-352頁。
187. 同上書，355-357頁。
188. 這份意見書由俄羅斯的年輕歷史學家凱西林發現，全文收於Kashirin, op. cit., pp.174-179.
189. Zhurnal Osoboi soveshchaniia, 30 March 1895, KA, 1932, kn. 3, pp. 78-83.
190. Ibid., pp. 80-81.
191. Ibid., p. 81.
192. Ibid., p. 82.
193. Ibid., pp. 82-83.
194. Ibid., p. 83.
195. Vitte, op. cit., Vol. 2, p. 47.
196. *Dnevnik Imperatora Nikolaia II,* Moscow, 1991, p. 72. 羅曼諾夫指出，雖然維特在回憶錄中認為只有自己提出了意見，但他無視了皇帝以獲得不凍港作補償的觀點。Romanov, op. cit., pp. 76-77. 這一點是正確的。
197. Gribovskii, op. cit., p. 77, 79-80.S. Gurov, V. Tiul'kin, *Bronenostsy Baltiisikogo flota,* Kaliningrad, 2003, p. 18.
198. Choi Dokkyu, Morskoe ministerstvo i politika na Dal'nem Vostoke(1895-1903), *Angliiskaia naberezhnaia 4. Ezhegodnik RGIA.* Sankt-Peterburg, 1999, pp. 151-152.
199. 《日本外交文書》第28卷第2冊，358-359頁。
200. 同上書，363-366頁。
201. 林次官給陸奧大臣的信，1895年4月23日，同上書，4-15頁。
202. Khitrovo to Mutsu, 23 April 1895, 同上書，16頁。
203. 陸奧，上述書，252-253頁。
204. 《山本權兵衛和海軍》原書房，1966年，98頁。
205. 陸奧給佐藤書記官的信，1895年4月24日，《日本外交文書》第28卷第2冊，26頁。
206. 陸奧，上述書，253-256頁。
207. 陸奧給西、青木、曾禰公使的信，1895年4月30日，《日本外交文書》第28卷第2冊，65-66頁。
208. 西給陸奧的信，1895年5月3日，同上書，79頁。
209. 陸奧給林次官的信，1895年5月5日，同上書，80-81頁。
210. 關於這個詞語的起源及其意義的變化，見朴羊信《陸羯南——政治認識和對外論》，岩波書店，2008年，229頁。

211. 大杉榮《自敘傳・日本脫出記》，岩波文庫，1971年，56頁。
212. Vinh Sinh（杉原志啟譯）《德富蘇峰評傳》，岩波書店，1994年，75頁。為《蘇峰自傳》（1935年）的一節。
213. Nishi to Mutsu, 15 May 1895,《日本外交文書》第28卷第1冊，413-414頁。
214. 鍋島給陸奧的信，1895年5月18日，同上書，418頁。
215. 陸奧給鍋島的信，1895年5月18日，同上書，418頁。
216. Inoue to Mutsu, 19 May 1895,《日本外交文書》第28卷第1冊，420-422頁。
217. 杉村，上述書，127-130頁。
218. 同上書，131-137頁。
219. 陸奧給伊藤首相的信，1895年5月22日，《日本外交文書》第28卷第1冊，423-424頁。
220. 同上書，434-435頁。
221. 陸奧給伊藤的信，1895年5月25日，同上書，435頁。陸奧給原的信，1895年5月26日，同上書，436頁。
222. 同上書，441頁。
223. 金文子，上述書，64-72頁。井上的意見 ，《伊藤博文文書》第12卷，ゆまに（YUMANI） 房，2007年，384-406 。
224. 《伊藤博文文書》第12卷，385-393頁。
225. 同上書，393-394頁。
226. 同上書，394-396頁。
227. 同上書，396-397頁。
228. 金文子，上述書，74-76頁。芳川的信收藏於國立國會圖書館憲政資料室，被韓國電影導演鄭秀雄發現，將其與殺害閔妃計畫聯繫在了一起，《朝日新聞》曾有過報導（2008年6月28日）。但根據金文子的著述，《朝鮮日報》2005年10月6日已經提及此事，這裡是再次提及。
229. 同上，72，76-80頁。井上給杉村的信，6月24日收取，《駐韓日本公使館記錄》7，國史編纂委員會，1992年，494頁。杉村給井上的信，6月26日，同上，495頁。杉村給井上的信，6月29日（1）（2），同上，497，499頁。
230. 金文子，上述書，143頁。
231. 杉村給西園寺的信，1895年6月26日，《日本外交文書》第28卷第1冊，444頁。
232. 杉村給井上的信，1895年6月29日，同上書，447頁。
233. 淺山之名出現在若干處史料中。同上書，428，462，467頁。
234. 杉村給西園寺的信，1895年7月4日，《日本外交文書》第28卷第1冊，452-456頁。
235. 杉村給西園寺的信，1895年6月30日，同上書，447-448頁。
236. 杉村給井上的信，1895年7月1日，《駐韓日本公使館記錄》7，501頁。
237. 西園寺給杉村的信，1895年6月29日，《日本外交文書》第28卷第1冊，447頁。
238. 杉村給西園寺的信，1895年7月1日，同上書，448頁。
239. 杉村的日記，《駐韓日本公使館記錄》7，398頁。
240. 杉村給西園寺、井上的信，1895年7月4日，《駐韓日本公使館記錄》7，

393-394頁。

241. 杉村給西園寺的信，1895年7月4日，《日本外交文書》第28卷第1冊，449-450頁。

242. 杉村，上述書，121、136頁。

243. 杉村，上述書，148-150頁。

244. 杉村給西園寺的信，1895年7月13日，《日本外交文書》第28卷第1冊，474頁。

245. Bella Pak, op. cit., Vol. II, pp. 117-118. Veber to Lobanov-Rostovskii, 19 June 1895. RGVIA.

246. 外相寫信將這封信的內容傳達給了希特羅渥，該信的底稿，見Lobanov-Rostovskii to Khitrovo, 8 July 1895, AVPRI. F. 133, Op. 470, 1895 g., D. 108, L. 173-173ob. 尼古拉的批示見Bella Pak, op. cit., Vol. II, p.119.

247. 《日本外交文書》第28卷第1冊，464-465頁。

248. 同上書，480-482頁。

249. Khitrovo to Lobanov-Rostovskii, 20 July/1 August 1895, AVPRI, F. 133, Op. 470, 1895 g., D. 108, L. 100-101.

250. 三浦有回憶錄，三浦梧樓《觀樹將軍回顧錄》，政教社，1925年。

251. 谷給伊藤的信，1895年7月5日，《谷干城遺稿》下，靖獻社，1912年，599-601頁。

252. 關於柴四朗，可參考柳田泉《〈佳人之奇遇〉和東海散士》，《政治小說研究》上，春秋社，1967年，431-433頁。

253. 東海散士《日俄戰爭羽川六郎》，有朋館，1903年，49頁。

254. 朴羊信在《陸羯南》102頁明確指出了谷干城的推薦書和三浦行動之間的錯位。

255. 三浦梧樓意見書，《日本外交文書》第28卷第1冊，482-484頁。

256. 柳田，上述書，435頁。

257. 三浦，上述書，319-320頁。

258. 金文子，上述書，107-109頁。金文子推測或許是川上要求伊藤更換井上，應其要求，決定由三浦繼任井上的，但沒有對此進行論證。

259. 杉村，上述書，157-160頁。

260. 內田給西園寺的信，1895年7月17日，《日本外交文書》第28卷第1冊，479頁。

261. 《高宗時代史》第3卷，920，922頁。

262. Bella Pak, op. cit., Vol. II, p. 121. Veber to Lobanov-Rostovskii, 29 July 1895.

263. Ibid., p. 123.

264. Kozhon to Nikolai II, June 1995, *Rossiia i Koreia*, p. 62.希特羅渥7月23日（11日）的電報傳達了高宗再次發出的電報內容。Khitrovo to Lobanov-Rostovskii, 23/11 July 1895, AVPRI, F. 133, Op. 470.1895 g., D. 108, L. 95-95ob.

265. 《高宗時代史》第3卷，958頁。

266. 柳田，上述書，435頁。

267. 杉村，上述書，自序，1-2頁。

268. 金文子，上述書，205-214頁。

269. 《駐韓日本公使館記錄》7，524頁。金文子，上述書，125-126頁。

270. 《駐韓日本公使館記錄》7，524頁。金文子，上述書，126頁。
271. 《駐韓日本公使館記錄》7，525頁。金文子，上述書，127頁。
272. 《駐韓日本公使館記錄》7，526頁。金文子，上述書，134頁。
273. 內田定槌領事的報告《明治二十八年十月八日王城事變之顛末》，1895年11月5日，《日本外交文書》第28卷第1冊，554頁。
274. 東海散士，上述書，49頁。
275. 內田領事的報告，559頁。
276. 被告人名冊，杉村，上述書，185-194頁。
277. 關於這一行動的過程，參考了內田領事的報告，552-562頁；廣島地方裁判所預審終結決定書，杉村，上述書，185-198頁；角田房子《暗殺閔妃》，新潮文庫，1993年。
278. 內田領事的報告，557-558頁。
279. 同上，558頁，金文子，上述書，254-257頁。
280. Bella Pak, op. cit., Vol. II, p. 245.李泰鎮（鳥海豐譯）《給東大學生講韓國史》，明石書店，2006年，96-98頁。Tiagai, Galina Davydovna 編《朝鮮旅行記》，平凡社，1992年，340頁。
281. *Rossiia i Koreia,* pp. 284-289中有這份證言。原始出處為AVPRI, Fond Iaponskii stol, Op. 493, God 1895-1896, D. 6, L. 73-75. 引用的地方pp.287-288. 此外，還參考了謝列季・薩巴津刊登在《聖彼德堡報告》1896年5月4/16日的報導。這篇報導收錄於*Koreia glazami rossiian*. Moscow, 2008, pp. 14-22.
282. *Rossiia i Koreia*, p. 288.
283. 角田，上述書，407，413-414頁。《高宗時代史》第3卷，990-991頁。
284. Veber to Lobanov-Rostovskii, 30 September 1895, *Rossiia i Koreia*, p. 290.
285. Veber to Lobanov-Rostovskii, 27 September 1895, *Rossiia i Koreia*, pp. 278-279. 這是韋貝爾送的關於事件的最初報告 。
286. Ibid., pp. 279-280. 三浦向東京報告了這次聚會。三浦給西園寺的信，1895年10月8日，《日本外交文書》第28卷第1冊，494-495頁。
287. Ibid., pp. 280-281.
288. 《東京朝日新聞》1895年10月9日，一版。
289. 三浦給西園寺的信，1895年10月8日，《日本外交文書》第28卷第1冊，491頁。
290. 杉村給井上的信，1895年10月8日，同上書，492頁。
291. 三浦給西園寺的信，1895年10月8日，同上書，493頁。
292. 西園寺給小村的信，1895年10月10日，同上書，499-500頁。
293. 《東京朝日新聞》1895年10月12日，俄羅斯外交部檔案中有這份詔敕的俄語翻譯。Bella Pak, op. cit., Vol. II, p. 144.
294. 內田領事的報告，561頁。角田，上述書，416頁。
295. 《小村外交史》73-74頁。
296. 西給西園寺的信，1895年10月20日，《日本外交文書》第28卷第1冊，521頁。
297. 西園寺給駐德、法、英、美、義、奧公使的信，1895年10月25日，同上，525-526頁。
298. Bella Pak, op. cit., Vol .II, pp. 150-152.貝拉・朴發現了這次座談會的記錄。

299. 小村給西園寺的信，1895年10月25日，《日本外交文書》第28卷第1冊，526-527頁。
300. 內田領事的報告，同上書，562頁。
301. 井上、小村給西園寺的信，1895年11月6日，同上，563-564頁。
302. Bella Pak, op. cit., Vol. II, pp. 153-154. 貝拉・朴發現了11月5日的會議記錄。
303. Ibid., pp. 154-155. 這則對話記錄也是貝拉・朴從俄羅斯外務省文書中發現的。
304. Ibid., p. 156.
305. Ibid., pp. 156-158. 這則會談記錄同樣是貝拉・朴從外務省文書中發現的。
306. 小村給西園寺的信，1895年11月13日，《日本外交文書》第28卷第1冊，576-578頁。
307. Saionji to US Minister, 13 November 1895, 同上書，579-582頁。
308. 井上給西園寺的信，1895年11月13日，同上書，578頁。
309. 西園寺給井上的信，1895年11月13日，同上書，579頁。
310. 伊藤給西園寺的信，1895年11月13日，同上書，581頁。
311. 同上書，515-517頁。
312. 日方條約案，《日本外交文書》第28卷第2冊，480-481頁。《奉天半島歸還條約談判筆記》，同上書，497-498頁。
313. 西給西園寺的信，1895年11月6日，同上書，514頁。
314. Vitte, op. cit., Vol. 1, p. 47.
315. V. N. Lamsdorf, *Dnevnik 1894-1896*, Moscow, 1991, p. 187.
316. Narochnitskii, op. cit., p. 765. Lobanov-Rostovskii to Morengeim, 11/23 May 1895. AVPRI.
317. 《日本外交文書》第28卷第1冊，704-710頁。
318. Romanov, op. cit., pp. 89-91. 赫托姆斯基和羅思坦的關係，可參見 David Schimmelpenninck van der Oye, *Toward the Rising Sun: Russian Ideologies of Empire and the Path to War with Japan,* Northern Illinois University Press, 2001, pp. 52-53, 231.
319. Bella Pak, op. cit., Vol. II, pp. 163-164.
320. 小村給西園寺的信，1895年11月26日，同上書，589頁。《東京朝日新聞》1895年11月28日。
321. 小村《11月28日王城事變之顛末詳細報告》，1895年12月30日，《日本外交文書》第28卷第1冊，603-619頁。《東京朝日新聞》1895年11月29日。關於俄羅斯方面資料的說明，見Bella Pak, op. cit., Vol. II, pp. 163-164.
322. 《高宗時代史》第3卷，1047-1048頁。
323. 同上，第4卷，28頁。
324. 《山本權兵衛和海軍》，原書房，1966年，99-101，346-360頁。
325. 大江志乃夫《日俄戰爭的軍事史的研究》，岩波書店，1976年，9-11頁。
326. L. G. Beskrovnyi, *Russkaia armia i flot v XIX veke. Voenno-ekonomicheskii potentsial Rossii.* Moscow, 1973, p. 521. V. A. Zolotarev, I. A. Kozlov, *Russko-iaponskaia voina 1904-1905 gg. Bor'ba na more*. Moscow, 1990, pp. 43-44.
327. Simanskii(sost.), *Iaposko-kitaiskaia voina 1894-1895. Perevod s nemetskogo*. Sankt-Peterburg, 1896.

328. Ibid., p. 238.
329. I. Rzhevuskii, *Iaponsko-kitaiskaia voina 1894-1895 g.g.*, Sankt-Peterburg., 1896, pp. 72-73.
330. *Sbornik materialov po voenno-morskim voprosam.* Vyp. 1. *Iaponsko-kitaiskaia voina,* Sankt-Peterburg, 1896.
331. N. Klado, *Voennye deistviia na more vo vremia Ipono-kitaiskoi voiny.* Sankt-Peterburg, 1896, p. 3.
332. Vasilii Molodiakov, *Obraz Iaponii v Evrope i Rossii vtoroi poloviny XIX——nachale XX veke,* Moscow-Tokyo, 1996, pp. 114-115, 117.
333. Ibid., pp. 117-118.
334. Ibid., p. 120.
335. 他的經歷可見*Entsiklopedicheskii slovar' "Brokgaus-Efron"*, Vol. 81, Sankt-Peterburg, 1904, p. 287. *Sovetskii istoricheskii slovar'*, Vol. 16, Moscow, 1976, col. 769-770.關於他的世界認識、日本觀，可見T. H. Von Laue, The Fate of Capitalism in Russia: Narodnik Version, *American Slavic and East European Review*, Vol. XII, No. 1 (February 1954), pp. 25-27. 佐佐木照央《自由主義的民粹派的日本觀——S.N.尤沙柯夫的場合》，《埼玉大學紀要》（外國語學文學篇），第20卷，1986年11月，55-74　。
336. S. N. Iuzhakov, Mimokhodom v Iaponii.Iz putevykh vpechatlenii, *Russkoe bogatstvo*, 1893, No. 9, otd. 1, p. 108.
337. S. N. Iuzhakov, 1894 god. Iz sovremennoi khroniki, Ibid., 1895, No.1, otd. 2, p. 186.
338. Ibid., p. 196.
339. Ibid., pp. 199-200, 201.
340. S. N. Iuzhakov, *Sotsiologicheskie etiudy*, Vol. 2, Sankt-Peterburg, 1896, p.340.
341. 和田春樹《尼古拉・羅素——超越國境的民粹主義者》上，中央公論社，1973年，243-245頁。
342. A. Pelikan, *Progressiruiushchaia Iaponiia*, Sankt-Peterburg, 1895, p. 5.
343. Ibid., pp.6-8.
344. Ibid,., pp. 11-12.
345. Ibid., p. 162.
346. Aleksei Suvorin, *V ozhidanii veka XX. Malen'kie pis'ma 1889-1903 gg.* Moscow, 2005, p. 478.
347. Ibid., p. 486.
348. Ibid., p. 508.
349. *Russkaia mysl'*, 1895, No. 3, p. 212.
350. Narochnitskii, op. cit., p. 709.
351. *Vestnik Evropy,* 1895, No. III, June, pp. 860-862.

第四章　俄羅斯佔領並租借旅順（一八九六年至一八九九年）

1. Bella B. Pak, *Rossiiskaia diplomatiia i Koreia,* Vol. II, Moscow, 2004, p. 166.
2. Khitrovo to Lobanov-Rostovskii, 15/27 January 1896, AVPRI, F. 133, Op. 470, 1896 g., D. 167, L. 5-5ob. Boris D. Pak, *Rossiia i Koreia,* Moscow, 1979, p. 126.

3. Khitrovo to Lobanov-Rostovskii, 15/27 January 1896, L. 6-7.
4. Bella Pak, op. cit., Vol. II, p. 169.
5. Boris Pak, op. cit., p. 126.
6. Bella Pak, op. cit., Vol. II, p. 170.
7. 小村給西園寺的信，1896年2月13日，《日本外交文書》第29卷，683頁。
8. Poezdka general'nogo shtaba polkovnika Karneeva i poruchika Mikailova po iuzhnoi Koree v 1895-1896 gg. SGTSMA, Vyp. LXXV, 1901, Tiagai G. D. (ed.), Po Koree. Puteshestviia 1885-1896 gg., Moscow, 1958, pp. 184-188. Tiagai, Galina Davydovna 編（井上紘一譯）《朝鮮旅行 》，平凡社，1992年，227-229 。
9. 小村給西園寺的信，1896年2月13日，《日本外交文書》第29卷，684頁。
10. 詔勅，同上，687頁。
11. Shpeier to Komura, 11 February 1896, 同上，687-688頁。John M. B. Sill to Secretary of State, 11 February 1896, *Korean-American Relations: Documents Pertaining to the Far Eastern Diplomacy of the United States,* Vol. III, University of Hawaii Press, 1989, p. 17.
12. 小村給西園寺的信，1896年2月13日，《日本外交文書》第29卷，683-687頁。
13. 小村給西園寺的信，1896年2月13日，同上，684頁。
14. 小村給西園寺的信，1896年2月11日，同上，682頁。
15. 小村給西園寺的信，1896年2月16日，同上，688-689頁。
16. Khitrovo to Lobanov-Rostovskii, 2/14 February 1896, AVPRI, F. 133, Op. 470, 1896 g., D. 167, L. 25-25ob.
17. 西給西園寺的信，1896年2月17日，《日本外交文書》第29卷，728-729頁。
18. 小村給西園寺的信，1896年2月18日，同上書，729-730頁。
19. 西園寺給西的信，1896年2月20日，同上書，736-737頁。根據希特羅渥所述，是他本人提出了相互溝通訓令的。Khitrovo to Lobanov-Rostovskii, 7/19 February 1896, Ibid., L. 34-35.
20. 西園寺給西、小村的信，1896年2月23日，《日本外交文書》第29卷，739-740頁。
21. Saionji to Khitorovo, 24 Feburuary 1896, 同上書，740-742頁。
22. Khitrovo to Saionji, 2 March 1896, 同上書，747-748頁。
23. 西園寺給小村的信，1896年3月3日，同上書，751-752頁。
24. Khitrovo to Lobanov-Rostovskii, 9/21 February 1896, AVPRI, F. 133, Op. 470, 1896 g., D. 167, L. 42-42ob.另外， Shpeier to Lobanov-Rostovskii, 14/26 February 1896, *Koreia glazami rossiian,* pp. 29-30.
25. Khitrovo to Lobanov-Rostovskii, 14/26 February 1896, Ibid., L. 55-55ob.
26. 《公爵山縣有朋傳》下，1933年，262-264頁。
27. 山縣有朋《朝鮮政策上奏》，《山縣有朋意見書》，原書房，1966年，223-224頁。
28. 同上書，224-225頁。
29. Khitorovo to Lobanov-Rostovskii, 15 February 1896, AVPRI, F. 133, Op. 470, 1896 g., D. 167, L. 59- 59ob.
30. 自1896年3月14日起，來自東京公使館的通信皆以士貝耶的名義發出。

Shpeier to Lobanov-Rostovskii, 2/14 March 1896, AVPRI, F. 133, Op. 470, 1896 g., D. 167, L. 71.

31. Conversation between Ito and Khitrovo, 5 March 1896,《日本外交文書》第29卷，758-767頁。
32. 《日本外交文書》第29卷，809-810頁。
33. 同上書，811頁。
34. 《公爵山縣有朋傳》下，266，269頁。
35. Bella Pak, op. cit., Vol. II, p. 187.
36. 小村給西園寺的信，1896年3月15日，《日本外交文書》第29卷，769-770頁。
37. 小村給西園寺的信，1896年3月22日，同上書，776-777頁。
38. 小村給西園寺的信，1896年4月6日，同上書，778-779頁。
39. 小村給陸奥的信，1896年4月6日，同上書，779-780頁。
40. 陸奥給小村的信，1896年4月20日，同上書，780-781頁。
41. 小村給陸奥的信，1896年4月30日，同上書，781-782頁。
42. 小村給陸奥的信，1896年5月13日，同上書，789頁。
43. 日俄備忘錄，1896年5月14日，同上書，791-792頁。
44. 轉達韋貝爾的電報的Shpeier to Lobanov-Rostovskii, 26 May/7 June 1896, AVPRI, F. 133, Op. 470, 1896 g., D. 167, L. 87.《高宗時代史》第4卷，國史編纂委員會，1990年，142-143頁。
45. 外務省編《小村外交史》復刻，原書房，1966年，92頁。
46. B. A. Romanov, *Rossiia v Man'chzhuriii(1892-19○6)*, Leningrad, 1928, pp. 83-85. I. V. Lukoianov, The First Russo-Chinese Allied Treaty of 1896, *International Journal of Korean History*, Vol. 11, December 2007, pp. 156-159.
47. Romanov, op. cit., pp. 97-105. Lukoianov, op. cit., pp. 160-161.
48. Romanov, op. cit., pp. 108-109.
49. *Dnevniki Imperatora Nikolaia II,* Moscow, 1991, p. 139.
50. Ibid.,p. 140.
51. Ibid.,p. 140. 英國的外交文書中記載這次謁見發生在5月5日（4月23日），但盧科亞諾夫認為尼古拉在日記中的記述是正確的。
52. Lukoianov, op. cit., pp. 163-166.
53. *Dnevniki Imperatora Nikolaia II,* p. 141.
54. 這1文本由羅曼諾夫首次於1924年發表。*Bor'ba klassov*, 1924, No. 1-2, pp. 102-104.另外Romanov, op. cit., pp. 111-113. 但是其內容已於1910年傳出。P. N. Simanskii, *Sobytiia na Dal'nem Vostoke, predshestvovavshie Russko-Iaponskoi voine,* Vol. I, Sankt-Peterburg, 1910, p. 82. Lobanov-Rostovskii to Lesner, 25 February 1902. AVPRI.在俄羅斯之外，《上海中外日報》曾於1903年12月31日和1904年1月1日的刊載。最初的日語翻譯出現在《小村外交史》106-107頁。
55. Romanov, op. cit., p.117.
56. V.N.Lamsdorf, *Dnevnik 1894-1896*, Moscow,1991,p. 380.
57. 山縣有朋《日俄協商始末》（1897年10月），《山縣有朋意見書》241頁。
58. *Dnevnikii Imperatora Nkikolaia II*, pp. 141-142.

59. 山縣有朋《日俄協商始末》241頁。
60. 西給陸奧的信，1896年5月26日，《日本外交文書》第29卷，812-813頁。
61. 西德二郎，關於朝鮮的意見書，1896年7月8日，《日本外交文書》第31卷第1冊，110-111頁。這是關於山縣交涉最為重要的記錄。與此相比，山縣自己撰寫的《日俄協商始末》恐怕是刻意作偽的記錄。
62. *Dnevniki Imperatora Nikolaia II*, pp. 144-145. 保田孝一《最後的俄羅斯皇帝尼古拉二世的日記》增補，朝日新聞社，1990年，102頁。
63. 山縣有朋《日俄協商始末》243頁。
64. *Dnevniki Imperatora Nikolaia II*, p. 146.
65. 西德二郎，關於朝鮮的意見書，111-112頁。日期根據山縣《日俄協商始末》確定。
66. Vogak, Znachenie dogovora 26 marta 1902 goda v razvitii voprosa o Man'chzhurii, 7 May 1903, RGIA, F. 560, Op. 28, D.213, L. 136-136ob.
67. V. N. Lamsdorf, Po povodu zapiski "Znachenie dogovora 26 marta 1902 goda v razvitii voprosa o Man'chzhurii", Ibid., L. 165ob.-166ob.最先關注這份資料的是Romanov, op. cit., pp. 142-143.
68. 西德二郎，關於朝鮮的意見書，113頁。
69. *Dnevniki Imperatora Nikolaia II*, p. 148.
70. 《日本外交文書》第29卷，815-818頁。
71. 西德二郎，關於朝鮮的意見書，114-115頁。
72. Shpeier to Saionji, 8 July 1896, and Saionji to Shpeier, 9 July 1896,《日本外交文書》第29卷，826-827頁。
73. 西園寺給大前駐俄代理公使的信，1896年8月1日，同上，827頁。西給西園寺的信，1896年8月3、5日，同上，806-807頁。
74. Shpeier to Lobanov-Rostovskii, 26 July/7 August 1896, AVPRI, F. 133, Op. 470, 1896 g., D. 167, L. 96ob.
75. 《高宗時代史》第4卷，135頁。
76. Bella Pak, op. cit., Vol. II, pp. 189-191. 韋貝爾之事，參見本野駐俄代理公使給大隈外相的信，1896年4月13日，《日本外交文書》第30卷，1144頁。
77. Bella Pak,op,cit,Vol. II,p. 194.
78. Romanov, op. cit., pp. 144-145.
79. 《高宗時代史》第4卷，135頁。
80. *Dnevniki Imperatora Nikolaia II*, p. 154.
81. Korneev's memorandum, *Rossiia i Koreia*, Moscow, 2004, pp. 124-131. Simanskii, op. cit., Vol. 1, p. 213.
82. Simanskii,op. cit., Vol. I, p. 214. Bella Pak, op. cit., Vol. II, pp. 205-206. 關於普佳塔的為人和思想，見金榮洙《俄羅斯軍事教官團長普佳塔和朝鮮軍隊》（韓文），《軍史》韓國國防部軍事編纂研究所，61號（2006年12號），95-99頁。
83. Simanskii, op. cit., Vol.I, p. 214.
84. Ibid., pp. 214-216. Bella Pak, op. cit., Vol. II, pp. 205-208. 金榮洙，上述論文，106-109頁。
85. Simanskii, op. cit., Vol.I, pp. 223-226.
86. D. G. fon Nidermiller, *Ot Sevastopolia do Tsusimy. Vospominaiia*, Riga, 1930, pp.

80-81.
87. *Dnevniki Imperatora NIkolaia II,* p. 163. S. Iu. Vitte, *Vospominaniia*, Vol. I, Moscow, 1960, p. 79.
88. *Dnevniki Imperatora NIkolaia II,* pp. 164-165. Vitte, op. cit., Vol. I, p. 80.
89. *Dnevniki Imperatora NIkolaia II,* p. 175.
90. *Istoriia vneshnei politiki Rossii (konets XV veka-nachalo XX veka).*Moscow, 1997, pp.101-106, 108-110.
91. O. R. Airapetov. *Zabytaia kar'era "Russkogo Mol'tke": Nikolai Nikolaevich Obruchev (183○-19○4).* Sankt-Peterburg, 1998, pp. 274-275.
92. Lamsdorf, *Dnevnik 1894-1896*, pp. 295-296.
93. Ibid., p. 401.
94. Ibid., p. 404.
95. Ibid., pp. 404-405.
96. Vitte, op. cit., vol. 2, p. 100.
97. *Dnevniki Imperatora Nikolaia II*, p. 181.
98. Vitte, op. cit., vol. 2, pp. 100-102.
99. Ibid., pp. 102-103. Airapetov, op. cit., p. 288. N. S. Kiniapina, *Balkany i Prolivy vo vneshnei politike Rossii v kontse XIX veka.* Moscow, 1994, p. 187.
100. 薑在彥《近代朝鮮思想》，紀伊國屋新書，1971年，156-160頁。月腳達彥《朝鮮開化思想和民族主義——近代朝鮮的形成》，東京大學出版會，2009年，178-185頁。
101. Bella Pak, op. cit., Vol. II, pp. 214-215. 月腳，上述書，218頁。
102. Vitte, op. cit., Vol. II, pp. 111-112. 另外Vol. 1, pp. 3234-325.
103. Dnevnik A. A. Polovtseva, KA, 1923, kn. 3, p. 82.
104. Simanskii, op. cit., Vol.I, pp. 216-217. Bella Pak, op. cit., Vol. II, pp. 208-209. 史料 Murav'ev to Vannovskii, 22 February. 1897.
105. Simanskii, op. cit., Vol.I, p. 218.
106. Ibid., p. 219-220.
107. Shpeier to Murav'ev, 19 April/1 May 1897, AVPRI, F. 133, Op. 470, 1897 g., D. 112, L. 10.
108. Simanskii, op. cit., Vol.I, p. 221. Murav'ev to Vannovskii, 14 May 1897.
109. Ibid., p. 218. Veber to Murav'ev, 29 April and 28 May 1897.
110. Rosen, op. cit., Vol.I, pp. 121-123.
111. Simanskii, op. cit., Vol. I, pp. 237-238.Rosen, op. cit., Vol.I, pp. 142-146中也對這份意見書進行了詳細解說，不過與希曼斯基的解說有微妙的區別。
112. Simanskii, op. cit., Vol. I, p. 238
113. Ibid.,p. 239. Murav'ev to Rozen, 14 May 1897.
114. Ibid., p. 221.
115. Shpeier to Murav'ev, 2/14 August 1897, AVPRI, F. 133, Op. 470, 1897 g., D. 112, L. 12.
116. Rozen to Murav'ev, 14 August 1897, Ibid., L. 20-20ob.
117. Simanskii, op. cit., Vol.I, pp. 240-241. Rozen to Murav'ev, 15/27 August 1897.
118. 士貝耶最後從東京發出電報是1897年8月13日，羅森的電報是8月25日。

Shpeier to Murav'ev, 1/13 August 1897, AVPRI, F. 133, Op. 470, 1897 g., D. 112, L. 12; Rosen to Murav'ev, 13 August 1897, AVPRI, F. 133, Op. 470, 1897 g., D. 112, L. 19ob.

119. 《日本外交文書》第30卷，1145-1152頁。

120. Simanskii, op. cit., Vol.I, p. 221.

121. Shpeier to Murav'ev, 11 November 1897, AVPRI, F. 133, Op. 470, 1897 g., D. 112, L. 26ob.

122. 《高宗時代史》第4卷，402頁。

123. 同上書，424-427頁。

124. 同上書，447頁，加藤給西的信，1897年11月27日，《駐韓日本公使館記錄》12，國史編纂委員會，1995年，168-170頁。

125. 關於財政部冗長的討論，見Romanov, op. cit., pp. 157-158. Romanov to Vitte, 8 March 1897.關於阿列克塞耶夫，見Simanskii, op. cit., Vol.I, p. 228. 他以前的職務可見Vitte, op. cit., Vol. 2, p. 145.

126. Simanskii, op. cit., Vol. I, pp. 231-232.

127. Ibid., p. 233. Murav'ev to Shpeier, 26 November 1897.

128. Romanov, op. cit., p. 186. Simanskii, op. cit., Vol. I, p. 229.

129. Vitte, op. cit., Vol. I, p. 118.

130. Bülow's Memorandum, 11, 17 August 1897, *Die Grosse Politik der europäeischen Kabinetten*, Band 14, S. 59. Romanov, op. cit., p. 181. Andrew Malozemoff, *Russian Far Eastern Policy 1881-19○4*, New York, 1977, p. 97的理解並不充分。

131. Marschall's Memorandum, 19 June 1896, *Die Grosse Politik*, B. 14, S. 31. Romanov, op. cit., p. 180. Malozemoff, op. cit., pp. 95-96.有1種說法是，1896年9月俄、德皇帝在佈雷斯勞會晤之際，威廉二世表明了佔領膠州灣的想法，尋求支持，尼古拉對此予以了認可。這是1897年1月2日穆拉維約夫外相對庫羅派特金說的話，庫羅派特金記在了日記中。Kuropatkin's Diary, 21 December 1897, RGVIA, F. 165, Op. 1, D. 1871, L. 6.從經過來看，這種說明恐怕是錯誤的。即使話題中提到了這樣的想法，也只是模糊試探的程度。

132. Simanskii, op. cit. vol. I, pp. 86-88. Malozemoff, op. cit., pp. 96-97.

133. Bülow's Memorandum, 11, 17 August 1897, *Die Grosse Politik* , B. 14, S. 58-60. Malozemoff, op. cit., p.97.

134. 佐藤公彥《義和團的起源及其運動——中國民眾民族主義的誕生》，研文出版，1999年，179-181，210頁。

135. 同上書，211頁。Wilhelm II to Nikolai II, *Perepiska Vil'gel'ma II s Nikolaem II 1894-1917,* Moscow, 2007, pp. 283-284.

136. Nikolai II to Wilhelm II, 26 October 1897, Ibid., p.284.

137. Von Rotenhan to Wilhelm II, 10 November 1897, *Die Grosse Politik*, B. 14, S. 73-74.

138. 佐藤，上述書，212頁。

139. Romanov, op. cit., pp.183-186. Malozemoff, op. cit., p. 98.

140. Choi Dokkiu, Morskoe ministerstvo i politika Rossii na Dal'nem Vostoke (1895-1903), *Angliiskaia naberezhnaia, 4.Ezhegodnik RGIA*, Sankt-Peterburg, 1999, pp.160-161.

141. Romanov, op. cit., p. 190.
142. Murav'ev to Nikolai II, 11 November 1897, KA, 1932, kn. 3, pp. 103-108.
143. Ibid., p. 106.
144. Ibid., p. 107.
145. Ibid., pp. 107-108.
146. Nikolai II to Murav'ev, 11/23 November 1897,Ibid., p. 102.
147. 希曼斯基根據維特1900年所寫的報告書記述了這次協商會的內容。Simanskii, op. cit., Vol. I, pp. 97-99. 古林斯基使用了同樣的資料。B. B. Glinskii, *Prolog Russko-iaponskoi voiny: Materialy iz arkhiva grafa S. Iu. Vitte*, Petrograd, 1916, pp. 43-46. 基本根據以上資料寫就。格爾希科夫等人編的資料集自外交部檔案館的F. 143. Kitaiskii stol. Op. 491, D. 1126中引用了維特的資料。V. V. Glushkov, K. E. Cherevko, *Russko-Iaponskaia voina 1904-1905 gg. v dokumentakh vneshne- politicheskogo vedomstva Rossii. Fakty i kommentarii*, Moscow, 2006, p. 19. 維特最後的話引自這裡。另外，李鴻章聽說德國艦隊入港膠州灣的消息後，於11月15日前往俄羅斯公使館，請求俄羅斯海軍介入。Romanov, op. cit., p. 190.
148. Nikolai II's Diary, 14 November 1897, GARF, F. 601, Op. 1, D. 238, p. 41.
149. Vitte, op. cit., Vol. 2, pp. 135-136.
150. Kuropatkin's Diary, 21 December 1897, RGVIA, F. 165, Op. 1, D. 1871, L. 6ob.-7. 根據皇帝的日記，皇帝於30日（18日）接受了穆拉維約夫伯爵的上奏。Nikolai II's Diary, 18 November 1897, GARF, F. 601, Op. 1, D. 238, p. 44.
151. Simanskii, op. cit., Vol. I, pp. 99-100. Pavlov to Murav'ev, 23 November 1897, Glushkov, Cherevko, op. cit., pp.20-21.
152. Murav'ev to Nikolai II, 26 November 1897, Glushkov, Cherevko, op. cit., p.20.
153. Simanskii, op. cit., Vol. 1, p. 100.
154. V. Ia. Avarin, Imperialism i Manchzhuriia, Vol. 1, Moscow, 1931, p. 32. Murav'ev to Pavlov, 29 November 1897. Malozemoff, op. cit., p. 101中對這份通告的理解是因清國方面的邀請，俄羅斯艦艇才去了旅順，這是錯誤的理解。以馬婁澤莫夫的研究為依據 Ian Nish, *The Origins of the Russo-Japanese War*, London, 1985, p. 40的說明也是錯誤的。
155. Dubasov to Tyrtov, 26 November 1897, *Port-Artur,* Vol. 1, Moscow, 2008, p. 34. Simanskii, op. cit., Vol. I, p. 101. Choi Dokkiu, op. cit., p. 161.
156. Simanskii, op. cit., Vol. I, p. 101.
157. Murav'ev to Osten-Saken, 2/14 December 1897, *Die Grosse Politik* . B. 14, S. 121. Malozemoff, op. cit., 101.
158. Nikolai II's Diary, 7 December 1897, pp. 58-59.
159. Rozen to Nishi, 17 December 1897,《日本外交文書》第30卷，404頁。
160. 矢野駐清公使給西的信，1897年12月19日，同上，405頁。
161. Nishi to Yano, 20 December 1897, 同上，406頁。
162. Rozen to Muravěv, 8/20 December 1897, AVPRI, F. 133, Op. 470, 1897 g., D. 112, L. 35- 36ob.
163. 《東京朝日新聞》1897年12月20日。
164. 田邊領事給小村次官的信，1898年1月12日，《日本外交文書》第31卷第1

冊，228-229頁。

165. 《日本外交文書》第30卷，389-401頁。
166. 中村領事代理給西的信，1898年1月25日，《日本外交文書》第31卷第1冊，185-188頁。
167. Romanov, op. cit., pp. 191-192. Simanskii,op.cit., Vol. I,p. 107.
168. Romanov,op. cit., pp. 196-197. Simanskii,op.cit., Vol. I,pp. 106-107.
169. Airapetov,op. cit.,pp.288-289.
170. Kuropatkin's Diary, 20 December 1897, RGVIA, F. 165, Op. 1, D. 1871, L. 1-1ob.
171. Ibid., L. 5ob.-6ob.
172. Ibid., L. 6ob.-7.
173. Ibid., L. 7-7ob.
174. Ibid., L. 7ob.
175. Ibid., L. 8-8ob.
176. Aleksandr Rediger, *Istoriia moei zhizni. Vospominaniia voennogo ministra*, Vol. 1, Moscow,1999, p. 269.
177. Hayashi to Nishi, 7 January 1898,《日本外交文書》第31卷第1冊，109-110頁。
178. Nishi to Hayashi, 18 January 1898,同上書，117頁。
179. 西給林的信，1898年1月26日，同上書，120頁。
180. Hayashi to Nishi, 27 January 1898, 同上書，120-121頁。
181. Ibid., 16 February 1898, 同上書，138頁。
182. 《高宗時代史》第4卷，501-503頁。
183. 月腳，上述書，226頁認為士貝耶1897年9月成為公使是契機之一，這是不恰當的。
184. 《高宗時代史》第4卷，501頁。
185. Boris Pak, *Rossiia i Koreia,* 2 ed., Moscow, 2004, pp. 297-298. Shpeier to Murav'ev, 26 February/10 March 1898, AVPRI. 玄光浩《大韓帝國和俄羅斯以及日本》（韓文），先人社，2007年，37頁。
186. Boris Pak, op. cit., p. 299. Murav'ev to Shpeier, 18/30 February 1898, AVPRI.
187. 加藤給西的信，1898年3月3日，《日本外交文書》第31卷第1冊，140頁。
188. 加藤給青木的信，1899年5月17日，《駐韓日本公使館記錄》13，國史編纂委員會，1996年，276頁。玄光浩，上述書，65-66頁。
189. 《高宗時代史》第4卷，504-510頁。絕影島一事因反俄熱情高漲而中斷。日本方面以俄羅斯想要借用的土地中有日本人所有的土地為由，阻礙了俄羅斯的企圖，用陸軍的資金購買了該日本人擁有的土地。這次收購於6月初完成。伊集院領事給西的信，1898年6月6日，《日本外交文書》第31卷第1冊，194-195頁。
190. Rosen to Murav'ev, 14 February 1898, GARF, F. 568, Op. 1, D. 174, L. 1-8ob.
191. Ibid., L.1-2
192. Ibid., L. 2ob.-4.
193. Ibid., L. 4ob.
194. Ibid., L. 5.-7.
195. Ibid., L. 7ob.
196. Ibid., L. 8ob.

197. Simanskii, op. cit., Vol.I, pp.107-109.Murav'ev' s instruction to Pavlov(draft), 25 February 1898, *Port-Artur*, Vol. 1, pp. 39-40.
198. Simanskii, op. cit., Vol. I, pp. 113-114.
199. Ibid., p. 115.
200. V. A. Zolotarev, I. A. Kozlov, *Russko-Iaponskaia voina 19○4-19○5 gg. Bor'ba na more*, Moscow, 1990, p. 45.
201. Nikolai II's Diary, 23 February 1898, GARF, F.601, Op. 1, D. 238, p. 119.
202. Simanskii, op. cit., Vol.I, p. 118.
203. Ibid., p. 119.
204. Nikolai II's Diary, 13 March 1898, GARF, F. 601, Op. 1, D. 238, p.133.
205. 《日本外交文書》第31卷第1冊，307-308頁。俄語全文見*Port-Artur*, Vol. 1, pp. 50-52.
206. Nikolai II's Diary, 16 March 1898, p.135.
207. Kashirin,"Russkie Mol'tke" smotrit na vostok, p. 158.
208. Boris Pak, *Rossiia i Koreia,* 2nd ed., pp. 299-300. Shpeier to Murav'ev, 19 February/3 March 1898.
209. 加藤給西的信，1898年3月5日，《日本外交文書》第31卷第1冊，141頁。
210. Boris Pak, op. cit.,p. 301. Shpeier to Murav'ev, 21 February/5 March 1898.
211. 加藤給西的信，1898年3月8日，《日本外交文書》第31卷第1冊，143頁。漢文信函，同上書，155-156頁。Boris Pak, op. cit., p. 301.
212. Boris Pak, op. cit., p. 301.
213. 《高宗時代史》第4卷，515-516頁。
214. 加藤給西的信，1898年3月13日，《日本外交文書》第31卷第1冊，147頁。漢文的回覆，同上書，156-157頁。另外《舊韓國外交文書》第17卷（俄案1），高麗大學亞細亞問題研究所，1969年，525-526頁。
215. Boris Pak, op.cit., pp. 301-302.
216. Nishi to Hayashi, 《日本外交文書》第31卷第1冊，151頁。
217. Nishi to Rozen, 19 March 1898, 同上書，153-154頁。
218. Nishi to Hayashi, 21 March 1898, 同上書，158-159頁。
219. Boris Pak, op. cit., p. 302.
220. Rozen to Nishi, 29 March 1898,《日本外交文書》第31卷第1冊，163-164頁。
221. Kuropatkin to Murav'ev, 3 April 1898, GARF, F. 568, Op. 1, D. 145, L. 28.
222. Nishi to Rozen, 7 April 1898,《日本外交文書》第31卷第1冊，178-179頁。
223. Rozen to Nishi, 12 April 1898, 同上書，180頁。
224. 同上書，182-185頁。
225. Simanskii, op. cit., Vol. I, pp. 266-267. Ianzhul to Murav'ev, 2 June 1898.
226. 《高宗時代史》第4卷，539，541頁。
227. Rozen to Murav'ev, 10/22 May 1898, AVPRI, F. 133, Op. 470, 1898 g., D. 107, L. 124-125.
228. Rozen to Murav'ev, 27 June/9 July 1898, Ibid., L. 159-159ob.
229. 木村干《高宗・妃》，ミネルヴァ 房，2007年，285-287 。
230. 《高宗時代史》第4卷，527，542，650-651頁。
231. 朴鐘涍《俄羅斯國立文書保管所所藏韓國關連文書要約集》（韓文），韓

國國際交流財團，2002年，379-380頁。

232. 同上，380頁，《高宗時代史》第4卷，656，676頁。
233. 姜在彥，上述書，163-168頁。
234. Rozen to Murav'ev, 13/25 November 1898, AVPRI, F. 133, Op. 470, 1898 g., D. 107, L. 191.
235. Matiunin to Murav'ev, 9/21 December 1898, Ibid., L. 210-211.
236. 加藤給青木的信，1899年5月17日，《駐韓日本公使館記錄》13，278-279頁。
237. 玄光浩，上述書，68-69頁指出了這1點。
238. 關於巴甫洛夫D. Pavlov, *Russko-Iaponskaia voina 19○4-19○5 gg. Sekretnye operatsii na sushe i na more,* Moscow, 2004, p. 263.
239. Iu. Ia. Solov'ev, *Vospominaniia diplomata 1893-1922*, Moscow, 1959, pp. 52-53.
240. Nish, op. cit., p. 60.
241. 加藤給青木的信，1899年5月17日，《駐韓日本公使館記錄》13，280-281頁。
242. 林權助《講述我的七十年》，第一書房，1935年，119-120頁。
243. Kuropatkin's Diary, 28 February 1898, KA, 1932, Vol. 5-6, pp. 55-56.
244. Ibid., 29 February 1898, Ibid., p. 56.
245. Murav'ev to Nikolai II, 5 April(24 March) 1898, KA, 1932, Vol. 1-2, pp. 72-77.
246. 關於他的經歷，可見*Otechestvennaia istoriia s drevneishikh vremen do 1917 goda. Entsiklopediia,* Vol. 1, Moscow, 1994, pp. 242-243. S. Iu. Vitte, op. cit., Vol. 1, pp. 117-118.
247. I. S. Bliokh, Budushchaia voina, ee ekonomicheskie prichiny i posledstviia.*Russkii vestnik,* 1893, February, pp. 1-39, 186-217; March, pp. 208-291; April, pp. 261-320; May, pp. 214-305; June,pp. 223-314; August.pp. 241-343.
248. I. S. Bliokh, *Budushchaia voina v tekhnicheskom, ekonomicheskom i poliiticheskom otnosheniiakh,* Vol. 1-6, Sankt-Peterburg, 1898.
249. Bliokh, Budushchaia voina, *Russkii vestnik*, 1893,February,pp.3,8,12,33; March, pp.208,275; May, p. 304. 關於布利奧赫的主張，參照等松春夫《日俄戰爭和「總體戰」概念——以布洛赫〈未來戰爭〉為線索》，軍事史學會編《日俄戰爭（2）——戰爭的諸相和遺產》，錦正社，2005年。
250. I. S. Rybachenok, *Rossiia i Pervaia konferentsiia mira 1899 goda v Gaage*, Moscow, 2005, p. 31.
251. Ibid., pp. 288-289.
252. Kuropatkin's Diary, 23 September 1898, KA, 1932, Vol. 5-6, pp. 58, 60.
253. Rybachenok, op. cit., pp. 300-302.
254. Ibid., pp. 119-125.
255. *Politika kapitalisticheskikh derzhav i natsional'no-osvoboditel'noe dvizhenie v Iugo-Vostochnoi Azii (1871-1917).Dokumenty i materialy*, Vol. II. Moscow, 1967, pp.131, 132-133.《東南亞洲史》1，山川出版社，1999年，414-415頁。
256. 青木給林的信，1899年4月12日，《日本外交文書》第32卷，2-3頁。
257. 《對和平會議的解釋及意見》，同上書，11頁。
258. 《列國和平會議紀事》，同上書，37-60頁。這份報告中的署名國為15國，

但根據Rybachenok的研究，加上挪威，為16國。Rybachenok, op. cit., p. 164.

259. 《日本外交文書》第32卷，60，61頁。
260. Rybachenok, op. cit., pp. 365-367.
261. Choi Dokkiu, op. cit., p. 162.
262. Simanskii, op. cit., Vol.I, p. 287-288.
263. Murav'ev to Tyrtov, 10 June 1898, RGAVMF, F. 417, Op. 1, D. 174, L. 259ob.-260. Choi Dokkiu, op. cit., pp. 162-163.
264. Simanskii, op. cit., Vol.I, p. 289.
265. Ibid., p. 291. Choi Dokkiu, op. cit., p. 166.
266. 金義煥《圍繞朝鮮的近代俄日關係研究》（韓文），首爾，通文館，1972年，34-35頁。
267. 中村釜山領事代理給青木的信，1899年5月12日，《日本外交文書》第32卷，247-248頁。青木給中村的信，1899年5月13日，同上書，248頁。
268. 金義煥，上述書，35-39頁。
269. Dmitrievskii to Pak Je Sun, 7 May 1899,《舊韓國外交文書》第18卷（俄案2），高麗大學亞細亞問題研究所，1969年，117頁。
270. 金義煥，上述書，46-50頁。
271. Dmitrievskii to Pak Je Sun, 29 June 1899,《舊韓國外交文書》第18卷（俄案2），138-139頁。
272. 林給青木的信，1899年7月18日，《日本外交文書》第32卷，252頁。
273. Dmitrievskii to Masuo Kato, 29 July 1899, 同上書，147-148頁。
274. 《山縣有朋意見書》，254-255頁。
275. 同上書，255頁。
276. 根據阿列克塞耶夫的職務履歷，見Polnyi posluzhnyi spisok Vitse-admirala Evgeniia Alekseeva, RGAVMF, F. 32, Op. 1, D. 1
277. Vitte, op. cit., Vol. 2, p. 292.
278. 關於阿列克謝大公，見Zoia Beliakova, *Velikii kniaz' Aleksei Aleksandrovich za i protiv*, Sankt-Peterburg, 2004.
279. *Sovetskaia istoricheskaia entsiklopediia*, Vol. 1, Moscow, 1961, p. 379.
280. V. I. Fedorchenko, *Svita Rossiiskikh Imperatorov,* Vol. 1, Krasnoiarsk, 2005, p. 33.
281. G. K. Graf, *Na sluzhbe Imperatorskomu Domu Rossii 1917-1941. Vospoiminaniia*, Sankt- Peterburg, 2004, pp. 507-508.
282. I. Ia. Korostovets, *Rossiia na Dal'nem Vostoke.* Pekin, 1922, p. 6.
283. Ibid., p. 6.
284. A. fon-Shvarts, Iu. Romanovskii, *Oborona Port-Artura,* Part I, Sankt-Peterburg, 1910, p. 28.
285. Ibid., p. 55.
286. Korostovets, op. cit., p. 4.
287. VIK, *Russko-Iaponskaia voina,* Vol. I, p. 427.
288. 原剛《揚茹爾意見書》，《軍事史學》112號（第28卷第4號），1993年3月，47-57頁。
289. Bruce Menning, Miscalculating One's Enemies: Russian Intelligence Prepares For War, RJWGP, Vol. II, Leiden, 2007, p. 55.

290. 瓦恩諾夫斯基的職務履歷，見Poslushnyi spisok G. M. Vannovskogo, RGVIA, F. 403, D. 150-504-108, L. 267ob.-268ob.
291. VIK, *Russko-Iaponskaia voina,* Vol. I, pp. 430-431.
292. Ibid., p. 431.
293. V. Petrov, Russkie voenno-morskie agenty v Iaponii (1858-1917)[hereafter RVMAIa], *Poznakom'tes' -Iaponiia*, 19, 1998, p. 54. 小冊子 I. Budzilovskii, *Iaponskii flot.* Sankt-Peterburg, 1890, 76 pp.
294. Petrov, RVMAIa, p. 55. 他的論文I. I. Chagin, Ocherk razvitiia iaponskogo flota. *Morskoisbornik*, 1898, No. 7, pp. 45-66.
295. Chagin, Voennyi flot, RGAVMF, F. 417, Op. 1, D. 2128, L. 97a.
296. A. P. Chagodaev-Sakonskii, *Na "Almaze"(Ot Libavy cherez Tsusimu-vo Vladivostok),* Sankt-Peterburg, 2004, pp. 122-123. 情人之事，A. A. Mosolov, *Pridvore poslednego Imperatora. Zapiski nachal'nika kantseliarii ministra dvora,* Sankt-Peterburg, 1992(Riga, 1937), p.235.
297. Petrov, RVMAIa, p. 52.海軍檔案館沒有保存魯辛的職務履歷。
298. 中村健之介、中村悅子《尼古拉教堂的女性們》，教文館，2003年，373-374，378-380，408-409頁。這是京都正教女校校長高橋五子的傳記。
299. 神奈川縣知事淺田德則給青木外相的信，1900年3月23日，外務省記錄《本邦人身分並舉動調查雜件（軍事探偵嫌疑者之部）》，外務省外交史料館，5-1-10-11。
300. 島田謹二《在俄羅斯的廣瀨武夫》，朝日新聞社，1970年，118，131-132，165頁。
301. 同上書，114，126　。
302. Simanskii, op. cit., Vol. II, pp. 215-216. 關於布里涅爾，見 John A. White, *The Diplomacy of the Russo-Japanese War*. Princeton University Press, 1964, p. 32.
303. V. Vonliarliarskii, *Moi vospominaniia 1852-1939 gg.*, Berlin, [n.d.], p. 127.
304. Ibid., p. 126-127. 翁利亞爾利亞爾斯基在這裡極力主張他們的構想有迴避與日本發生戰爭的目的，原本向穆拉維約夫外相陳情1事本身就值得懷疑。
305. P. N. Petrov, *Istoriia rodov russkogo dvorianstva*, kn II, Moscow , 1991, p. 203.
306. Vonliarliarskii, op. cit., p. 105.
307. V. N. Smel'skii, Sviashchennaia druzhina (iz dnevnika ee chlena), *Golos minuvshego*, 1916, No. 1, pp.233,236-243,247-249.
308. I. V. Lukoianov, Bezobrazovtsy: put' Rossii k russko-iaponskoi voine 1904-1905 gg. A Paper presented to the symposium, 29-31 January 2003, Slavic Research Center, Hokkaido University , p. 2.
309. Fedorchenko, op. cit., Vol. 1, p. 94.
310. Simanskii, op. cit., Vol. II, pp. 216-217. A. M. Abaza, Russkie predpriiatiia v Koree v sviazi s nashei politikoi na Dal'nem Vostoke 1898-1904, GARF, F. 601, Op. 1, D. 529, pp. 18-20.
311. Romanov, op. cit., p. 387. I. V. Lukoianov, The Bezobrazovtsy, RJWGP, Vol. I, Brill, Leiden, 2005, p. 70.
312. Vorontsov-Dashkov's memorandum, 26 February 1898, RGIA, F. 56〇, Op. 28, D. 100, L. 2-5ob. Lukoianov, The Bezobrazovtsy, p. 70.

313. Bezobrazov's memorandum, 30 April 1898, RGIA, F. 560, Op. 28, D. 100, L. 6ob. Lukoianov, The Bezobrazovtsy, p. 70.
314. Abaza, op. cit., p. 21. Simanskii, op. cit., Vol. II, p.218.
315. Abaza, op. cit., p. 21. Simanskii, op. cit., Vol. II, p. 218. Romanov, op. cit., p. 386.
316. 加林-米哈伊洛夫斯基留下了日記體的旅行記。Garin-Mikhailov-skii, Po Koree, Man'chzhurii i Liadunskomu poluostrovu, *Sobranie sochinenii*, Vol. 5, Moscow, 1958.
317. 科爾夫男爵《1898年秋北部朝鮮派遣隊1員主要的結論》主張鴨綠江特許權的意義，但庫羅派特金在1903年8月6日（7月24日）的意見書中批判了這一點。Kuropatkin's Memorandum, 24 July 1903, GARF, F. 543, Op. 1, D. 183, L. 100-100 ob.
318. N. A. Korf, A. I. Zvegintsev, *Voennyi obzor Severnoi Kore*i, Sankt-Peterburg, 1904.
319. Grand Duke Aleksandr Mikhailovich to Nikolai II, 6 March 1899, GARF, F. 601, Op. 1, D. 720, L. 1-5.
320. Ibid., L. 1-2ob.
321. Ibid., L. 3ob.
322. Lukoianov, The Bezobrazovtsy, p. 72. 根據是Bezobrazov to Vorontsov-Dashkov, 15 April 1899, RGIA, F. 919, Op. 2, D. 603, L. 1-8. 我沒能查閱到這份檔資料。
323. Simanskii, op. cit., Vol. II, p. 221.
324. Abaza, op. cit., p. 21. Simanskii, op. cit., Vol. II, p. 220.
325. Simanskii, op. cit., Vol. II, p. 221.
326. Vitte, op. cit., Vol. 2, p. 240.
327. Simanskii, op. cit., Vol. II, pp. 220-221.
328. Matiunin to Vitte, 27 October 1899, RGIA, F. 560, Op. 28, D. 282, L. 5-5ob. Lukoianov, The Bezobrazovtsy, p. 74.
329. Matiunin to Vitte, 1 November 1899, Ibid., L. 10-10 ob. Lukoianov, The Bezobrazovtsy, p. 74.
330. Vitte to Nikolai II, 5 November 1899, Ibid., L. 14-17. Nikolai's order, L. 14. Lukoianov, The Bezobrazovtsy, p. 74.
331. Simanskii, op. cit., Vol. II, p. 221.
332. Abaza, op. cit., p. 28. Simanskii, op. cit., Vol. II, pp. 221-222.
333. Abaza, op. cit., pp. 27-28. Simanskii, op. cit., Vol. II, pp. 221-222. 發起人名簿見Vonliarliarskii, Koreiskie dela, Part II, p. 246.
334. 阿巴扎的職務履歷見Posluzhnyi spisok A. M. Abazy, RGAVMF, F. 406, Op. 9, D. 3, L. 1-6ob. 另外，Fedorchenko, op. cit., Vol. 1, p. 16.
335. Fedorchenko, op. cit., Vol. 1, pp. 16, 94.
336. Vorontsov-Dashkov to NIkoalai II, 4 June 1900, RGIA, F. 560, Op. 28, D. 100, L. 25. Lukoianov, The Bezobrazovtsy, p. 75.
337. Vsepodanneishii doklad ministra vneshnei politiki, KA, 1926, kn. 5, pp. 4-15.
338. Ibid., pp. 15-16.
339. Ibid., p. 4.
340. Ibid., pp. 18-21.
341. Ibid., pp. 21-22.

342. Ibid., pp. 22-25.

343. Vsepodanneishii doklad voennogo ministra za 1900 g., GARF, F. 601, Op. 1, D. 445, pp. 1-138.68頁之前為活版印刷，以下用打字機打出。最後有1900年3月14日（27日）的日期和署名。由於GARF所藏的資料捐贈於1923年，上面有維特閱讀時用紅鉛筆寫的批語。

344. Ibid., pp. 25-26.

345. Ibid.,p.38, 42.

346. Ibid., p.59.

347. Ibid., p. 60.

348. Ibid., p. 61.

349. Ibid., pp. 66-68, 136-138.

350. Voina na Dal'nem Vostoke. Ocherk strategicheskikh zaniatii 1900 g. na kurse Voenno-morskikh nauk. *Izvestiia po minnomu delu.*Vyp.37 , Sankt-Peterburg, 1900, pp. 2-3.

351. Ibid., p. 79.

352. Ibid., pp. 34-35.演習日期為原來的俄羅斯曆。

353. Ibid., pp. 90-91.

354. Ibid., pp. 5-10.

355. Ibid., pp. 11-18.

356. Ibid., p. 26.

357. Ibid., pp. 167, 168.

第五章 義和團運動與俄清戰爭

1. 佐藤公彥《義和團的起源及其運動——中國民眾民粹主義的誕生》，研文出版，1999年，656頁。

2. I. Ia. Korostovets, *Rossiia na Dal'nem Vostoke,* Pekin, 1922, pp. 9-10. 據馬婁澤莫夫研究，吉爾斯在外交團中採取了獨自行動，即使外交團要求清朝政府鎮壓義和團，他也沒有參與。Andrew Malozemoff, *Russian Far Eastern Policy 1881-1904*,New York, 1977, pp. 124-125.

3. Korostovets, op. cit., p. 12.

4. Vogak to General Staff, 26 February 1900, GARF, F. 601, Op. 1, D. 717, L. 5.

5. 佐藤，上述書，657-658頁。齊藤聖二《北清事變和日本軍》，芙蓉書房出版，2006年，17頁。

6. Vogak to General Staff, 28 March 1900, GARF, F. 601, Op. 1, D. 717, L. 7, 8ob.-9.

7. Korostovets, op. cit., p. 15. V. G. Datsyshen, *Bokserskaia voina. Voennaia kampaniia russkoi armii i flota v Kitae v 1900-1901 gg.*, Krasnoiarsk, 2001, p. 63.

8. 佐藤，上述書，660頁。齊藤，上述書，20-21頁。

9. Murav'ev to Nikolai II, 25 May 1900, KA, 1926, kn. 1, p. 13.

10. Girs to Alekseev, 27 May 1900, Ibid., p. 14.

11. Korostovets, op. cit., pp. 16-17.

12. 佐藤，上述書，662-663頁。Datsyshen, op. cit., pp. 65-66.

13. 佐藤，上述書，668，709頁。齊藤，上述書，50-51頁。

14. Korostovets, op. cit., pp. 19-20.
15. 齊藤，上述書，76頁。Izvol'skii to Murav'ev, 10 June 1900, AVPRI, F. 133, Op. 470, 1900 g., D. 102, L. 129-129ob.
16. Murav'ev to Nikolai II, 4 June 1900, KA, 1926, kn. 1, pp. 14-15.
17. S. Iu. Vitte, *Vospominaniia,* Vol. 2, Moscow, 1960, pp. 175-176. 英國公使斯科特向本國報告，有傳聞說穆拉維約夫因前夜被維特嚴厲批評了他對中國的政策而自殺，此說不可信。Ian Nish, *The The Origins of the Russo-Japanese War*, London, 1985, p. 73.
18. 小村給青木的信，1900年10月19日，《日本外交文書》第33卷別卷2，358頁。
19. Datsyshen, op. cit., pp. 80-81.
20. 《義和團檔案史料》上卷，北京，中華書局，1979年，162-163頁。佐藤，上述書，742-744頁。
21. KA, 1926, kn. 1, p. 15.
22. Aleksandr Rediger, *Istoriia moei zhizni,* Vol. 1, Moscow,1999, p. 316.
23. Korostovets, op. cit., p. 23.
24. Ibid., p. 26.
25. Ibid., p. 39. Datsyshen, op. cit., p. 85-93. 齊藤，上述書，96-97頁。
26. Korostovets, op. cit., p. 46. 齊藤，上述書，97-98頁，107，144頁。
27. Ibid., p. 48.
28. Datsyshen, op. cit., pp. 106-107.
29. Simanskii, op. cit., Vol. II, pp. 102-104.
30. 1909年9月，庫羅派特金對波洛夫采夫所說。「維特對我說，有必要無條件、盡可能多地派遣軍隊。」Dnevnik A. A. Polovtseva, KA, 1923, kn. 3, p. 104.
31. 東清鐵道公司章程，《日本外交文書》第29卷，963頁。
32. Rediger, op. cit., Vol. I, p. 317.
33. Lamsdorf to Nikolai II, 30 June 1900, KA, 1926, kn. 1, pp. 17-19.
34. Vitte to Sipiagin, 7 July 1900, KA, 1926, kn, 5, pp. 32-33.
35. Simanskii, op. cit., Vol. II, pp. 104-105. Datsyshen, op. cit., pp. 145, 150, 156.
36. 劉孝鍾《利用和排除的構圖——十九世紀末，遠東俄羅斯的「黃色人種問題」展開》，原田勝正編《「國民」形成的統合和隔離》，日本經濟評論社，2002年，239頁。
37. Simanskii, op. cit., Vol. II, p. 91.
38. 《義和團檔案史料》上卷，264-265頁。Datsyshen, op. cit., p. 132.
39. V. Blagoveshchenskaia「utopia」, *Vestnik Evropy,* Vol. XLV, No. 7, July 1910, pp. 231. 這篇文章匯總了有關對格里布斯基軍務知事事件責任的預審資料，匿名而作。另外Lev Deich, *16 let v Sibiri,* Moscow, 1924, p. 302. 馬婁澤莫夫最先使用了這些資料，但對預審資料的使用也比較謹慎，他認為傑伊奇是猶太人，這一觀點也值得懷疑。Malozemoff, op. cit., pp. 140, 291.
40. Datsyshen, op. cit., p. 132. George A. Lensen, *The Russo-Chinese War*, Tallahasse, 1967, pp. 75-76. *Times,* 18 July 1900, p. 7也有7月14日清國方面攻擊2艘俄羅斯船「米哈伊爾」「色楞格」的報導。石光真清時任在布拉戈維申斯克的日本軍諜報員，他也在手記中寫著，清國方面命令輪船「米哈伊爾」號停船

是事情的開端。石光真清《曠野的花》龍星閣，1958年，25頁。

41. Datsyshen, op. cit., pp. 132-133, 209. Lensen, op. cit. , pp. 80-84. *Times,* 18 July 1900, p. 7報導炮擊發生於7月16日（3日）上午6時和傍晚。中國方面的報告中出現了7月19日的越江攻擊，但沒有出現布拉戈維申斯克炮擊。《義和團檔案史料》上卷，381頁。
42. Deich, op. cit., p. 303.
43. Blagoveshchenskaia「utopia」, pp. 231-234. 石光真清的手記中收錄了被鼓動參與暴行的俄羅斯人的證言，與本書的記述沒有矛盾之處。但是，大概是手記的編輯者添加了如下總結，給人以錯誤的印象。「在這短短的時間內，被驅趕到支那街的三千名清國人被押送到黑龍江畔，悲慘地被虐殺了，……被殘殺的屍體就像筏子一樣被黑龍江的濁流沖走了。」（石光，上述書，31頁。）
44. Blagoveshchenskaia「utopia」, pp. 234-235.Lensen, op. cit., p. 91. 將7月17日作為虐殺之日。Datsyshen並沒有明確這一點。
45. Deich, op. cit., p. 304.
46. Ibid., p. 305.
47. 關於日本的反應，參見山室信一《日俄戰爭世紀》，岩波新書，2005年，89-92頁。
48. Datsyshen, op. cit., p. 213. 清國方面的報告，有《海蘭泡傭工華民數千人驅投諸江》、《焚溺華民之事》等。《義和團檔案史料》上卷，381頁。
49. Ibid., pp. 134-136.
50. *Novoe vremia,* 11 September 1900, p. 2. 英譯見Lensen, op cit., pp. 124-125. 石光，上述書，40-41頁也收錄了日語翻譯全文，但翻譯有問題。
51. Datsyshen, op. cit., pp. 140-141. 維特在獲知布拉戈維申斯克炮擊第一報後，給內相的信中追記道，「布拉戈維申斯克遭遇炮擊不是什麼大不了的事情，至少我們有了為警示而毀滅瑷琿的機會了。」 Vitte to Sipiagin, 7 July 1900, KA, 1926, No. 5, p. 33.
52. Vitte to Sipiagin, 14 July 1900, Ibid., pp. 33-34.
53. Predislovie F. A. Rotshteina, *Dnevnik V. N. Lamsdorfa (1886-1890)*, Moscow-Leningrad, 1926, p. III.
54. Rosen, op. cit., Vol. 1, pp. 174-175.
55. Vitte, op. cit., Vol. 2, pp. 112-113.
56. Dnevnik A. A. Polovtseva, KA, 1923, kn. 3, p. 82.
57. Datsyshen, op. cit., pp. 150-151.
58. Ibid., pp. 151-154.
59. Ibid., p. 312.《義和團檔案史料》上卷，547頁。
60. Korostovets, op. cit., pp. 53-59. 齊藤，上述書，197-199頁。
61. 牛莊領事給青木的信，1900年8月6日，《日本外交文書》第33卷別冊2，314-316頁。
62. Datsyshen, op. cit., p. 94.
63. Wilhelm II to Nikolai II, 6 August 1900, KA, 1926, No. 1, p. 22.
64. Datsyshen, op. cit., p. 96. Simanskii, op. cit., Vol. II, p. 29.
65. Dmitrii Ianchevetskii, *1900. Russkie shturmuiut Pekin*. Moscow, 2008, p. 423. 原

著為*U stene nedvizhnogo Kitaia. Dnevnik korrespondenta 「Novogo Kraia」 na teatre voennykh deistvii v Kitae v 1900 godu.* Sankt-Peterburg, 1903.

66. Korostovets, op. cit., pp. 68, 87.
67. Vitte to Sipiagin, 10 August 1900, KA, 1926, No. 5, pp. 39-41.
68. B.B.Glinskii, *Prolog Russko-iaponskoi voiny*, Petrograd, 1916, pp. 119-120.
69. Vitte to Sipiagin, 13 August 1900, KA, 1926, No. 5, p. 41.
70. Lamsdorf to Ambassadors, 12/25 August 1900, KA, 1926, No. 1, pp. 28-29. 「Pravitel'stvennoe soobshchenie」 19 August 1900, *Obzor snoshenii s Iaponiei po koreiskim delam s 1895 goda,* Sankt-Peterburg, 1906, pp. 47-49. GARF, F. 568, Op. 1, D.211. 其譯文見《日本外交文書》第33卷別冊2，338-341頁。
71. Korostovets, op. cit., p. 93.
72. Simanskii, op. cit., Vol. II, p. 110. Kuropatkin's letter, 2 September 1900.
73. Korostovets, op. cit., pp. 158-159. Simanskii, op. cit., Vol. II, pp. 105-106.
74. Simanskii, op. cit., Vol. II, p. 106. Lensen, op. cit., p. 232. Datsyshen, op. cit., pp. 166-168.
75. 林給青木的信，1900年6月26日，《日本外交文書》第33卷別冊2，376-377頁。
76. Boris Pak, *Rossia i Koreia*, 2nd ed., p. 326. Pavlov to Lamsdorf, 30 June 1900, AVPRI.
77. Ibid., p. 327. 林給青木的信，1900年6月18日，《日本外交文書》第33卷別冊2，375頁。
78. 林給青木的信，1900年7月5日，同上，379-380頁。
79. Komura to Aoki, 22 July 1900, 同上，699頁（原文英語，和田譯）。
80. 角田順《滿洲問題和國防方針——明治後期國防環境的變動》，原書房，1967年，33頁。千葉功《舊外交的形成——日本外交1900-1919》勁草書房，2008年，72-74頁。千葉認為小村的合作者山座圓次郎也表現出了同樣的主張。
81. 島田三郎《日本和俄羅斯》增補再版，警醒社，1900年，29-30頁。
82. 同上書，70-71，74，75頁。
83. 《小村外交史》149頁。
84. Lamsdorf to Izvol'skii, 1(14) July 1900, AVPRI, F. 133, Op. 470, 1900 g., D. 102, L. 10.
85. Lamsdorf to Izvol'skii, 2(15) July 1900, Ibid., L. 12. 石和靜《俄羅斯的韓國中立化政策——與維特的對滿洲政策的關聯》，《斯拉夫研究》第46號，36頁。
86. Boris Pak, op. cit., p. 327引用了Lamsdorf to Pavlov, 2 July 1900, AVPRI，總結道「指令向韓國皇帝提起，有必要制訂為維持秩序所應採取的對策」，這些總結從後述林權助的報告來看並不正確。
87. 林給青木的信，1900年7月19日，《日本外交文書》第33卷別冊2，386頁。
88. Izvol'skii to Lamsdorf, 8 July 1900, Ibid., L. 164.
89. 青木給林的信，1900年7月25日，《日本外交文書》第33卷別冊2，393頁。
90. Izvol'skii to Lamsdorf, 30 July 1900, AVPRI, F. 133, Op. 470, 1900 g., D. 102, L. 190-191.
91. Pavlov to Alekseev, 31 July 1900, RGAVMF, F. 32, Op. 1, D. 57, L. 47-50ob. 東京大

學史料編纂所所藏俄羅斯海軍檔案館寄贈文書。

92. 小村給青木的信，1900年8月15日。青木給小村的信，1900年8月17日。《日本外交文書》第33卷別冊2，700-701頁。

93. 《近衛篤麿日記》第3卷，近衛篤麿日記刊行會，1968年，247頁。森山茂德《近代日韓關係史研究——朝鮮殖民地化和國際關係》，東京大學出版會，1987年，119-120頁。

94. 《山縣有朋意見書》262-263頁。森山，上述書，120頁。橫手慎二《日俄戰爭史》中公新書，2005年，20-21頁以這部分為例，認為山縣的俄羅斯認識出現了決定性的變化，出現了認為「俄羅斯『狡猾』，不能信任」的看法，這並不恰當。

95. 《山縣有朋意見書》261，263頁。

96. Izvol'skii to Lamsdorf, 13 July 1900, Ibid., L. 174-175.

97. 《近衛篤麿日記》第3卷，243頁。

98. 同上書，247頁。

99. 同上書，251頁。朴羊信《陸羯南》，岩波書店，2008年，178頁。

100. 《本年七月下旬玄映運訪問杉村通商局長之際對話要領》，《韓國宮內府侍從玄映運來朝一件》，外務省外交史料館，6-4-4-24。海野福壽《韓國合併史研究》，岩波書店，2000年，102頁和千葉，上述書，75頁忽略了這次交鋒。

101. 林給青木的信，1900年7月24日，《日本外交文書》第33卷別冊2，391頁。

102. 《近衛篤麿日記》第3卷，253頁。

103. 1902年5月編制的韓國政府雇用外國專家名冊中有此人。《駐韓日本公使館記錄》24，國史編纂委員會，1992年，151頁。

104. Simanskii, op. cit., Vol. I, p. 274. 朴鐘涍編譯《俄羅斯國立文書保管所所藏韓國關聯文書要約集》（韓文），韓國國際文流財團，2002年，270頁概括的文書中，也寫到因托列姆列的想法而產生中立化方案。

105. 林給青木的信，以及青木給林的信，1900年9月14日。《日本外交文書》第34卷，523-524頁。角田引用這份電報，寫道，趙公使「試圖強化與日本合作，包含高宗密旨在內，但受到伊茲沃利斯基的威脅，以至於反而提出由日本向列國提議韓國中立化。」（角田，上述書，38頁）這種說法令人吃驚。木村干《高宗・閔妃》，ミネルヴァ 房，2007年，314頁也沒有列舉證據就寫道，中立化方案遭到俄羅斯的拒 。森山，上述書，125頁雖然探討了趙秉式提議中立化方案，但認為「因俄羅斯駐外機構反對朝鮮中立化」，只強調了巴甫洛夫反對。玄光浩《大韓帝國和俄羅斯以及日本》（韓文），先人社，首爾，2007年，108-109頁也同樣基本上只重視巴甫洛夫的反對。

106. 《近衛篤麿日記》第3卷，289-290頁。

107. 同上書，284-285頁。

108. Izvolškii to Lamsdorf, 1 September 1900, AVPRI, F. 133, Op. 470, 1900 g., D. 102, L. 229ob., 228ob., 227ob.

109. Izvol'skii to Lamsdorf, 4 September 1900, Ibid., L. 230.

110. Izvol'skii to Lamsdorf, 14 September 1900, Ibid., L. 243.

111. Allen to State Department, 2, 11 October 1900, *Korean-American Relations*, Vol.

III, pp. 69, 71.
112. 《近衛篤麿日記》第3卷，309-310頁。
113. 戶水寬人《回顧錄》非賣品，1904年，2-4頁。
114. 同上書，6-8頁。
115. 同上書，9頁。
116. 同上書，10頁。
117. 千葉，上述書，78頁。海野，上述書，103頁。
118. 《伊藤博文相關文書》6，塙書房，1978年，404頁。千葉還援引了《近衛篤麿日記》9月17日的一段記述（第3卷，316頁），但這不過是聽到外務省杉村局長說從林公使處傳來了同宗旨的電報。
119. 林給青木的信，1900年8月25日，《駐韓日本公使館記錄》14，374頁。
120. 林給青木的信，1900年9月17日，同上，378-379頁。
121. 《近衛篤麿日記》第3卷，330，337頁。
122. 同上書，342頁。
123. 同上書，348-349頁。
124. 千葉，上述書，78-79頁的記述並不恰當。
125. 林給青木的信，1900年9月26日，《駐韓日本公使館記錄》14，381頁。森山，上述書，126頁也引用了這個史料。
126. Allen to Secretary of State, 20 October 1900, *Korean-American Relations*, Vol. III, p. 72.
127. 從日本方面和美國方面的史料推導出巴甫洛夫提出反對論的是玄光浩，上述書，108-109頁。
128. Vitte to Sipiagin, before 18 September 1900, KA, 1926, No. 5, pp. 41-42.
129. 石和靜，上述論文，36，51頁寫道，該方案由維特「首創主導」，這並不恰當。這篇論文使用俄羅斯的史料，首次辯明伊茲沃利斯基曾為韓國的中立化進行過努力。
130. Rediger, op. cit., Vol. 1, pp. 317-318.
131. 這次會談記錄有兩個版本。第一個版本被1917年寫成的朝鮮總督府調查書《朝鮮的保護及合併》，《日韓外交資料集成》8，岩南堂書店，1964年，405-408頁引用。角田，上述書，34-35頁最先注意到這次會談記錄，並加以引用。第二個版本收錄于《駐韓日本公使館記錄》16，372-376頁，注有「明治33年12月下旬小村公使歸朝之際提交」。本書引用了第二個版本。雖然語言上有若干差別，但文意大致相同。
132. Alekseev to Lamsdorf, 1/14 September 1900, and Lamsdorf to Alekseev, n.d., KA, 1926, No. 1, p. 34.
133. Glinskii, op. cit., p. 138. Malozemoff, op. cit., p. 152.
134. Korostovets, op. cit., pp. 128-129.
135. Simanskii, op. cit., vol. II, p. 111.
136. Ibid., p. 112.
137. 協定文本見Korostovets, op. cit., pp. 129-130. 概要見Simanskii, op. cit., Vol. II, p. 114. 小村給加藤的信，1901年1月8日，《日本外交文書》第34卷，100-101頁。
138. Vitte, op. cit., Vol. 2, pp. 191-193.

139. 《日本外交文書》第33卷，59頁。
140. Simanskii, op. cit., Vol. II, p. 56.
141. Ibid., p. 113. Korostovets, op. cit., pp. 130-135.
142. Lansdowne to Scott, 3 January 1901, Inclosure No. 3, *Correspondence respecting the Russian Occupation of Manchuria and Newchwang,* London, 1904, p. 3.橫手，上述書，61-62頁也指出了莫里森的歪曲。
143. 西給加藤的信，1900年12月30日，《日本外交文書》第33卷別冊2，371-374頁。
144. 《日本外交文書》第34卷，94-95頁。
145. 同上書，第33卷別冊2，431-432頁。
146. Lamsdorf to Izvol'skii , 18 November 1900, AVPRI, F. 133, Op. 470, 1900 g., D. 102, L. 19. 以及Lamsdorf to Izvol'skii , 26 Novcmbcr 1900, Ibid., L. 22.
147. Lamsdorf to Pavlov, 18 November 1900, RGAVMF, F. 32, Op. 1, D.57, L. 86-87. 東京大學史料編纂所所藏俄羅斯海軍檔案館寄贈文書。
148. Pavlov to Lamsdorf, 22 November 1900. Ibid., L. 88-89ob. 同上。
149. Izvolškii to Lamsdorf, 25 November 1900, AVPRI, F. 133, Op. 470, 1900 g., D. 102, L. 292ob., 291ob., 290ob.
150. Lamsdorf to Izvol'skii , 26 November 1900, Ibid., L. 22.
151. Izvol'skii to Lamsdorf, 1 December 1900, Ibid., L. 298ob., 297ob.
152. Izvol'skii to Lamsdorf, 15 December 1900, Ibid., L. 302-302ob. 石和靜，上述論文，39頁。
153. 《關於滿韓問題的日俄交涉》，《日韓外交資料集成》8，409-411頁。
154. Lamsdorf to Izvol'skii , 3 December 1900, Ibid., L. 24-24ob. 尼什認為伊茲沃利斯基的中立化方案是他的個人方案，沒有得到俄羅斯外務省充分的支持，因而弱化了他的交涉能力，很顯然這並不正確。Nish, op. cit., p.99.
155. 角田，上述書，40-43頁。
156. Izvol'skii to Lamsdorf, 17 December 1900, Ibid., L. 26. *Obzor snoshenii s Iaponiei po Koreiskim delam s 1895 goda*, p. 15.
157. 《日本外交文書》第34卷，521頁。
158. Izvolškii to Lamsdorf, 27 December 1900, AVPRI, F. 133, Op. 470, 1900 g., D. 102, L. 311ob., 310ob.
159. 小村給加藤的信，1901年1月11日，《日本外交文書》第34卷，524頁。千葉，上述書，64頁認為這一意見是滿韓交換論。
160. 加藤給珍田的信，1901年1月17日，《日本外交文書》第34卷，527-528頁。
161. 俄國公使・加藤外相會談筆記，1901年1月17日，同上書，528-529頁。
162. 珍田給加藤的信，1901年1月25日，同上書，531頁。千葉認為內閣、元老此後共有的印象是伊茲沃利斯基的提議是他的個人遊戲。千葉，上述書，83頁。
163. 珍田給加藤的信，1901年1月28日，《日本外交文書》第34卷，536-538頁。
164. Izvol'skii to Lamsdorf, 9 February 1901, KA, 1934, kn. 2, pp. 13-16.
165. Simanskii, op. cit., Vol. II, pp. 116-117.
166. Ibid., pp. 117-118.
167. Satow to Lansdowne, 27 February 1901, *Correspondence respecting the Russian*

Occupation of Manchuria and Newchwang, p. 7. 小村給加藤的信，1901年3月1日，《日本外交文書》第34卷，170-172頁。
168. 角田，上述書，61-64頁。
169. 加藤給小田切的信，1901年3月2日，《日本外交文書》第34卷，174頁。清國公使—加藤外相會談筆記，1901年3月4日，同上書，182-183頁。
170. Simanskii, op. cit., Vol. II, pp. 119-120.
171. Ibid., pp. 120-122.
172. 加藤給林的信，1901年3月18日，《日本外交文書》第34卷，234-235頁。加藤給井上的信，1901年3月18日，同上，235-236頁。
173. 加藤給小田切的信，1901年3月18日，同上，236-237頁。
174. 加藤給伊藤的信，1901年3月12日，同上，206-207頁。
175. 角田，上述書，66頁。Simanskii, op. cit., Vol. II, p. 122.
176. 清國公使與加藤外相會談筆記，1901年3月23日，《日本外交文書》第34卷，261-263頁。
177. 小村給加藤的信，1901年3月23日，同上，264-265頁。
178. 加藤給珍田的信，1901年3月24日，同上，270-271頁。
179. 珍田給加藤的信，1901年3月26日，同上，286頁。
180. 角田，上述書，68-69頁。
181. 《近衛篤麿日記》第4卷，1968年，36頁。
182. 同上書，38-40頁。
183. 同上書，65頁。
184. 同上書，79頁。
185. 同上書，74-75，78，80頁。
186. 同上書，100-101頁。
187. 同上書，94頁。
188. 同上書，98頁。
189. 同上書，101-102頁。
190. 同上書，88頁。
191. Izvol'skii to Lamsdorf, 1 March 1901, KA, 1934, kn. 2, pp. 16-18.
192. Simanskii, op. cit., Vol. II, p. 133.「Pravitel'stvennoe soobshchenie」, 23 March 1901, *Obzor snoshenii s Iaponiei po koreiskim delam,* pp. 50-59.
193. 加藤外相與俄國公使會談筆記，1901年4月8日，《日本外交文書》第34卷，340-341頁。
194. 角田，上述書，69頁。
195. 加藤給珍田的信，1901年4月5日，《日本外交文書》第34卷，332頁。珍田給加藤的信，同年4月7日，同上書，339頁。
196. 清國公使與加藤外相會談筆記，1901年4月8日，同上書，343頁。盛宣懷給清國公使李盛鐸的信，1901年4月10日，同上書，344頁。
197. Lamsdorf to Kuropatkin and Vitte, 22 May 1901, GARF, F. 568, Op. 1, D. 175, L. 2. 尼什認為這個時候駐在武官們的意見是不可能發生戰爭，這種認識不正確。Nish, op. cit., p. 105.
198. Vannovskii to General Staff, 28 March 1901, RGVIA, F. 400, Op. 4, D. 481, L. 75.
199. Izvol'skii to Lamsdorf, 23 March 1901, KA, 1934, kn. 2, pp. 24-27.

200. VIK, *Russko-Iaponskaia voina*, Vol. I, p. 317. Nish, op. cit., p. 106 從Lensen, op. cit., pp. 253-254引用了阿列克塞耶夫於3月16日給陸相的主張無限期駐留滿洲的書信，論述了防止日本方面採取積極措施的可能性，以及締結在朝鮮的協定，確保在滿洲的行動自由，但難以令人相信這是處於戰爭威脅中的認識。列森沒有列舉根據。
201. VIK,*Russko-Iaponskaia voina,* Vol. I, p. 318.
202. Izvol'skii to Lamsdorf, 2 April 1901, RGVIA, F. 400, Op. 4, D. 481, L. 96-100.
203. Lamsdorf to Kuropatkin and Vitte, 22 May 1901, GARF, F. 568, Op. 1, D. 175, L. 2ob.
204. Kuropatkin to Lamsdorf, 25 May 1901, RGVIA, F. 400, Op. 4, D. 481, L.83-84.
205. Vitte to Lamsdorf, 24 May and 28 May 1901, Romanov, *Rossiia v Man'chzhurii*, pp. 312-313.
206. 《伯爵珍田捨巳 》，ゆまに 房，2002年，91　。
207. Sakharov to Lamsdorf, 13 June 1901, GARF, F. 568, Op. 1, D. 176, L. 6-6ob., 9.
208. Agapeev's Report, 7 June 1901, GARF, F. 568, Op. 1, D. 176, L. 1-5ob. 關於阿格佩耶夫，見Korostovets, op. cit., p. 99.
209. Lamsdorf to Sakharov, 18 June 1901, GARF, F. 568, Op. 1, D. 176, L 11-13ob., KA, 1934, kn. 2, pp. 29-31.
210. Lamsdorf to Izvol'skii and M. N. Girs, 17 July 1901, Ibid., p. 32.
211. Lamsdorf to Kuropatkin and Vitte, 19 June 1901, Ibid., pp. 32-35.
212. Girs to Lamsdorf, 22 July 1901, Ibid., pp. 35-36.
213. Izvol'skii to Lamsdorf, 25 July 1901, Ibid., pp. 36-37.
214. 維特的回答概要收於Glinskii, op. cit., p.174.。但是，沒有寫到是什麼時候的信。關於外相所提問題的信的概要是這封信的前提（Ibid., pp. 173-174），但與信的原件相比，這些概要不正確。維特的信也可以理解為大致是這樣的內容。
215. Kuropatkin to Lamsdorf, 30 July 1901, RGIA, F. 1282, Op. 1, D. 759, L. 36-43ob. 這封信的概要收於Glinskii, op. cit., pp. 175-176，這裡基本是正確的。
216. Kuropatkin to Lamsdorf, 12 August 1901, RGIA, F. 1282, Op. 1, D. 759, L. 44-45.
217. VIK, *Russko-Iaponskaia voina,* Vol. 1, pp. 192-196.
218. 中山裕史《「菲力浦先生」和「帕普斯」——20世紀初期羅曼諾夫宮廷和兩名法國人》，《桐朋學園大學短期大學部紀要》第15號，1997年，122-126頁。
219. Nikolai II's Diary , GARF, F. 601, Op. 1, D. 243, p. 50.
220. Ibid., pp. 51,52-53,54,55,56,57.
221. Ibid., pp. 58,59.
222. Bezobrazov to Nikolai II, 24 June 1900, RGIA, F. 560, Op. 28, D. 100, L. 34-35.
223. Bezobrazov to Grand Duke Aleksandr Mikhailovich, 15 July 1900, Ibid., L. 26-28.
224. Bezobrazov's Memorandum, 23 July 1900, Ibid., pp. 30-31.
225. Abaza, Russkie predpriiatiia v Koree v sviazi s nashei politikoi na Dal'nem Vostoke 1898-1904, GARF, F. 601, Op. 1, D. 529, pp.35-37. Simanskii, op. cit., Vol. II, p. 222.
226. Vitte to Sipiagin, 7 July 1901, KA, 1926, t. 5, p. 44.
227. Vitte to Sipiagin, 12 July 1901, Ibid., p. 45.

228. Abaza, Russkie predpiiatiia v Koree, pp. 39-40. Simanskii, op. cit., Vol. II, p. 223.
229. Abaza, op. cit., p. 41.
230. Kuropatkin's Memorandum, 24 July 1903, GARF, F. 543, Op. 1, D. 183, L. 98ob.-100.
231. Abaza, op. cit., pp. 41-42. Simanskii, op. cit., Vol. 1, p. 223. 以及Bezobrazov to Nikolai II, 17 June 1901, RGIA, F. 560, Op. 28, D. 100, L 33-33ob.
232. Simanskii, op. cit., Vol. II, pp. 222-223.
233. 山本利喜雄《俄羅斯史》，博文館，1901年，1-5頁。
234. 同上書，421-422頁。
235. 同上書，436頁。
236. 安納多爾・勒華・博立約（林毅陸譯）《俄羅斯帝國》，博文館，1901年，5頁。原著為Anatole Leroy-Beaulieu, *L'empire des tsars et les russes*, Tome I-III, Paris, 1897.
237. 同上書，1，3頁。
238. 同上書，17頁。
239. 煙山專太郎《近世無政府主義》，東京專門學校出版部，1902年。復刻版由明治文獻於1965年推出。
240. 內田的經歷見黑龍俱樂部《國士內田良平傳》，原書房，1967年。
241. 禁售的內田良平《俄羅斯亡國論》的第3章附錄在《國士內田良平傳》一書中。本書引用的地方，同上書，736-753頁。內田甲《俄羅斯論》，黑龍會本部，1901年，136，142頁。
242. 《國士內田良平傳》753頁。內田甲《俄羅斯論》156，157，159，162頁。
243. 平塚篤編《子爵栗野慎一郎傳》，興文社，1942年，1，34，58，177，216，249頁。
244. 同上書，254頁。
245. 同上書，254-260頁。角田，上述書，105-106頁認為栗野的主張「在性質上立於滿韓交換論」，但不能說是「單純的滿韓交換論」，是「韓國勢力範圍協定論」，這並不明確。Nish, op. cit., p. 129認為栗野的意見書是重要的滿韓交換論主張，也不正確。
246. 《子爵栗野慎一郎傳》267-268頁。
247. Izvol'skii to Lamsdorf, 6 November 1901, AVPRI, F. 150, Op. 493, D. 906(1901 g.), L. 121-122.
248. 《伊藤博文傳》下卷，原書房，1970年（原版1940年），523-532頁。
249. 角田，上述書，81-82頁。
250. 同上書，89-90頁。
251. 林給曾禰的信，1901年7月15日，《日本外交文書》第34卷，16頁。林董《憶昔錄》平凡社，1970年，333頁。
252. Sone to Hayashi, 17 July 1901,《日本外交文書》第34卷，22頁。
253. 林，上述書，335-336頁。林給曾禰的信，1901年8月1日，《日本外交文書》第34卷，25-26頁。
254. 《小村外交史》257-259頁。
255. 曾禰給林的信，1901年8月8日，《日本外交文書》第34卷，26-28頁。
256. 林給小村的信，1901年11月7日，同上書，39-40頁。

257. 林給小村的信，1901年11月7日，同上書，42頁。
258. 小村給林的信，1901年11月13日，同上書，47頁。
259. 林給小村的信，1901年11月15日，同上書，47-48頁。
260. 林，上述書，342-347頁。
261. Hayashi to Komura, 18 November 1901,《日本外交文書》第34卷，48-49頁。
262. 小村給林的信，1901年11月20日，同上書，50頁。
263. 小村給林的信，1901年11月22日，同上書，53頁。
264. 小村給駐俄杉村代理公使的信，1901年11月24日，同上書，53-54頁。
265. 桂給伊藤的信，1901年11月27日，同上書，54-55頁。
266. 伊藤給井上的信，1901年11月28日，同上書，55-56頁。
267. 角田，上述書，103-104頁，108頁。
268. 伊藤博文《謁見露西亞皇帝尼古拉二世陛下記》，《日本外交文書》第35卷，106-107頁。Nikolai II's Diary, GARF, F.601,Op. 1, D.243, p.167.
269. Lamsdorf to Izvol'skii, 5 December 1900, KA, 1934, kn. 2, pp. 47-48. 伊藤方面的記錄見《與俄國外相拉姆斯道夫伯爵會見記 其一》，《日本外交文書》第35卷，108-111頁。內容多少有些差別。特別是日方記錄中為拉姆斯道夫質問：「俄國於朝鮮南岸任取一小地方，其他之朝鮮全部由貴國做主之事，有困難吧」。
270. 《與俄國財相維特氏會見記》，《日本外交文書》第35卷，111-112頁。
271. Predlozheniia Ito, KA, 1934, kn. 2. p. 46. 日方的記錄見《伊藤侯爵給俄國外相的信函》，《日本外交文書》第35卷，121頁。內容完全一致。「排他性給予建議和援助的權利」在日本方面的記錄中為「建議及援助朝鮮之專權」。
272. Lamsdorf to Nikolai II, 22 November 1900, Ibid., pp. 44-46. 日方的記錄見《會見俄國外相拉姆斯道夫伯爵記 其二》，同上，118-121頁。內容多少有所差別。
273. 閣議決定，1901年11月28日，《日本外交文書》第34卷，57-58頁。
274. 伊藤給桂的信，1901年12月6日，同上，63-64頁。
275. 提交給元老會議的小村意見書，1901年12月7日，同上，6669頁。
276. 井上給伊藤的信，1901年12月7日，同上，69頁。
277. 《子爵栗野慎一郎傳》265頁。
278. 林董《日英同盟協約締結始末》，《日本外交文書》第35卷，54頁。
279. Proekt Lamsdorfa, KA, 1932, kn. 2, p. 48.
280. Ibid., p. 44.
281. Simanskii, op. cit., Vol. II, pp. 162-163. Vitte to Lamsdorf, 28 November 1903.
282. Kuropatkin to Lamsdorf, 27 November 1901, KA, 1934, kn. 2, pp. 49-51.
283. Lamsdorf to Nikolai II, 1 December 1901, Ibid., pp. 52-53.
284. Ito to Lamsdorf, 23 (10) December 1901, *Obzor snoshenii s Iaponiei po koreiskim delam*, pp. 74-75. 另外Lamsdorf to Ito, 1(14) December 1901, Ibid., pp. 72-73.
285. 林給小村的信，1902年1月15日，《日本外交文書》第35卷，1-3頁。小村給林的信，同年1月17日，同上書，3-4頁。林給小村的信，同年1月24日，同上書，9-10頁。
286. 日英協約，1902年1月30日，同上書，19-20頁。
287. Simanskii, op. cit., Vol. II, pp. 179-180. Lamsdorf to Izvol'skii, 31 January 1902.

288. 《小村外交史》297-298頁。
289. 宣言和聲明見「Pravitel'stvennoe soobshchenie」, 7(20) March 1902, *Obzor snoshenii s Iaponiei po koreiskim delam,* pp. 76-77.
290. 日置給小村的信，1901年10月7日，《日本外交文書》第34卷，403頁。
291. 小村給日置的信，1901年10月21日，30日，同上，409-410頁，413-414頁。
292. 日置給小村的信，1901年11月7日，同上，426頁。
293. Simanskii, op. cit., Vol. II, p. 147.
294. Ibid., p. 185.
295. Ibid., pp. 185-186.
296. 「Pravitel'stvennoe soobshchenie」, 30 March 1902, *Obzor snoshenii s Iaponiei po koreiskim delam*, pp. 60-65.《日本外交文書》第35卷，229-230頁。
297. 《近衛篤麿日記》第5卷，1969年，84-91頁。樸羊信，上述書，188頁。
298. Izvol'skii's Memorandum, Tokio, 20 July 1902. GARF, F. 568, Op. 1, D. 179, L. 5-11.
299. Ibid., L. 5-6ob.
300. Ibid., L. 6ob.-6aob.
301. Ibid., L. 7-7ob.
302. Ibid., L. 8-9.
303. Ibid., L. 9-11.
304. Kuropatkin' s diary, 2 February 1902, RGVIA, F. 165, Op. 1, D. 1871, L. 67.
305. VIK *Russko-Iaponskaia voina,* Vol. 1, pp. 431, 434. Report to General Staff, 1/14 June 1902, RGVIA.
306. Ibid., p. 437. General Ivanov's report on the Maneuver at the end of 1901, RGVIA. 司馬在《坂上之雲》中誤將伊萬諾夫的這段話當作了瓦諾夫斯基的話。司馬遼太郎《坂上之雲》，文春文庫（新裝版），3，1999年，96頁。
307. 《小村外交史》298頁。
308. Draft of an agreement, proposed by Kurino to Lamsdorf, 22 July(4 August) 1902, *Obzor snoshenii s Iaponiei po koreiskim delam,* p. 78. S. K. Synn, *The Russo-Japanese Rivalry Over Korea, 1876-1904,* Seoul, 1981, p. 319. 原文為英語。譯文根據《小村外交史》299頁。這裡說是9月左右提出，但俄羅斯方面史料中的日期才是正確的。
309. *Obzor snoshenii s Iaponiei po koreiskim delam,* p. 18.希曼斯基寫道，這個方案經過了縝密的審議，但「我國通曉遠東問題的相關者誰也沒有想過將韓國讓於日本手中。」Simanskii, op. cit., Vol. II, p. 208.
310. Simanskii, op. cit., Vol. II, pp. 209-210. Rozen's Memorandum on neutralization of Korea, 12 September 1902.
311. Pavlovs' memorandum, Sankt- Peterburg, 10 September 1902, GARF, F. 568, Op. 1, D. 179, L. 12-16.
312. Ibid., L. 12-13ob.
313. Ibid., L. 15.
314. Ibid., L. 15ob.
315. Ibid., L. 12.
316. Simanskii, op. cit., Vol. II, pp. 210-211. Pavlov's memorandum, 25 September 1902.

317. Allen to Secretary of State, 31 May 1902, *Korean-American Relations*, Vol. III, pp. 171-172.
318. 玄光浩，上述書，183頁，只關注了艾倫報告的這一部分。
319. Allen to Secretary of State, 20 June 1902, Ibid., p. 66.
320. Simanskii, op. cit., Vol. II, pp. 211-212. Vitte to Lamsdorf, 28 December 1902.
321. *Obzor snoshenii s Iaponiei po koreiskim delam,* p. 18.
322. 小村給栗野的信，1902年9月19日，《日本外交文書》第35卷，393-394頁。巴克8月15日將這件事告訴了本國，當時似乎說明是伊茲沃利斯基的方案。S. K. Synn, op.cit., p. 353. Buck to Hay, 15 August 1902, Diplomatic Despatches, Japan.
323. 小村給林的信，1902年9月22日，《日本外交文書》第35卷，395頁。
324. 同上。
325. 栗野給小村的信，1902年9月16日，同上，393頁。
326. 在研究史上，這一點也作為三位公使《由日俄美三國保障的韓國中立化》方案而為人所知。Synn, op. cit., pp. 332-333. 石和靜，上述論文，47頁。都認為這個方案因美日的反對而不再被提及。石和靜主張這個方案應該視為是「維特政策的延續」。尼什雖然謹慎地寫到曾有這樣的傳聞，但大致意思一樣。Nish, op. cit., pp. 135-136. 根據俄羅斯原資料，明顯可知這樣的觀點不成立。
327. 《小村外交史》298-299頁。
328. 瓦諾夫斯基的職務履歷書，RGVIA, F. 409, Op. 1, D. 183718, 150-504 (108), L. 269ob. 薩莫伊洛夫在日本和一名日本女性結成了臨時夫妻。他通曉日語之事廣為人知，但不清楚他是在日本所學，還是在去日本之前所學。關於瓦諾夫斯基，見P. E. Podalko, *Iaponiia v sud'bakh rossiian. Ocherki istorii tsarskoi diplomaii i rossiiskoi diaspory v Iaponii*, Moscow, 2004, pp. 81-84.
329. Glinskii, op. cit., pp. 189-190.
330. Ibid., pp. 190-242.
331. Ibid., p. 204.
332. Ibid., pp. 213-214.
333. Ibid., pp. 214-215.
334. Ibid., pp. 215-216.
335. Ibid., pp. 216-217.
336. Ibid., pp. 224-236.
337. Simanskii, op. cit., Vol. III, pp. 19-20.
338. Ibid., p. 22.
339. Ibid., pp. 23-25.
340. Ibid., p. 26. 另外*Vynuzhdennyia raz'iasneniia grafa Vitte*, Sankt-Peterburg,1909, p.61.
341. I. V. Lukoianov, The Bezobrazovtsy, RJWGP, Vol, I, Brill, Leiden, 2005, p.77. Malozemoff, op. cit., pp. 201-202.
342. Posluzhnyi spisok A. M. Abaza, RGAVMF, F. 406, Op. 9, D. 3, L. 4ob.
343. Dnevnik A. N. Kuropatkina, Nizhporfiz, 1923, p. 12.
344. Ibid., p.15.
345. Simanskii, op. cit., Vol. II, p. 232.

日俄戰爭

起源與開戰【上】

作　　者　和田春樹
譯　　者　易愛華　張劍
責任編輯　沈昭明
社　　長　郭重興
發行人暨出版總監　曾大福
出　　版　廣場出版
發　　行　遠足文化出版事業有限公司
231新北市新店區民權路108-2號9樓
電　　話　(02) 2218-1417
傳　　真　(02) 8667-1851
客服專線　0800-221-029
E-Mail　service@bookrep.com.tw
網　　站　http://www.bookrep.com.tw/newsino/index.asp
法律顧問　華洋國際專利商標事務所　蘇文生律師
印　　刷　前進彩藝有限公司
初版一刷　2019年7月
定　　價　1200元

國家圖書館出版品預行編目(CIP)資料

日俄戰爭：起源與開戰 / 和田春樹著；易愛華，張劍譯. -- 初版. -- 新北市：廣場出版：遠足文化發行, 2019.07

冊；　公分

ISBN 978-986-97401-9-7(全套：平裝)

1.日俄戰爭

731.275　　108010023

NICHIROSENSO, KIGEN TO KAISEN by Haruki Wada

First published 2009, 2010 by Iwanami Shoten, Publishers, Tokyo.
This complex Chinese edition published 2019 by Agora Publishing House, a Division of Walkers Cultural Co., Ltd., New Taipei City by arrangement with the proprietor c/o Iwanami Shoten, Publishers, Tokyo through AMANN CO., LTD., Taipei